低地国家史
A History of the Low Countries

［英］保罗·阿布拉斯特
——著——

何博文 杜祖和
——译——

Paul Arblaster

（第二版）

上海社会科学院出版社

再版序

在本书的第一版中,我以平均一页 10 年的节奏讲述了 2000 年之久的历史,故而读者视其为一部索引,从中获取他们想要的数字、事件和研究线索,大致了解低地国家作为一个整体在历史上的重要意义。出版 5 年后,我改变了想法:只概述有趣的部分,其他的则交由读者自己探索。这一点借助日益丰富的互联网资源便可实现,例如可在网上免费获取的《低地国家考古学期刊》(*Journal of Archaeology in the Low Countries*),或者莱顿大学的"荷兰起义"网站(http://dutchrevolt.leiden.edu),更不用说还有 iTunes、维基百科、谷歌图书和 YouTube 等提供的海量通俗易懂的资源。

在第一版中,我鲜少提及 1970 年之后的历史。因为我不喜欢对近代历史过多着墨而忽视了最有意思的古代历史,尽管后者对于当代的影响没有前者明显。近年来,比利时和荷兰再次成为国际探讨的焦点,最有趣的是福克斯新闻(Fox News)称荷兰将会成为一片地狱般的荒原,而英国独立党的成员则向比利时籍的欧洲理事会主席扬言,比利时并没有存在过。当然,这些只是媒体报道的边角料,关于比利时与荷兰的自身特点和未来发展,人们还在不断地进行严肃探讨。20 世纪 80 年代(甚至 90 年代),荷兰及比利时的媒体和政治家们在公开发言时还不免自鸣得意。荷兰人骄傲地认为,荷兰作为文化多元的"后民族"国家,远优越于那些思想狭隘的守旧国度。荷兰的一些公众人物,有时不带半点戏谑地声称本国是现代改革的"向导"或"先锋国"。荷兰人深入贯彻"万物共存"和"个人主权"的原则,毒品、卖淫、安乐死和同性婚姻这些不为社会传统所鼓励的事物在这里都是合法的,国家也以此闻名。然而,它也是欧洲唯一一个议会之中存有极端保守党的国家,该党主张基于《圣经》施政,反对女性竞选公职。

当其他国家或沉浸在喧闹不堪、分化撕裂的"文化战争"中,或试图消除差异以寻求社会团结时,荷兰人已经凭借简便易行的策略,创造出了一个高度包容的多样化社会。不同社会和文化背景的群体以各自舒适的方式共同生活,通过妥协与共识达成彼此间的合作。但是,人们生活的大部分方面不受法律规范,而是受其生活"圈子"(由阶级、宗教、邻里、地区、教育、就业和人生观的相似度与黏合度决定)带来的社会压力所影响。20世纪的鼎盛时期,社会机构呈现"柱化"(pillarization),人与人之间既礼貌又疏离,借此,加尔文主义者、天主教徒、自由主义者和社会主义者纷纷建立了具有荷兰特色的机构团体。20世纪末,荷兰人可以光明正大地傲视他国,因为荷兰对互不干涉原则的坚决贯彻,遏制了文化的冲突。但这不是自然而然形成的,各个利益群体是以礼貌或激烈的言辞提醒内部和外部的人彼此间的界限。这为荷兰的多元文化主义奠定了基础,在这种文化下,新的民族和宗教组织需要同现有的社会组织一样,坚持最低限度的忠诚,尤其要包容他人的独特性。但随后的穆斯林打破了游戏规则,自由主义的狭隘也逐渐显露,这些都威胁着荷兰的权宜之计(modus vivendi)。对此,最直接的信号是荷兰下议院近日禁止以犹太教或伊斯兰教的方式屠宰牲畜。这一次，国家将牛的动物福利（目前出于人道主义，规定割破牛的喉咙前必须先电击它们的头部使其麻醉）置于犹太教徒和穆斯林的宗教情感之上。

正如荷兰自称为"当代自由"之典范，20世纪末的比利时同样大肆鼓吹自己是以和平方式处理种族差异的佼佼者。实际上，比利时的"种族"差异仅仅体现在语言上，其国内荷兰语"社群"和法语"社群"之间很少有真正的人种、社会、经济、宗教甚至文化差异。截至2011年6月，即本书撰写之时，比利时已有一年多没有选民授权的联邦政府，因为荷兰语党派和法语党派之间无法就共同规划达成一致。在最后一章，我会简述这一现象。在19世纪，相较于"比利时的佛兰德斯人"，人们更接受"佛兰德斯民族"这一说法，认为佛兰德斯是寄生在比利时的民族，因为"佛兰德斯"一词的唯一定义就是"居住在比利时而讲荷兰语的人"，像许多寄生物一般，它会削弱宿主的能力，但还没有到杀死宿主的程度。

近年来，荷兰的文化多元主义遭遇瓶颈，而比利时为缓和紧张局势、促进相互合作所采取的权力下放措施也陷入僵局。对此，一些守旧且排他的国际社会组织（呼声最大的是英国的"疑欧派"和美国的"文化战士"）表示喜闻乐见。更令人震惊的是，一些评论家宁愿看到城市战火四起，也不希望任何社会和平与种族共存的尝试取得成功。或许最终这些尝试还是会失败，但这样的失败并不值得人们为之欢呼雀跃。

前言（第一版）

谈及比利时、荷兰和卢森堡这三个小国，英语国家的史学传统似乎总存在盲区。笔者写作本书的目的就在于向普通读者介绍这三个国家的历史，为此我需查阅我做专业学术研究时未曾留意的文献。但研究结果使我确信，学界通常对低地国家历史的忽视是全然无理的。我们可以将低地国家视为罗马帝国的边疆、北欧在中世纪至近世的商业中心、各国于近现代交锋的战场、欧洲联盟的中心乃至思想、学术、艺术孕育迸发、成就卓著的地区，无论如何，其魅力都从未消散。希望读者能与笔者一样感受到史学发现带来的兴奋与喜悦。鉴于此书为通识读本，我只得在写作中时时克制专业习惯，舍弃巨细无遗的脚注。若本书观点有悖于我曾援引、参考过的作者之见解，我在此请求他们的原谅。

简要概述三个国家的历史必须删繁就简。同类文献大多关注第二次世界大战后几十年的政治史，此前几个世纪的历史则统统归入引言。这让我困惑不已，尤其在谈及低地国家时，这种做法绝不可行。从13世纪至17世纪，低地国家一直作为欧洲强国而存在，其对艺术与科学、商业、工业及精神生活的贡献远超任何近代的政治成就。写作本书时，笔者在鲁汶大学文学系任教，更难一叶蔽目，不能仅从政治角度考量历史事件的进程。本书仅简单概括了近现代党派政治，若有读者期望了解更多细节，可参考书后的拓展阅读建议。

众多好友及同事给了我莫大帮助，或纠正书中谬误，或鼓励我创作。相较于他们参与创作过的文献，本书实可谓微不足道，但我仍想表达对他们的谢意。（按姓氏首字母排序）海尔特·克拉森（Geert Claassens）、西蒙·德尔（Simon Dell）、基里尔·德雷佐夫（Kyril Drezov）、吕克·杜尔罗（Luc Duerloo）、克里斯特尔·热尔蒙普雷（Christel Germonpré）、扬·戈森斯（Jan Goossens）、杰尔杰伊·尤哈斯和伊斯特凡·尤哈斯（Gergely and István Juhász）、吉多·拉特雷（Guido Latré）、希尔德·梅恩斯（Hilde Meijns）、内奥米·摩根（Naomi Morgan）、帕特里克·纳弗斯（Patrick Nefors）、大卫·佩茨（David Petts）、李·普里迪（Lee Preedy）、苏珊·里德（Susan Reed）、约埃尔·舒勒（Joël Schuyer）、玛吉特·托夫纳（Margit Thøfner）以及爱德华·维克斯（Edward Vickers）都给了我非常宝贵的支持。他们指出有违事实的表达、过于武断的解释、难以理解的缺漏以及文体上的不当与晦涩之处。诚然，本书仍有谬误，但皆与他们无关。迪德里克·德海客（Diederik Derhaeg）、扎纳·埃坦巴拉（Zana Etambala）和安德烈·威塞尔斯（André Wessels）提供了有关海外历史的指导意见。特卡·阿克顿（Terka Acton）与维多利亚·赫胥黎（Victoria Huxley）给予我莫大鼓励，让我相信如此拙作仍可堪读者品评。

埋首钻研不甚熟悉的历史阶段之时，我重拾了中学、大学中习得的基本技能和方法，对授业恩师的感激之情也与日俱增。若无他们昔日的教导，我绝无可能开展此项工作。至于我是否已将其圆满完成，还是留待老师们评判吧。

目录

再版序　i

前言（第一版）　iv

引言　1

第一章　从异教徒到十字军战士：公元前 57—公元 1100 年　14

第二章　权力和虔诚的形式：公元 1100—1384 年　67

第三章　低地国家的统一和分裂：1384—1609 年　128

第四章　从代尔夫特陶器到瓷器：1609—1780 年　176

第五章　自由秩序的兴衰：1776—1914 年　224

第六章　世界大战与世界和平：1914—2011 年　284

低地国家大事记　347

王朝与统治者　355

1918 年后主要政党及政府机构　367

延伸阅读著作　375

引言

比利时、荷兰、卢森堡是著名的"人造"国家，它们的边界只是以往外交和军事活动的产物。在这一区域两端，法国和德国占领了所有能占领的土地，余下中间部分，法德双方都无法建立统治，形成了比、荷、卢三国。在某些人，例如法国前总统夏尔·戴高乐（Charles de Gaulle）看来，这一情况使比、荷、卢成了一种异常或多余的存在。但在19世纪低地三国的史学家眼中，这反而让比、荷、卢成了（预先）确定的幸存者。如果"边界"不是指泾渭分明的分界线，而是指相互作用、相互重叠的区域，那这块土地最恰当的称谓应是边界地区。不是说法国、德国或意大利、瑞士对这三个国家没有影响，而是虽有影响，却没有任何一方能够完全主导这片区域。

多样性

各种类型的边界线将比利时、荷兰和卢森堡分割开来。一度被法国人称为"天然边界线"的莱茵河（Rhine），穿过了荷兰的心脏地带。另外还有三条语言边界线：比利时境内的荷兰语—法语边界线、比利时和卢森堡境内的法语—德语边界线以及荷兰境内的荷兰语—弗里斯兰语（Frisian）边界线。荷兰还有一条划分天主教和新教传统主导区域的分界线。比利时的巴勒—海托赫镇（Baarle-Hertog）四面与荷兰南部省份北布拉班廷（North Brabant）为界，还与荷兰的巴勒—纳绍（Baarle-Nassau）相连，这种一个欧洲国家的某一内陆领土却在邻国境内的情况，目前非常罕见。就其语言多样、宗教交织以及地理边境地带的情况来看，低地三国与在法、德交界处另一端的瑞士颇为相似。不同的是，瑞士几乎不参与西欧的强权政治，而比、荷、卢三国几个世纪以来一直是强权政治的中心，它们还在欧洲经济政治一体化的过程中扮演了重要角色。

瑞士与低地国家的另一个区别在于，瑞士向来是一个松散但极其稳固的联邦国家，由各个州组成。而低地国家则趋向于彼此分裂，1815—1830年间曾有人尝试把低地国家作为一个单一制中央集权国家进行统治，却最终导致了革命与战争。令人诧异的是，任一低地国家内，都存在着省级和地区性的语言和观点的差异。甚至在面积最小、使用双语的卢森堡，也有母语是法语而非卢森堡语的人。同时，卢森堡分为西北部的林业区、东部的农业区、西南部的工业区，中心的卢森堡城则由服务业主导。

文化差异在日常接触中非常明显。荷兰人的率直会无意中冒犯他人，而比利时人的含蓄又会被误解成虚伪。比利时人会讲荷兰人抠门的笑话，而荷兰人则会调笑比利时人犯蠢。讲笑话的人会觉得有趣，因为他们都期待所讲的笑话会产生一样的恶搞效果。文化差异甚至不完全由国界限定。一国之内，比利时的佛兰德斯人（Flemings）会嘲讽林堡人（Limburgers）"乡巴佬"；荷兰人也会这样嘲笑弗里斯兰人（Frisians）。在荷兰，狂欢庆典流行于莱茵河三角洲以南的传统天主教城市,如斯海尔托亨博斯('s-Hertogenbosch)、埃因霍温(Eindhoven)和马斯特里赫特(Maastricht);直到近年,这些习俗才流入更加拘谨保守的北方,带去了异域之风。

比、荷、卢除了在习俗、语言、法律、宗教方面分界不清,以及排外主义和狭隘主义的地区差别,三国的公民社会机构也呈现奇怪的分裂状态。英语史学界认为,在19世纪和20世纪,比利时和荷兰的社会机构呈"柱化"现象。柱子的形象表示社会各个部分共同支撑起屋顶,但没有一个能起到决定性作用。新教徒、天主教徒、自由—世俗主义者、社会主义者以及有些共产主义人士都纷纷建立起自己的机构,保障其成员从出生到死亡的生活方方面面:教堂和宗教场所、政党、工会、保险联合会、储蓄银行、医院、中小学、大学、报社,有时甚至还包括广播、电视公司以及文化、音乐和体育机构。19世纪末20世纪初,社会机构的"柱化"达到顶峰,甚至大型的企业也会归属于某一教派或某个"生活—哲学"阵营。成为一名天主教徒或加尔文教徒不仅仅是信仰上的承诺;同样地,信奉自由主义还是社会主义也不单单是政治选择。对某一事物的忠诚会影响生活的方方面面,影响人们的抉择:送孩子上哪所学校,去哪家银行开设账户,在哪里办理医疗保险,加入哪一足球俱乐部或军乐队(不论他们是否在周日活动),订阅哪种报纸,甚至是去哪个商店采购。商人尚且会与和自己基本生活观念不同的人来往,而其余人则很少有机会走出生活"圈子"去参与外界的社会文化活动。

同比利时、荷兰一样,卢森堡的教会和政府之间也存在争执,但是卢森堡奉行自由主义的政治精英更愿意政府支持天主教的教育和慈善机构。而相对于其他地方的不干涉，教会精英也非常习惯于国家对他们更大力度的监督。这使得卢森堡成了更加统一的社会和政治整体。但在比利时和荷兰，各方都不愿意在原则上妥协。在比利时，受该政治因素影响，"柱化"影响着社会生活（即假设的"屋顶"）的方方面面，荷兰也一样，只是程度更小一些。诸如警察局、邮局、铁路系统里负有权责的职位，甚至是司法官员和礼仪官员的任命，都在不同的"支柱"间分配、替换。这样的现象目前尚有残留，但主要是在比利时。

比利时的分离趋势进一步加深，这点在荷兰和卢森堡并不明显。比利时已经联邦化了，许多政治和经济权力移交给了三大"领区"：讲荷兰语的佛兰德斯区（Flanders），法语的瓦隆区（Wallonia）以及官方双语（荷兰语和法语）的布鲁塞尔首都区（Brussels Capital Region）。文化政策和教育政策在三个不同语言——荷兰语、法语、德语——的"社区"间所共有。其中，佛兰德斯区和荷兰语区高度吻合，瓦隆区和法语区也高度吻合，但是德语区位于瓦隆区内，并且法语区和荷兰语区在双语的布鲁塞尔首都区均有自己的势力。这种社区上的分离，使得支撑国家的所有"支柱"，不论是政治、社会、文化或是经济机构，在每个语言社区中均有重复。不同社区间，彼此不变的刻板印象形成了严重的意识差异，甚至相互对立，这不仅体现在社会和文化上。甚至今日，一些关于"日耳曼语"种族和"罗曼语"种族的胡言乱语还可以听到，尽管听起来有理有据，但更多是虚构出来的"文化差异"。有关欧洲人态度和价值观的调查一再表明，佛兰德斯人和瓦隆人之间的相近程度超过了他们与荷兰人或者法国人的关系，在某些情况下甚至更接近德国的莱茵兰人（Rhinelanders）。他们很少在身材、长相、穿着或行为上有什么分别，唯一能区分的是他们的耳朵。讲荷兰语的人也会起像法语的名字，讲法语的人也会起像荷兰语的名字。每当比利时人谈起他们的不同时，应该铭记那句格言：越是相似的，越强调差异。

除了语言的分离，基督徒和世俗主义者在信仰上的分歧更加严重，同时分裂着比利时社会。19世纪的反教权主义影响力广泛。纪律各异的共济会会所在自由党和社会党的公共生活中扮演着举足轻重的作用，这在英国人看来匪夷所思，但墨西哥人却很熟悉。在荷兰，世俗主义和宗教之间的分歧也很明显，只是没有比利时反教权主义那般激烈。此外，比利时的新教徒数量很少，少到可以忽略；而荷兰的新教徒数量却很庞大，在宗教活动中积极活跃。除了新教徒，荷兰还有一个基础坚实、组织良好的天主教群体作为少数派，他们大多数集中在莱茵河三角洲南部，但不局限于此。和所有西欧国家一样，低地三国存在已久的文化、信仰和社会特质正在慢慢消减，逐渐同化于一个范围更广、更为成熟的社会，该社会对除伊斯兰教外的任何宗教均保持中立，同时，也在寻求各种办法安置从欧洲以外涌入的大批移民。

尽管低地三国存在着教区的、地方的、民族的、语言的及信仰的分歧，但它们长期以来都是民主的、多党协商的政治典范，采用了大量机制防止各社会机构发生文化战争，缓解了社区间的紧张氛围。20世纪末，这些机制日渐式微，甚至对国家和社会的团结带来了负面影响。21世纪初，人们开始质疑这些机制是否有必要继续存在，更多细节会在最后一章谈到。低地三国面临的最大威胁来自一个不断壮大的意见发声群体，他们专注于民族这个神话，多数人对未同化的移民群体抱有敌意。

水和风车

除了"人造"的国家边界之外，荷兰在另一方面也以"人造"闻名于世。其北荷兰省（North Holland）、南荷兰省（South Holland）、弗里斯兰省（Friesland）、格罗宁根省（Groningen）和弗莱福兰省（Flevoland）的大多数地区低于海平面。城市之外的主色调是大地的绿和水天一色的灰。英国诗人柯勒律治（Coleridge）在一首随笔诗中，首次记录下其荷兰之旅的印象：

> 水和风车，满眼的绿，绿色的岛屿；——
> 杨柳垂垂，洒下一片绿荫，福泽了沼地；——
> 间间农舍，似是停泊在那天空的倒影，
> 高耸的塔尖，将浓雾穿透——
> 水啊，是那么的宽广；到处，是绿色的生机，
> 美好风光，尽收眼底——

据传，法国哲学家笛卡尔曾说过："上帝创造了世界，但荷兰人创造了荷兰。"每当荷兰人提到祖国心生自豪时，便会反复提及这句话，但这也暴露了荷兰的缺陷。在荷兰，大自然献上了它的一臂之力。南北荷兰省和泽兰省（Zeeland）的土地之所以干燥，得益于河流和潮汐不断带来泥土形成沉积，北海岸的沙丘也是一道天然但极不

可靠的屏障。海洋和河流的交汇处地势低洼，为人们带来了贸易和财富，但同时也带来了洪水频发的危险。大自然给这里的人们提供了一个立足之地，而人类的辛勤，将这片盐沼打造成了赖以生存的家园。

很久以前，在铁器时代末期，水位的不断上升迫使人们修建人工土堤，那些延续祖辈生活留在泥炭沼地的人，双足因此可以保持干燥。罗马地理学家注意到的奇趣见闻之一是弗里斯兰人的生活。他们居住在只有退潮时才能抵达的小岛，以鱼和水边的野禽为生，而非陆地上的水果和野兽。用干燥的泥巴生火。从铁器时代晚期到中世纪盛期，成千上万个土堤堆建起来，有的是为了保护私人农庄，有的是为了保护整个村庄，还有一些成为后来城市的基础，比如阿姆斯特丹（Amsterdam）。

土地开垦在几个世纪里一直是沿海地区的特点。在中世纪的佛兰德斯，人们通过筑堤和排水，将海平面以下的土地变为良田，成为当时的先驱。但丁的《神曲》中描写过，沸腾的血河在地狱的第七层被一面墙阻挡，这让人想起了：

……佛兰德斯人感到不安
在布吕赫和维桑之间筑起了宽广的堤坝
唯恐海水侵入

12世纪，围堤造田的技术在荷兰已经非常普及。17世纪，随着荷兰人使用堤坝、水闸以及排干圩田的风力泵（"风车"），技术不断完善。筑堤普及后，大多数建造在房屋和花园下方的不再可用的古代堤坝被开掘，其土壤用作地势更加低洼地区的肥料。

20世纪，人类展开了对水景最关键的改造。1927—1932年，荷兰人修建了一条长达约32公里的大坝，分隔开了须德海（Zuider Zee）与北海（the North Sea）。从那时起至1968年，通过排出须德海海水，人们获得了超过16万公顷的土地，其中过半的土地组成了一个全新的省——弗莱福兰省。泽兰的"三角洲工程"启动于1953年春天一场毁灭性的洪灾之后，该工程使莱茵三角洲的大部分水域变成了淡水湖。这是一项极其复杂的工程，它不仅包括在三角洲地区筑坝，还需要调节河流上游的流量，以防解决了潮汐洪水的问题，又受到河水泛滥的威胁。20世纪60年代，原工程的预期目标出现了问题，于是计划有了修改。为了安抚渔民和环保人士的不满，一条3公里多长的拦洪坝因此而修建。它保护了东斯海尔德河（Eastern Scheldt）河口地带的海洋生物包括牡蛎和蚌群，在紧急情况下水闸可以关闭。1996年竣工的鹿特丹拦洪坝是"三角洲工程"的最高成就。在泽兰，还有一块狭长的土地被水域与荷兰主体所分开。它位于西斯海尔德（Western Scheldt）河河口以南，毗邻比利时的佛兰德斯，2003年完工的一条海底隧道将其与荷兰其他部分连接起来。这条海底隧道是荷兰20世纪最伟大的工程之一里相对普通的附加工程。因此，荷兰的工程咨询在美国重建新奥尔良防洪工程中发挥了重要作用，这也就不足为奇了。

人类的智慧和努力使低地国家不仅宜居，而且舒适、富足。荷兰、比利时和卢森堡人尤其善于解决问题、另寻出路，简言之：让自己活得舒服。政治上，他们以妥协和合作为特点，其密切程度在其他稳定的民主国家也不多见。在低地三国中，公共空间和半公共空间的舒适度（不论是市场、门阶、公园还是庭院）与法国的宏伟和英国的老旧形成鲜明对比。关于和睦相处是人类基本驱动力的这一假设，有时会造成过于乐观的判断，认为在其他地方，人的努力也可以带来社会和谐、稳定与繁荣。在整个近现代，荷兰和比利时已在一方面或另一方面，如社会、教育、政治和农业领域，成为其他国家改革者效仿的典范。荷兰人和比利时人在引导社会冲突、信仰冲突及共产主义冲突走向和平发展的道路上成绩斐然，激励了其他地区采取行动，但这些经验始终无法成功复制。

交融

尽管在比利时、荷兰和卢森堡三国之内及彼此之间存在着分歧与不同，但它们仍可以放在一起讨论。最明显的是，低地地区曾有过两次短暂的政治统一（1543—1581年及1815—1830年），并且在1948—1958年，三国自发建立起经济合作区——比荷卢经济合作区（The Benelux），成为欧洲进一步一体化的典范（部分因为对已有问题的视而不见）。更宽泛地说，早期的政治边界已不再适合三国目前的边界了。

在1650年之前任何时候，我们都无法区分开荷兰和比利时的历史，二者从1581年开始的政治分裂于1650年结束；同样，在1839年之前，也无法区分开卢森堡和荷兰或比利时的历史。彼得·戈耶尔（Pieter Geyl）曾在伦敦大学学院教授过数年荷兰历史，是英语国家中最有名的荷兰史学家之一。20世纪30年代早期，他曾强有力地指出，大家在研究荷兰中世纪及近代早期历史时，普遍忽略了比利时说荷兰语的地区，这样做是不明智的。尽管当时他的看法引起了争议,但如今已被普遍接受,至少对于1581年以前的荷兰历史来说是这样的。在彼得·戈耶尔之后,有多位史学家称,如果不能同等地研究比利时非荷兰语地区,就无法对事实做出公正的判断。在中世纪,佛兰德斯伯爵国、布拉班廷公爵国和列日王子主教区(prince-bishopric of Liège)使用荷兰语和法语两种语言,而当时的卢森堡公国则为法语和德语。王朝的兴衰指的是两个最重要的单语言伯国:荷兰和埃诺(Hainaut)。1299—1581年间,两国受同一统治者统治。

低地国家成为统一体更为根本的原因在于它们的地理位置。三国地处北欧平原的西部沿海地带,附近的山丘将它们与巴黎盆地和洛林高原分隔开来。该地区的主要地貌特征由地势低洼的北海海岸及三角洲组成,其中三角洲是由斯海尔德河、马斯河(Maas,也称默兹河,Meuse)和莱茵河汇入大海时泥沙沉积形成。北海盆地两边的河流影响了其他欧洲国家的地形和文化,这些河流包括法国北部的塞纳河(Seine)以及德国萨克森的威悉河(Weser)和易北河(Elbe)。正是因为水上交通及其通行费发挥了大作用,才使得中世纪低地国家的公爵们无须顾及语言差异,沿着河流不断向外扩张。

在比、荷、卢三国境内,中央三角洲及紧邻的低洼地带坐落着一群建有卫星城市的大都市,那里的建筑在欧洲最为密集,公路、铁路和运河网最繁忙,还有欧洲大陆两个最大的集装箱港口——鹿特丹和安特卫普(Antwerp)。由此,荷兰和比利时成为欧洲人口最密集的国家,分别为每平方公里372人和333人,而这项数据在英国是239人,美国仅为29人。三角洲向内延伸的内陆及周边地区是若干孤立分散的小山——位于荷兰东北部的德伦特(Drenthe)高地、艾瑟尔湖（IJsselmeer）以南的费吕沃（Veluwe）、布拉班廷和林堡省境内的肯彭（Kempen）以及伊珀尔（Ypres）以南的"佛兰德斯阿登高地"（Flemish Ardennes）。这些丘陵地带的土壤呈沙化，就像比利时北部的大多土地一样。而在荷兰开阔的河谷地带及低洼的平原地区则是黏土和泥炭。

三个高原地区以比利时荷兰语区南部为始，跨过了该国法语区，标志着当地的地形特色。洼地及河谷将这三个区域分开。首先是埃诺、布拉班廷及埃斯拜（Hesbaye）高原区，这里土壤肥沃，适合耕作。该高原区位于桑布尔—默兹河（Sambre-Meuse）流域以北，一条从孔德罗（Condroz）高原由北向南急流而下的瀑布将其断开。正如英国诗人华兹华斯在《在那慕尔与列日之间》（*Between Namur and Liège*）中描述的默兹河流域：

在那温柔的想象里，还有哪是比这更可爱的归巢？
……
那远处的沼地风景怡人，
灰石堆叠，留下沉思的的暗影——
朝阳，似旧时修道院的角楼，冉冉升起
在那平坦的草场之上，安详又静谧！

默兹河的上游将孔德罗高原劈成两半。其河流本是自南向北，但进入那慕尔省后转为向东。孔德罗高原以南是法涅山—法梅讷（Fagne-Famenne）洼地，法涅山—法梅洼地以南是阿登高地，那里遍是草木丛生的丘陵，成为比利时最南端及卢森堡大公国的主要地

引言

貌。卢森堡和比利时最南端的几块土地位于含铁的侏罗纪石灰岩层之上,从地质学角度来说是洛林高原的一部分。位于比利时南部高原的天然洞穴向人们展示了低地国家人类生活最古老的遗迹,包括尼安德特人存留下来的。另一处史前人类住所位于德伦特高原,在那里,许多石器时代晚期的石桌坟(dolmen)得以保留。德伦特石桌坟建造者(比克尔人的分支)的坟墓与西欧其他地方发现的类似,但前者中还有北欧风格的陶器以及从中欧输入的铜制品。早在新石器时代,低地国家在某种意义上已经成为文化的交流中心。经济史学家巴斯·范·巴弗尔(Bas van Bavel)近日提出了一个有力的观点:低地国家既有开放性又有独特性,但这一奇怪的组合并不相悖,而是一对必要的补充:土壤和海拔的地理多样性促生了不同的小文化圈,在彼此互动中,它们最大限度发挥了各自的优点,同时保持了自身特色。从这个角度看,低地地区早期持续的经济发展既是内部分化的结果,也是对边界地区开放的产物。

低地国家得以成为商业和文化的交流重地,与它们的地理位置密不可分。它们地处北海以及斯海尔德河—默兹河—莱茵河三角洲,这里是海洋和陆地的交汇处。一些史学家曾将此称为"黄金三角洲",在几个世纪里,该地区城镇一直处于北欧的贸易前沿。在低地国家的大部分历史中,人们视这里为地理、经济和文化的交汇地,比现在的比、荷、卢范围更加广阔。很多历史时期里,低地国家地区还应该包括索姆河以北的法国以及德国莱茵兰(Rhineland)和北海沿岸的部分地区。比、荷、卢三个小国夹在法国和德国之间,临近英国及所有中型国土面积的强国。三国在历史上曾一起面对过许多难题,产生了众多共同的经历:从罗马的征服到欧洲的统一,它们之间的关系比多数个体国家还要亲密。但是,如果不写一部西欧通史,就很难写出比荷卢地区的历史,因为这三个低地国家曾是半个欧洲大陆的战场、枢纽、市场和缩影。

第一章

从异教徒到十字军战士：公元前57—公元1100年

最勇敢的比利其人：公元前57—公元前13年

关于低地国家最早的历史记载是由尤利乌斯·凯撒（Julius Caesar）亲笔所写的《高卢战记》（*The Gallic War*）。在其开篇一段多次被引用的段落中，他这样写道："比利其人（The Belgae）是最勇敢的。"在一段较少引用的段落里，凯撒继续写道："他们住在离行省文化最远的地方，鲜少有商人到访……还不断与日耳曼人交战。"

凯撒所提及的比利其高卢人是指居住在向南到达塞纳河和马恩河，向西到达大西洋，向北向东为莱茵河这一区域的人。覆盖地区大致为现在的比利时和卢森堡，再加上法国东北部、荷兰的泽兰省、南荷兰省、北布拉班廷省、林堡省以及莱茵河以西的德国。出于军事目的，凯撒需要掌握敌方的人数、土地面积和组织机构等情报。在《高卢战记》中，他多次提起过商人、外交人质、高卢同盟以及作为情报来源的战俘。至于战俘提供的信息是否可靠，我们无从得知。史料仅显示，居住在凯撒称为比利其地区的人们属于凯尔特文化，这一文化传播广泛，出现在铁器时代晚期，考古学家称之为"拉登文化"（La Tène）。

在拉登文化中，权力由贵族家庭掌握，这些贵族下葬时也许会将希腊的陶器、意大利的青铜器还有精美的凯尔特艺术品作为随葬。他们的属民（部落成员）散居各地，以小的农业生产社区为单位，听从当地的首领。他们的劳作不仅包括种植庄稼以及在广泛的沿海地区制盐，在内陆还要养羊及制作羊毛布料。有迹象表明，当时已有陶器制造和铁器制造，在阿登高地的河流流域还有淘金沙的痕迹。一些统治者已经开始效仿马其顿人铸造钱币，但只不过将其作为威望的象征奖赏战士。农业几乎占据了全部的社会经济生活，商业仅占很小部分。甚至连奢侈品进口也只是通过礼物交换而非买卖交易。凯撒认为德鲁伊教成员和战士是两个与平民截然不同的社会群体。德鲁伊教成员多为法官或牧师，他们的组织是高卢大众文化的主要体制表现。对于以杀戮为一项运动的罗马人来说，德鲁伊教成员最令人不安的一点在于他们有时会牺牲民众祭祀神灵。

凯尔特统治者可以通过战争提升威望、扩充疆土，战败敌人后掠夺战利品并转手祭献给神灵。这些限于当地的小规模战争是高卢的常态。在低地国家的一些地方，尤其是阿登高地，考古学家们发掘出了拉登文化晚期的防御工事遗迹：石墙防御的山丘堡垒、木构架的石屋以及土垒工事［凯撒在描述其围攻阿莱西亚（Alesia）时称此为"高卢之墙"］，这些从一方面反映了政治军事对文化的推动。凯尔特贵族间的冲突及不断变换的同盟关系促生了一套崇尚荣誉、勇气和忠诚的战士道德准则。但比利其不同地区间还没有形成政治上的联合，更不必说高卢的各个部落了。

高卢人的内战既为罗马的扩张提供了良机，也为凯撒获得了荣耀及战利品，这些能帮助他在罗马大展政治宏图。公元前59年，凯撒被任命为高卢的罗马省（波河流域及普罗旺斯）总督。次年，一个定居在阿尔卑斯山北部地区，与罗马人结盟的高卢部落请求罗马人援助以对抗敌军。随后，罗马军团前往北方，在寒冬之前成功介入当地战事，免于在远离罗马省的地方扎营过冬。比利其各部落不免对此担忧，他们成立了共同防御联盟，防止罗马人继续北进。凯撒以此作为充足的借口，在次年即公元前57年入侵了比利其领土。凯撒的军队不仅有罗马人，还包括努米底亚人（Numidian）、克里特岛人（Cretan）及巴里阿人（Balearan）组成的辅助部队。

13　　在比利其部落中，特雷维里人（Treveri）的部落［位于特里尔（Trier）附近］和雷米人（Remi）的部落［位于兰斯（Rheims）附近］选择同罗马结盟，支援凯撒。在凯撒看来，他们的骑兵可以大大强化自己的军队。新战役打响，凯撒率先攻打内尔维人（Nervians）及其同盟，他们主要居住在现比利时及比利时—法国的边境区域。内尔维人先把他们的老人、妇女和儿童带到安全的沼泽区，然后在萨比斯河（River Sabis，或许是塞莱河，现在为法国境内斯海尔德河的一个小支流）迎击罗马军队及其同盟。战争十分激烈，凯撒亲自持剑上阵。局势逐渐对比利其人不利，他们的战士站在同伴倒下的身躯上继续战斗，直至周围尸体遍布，他们仍抓住罗马人的标枪并猛掷回去。一天下来，内尔维人战败了，几乎全军覆没。但比利其所剩不多的幸存者获得赦免，不仅免于成为奴隶，还得到了罗马授权下的自治权保证。

　　内尔维人战败的消息传来，阿杜亚都契人（Aduatuci）的军队还在前往援助他们的路上。他们随即撤回到凯撒称为"阿杜亚都契人围墙里的城镇"中。起初，阿杜亚都契人对罗马军队精心的部署不屑一顾，当他们发现罗马人的移动攻城塔后，担忧和恐惧涌上心头，于是请求与罗马谈判。阿杜亚都契人假装答应罗马的要求将成堆的武器投出墙外，却暗中留下 1/3 的武器。夜幕降临，他们偷偷潜出城外偷袭罗马营地。黑夜中，双方一场混战，罗马人在破晓时分攻破了阿杜亚都契人的城门，发现城镇几近废弃。他们将能找到的阿杜亚都契人围在一起，贩卖为奴。公元前 57 年年末，凯撒提早向罗马汇报，说已征服高卢全境。次年，他在海上击败高卢西北地区的维尼蒂人（Veneti），又在比利其海岸攻打其同盟——莫里尼人（Morini）和门奈比人（Menapians）。这两个小部落没有选择正面迎击，而是退到丛林和沼泽中采取游击战略。凯撒未能征服他们，将此归咎于坏天气，但在第二年他也并无建树。公元前 53 年到公元前 51 年，高卢爆发了大起义，莫里尼人和门奈比人同维钦托利（Vercingetorix）结盟。

一些更为偏远的部落也在给凯撒找麻烦。公元前 55 年—前 54 年，为了警告这些部落，凯撒在与高卢重新交战前越过莱茵河和英吉利海峡，进行了几次短暂的远征。公元前 54 年，庄稼歉收，没有一个地方可以提供整个罗马军队需要的物资。冬天来了，罗马军队住进设防的军营，分散在比利其地区。几周内，一个营地受到袭击，一个军团和 5 个步兵大队覆灭。袭击者是厄勃隆尼斯人（Eburones），这个部落的核心领土位于马斯河（默兹河）沿岸，今在荷兰和比利时交界处的林堡省。他们的首领是爱比奥里克斯（Ambiorix）和卡都瓦尔克斯（Catuvolcus）。厄勃隆尼斯人继续前进，到达内尔维人的土地，围攻那里仅有的一个罗马军团。根据此前被俘的罗马人的口供，他们制造了攻城器。内尔维人和存活下来的阿杜亚都契人也加入了围攻罗马军团的队伍。不多久，更加偏远地区的高卢部落，如高卢西北地区的阿摩里卡人（Armoricans）也看到了摆脱罗马统治的曙光。起初与罗马结盟的特雷维里人发生了内乱，支持罗马人的首领辛格托里克斯（Cingetorix）败给了反对罗马人的因都提奥马乌斯（Indutiomarus），在后者的带领下，该部落倒向了比利其"反抗罗马"的阵营。

凯撒对此的反应既快速又残忍。阿摩里卡人和特雷维里人在战役中先后失败。特雷维里人反罗马派的首领因都提奥马乌斯被俘并被斩首。10个罗马军团有计划地摧毁了厄勃隆尼斯人的家园，首领卡都瓦尔克斯年老体衰，既无法战斗也无法逃走，在一棵紫杉树上自缢身亡。另一首领爱比奥里克斯同4个守卫一起逃离，从此杳无音信。自此再也没有关于厄勃隆尼斯人和阿杜亚都契人的记载，或许是大量的幸存者有了新的效忠对象，但独属于他们的民族特性就此消亡。2008年，人们在马斯特里赫特发现了一批公元前1世纪中期的凯尔特金币。由此可以推断，在罗马人屠杀厄勃隆尼斯人的战役中，有幸存者藏身于此。

19世纪，人们在比利时林堡省通厄伦（Tongeren）市的集市中心立起一尊厄勃隆尼斯人首领爱比奥里克斯的雕像，纪念他作为英雄领袖为"古比利时人"的自由而战。随着教育方式的改变，如今许多年轻人只有在长辈训斥他们不要像古比利时人那样吃饭时，才会对这些人有所耳闻，要不就是在漫画书《阿斯特里克斯在比利时》（*Astérix chez les Belges*）中略有接触。然而，几个世纪以来，凯撒的《高卢战记》是拉丁文和历史课的入门教材。至少在第二次世界大战期间，它仍然让一些人了解到比利时人的坚忍特性。1947年的小学教科书中有一课取材于爱比奥里克斯的故事，书中写道："比利时人热爱自由——这是我们祖先的遗产。"

在尤利乌斯·凯撒完成征服后的大约150年，伟大的罗马史学家塔西佗（Tacitus）为罗马人在高卢的统治提供了历史合理性：罗马士兵受邀进入高卢，保卫好战的高卢人免于内部战争以及日耳曼人的侵略。作为回报，处于附庸地位的高卢人只需缴纳税赋并提供军队。然而，凯撒受困于罗马在意大利和北非的内战，最终没能建立起估定税额、征收税金以及征募辅助部队的体系。凯撒的养子盖乌斯·屋大维（Gaius Octavius）最终在内战中胜出。公元前27年1月17日，罗马元老院授予屋大维至高无上的权力，并赐封他为奥古斯都（Augustus）。屋大维利用这一年的大部分时间重建罗马和意大利的秩序，随后前往高卢并在那里待了几年，期间进行一系列的管理机构重组。首先，他将凯撒30年前征服高卢时建立的机构从原来的山外高卢行省（Gallia Transalpina，现法国普罗旺斯）分离出来，成立科马塔高卢行省（Gallia Comat，又称"长发高卢"）。人们在这个新行省的首府卢格敦努姆（Lugdunum，现法国里昂）建立起了一座向奥古斯都和罗马献祭的祭坛，高卢各部落的首领们每年都会来这里宣誓效忠罗马，并举行一年一度的祭祀活动。后来，科马塔高卢行省又拆分为阿基塔尼亚高卢（Gallia Aquitania，从比利牛斯山脉到卢瓦尔）、卢格敦高卢（Gallia Lugdunensis，从卢瓦尔到塞纳河）和比利时高卢（Belgica，从塞纳河到莱茵河）。不过，这"三个高卢"在一些方面仍联系在一起，比如一年一度在里昂举行的奥古斯都祭神仪式。

根据各部落的统治区域，行省划分为不同的自治区。在低地国家中，有莫里尼自治区（civitates Morinorum）、门奈比自治区（civitates Menapiorum）、内维尔自治区（civitates Nerviorum）、通厄伦自治区（civitates Tungrorum）和特雷维里自治区（civitates Treverorum）。这些地区享有极大的自治权，只需形式上接受罗马的行政管理和地方官吏，尊重罗马统治下的和平（*Pax Romana*），向罗马缴纳额定税赋并提供辅助部队。每一个部落都有自己的行政中心：莫里尼人的塔尔维纳［Tarvanna，现泰鲁阿讷（Thérouanne）］，门奈比人的卡斯特卢姆［Castellum，现卡塞勒（Cassel）］，内尔维人的巴加库姆［Bagacum，现巴韦（Bavay）］，佟古累人（Tungrians）的阿杜阿图卡（Aduatuca，现通厄伦）以及特雷维里的奥古斯塔·特里维罗鲁姆（Augsusta Treverorum，现特里尔）。各行省的大城市如兰斯、特里尔和科隆（Cologne）如今分别在法国和德国境内，但像阿尔隆（Arlon）、马斯特里赫特、那慕尔、奈梅亨（Nijmegen）、图尔奈（Tournai）和乌特勒支（Utrecht）这些城市以及众多从罗马时代就存在的村镇现在属于比荷卢地区。

越过莱茵河：公元前13—公元80年

在凯撒入侵期间，比利其人的定居地扩展到"旧莱茵河"一带，比现在的大河流域更加向北。罗马人将莱茵河定为高卢的边界，并与比利其反抗部落开战，以减少他们的人口。他们允许一些日耳曼人——比如巴达维人（Batavians）、卡纳内菲特人（Cananefates）

和弗里西沃内人（Frisiavones）——定居在莱茵河的三角洲地带。在莱茵河以北，弗里斯兰人的领土顺着北海沿岸伸至埃姆斯河（Ems）。该地沼泽和湖泊密布，其中最大的湖泊是弗莱福湖（Lake Flevo，须德海直至中世纪晚期才形成）。弗里斯兰人的物质文化与高卢人不同。这一被称为"拉登文化"的凯尔特文化时期与北方的"原始弗里斯兰"（Proto-Frisian）和"弗里斯兰"时期对应。它们的差别体现在许多方面，但最主要的是两地生产的陶器风格不同。

公元前13年，奥古斯都向日耳曼尼亚（Germania）发起进攻。奥古斯都首先水陆并进攻打弗里斯兰人，后者几乎立刻投降并与罗马人结盟。他们的地界也成了罗马人的军事关口：军队和补给可以由水路通过弗里斯兰到达威悉河河口，接着逆流而上直至日耳曼尼亚的核心地带。为了辅助运送，奥古斯都的继子德鲁苏斯（Drusus）命人挖出一条运河——福斯德鲁斯运河（Fossa Drusiana），将莱茵河、艾瑟尔河（IJssel）和弗莱福湖连接起来。起初，罗马人对日耳曼人的征服还算顺利，但在公元9年，3个罗马军团及其辅助部队共计2.7万人在条顿堡森林（Teutoburger Wald，低地国家地区以东）遭遇伏击并惨败。失败之际，莱茵河军队的首领以真正的罗马人的方式自刎身亡。莱茵河再次成为边界，而弗里斯兰人继续与罗马结盟，或许是由于比起罗马，他们更加惧怕东边的部落。在接下来的40年里，罗马人又穿过弗里斯兰对日耳曼人发动了6次入侵，均没有在莱茵河以外的地区建立长久统治。直至罗马帝国灭亡，比利时高卢行省一直是重兵把守的边境省份。

弗里斯兰人同罗马人的结盟关系并不密切，他们既不受罗马统治，也不需要缴纳税赋，但要向罗马人进贡。而且有专门的驻军负责接收，贡品为一定数量的军用牛皮，尺寸和质量未作规定。公元28年，统领驻军的百夫长欧兰纽斯（Olennius）下令，贡品应为欧洲野牛皮，欧洲野牛目前已经灭绝，相较于家牛，它的牛皮尺寸更大，也更加坚韧。不久，罗马人宣称弗里斯兰人违约，驻军大肆掠取家牛、土地、妇女和儿童，弗里斯兰人奋起反抗，将这些收缴贡品的驻军钉在十字架上。欧兰纽斯逃到弗勒乌姆［Flevum，现费尔森（Velsen）］的堡垒中躲了起来，弗里斯兰人围攻无果。随后，莱茵河的驻军前来支援，但乡村泥泞积水，军队无法有效部署，支援部队解救骑兵于包围后便撤回到安全地带。直至后来才发现有900人没有成功撤退，丧命于巴杜亨那丛林（Grove of Baduhenna），另有400人藏于一名退伍士兵的庄宅内，为免于被俘献祭给弗里斯兰战争女神，全部自杀。

弗里斯兰人的反抗阻止了罗马人在莱茵河以北地区的统治长达20年，但在公元47年以后，弗里斯兰人再次意识到罗马的至高权威，因为罗马军队可以保护其免受东部部落的侵袭。罗马边境军队的长官科尔布罗（Corbulo）与弗里斯兰人签订了一项新的同盟条约，确定并承认了弗里斯兰的疆域，并以罗马行省自治区的模式重组了他们的政府。科尔布罗同时巩固了莱茵河的防御，命人在马斯河下游和莱茵河之间挖出一条运河，便于边防驻军的物资供给。

罗马人的强取豪夺引发了莱茵河下游流域最为著名的反抗。这场反抗由巴达维人尤利乌斯·奇维里斯（Julius Civilis）领导。巴达维人生活在莱茵河流域一座宽广的"岛"上，通常被认为是瓦尔河（Waal）与莱克河（Lek）之间的贝蒂沃（Betuwe），现在瓦尔河与莱克河是这块三角洲的两大主要河流。塔西陀在《日耳曼尼亚志》(Germania)中将巴达维人描述为莱茵河流域所有日耳曼部落中"最有男子气概"的人。也许在弗里斯兰人之前,罗马人已经用同样的方式,通过条约确定了巴达维人的疆域,同时鼓励他们接受罗马式的地方行政管理。作为一个独立的附庸部落,巴达维人无需向罗马缴纳税款,但要接受罗马的驻军并提供军队接受罗马人的训练,为今后的辅助部队作储备。自公元前12年奥古斯都入侵日耳曼尼亚后不久,巴达维人就一直是这样做的,但与多数附庸部落不同,他们的军队听从于自己的长官。由于巴达维人身材高挑,罗马皇帝很快便使用他们作为仪典卫兵。

公元68年,塞维乌斯·苏尔皮奇乌斯·伽尔巴(Servius Sulpicius Galba)领导的叛乱即将取胜时,罗马皇帝尼禄(Nero)自杀。罗马元老院承认伽尔巴为尼禄的继任者。然而,公元69年是历史上的"四帝之年",驻扎在边境的罗马军团纷纷宣布各自的首领为皇帝,他们分别是莱茵河的奥鲁斯·维特里乌斯(Aulus Vitellius),多瑙河的马库斯·萨尔维乌斯·奥托(Marcus Silvius Otho)和黎凡特(Levant)的维斯帕西安(Vespasian)。伽尔巴及其指定的继承人遭人谋杀。维特里乌斯派遣征兵队前往巴达维为内战招募新兵,这支军队极其贪婪且放荡。据塔西陀描述,他们绑架老弱人士以索要赎金,掳掠最美貌的少女满足自己的淫欲。独眼的克劳狄·奇维里斯(即尤利乌斯·奇维里斯)是巴达维人的首领,也是一名经验丰富的辅助部队指挥官。他邀请其部落的头领们到一处神圣的小树林里赴宴,号召他们夺回曾经的自由,他说:"罗马人不再视我们为盟友,而是奴隶。"这些人决定割裂与罗马的结盟,并发誓和祭祀以保守秘密。他们派遣信使到邻近的部落,同时把消息传给驻扎在不列颠尼亚

（Britannia）和日耳曼尼亚的巴达维辅助部队。

叛乱的第一场战斗在莱茵河打响，巴达维人及其邻近部落的卡纳内菲特人和弗里斯兰人联手抗击罗马士兵。战争中，一支高卢辅助部队临阵倒戈，同时莱茵河舰队的巴达维桨手们制服了他们的长官并把战船提供给奇维里斯。在第二次交战中，比利其辅助部队拒绝为罗马人再战，而已被罗马人在战争中部署的巴达维骑兵也在战场上向奇维里斯倒戈。此刻，罗马人既要面对经验丰富又受过他们训练熟知其战术的辅助部队，还要面对莱茵河岸成群结队的日耳曼人。奇维里斯对罗马的第一次围攻选择在设防的维提拉［Vetera，现德国桑滕（Xanten）］营地，那里的防御战士看到来军既举着罗马军旗，又挥舞着"丛林野兽构成的部落图腾"，内心十分惶恐。直到他们看见远方燃烧农庄所升起的缕缕烟雾，才再次恢复军心，那是罗马军队前来救援的标志。

维提拉的解围远无法结束这场叛乱。此时此刻，奇维里斯已让罗马敌军误信他的此番行动是在反对维特里乌斯领导的军团，转而支持维斯帕西安。同年年底，随着维斯帕西安的部下控制了罗马军团，其欲摧毁莱茵河及东北高卢罗马军力的目的显而易见。随着奇维里斯的意图逐渐明晰，一众早有叛意的比利其首领在科隆会面，组成了辅助巴达维人行动的联盟。该联盟由两个特雷维里长官领导，一位是罗马辅助骑兵部队的指挥官克拉斯库斯（Classicus），另一位是莱茵河河岸辅助部队的指挥官尤利乌斯·图特（Julius Tutor）。他们两个曾是维特里乌斯的支持者，现在加入了奇维里斯的阵营反对维斯帕西安。忠于维特里乌斯的军队和忠于维斯帕西安的军队在首都罗马展开巷战，日耳曼人的辅助部队放火焚毁城市，比利其的德鲁伊教宣称这是罗马政权结束的象征。随后，克拉斯库斯宣布"高卢帝国"成立，他要求比利其的支持者们和一些仍反对维斯帕西安的罗马军团宣誓效忠。尤利乌斯·萨宾努斯（Julius Sabinus）的曾祖母是凯撒在高卢战争时期的情人，他认为自己才应是帝国的皇帝。

巴达维人仍旧在军事上保持独立，受启于神秘的女先知韦莱达（Veleda），他们同莱茵河流域的日耳曼部落结成联盟。这位女先知居住在一座隐秘的塔里，通过一名男孩向外界传递神谕。日耳曼人有一种贵族怀旧的方式：蓄起长发并染红，奇维里斯便是如此。一些比利其部落，尤其是内维尔部落、佟古累部落和门奈比部落依然与罗马结盟，直到受迫才屈服于巴达维部落和特雷维里部落。然而，罗马辅助骑兵部队指挥官克劳狄·拉贝奥（Claudius Labeo）领导了一场支持罗马的巴达维游击战，事情迅速变得复杂。克劳狄·拉贝奥是奇维里斯在部落内争权的对手。尽管塔西陀用简单的修辞比较了野蛮部落的自由与罗马的有序，但无论是巴达维人、比利其人，还是莱茵河驻军，都因受到权力斗争的影响而变得四分五裂。罗马人对他们长达一个世纪的统治使其不可避免卷入权力斗争当中。

尽管犹太人的叛乱分散了罗马的军力，维斯帕西安依然在高卢快速建起一支8个军团的新军队，皮蒂留斯·凯利亚里斯（Petilius Cerialis）任军队指挥官。他很快与仍反对维斯帕西安的罗马军队达成和解，同时打败了比利其联盟。作为指挥官，凯利亚里斯行事鲁莽，多次置自己于险境。但他的脱身与勇气没有多少关系。一天晚上，凯利亚里斯的部分莱茵舰队遭到突袭并被拖走，若不是他与一名日耳曼情妇幽会，早已偷偷上岸，必定难逃此劫。巴达维人把掠走的船只作为礼物献给韦莱达，或许是为了延续把战利品献给神灵的习俗。同时，奇维里斯将掠来的剩余船只全部部署在莱茵河的三角洲区域，以拦截罗马的物资补给舰队。他还命令工兵改变部分莱茵河河道，让洪水淹没村庄，阻挡住凯利亚里斯军队的前行。奇维里斯看出维斯帕西安正在重建帝国统治，而他此刻也率领着数支强大的步兵、骑兵、海军和工兵队伍，眼下正是与敌人谈判的绝佳时机。奇维里斯与维斯帕西安在一座桥上会面，桥的中间已被破坏，这样双方既可以近距离交流，也不必担心对方使诈。随后发生了什么我们也不得而知，因为塔西陀《历史》(*Histories*) 中这一部分的描述已经散佚了。在后来的10年里，罗马人在一次入侵日耳曼尼亚时俘获了韦莱达，耀武扬威地带回了罗马。有"高卢凯撒"之称的尤利乌斯·萨宾努斯，躲在一处洞穴里生存了9年，后被找到并被处死。

　　巴达维人作为一个部落似乎与罗马达成了和平，并按照此前的约定又一次成为罗马的附庸国，他们提供兵役的同时无须缴纳赋税。公元80年前后，距离巴达维人发起叛乱已经过去了10年，莱茵河边境线的军事区被划为上、下日耳曼尼亚行省（Upper and Lower Germany），这两个行省的交界处离波恩（Bonn）不远。在如今的荷兰境内，下日耳曼尼亚行省的自治区包括弗里西沃内自治区、卡纳内菲特自治区及巴达维自治区。诺维马古斯（Noviomagus，现奈梅亨）是巴达维自治区的主要城镇。16世纪末荷兰人的反抗与主导人们思想生活的人文主义者对塔西陀的推崇相一致。自那以后，奇维里斯对于荷兰人而言，就像后来爱比奥里克斯对于比利时人一样，成为自古流传下来的热爱自由、反对专制的象征。值得注意的是，这两位对民族形象影响巨大的古代战士都是从历史中消失之人。

罗马化时期：公元80—396年

罗马人的课税和征兵必然会招致不满，他们带来的其他益处却受到了极高的赞扬。在帝国境内，罗马人的技术被普遍应用，奢华的生活方式深入人心，但这些在境外的弗里斯兰不断弱化，人们只是零零散散地使用罗马的钱币、玻璃器皿和珠宝，也鲜少借鉴打井和家禽饲养的技术。弗里斯兰人同罗马人结盟有其目的，但不包括成为罗马人，不过他们倒是乐于接受那些看起来有用和新奇的事物。罗马文化影响的区域远超其军事边界。德伦特省的韦斯特（Wijster）有一个相当大的村庄，该村庄早在4世纪时就将剩余产物出售给在其南面90多公里外的莱茵河要塞。那里不受罗马统治，但完全在罗马经济的影响范围内。

低地国家最早期的历史存在一个主要问题，即它是由宗主国的罗马人书写而成。只有当该地发生入侵、反叛或行省的重组时，罗马人才会注意从而产生兴趣。罗马生活方式的传播一定要从定居方式、铭文及其他物质遗迹等方面来推断。有一个变化是清楚的：比利其陶工开始采用罗马的风格和技术（比如制陶旋盘）仿制出"比利其陶器"，将其作为罗马货物的廉价替代提供给整个北部高卢和莱茵驻军。然而惊奇的是，大量高品质的意大利陶器出口到此，甚至在弗里斯兰的领土内还发现了赭色赤陶。1986—1995年间，考古学家在奈梅亨的抢救性挖掘中发现了骑兵的马厩和驻军的生活痕迹。他们不仅食用产自当地和北部高卢的牛肉、鱼、谷物、家禽和盐，而且食用产自西班牙和意大利的鱼酱、葡萄酒和橄榄油，还包括产自埃及的椰枣。罗马人把家养的鸡引入北欧，在奈梅亨也可以发现有关这些的一些最古老的遗迹。该城还有一处军事工厂遗址，生产房顶红瓦。随后在所有罗马统治下的高卢地区，红瓦迅速取代了屋顶的茅草。在莱茵河边界，比如奈梅亨和桑滕；或者在萨克森沿岸，比如阿尔登堡（Aardenburg）和奥登堡（Oudenburg），这些地方建起的军事堡垒都极大地促进了罗马化进程，但它们不是这一进程唯一的中心。

　　暂不论大型军营以及为其服务而发展起来的城镇，有证据表明罗马在低地国家的影响力随地势走低而减弱。现德国的特里尔在那时是一个繁华的皇城，如今的卢森堡和比利时南部在那时是高卢境内与皇城连接的腹地；现比利时的瓦隆，在那时遍是山谷和丘陵，其间散落着石头建造的城镇与别墅。在巴达维人发起反叛的一个世纪以后，镶嵌马赛克出现在该地一些豪华的城镇房屋和别墅里。在低地地区，石头要比高地地区更加稀少，城镇、村庄和别墅主要由木材建造，罗马化的痕迹难以察觉。不过，即使在这样的地方，罗马文化和罗马道路也从根本上改变了比利其人和巴达维人的生活方式。例如，如今的比利时城市蒂嫩（Tienen）很可能是佟古累人领土内最重要的乡村聚落。它作为一个未设防的农业城镇逐步发展起来。这里道路交错，佟古累人的首府通厄伦到门奈比人的首府卡塞勒之间有一条主路，与南北向的小路交错在一起。1世纪早期到3世纪晚期是蒂嫩的繁荣期，其政府组织和生活方式已经彻底罗马化了。虽不能用罗马驻军曾驻扎在此来解释这一现象，但我们还发现了一些用具遗迹，包括产自南部高卢、意大利和西班牙的壶与双耳酒罐。

在1世纪的最后几十年，埃希特纳赫（Echternach）出现了一座宫殿似的乡村别墅。这座别墅远离交通主干道、军事要塞以及贸易和行政中心，似乎宣告着有一位特雷维里贵族在一座大庄园里过着罗马富人式的生活。此后，帝国内部麻烦不断，在距离该别墅不到2公里的地方出现了一座小型私人城堡。这种完全采用罗马方式的个人决定可能并不常见。罗马化通常是一个循序渐进的同化过程。在2世纪和3世纪，一些居民定居点已经成了主要城镇，这一过程展现了三大主要力量相互结合的影响：一是与更大的经济体系相融合；二是通过驻守要塞或参加辅助部队来和帝国上下的士兵相互影响；三是采纳罗马的司法、行政管理和宗教仪式。

宗教是罗马影响最为复杂的领域之一。凯撒发现，高卢人信奉的神与希腊罗马信仰的众神是相似的，他认为墨丘利（Mercury）、阿波罗（Apollo）、玛尔斯（Mars）、朱庇特（Jupiter）和密涅瓦（Minerva）与高卢人的神灵是同等的。然而高卢人也视某些特定的树林和泉水为神物，对此罗马入侵者无法理解。罗马的统治刚一建立，那些获得公民身份的人就被鼓励信奉罗马神灵。在某些时候，他们还被要求祭祀被尊为神明的罗马皇帝，并被禁止参加德鲁伊教的宗教仪式。尽管如此，罗马人大体上是尊重当地的神灵的。神灵的名字合并在一起出现，比如特雷维里人在特里尔城外建造了一座宏伟的罗马式神庙，用以敬拜列诺斯—玛尔斯（Lenus Mars）；巴达维人用进口的石头在埃尔斯特（Elst）建造了一个大型的神庙群，可能是敬拜赫克琉斯—马古萨努斯（Hercules Magusanus）。这些神灵与官方或非官方的罗马神灵共同存在，马斯特里赫特的朱庇特神庙（现荷兰德尔隆酒店之下存有其遗迹）就是一个例子。狩猎女神阿尔度纳（Arduinna），曾以其神圣森林之名命名了阿登高地，现在似乎只是女神狄安娜（Diana）在当地的表达。还有一些本地的神灵也许保留了特色，比如内哈勒尼亚（Nehalennia），她作为莱茵河—斯海尔德河三角洲地区的富足女神，商人和海员们献给了她大量的铭文和供品。

尽管没有官方的支持，密特拉教（Mithraism）和基督教凭借罗马便利的交通在帝国内部得以传播。1998年，人们在蒂嫩发现了一座建于3世纪中期的密特拉神庙遗址。神庙本身是一间小屋，可以容纳十几个信徒，其中一部分位于地下，形成了一个洞穴。但是人们在其中发现了一次仲夏晚宴的残余所形成的沉积物，可以推断宴会摆有鸡肉、猪肉、羔羊肉以及葡萄酒，可供100多名客人享用。由此可见，即使是波斯的神秘宗教也沾染了比利其的色彩。同犹太人和一些哲学流派一样，基督教徒拒绝向罗马皇帝献祭，为此度过了一段艰难的时光。后来的圣传提到，大约在公元290年，也就是戴克里先（Diocletian）统治时期，有少量的基督徒在比利其的城镇里殉道。这些牺牲者通常被视为第一批将基督教传入当地的先驱。基督教团体正式在比利其建立有一个明确的标志，即在君士坦丁（Constantine）改宗，使基督教受到尊重后不久，公元314年特里尔和兰斯的主教参加的阿尔勒公会议（Council of Arles）。

在这之前，罗马陷入了长达一个世纪的危机。公元235—284年是罗马内战最混乱的时期之一，50多个分刮帝国权力的争夺者纷纷涌起，边境的军事组织几近崩溃。公元256年，法兰克人（Franks）

在科隆越过莱茵河，先后洗劫了高卢和伊比利亚（Iberia）。巴达维将军、下日耳曼尼亚将领波斯图穆斯（Postumus）在抵御法兰克人时小有战绩。公元258年，波斯图穆斯自封皇帝，并取得了高卢、不列颠（Britain）和伊比利亚行省长官的认可。在罗马征服的200年后，一个巴达维人获得了凯撒拼尽全力才取得的头衔。罗马帝国自此分裂为伽利埃努斯（Gallienus）领导下的"罗马帝国"和波斯图穆斯领导下的"高卢帝国"。公元269年，波斯图穆斯去世，他生前加固了比利其行省的军事防御工事，并在科隆到布洛涅（Boulogne）的主路及其他沿线上建立起一系列的瞭望塔和配套的设防仓储基地，进一步加强了边境的军事力量。与此同时，北部行省许多不设防的乡镇开始建城，山岗堡垒又被重新起用，作为暂时躲避掠夺者的避难所。"高卢帝国"仅在波斯图穆斯逝后存活了5年。公元274年，其继承者之一泰特里库斯（Tetricus）被"罗马帝国"的皇帝奥勒良（Aurelian）打败并废黜。几乎是紧接着，法兰克人再次发动入侵，较第一次更加猛烈，他们扫荡了整个高卢地区所有的行省。毫无疑问，若要在边境地区建立有效的防御组织，必然需要一位最高将领亲临指挥。

随着皇帝戴克里先的崛起，罗马帝国逐渐归于稳定。公元286年，也就是戴克里先受封为奥古斯都之后两年，他任命马克西米安（Maximian）为副帝，专门负责北部边境的防御。不久，门奈比将军卡劳西乌斯（Carausius）成为第三位副帝，被任命为凯撒。起初是他的军队称其为帝，马克西米安未能将其打败才只好接受。卡劳西乌斯是第二个有帝王头衔的低地国家人，同波斯图穆斯一样，他的崛起要归功于其战胜了法兰克和撒克逊（Saxon）的掠夺者。卡劳西乌斯率领着位于布洛涅的罗马舰队,加强了不列颠东南部以及沿大陆海岸线从布洛涅到莱茵河入海口的"撒克逊海岸"的防御。公元293年,戴克里先和马克西米安罢免了卡劳西乌斯,任命伽列里乌斯(Galerius)和君士坦提乌斯·克洛鲁斯(Constantius Chlorus)为共治凯撒,后者受托管理整个高卢。该年年底,君士坦提乌斯已经拿下了布洛涅,而卡劳西乌斯则被其手下谋杀。公元294年和295年,君士坦提乌斯率领大军平定了莱茵河三角洲的法兰克人聚集地。公元296年,他入侵不列颠,废黜了卡劳西乌斯的继任者。没有人想到,罗马帝国幸存了下来,并且再次统一。

罗马重获统一后,戴克里先调整了帝国的管理结构。他颁布法令,将许多现有行省一分为二,同时增加了每个行省高级长官的数量。比利其行省因此被划分为第一比利其行省(Belgica Prima)和第二比利其行省(Belgica Secunda),首府分别是特里尔和兰斯。佟古累部落并入重组后的下莱茵省(Lower Rhine province),即第二日耳曼尼亚行省(Germania Secunda)。法兰克人与罗马人签订了条约,他们据此居住在第二日耳曼尼亚行省的大部分地区,不再使用曾经的部落名。随着布洛涅、图尔奈、康布雷(Cambrai)成为新型的行政管理中心,自治区(civitates)的含义也发生了改变。自治区这个词不再指地区本身,而是指地区首府。阿登高地的森林成为帝国财产,这预示着帝国的管理者们要接管诸如采石场、森林等大型商业资产和自然资源。

特里尔作为阿尔卑斯山以北皇家的主要居住地,在3世纪晚期和4世纪十分繁荣。城市建有西罗马帝国主要的钱币铸造场、罗马城外最大的浴场、一座宫殿、一个马戏团和一个规模宏大的圆形竞技场。统治者们带着帝国各地的侍臣、行政人员和士兵来到这里，还有从叙利亚（Syria）和巴勒斯坦（Palestine）慕名而来的商人。特里尔的繁荣始于君士坦丁将基督教定为国教前不久，这也使其在4世纪的基督教著作中占有显著地位。当时特里尔仍有许多异教徒，即使在受过教育的人中也存在，不过基督教和狂热的东正教教徒仍占主导。亚历山大城（Alexandria）的主教亚他那修（Athanasius）因与对手多次就教义争辩，失宠于君士坦丁，被流放到了特里尔。当时君士坦丁正在君士坦丁堡（Constantinople）修建新首都。在《忏悔录》（Confessions）中奥古斯丁（Augustine）提起自己的一位朋友讲述到访特里尔的经历给他的影响。他的朋友遇到安顿在城墙下花园中的僧侣，他们的房子简单朴素，财产也寥寥无几，其中包括一份亚他那修的手稿，记述了埃及基督教隐士圣安东尼（St Anthony）的一生。亚他那修的一位亚美尼亚（Armenian）朋友圣瑟法斯（St Servatius）是现比荷卢境内诞生的第一位主教。他在通厄伦建立了教权，却在去世前将其转至更加安全的马斯特里赫特。圣瑟法斯主教的遗物每七年会被拿出，在市内进行巡游，吸引了数千名朝圣者和观众，最近一次是在2011年。阿登高地的基督教文化进入了繁荣期，主要集中在特里尔和一些现今属于法国的高卢西部城镇。然而，直至4世纪下半叶，比荷卢地区其他有关基督教的事物就寥寥无几了。

公元364—375年，罗马皇帝瓦伦提尼安一世（Valentinian Ⅰ）在特里尔建立统治，成为西罗马帝国最后一位伟大的皇帝。作为一名职业军人，他喜欢任命专业人员和士兵担任行政职务。在其统治时期，有两个人物经常出现在特里尔：一位是图尔（Tours）的主教马丁（Martin），他原本是潘诺尼亚（Pannonia，现匈牙利）的老兵，后成为传教士和圣人；另一位是高卢的拉丁语诗人、皇储的老师奥索尼乌斯（Ausonius）。他所写的《摩泽尔河》（*Moselle*）一诗赞美了摩泽尔河（现卢森堡大公国的东南部边界，卢森堡国歌提到的河流之一），描写了诗人随瓦伦提尼安一世征战日耳曼人后返程时的所见所闻。《罗马名城颂》（*Ordo Urbium Nobilium*）是奥索尼乌斯的一部短诗集，描绘了罗马的各大城市，其中特里尔位于罗马、君士坦丁堡、迦太基（Carthage）、安条克（Antioch）和亚历山大之后，排名第六。此外，他还将特里尔比作帝国军队的食物、衣物和武器库。因为特里尔的皇家工厂生产盾甲、军械、毛织品和用金银线刺绣的布料，特里尔还建有船坞，可为莱茵河舰队供应部分战船。这些制成品的原材料均取自阿登高地广袤无垠的帝国地产，土地还可以种植农作物。

瓦伦提尼安一世去世后，官职逐渐被意大利和高卢的大家族占据。大地主们在各个方面扩张自己的势力。公元3世纪，罗马北部行省的农业经济陷入危机：人口在下降，财富不断向少数人聚拢，穷人为了生存卖身为奴。早在公元297年，戴克里先就已下令用货物而不是持续贬值的货币纳税。早在罗马灭亡之前，维护封建秩序的贵族—农业社会已经开始成形。

罗马统治的结束：公元396—500年

几个世纪以来，北部边境一直是罗马帝国最富饶的兵源地之一。从地中海到哈德良长城（Hadrians Wall），其间驻扎着布立吞人（Britons）、高卢人、弗里斯兰人和巴达维人。凭借着常用的军事道路网，低地国家甚至与中东地区建立起连接。然而随着时间推移，新兵的征募逐渐越过莱茵河，扩展到日耳曼人甚至匈人（Huns）。公元 357 年，罗马帝国和一些法兰克人签订条约，将边境内马斯河至斯海尔德河的土地割让给他们，作为交换，法兰克军队要驻守边境。公元 373 年，这些法兰克人击溃了一支撒克逊掠夺者的军队；公元 388 年，他们又驱赶走一群没有结盟的法兰克人。同时，与罗马结盟的日耳曼人也愿为帝国而战。渐渐地，莱茵河以外的士兵和居民不断涌入，融入当地的生活，西罗马帝国的许多地区开始出现日耳曼化。公元 396 年，面对巴尔干地区（Balkans）的哥特人（Goths）向罗马发起的挑战，罗马正规军通过一项条约，将莱茵河边境的防御全权交给了法兰克人和阿勒曼尼人（Alemans），颂词诗人克劳狄安（Claudian）将这份条约列为罗马将军斯提里科［（Stilicho，有汪达尔人（Vandal）血统］的显赫战绩之一。

10 年后，随着公元 406 年冬季的"大入侵"，日耳曼人移民潮达到顶峰。汪达尔人、勃艮第人（Burgundians）、施瓦本人（Swabians）以及阿勒曼尼人在美因茨越过冰封的莱茵河进入罗马，帝国的边境防御随之崩溃。新加入的移民使法兰克人数量倍增，维持了他们对第二日耳曼尼亚省的控制，并扩张到第二比利其行省的部分地区，此时再无公民行省政府可言。这一时期，罗马和比利其的贵族地主们纷纷搬离自己的土地，远离战乱的边境。

埃提乌斯（Aetius）是众多被称为"最后的罗马人"中的一个，他在晋升为高卢军队最高指挥官之前，曾在日耳曼人和匈人部落中当了多年的外交人质。因为埃提乌斯，莱茵河的边界地区才得以快速收复，也正是在他的统治下，才出现了在特里尔铸造的最后一批钱币。公元451年，埃提乌斯率领着一支由西哥特人（Visigoths）、勃艮第人和法兰克人组成的军队，打败了阿提拉（Attila）率领的匈人大军。公元454年，埃提乌斯找到瓦伦提尼安三世（Valentinian Ⅲ），要求他将女儿许配给自己的儿子。然而，瓦伦提尼安三世亲自杀死了埃提乌斯。次年，瓦伦提尼安三世又被忠于埃提乌斯的士兵杀死。20年过去了，西罗马帝国的最后一位皇帝被废黜。但随着瓦伦提尼安三世被杀，罗马对低地国家的直接统治已经随之结束。

5世纪中叶时，法兰克人控制着所有曾被罗马管辖的低地国家。瓦伦提尼安三世死后，法兰克将领希尔德里克（Childeric）获得帝国认可，成为行省长官。希尔德里克将自己的首府设在内维尔自治区的图尔奈。法兰克人或许还没能完全理解罗马政府的管理准则，但他们衷心希望这种管理可以延续下去。公元481年，希尔德里克去世，法兰克人在图尔奈为他举行了法兰克王室级别的葬礼。1653年考古队发现了他的陵墓，最先公布的报告证实了这一点。在陪葬品中，既有象征他将领身份的战斧，也有显示其拥有帝国权威的印章戒指。

与统治西罗马帝国其余大部分地区的日耳曼人不同，法兰克人还不是基督徒。西班牙和意大利的哥特人以及北非的汪达尔人信仰阿里乌斯教（Arians），而罗马化的臣民信仰正教，这使得他们之间的文化出现割裂，同时阻碍了通婚。同为异教徒，盎格鲁—撒克逊人（Anglo-Saxons）和法兰克人的劣势略有不同。盎格鲁人和布立吞人在宗教上的分歧长达一个世纪。但对于法兰克人来说，这个问题只是短期的。希尔德里克的儿子兼继承人克洛维（Chlodovech）

统一了法兰克人并将其统治扩张到高卢的大部分地区。公元496年后的某一天,克洛维接受了兰斯主教的洗礼,高卢贵族和法兰克贵族就此开始融合。公元511年克洛维去世后,他的事业由继任者们继续完成:公元550年,希尔德里克的后代统治了整个高卢地区,以及现德国南部和中部的大部分地区。

此时,布满沼泽和土丘的北尼德兰(north-Netherlandish)沿海地区依然是弗里斯兰人的中心地,而撒克逊人则控制着大河以北的近陆地区。法兰克人向高卢扩张时,甚至把莱茵河三角洲的部分土地让给弗里斯兰人,这片土地自法兰克人与罗马人初次结盟后就一直在法兰克人统治之下。莱茵河三角洲再一次成为边境地带最明显的分界线,它分隔了两种相互影响又彼此不同的文化。在中世纪鼎盛时期,法兰克语、撒克逊语和弗里斯兰语相互作用并融合,诞生了荷兰语。低地国家逐渐从边境地区或军事碉堡变成了十字路口。

圣徒时代:公元500—800年

在中世纪早期,基督教会取代罗马帝国成为罗马文化的宣传机构。历史主要由修道院记录。主教、男女修道院院长和隐士们帮助日耳曼异教向拉丁基督教转变,他们去世后,被人们奉为天国的守护者,庇护着他们带来的新社会。兰斯是雷米吉乌斯(Remigius)主教为克洛维洗礼的地方,因而成了法兰克的精神之都。随着法兰克的势力向东、向南发展,巴黎和其他城镇取代图尔奈,成了王室的主要居所。克洛维的孙子克洛塔尔一世(Chlothar I)占领了整个高卢,但由于法兰克王室在继承问题上反复无常,这个王国一再分裂和统一。

克洛维的受洗并不意味着法兰克作为一个民族立即改变信仰。基督教与罗马—高卢贵族和法兰克王室紧密相连。低地国家的大多数居民仍然是异教徒，改变他们的信仰是一项缓慢的工作。但法兰克诸王坚信，给予他们胜利的唯一真神应受到所有承认他们权威的人的崇拜。公元500年前后，这项工作在低地国家开始进行。兰斯的主教雷米吉乌斯派遣一名阿基坦人（Aquitanian）维达斯图斯［Vedastus，又名"瓦斯特"（Vaast）］前往荒废的阿拉斯（Arras）主教区传教。公元540年，维达斯图斯去世，尽管没能把基督教传播到附近的乡村，但他已经恢复了阿拉斯的基督教生活。与他同时期的另外一位阿基坦人，更加年轻的特里尔主教尼斯提乌斯（Nicetius），同样恢复了自己教区的基督教生活，还振兴了摩泽尔河谷的葡萄酒产业。在那时，通厄伦或是马斯特里赫特也有一位活跃的主教名叫多纳提乌斯（Donatius），他在默兹山谷传道。据传，这位主教曾制服过一条在于伊（Huy）附近的水塘里兴风作浪的恶龙，也许是在隐喻他成功地打败了狂热的异教徒。

尽管基督教在当地逐渐恢复，但在低地国家的乡村地区却进展缓慢。甚至在城市中，异教也不断占据上风。公元6世纪，阿拉斯主教区与康布雷主教区合并，图尔奈主教区与努瓦永（Noyon）主教区合并，通厄伦主教区也一度与科隆主教区合并。尽管主要的教堂得以保留，但基督教势单力薄，在低地国家内竟没有一位常驻主教。靠近布鲁塞尔的尼韦尔（Nivelles）原名是尼维拉（Niuwiala），意为"新的献祭地"，见证了异教仪式的重新传播。公元7世纪，爱尔兰修道院的传教士们遏制了基督教的衰退，情况随之发生逆转。

爱尔兰的修行制度极大促进了"为耶稣流亡"这一概念的形成，意思是修行者离开家乡，在陌生的环境里祷告或是朝拜度过一生。爱尔兰的修道士们在基督教国家的边缘建立起流亡者修道院，先是在爱奥那岛（Iona）的苏格兰人当中，后在法兰克人中建起。这些修道院很快成为向乡村和周围异教徒传教的据点。在当时的大陆上，最重要的爱尔兰朝圣者及传教士是高隆邦（Columbanus），他于公元590年离开了爱尔兰。其主要传教基地位于勃艮第（Burgundy）的吕克瑟伊（Luxeuil）。这个修道院很快吸引了法兰克王国上下的新成员加入，他们延续着创立者的传教传统。达戈贝尔特一世（Dagobert Ⅰ）是高卢东北部一位长期在位的国王，他曾短暂地（公元628—637年）统治过整个法兰克王国。其在位时，受过爱尔兰修道院传统训练的传教士们首次尝试将低地国家基督教化。奥默［Omer，又名"奥多马罗斯"（Audomarus）］就是这批传教士中的一个，他后来成为达戈贝尔特重建的泰鲁阿讷主教区主教，和他的同伴贝尔坦（Bertin）一起在现在的法国东北部传播基督教。还有一位叫安利日［Eligius，又名"埃洛伊"（Eloy）］的传教士，经训练后成为一名金匠，是远近闻名的能工巧匠，最终成了金属工及其行会的主保圣人，人们常用工人的锤子代表他。安利日是第一个在现佛兰德斯海岸的村庄里传教的人。他还曾平息了达戈贝尔特一世与阿曼杜斯（Amandus）之间的争论，后者是法兰克王国统治的低地地区最活跃的早期传教士。

尽管阿曼杜斯本人不是出自爱尔兰修道院，但他成长的环境深受高隆邦和图尔主教圣马丁的影响，他在这样的氛围下长大成人并作为隐士生活了15年。后来阿曼杜斯被任命为传教士主教，不特别供职于某个教区，只要有布道的机会，他就会去传播福音。没有人知道他与达戈贝尔特一世争论的原因，但有人推测是达戈贝尔特不同意阿曼杜斯传教给那些不承认法兰克统治地位的部落。这似乎也说得通，若国王的敌人也向上帝祈求胜利，那这位国王又该如何是好？在安利日的斡旋下，阿曼杜斯得到了王室的全力支持。有此助力，阿曼杜斯不仅向低地国家、多瑙河流域和比利牛斯山脉的异教徒传教，还拆掉了异教的寺庙和神像，在原址建造起基督教堂和小礼拜堂。

像许多早期的传教士那样，阿曼杜斯也建造了修道院，仅在低地国家就参与了超过 12 座修道院的建设。其中包括尼韦尔的女修道院，这里本是"新的献祭地"，在法兰克贵妇格特鲁德（Gertrude）的领导下变成了基督教徒祷告和学习的中心。几乎在同时代出现的作品《圣格特鲁德传》(*Life of Saint Gertrude*) 和其他相关的文字都成为 7 世纪晚期法兰克人历史中非常重要的文献。其父亲兰登丕平（Pepin of Landen）创立了之后的贵族王朝即加洛林王朝，只有通过这些史料，我们才能准确详细地了解到丕平的家庭关系和政治生涯。白加（Begga）是格特鲁德寡居的姐姐，晚年时，她和一群来自尼韦尔的修女在那慕尔附近的昂代讷（Andenne）修建了一座修道院。格特鲁德和白加的兄弟格里莫尔德（Grimoald）没有留下子嗣就死了（被一个弗里斯兰人谋害），丕平的谱系由白加的儿子赫斯塔尔的丕平（Pepin of Herstal）延续。

贵族修道院获得的资金使其在当地的经济生活中举足轻重。除了获赠土地外，院里的修道士们还享有社会、知识和道德上的名望。几百年来，修道院的影响还在持续，在低地国家的方方面面发挥着重要作用。中世纪的佛兰德斯有两个最强大的教会机构，分别是根特（Ghent）的圣彼得（St Peter）修道院和圣巴沃（St Bavo）修道院，二者均由阿曼杜斯创立。圣巴沃修道院是为了纪念阿曼杜斯在当地最早结识的传教伙伴，那是一位寡居的贵族，一生都在阿曼杜斯的指引下独自祷告，这位贵族死后不久，其坟墓便成了朝圣之地。在阿曼杜斯去世后的两三年内，基督教传教活动从法兰克王国统治下的低地地区扩展到弗里斯兰人和撒克逊人的土地上。

公元 4 世纪的弗里斯兰洪水泛滥，一度使该地区不适宜人类居住。目前还无法确定罗马时代的弗里斯兰人与中世纪的弗里斯兰人是否有联系，又是怎样的联系。他们没有留下任何文字记录，只能在外族的资料里有所见闻。法兰克人提供了大量的文字记录，出于偏见，他们始终称弗里斯兰人的统治者为"伯爵"或"公爵"，而在数量不多的英文资料里则是"国王"。公元 7 世纪晚期和 8 世纪早期，乌特勒支成为弗里斯兰王室的主要居住地。这里所发现的黄金和奢侈工艺品都是集中在 5—7 世纪生产的，似乎表明了更早期的王权中心位于尼德兰的最北部，即现在的弗拉讷克（Franeker）附近。乌特勒支的崛起可能反映了沿河贸易对弗里斯兰王室财富日益增长的重要性。偶有的军事交锋占据了历史资料的主要篇幅，但在考古记录中，持久有序的贸易关系则更有代表性。弗里斯兰人和法兰克人经济联系紧密，使得"弗里斯兰人"变成了"商人"的同义词。

法兰克人或许曾帮助弗里斯兰人对抗丹麦人，这在图尔的格雷戈里（Gregory）叙述的海格拉克（Hygelac）之死（如果无误的话）中有过暗示，盎格鲁—撒克逊史诗《贝奥武夫》（*Beowulf*）也曾提及。《贝奥武夫》中的另一段描写揭露了弗里斯兰人和丹麦人关系紧张的时刻：在贝奥武夫杀死怪物格伦德尔（Grendel）后，人们为他庆祝胜利，丹麦王家吟游诗人讲述了一场传奇悲剧：在丹麦和弗里斯兰缔结和平条约后不久，丹麦国王纳夫（Hnaef）探访他的妹妹、弗里斯兰国王芬恩（Finn）的妻子希尔得布尔（Hildeburg）。此前还是敌对的双方一见面就燃起了怒火，在一场宫殿打斗后，希尔得布尔的儿子和她的哥哥纳夫双双战死，希尔得布尔只好将二人一同火葬。第二年丹麦人前去复仇，杀死了国王芬恩并带回了希尔得布尔。这场发生在芬恩宫殿上的打斗在另一首古英语诗《芬尼斯堡片段》（*Finnesburg Fragment*）中也有详细描述，但只有数行留存于世。考古、文学和语言方面的证据都证明盎格鲁人和弗里斯兰人关系密切。在弗里斯兰和英格兰一带流通的是被称为谢特（古英语 *sceata*）的原始银币，并不是法兰克人铸造的钱币。20世纪90年代初，人们在维纳尔杜姆（Wijnaldum）发现了数量惊人的宝藏［目前主要在吕伐登（Leeuwarden）的弗里斯兰博物馆展出］，其中包括一枚"王室"胸针，风格近似萨顿胡（Sutton Hoo）墓葬藏品中的珍宝。

英格兰地区的人不愿意接受布立吞人传来的基督教，觉得他们不过是自己的手下败将，但当法兰克的王室新娘带来了罗马基督教传教士后，人们开始逐渐接受。在盎格鲁—撒克逊人改信基督教的两代人时间里，诺森伯兰（Northumbrian）的传教士们开始向弗里斯兰人和撒克逊人传教。这两个部落曾十分排斥基督教，认为该教认可法兰克王室，已经败坏了。对盎格鲁—撒克逊的传教士而言，与他们的亲族分享基督的福音是最受鼓舞的。第一个前往弗里斯兰传教的英格兰传教士是诺森伯兰的主教、来自赫克瑟姆（Hexham）

的威尔弗里德（Wilfrid）。他前往罗马，对分裂其主管教区的决议提出上诉。公元 678 年，威尔弗里德抵达弗里斯兰，并在那里度过了一个冬天。得到国王奥德吉索（Aldgisl）的支持，公元 679 年春天威尔弗里德再次启程时，已经有很多弗里斯兰贵族和平民受过洗了。因此，盎格鲁—撒克逊人在弗里斯兰的传教甚至早于公元 681 年威尔弗里德返程时在萨塞克斯（Sussex）的传教。

国王奥德吉索的继任者莱得伯（Radbod）曾是一名坚定的异教徒，但在公元 689 年多雷斯塔德（Dorestad）之战失败后，他开始允许传教士到弗里斯兰传教。一个世纪后的资料显示，莱得伯本人同意接受洗礼，为他施洗的应是法兰克传教士沃尔弗拉姆（Wulfram）。沃尔弗拉姆曾多次阻止活人献祭，这让莱得伯印象深刻。有一次，有两个男孩被绑在木桩上置于浅水区以平息大海的怒气，沃尔弗拉姆不顾危险砍断绳子将他们救出。在莱得伯准备受洗时，他已经把一只脚放进了圣洗池中，沃尔弗拉姆祝贺他逃离了留给所有皈依者的永恒地狱诅咒。这时莱得伯收回了他的脚并表示，他宁愿跟随祖先下地狱，也不愿去往没有他们的天堂。

"弗里斯兰的使徒"这一称号是指诺森伯兰的传教士威利布罗德（Willibrord），他生活在威尔弗里德建于里彭（Ripon）的修道院中。公元 690 年，莱得伯战败的第二年，威利布罗德抵达弗里斯兰。他的传教工作受到宫相世家丕平家族的保护，后者的势力不断壮大，最终取代了墨洛温（Merovingian）王朝。公元 689 年，威利布罗德从丕平二世（赫斯塔尔的丕平）的岳母那里获得一块土地，在埃希特纳赫建起一座修道院。此后他又获得了其他丕平家族成员的捐赠。正是威利布罗德为矮子丕平（Pepin the Short）施洗，后者是查理曼大帝（Charlemagne）的父亲以及法兰克加洛林王朝的第一位国王。威利布罗德的主要传教基地位于乌得勒支，他在河流附近的弗里斯兰人中传教，似乎取得了极大的成功，却未能深入王国的北部地区。公元714年，赫斯塔尔的丕平去世，莱得伯再次试图推翻法兰克的统治。威利布罗德随后撤退到埃希特纳赫，直至公元719年莱得伯去世。此后他继续传教事业，坚持在第一线，同时任命了一位爱尔兰同行担任安特卫普一所修道院的院长。

温法利（Winfrid）与威利布罗德是同时代人，很可能来自英格兰的西部乡村。罗马教皇任命他为主教，赐予他罗马名字：波尼法爵（Bonifatius）。波尼法爵是德意志中部图林根（Thuringians）地区的主教。为了强化教皇统治，他在德国建立了一个有组织的基督教会并着手改革法兰克贵族教会。威利布罗德去世后，波尼法爵受托管理乌得勒支的教会和所有向弗里斯兰人传教的传教士。公元751年，正是波尼法爵为矮子丕平涂油、加冕，使之成为法兰克国王。公元754年，波尼法爵试图把福音书（Gospel）带到弗里斯兰北部，不料途中一批异教徒错把成箱的书籍当作财宝袭击了他们，最终波尼法爵和他的同伴命丧荒野。波尼法爵曾将一本福音书举过头顶抵挡攻击，现在这本破损的书仍保存在富尔达（Fulda）大教堂内，波尼法爵的遗体也安葬在那里。人们在他殉道的地方建起一座衣冠冢，该地后来成了荷兰的多克姆（Dokkum）。1990年，一名儿童的顽固性咳嗽奇迹般痊愈，随着更多类似奇迹的发生和报道，多克姆再次焕发生机，成了朝圣的中心。

弗里斯兰人效仿此前的英格兰传教士，迅速在近亲中传教。公元8世纪末，弗里斯兰已成为基督教世界的一部分，同时还是修士向丹麦人和撒克逊人传教的补给站。卢德格尔（Ludger）便是一名向撒克逊人传教的传教士。他的两位叔祖父是弗里斯兰人中最早一批获得教士职位的人。卢德格尔师从乌得勒支的格雷戈里，后者是波尼法爵的法兰克门徒之一，并继承了波尼法爵的职位，成为乌得勒支的主教。在格雷戈里的带领下，乌得勒支的学校成为学习中心，吸引了各地的学生来此求学。受阿尔昆（Alcuin）指导，卢德格尔在约克（York）完成了学业，阿尔昆后来将诺森伯兰修道院的学习传统带到了查理曼大帝的宫廷中。卢德格尔用拉丁文记述了格雷戈里的生平，是迄今所知荷兰人创作的最古老的重要作品。它严厉批评了法兰克主教不愿支持北方传教的行为，而这与法兰克国王的支持态度恰好相反。

公元777年，格雷戈里去世。新主教阿尔伯里克（Alberic）派卢德格尔前往艾瑟尔河之外的代芬特尔（Deventer）掌管一所教会，该教会由一位刚去世不久的英格兰人创建。弗里斯兰吟游诗人贝恩勒夫（Bernlef）是在卢德格尔的劝说下皈依基督教的人之一。他吟咏古代国王的事迹，受洗后将自己的传统歌目改为《大卫赞美诗》（Psalms of David）。卢德格尔越过艾瑟尔河，进入撒克逊人的领地进行传教，最终成为威斯特法利亚（Westphalia）的明斯特（Münster）的第一位主教。公元782年，撒克逊人起身反抗查理曼的统治。基督教传教士被视作法兰克权力的体现，成为撒克逊人攻击的首要目标。在这场暴乱间，卢德格尔前往了意大利。像许多传教士前辈那样，他抵达了罗马并在蒙特卡西诺修道院（Monte Cassino）学习。公元785年，查理曼恢复了国家秩序，卢德格尔又返回了撒克逊人中间。

34　中世纪早期，低地国家大概有几十个人在他们传教祷告或安葬的地区被当地人奉为圣徒，其中有爱尔兰人、英格兰人、法兰克人和弗里斯兰人。支持他们的王室成员在行为上远称不上圣徒，但他们和这些男女圣徒共同创造了一个文化综合体，为随后所有的社会发展奠定了基础。圣徒们常常采取强硬措施，结束了低地国家在水塘和树林祭祀（包括活人献祭）的习俗，并以弥撒取而代之，弥撒再现了耶稣最后的晚餐，以纪念其在十字架上的献祭。所有的艺术集中体现在弥撒和吟唱赞美诗上：那些教堂的建筑设计，墙壁的绘画与雕刻的摆件，礼拜时诵唱的配乐，祈祷书的装帧与抄本的书法和画饰，还有金匠和珠宝匠们打造的艺术品，包括书封的镶嵌、游行所用的十字架、烛台、圣餐杯和许多其他礼拜仪式时需要的物件。

　　人们对基督教或主动或被动的接受，不仅对艺术产生了极大影响，基督教徒的日常生活也发生了变化。据到访过低地国家的斯堪的纳维亚人（Scandinavian）所描述，最重要的变化之一便是由修道院和虔诚的女信徒们定期组织的贫民救济活动。创作于公元800年前后的著名的《乌得勒支诗篇》（*Utrecht Psalter*）中的图画描绘了救济施舍的场景。馈赠早已成为日耳曼民族在政治、经济和社会生活中不可或缺的一部分，甚至有可能成为王室威望的主要来源。但这种馈赠总是将接受者和赠予者捆绑在一起。没有人愿意捐赠后却得不到任何回报或互惠的好处，基督教的到来也没能改善这一状况。发生改变的是人们意识到穷人也能给予。都达（Dhuoda）是9世纪法兰克南部的一位贵族妇女，她在一本书中劝告她十几岁的儿子威廉（William）："如果你遇到了一个身无分文的乞丐，不要只用言语激励他，还要用实际行动帮助他。……儿子，要永远对穷人抱有同情心，因为正如赞美诗作者所说，上帝经常倾听他们的声音。"

西罗马帝国的复兴：公元 800—1018 年

古罗马生活在中世纪最宏大的革新之一便是西罗马作为神圣罗马帝国重新建立。这一重建先是在法兰克人查理曼大帝的带领下展开，后来则是由撒克逊人奥托（Otto）领导。两位皇帝均由教皇在罗马为其加冕，但他们都声称自己拥有至高无上的权力，高于包括主教和教皇在内的所有基督教徒。尽管皇权在实际中非常有限，但神圣罗马帝国持续了近 1000 年之久，直至法国大革命时才灭亡。在这 1000 年里，低地国家的大部分地区都从属于神圣罗马帝国，尽管通常只是在名义上如此。

法兰克人的习俗规定一份遗产应由所有继承人分得，这意味着王室成员的频繁变动使国家处于不断分合的状态。家族情感似乎也没有对防止内讧起多大作用，国王和王后们不断内斗，他们急于在对手没有子嗣前就将其杀害。同样，对王室构成威胁的贵族和阻碍他们行事的主教与隐士也不再安全。修道院的生活吸引了法兰克的精英，其原因之一很大程度上是修道院相对与世隔绝，远离了血腥残酷的宫廷争斗。曾有两三个残忍的王后顿悟之后成为修女。

墨洛温时期，国王间争斗不断，宫相矮子丕平最终获胜。低地国家为他的成功奠定了基础，却没能成为政治中心。矮子丕平加冕后，像 200 年前的克洛维一样，不愿在自己的发迹地统治全国，但丕平在赫斯塔尔（列日附近）的庄园确实成了众多王家住所之一，他的继承人查理曼也通常在那里度过圣诞节或复活节。随后，查理曼上位，统一了现今法国、比荷卢、德国、瑞士、奥地利和意大利北部的绝大多数地区。公元800年的圣诞节，教皇利奥三世（Leo Ⅲ）在罗马为他加冕，恢复了西罗马帝国。查理曼的宫殿选在亚琛（Aachen），距比利时、荷兰和德国的边界交叉点只有几公里，不远处的列日则是他的出生地。

路易一世（Louis Ⅰ，公元814—840年）是查理曼大帝唯一幸存下来的儿子，因此他继承了整个帝国。公元843年，法兰克王国经历了三年内战后，查理曼的三个孙子将王国分割，"秃头"查理（Charles the Bald）成为西法兰克国王，统治着日后法兰西的西部、中部和北部，包括斯海尔德河以西的低地国家。德意志的路易（Louis the German）成为东法兰克国王，统治着西德意志的大部分地区。路易一世的长子洛泰尔（Lothar）获得了皇帝的头衔及中法兰克王国，统治着绝大多数低地国家地区及北海到意大利中部的广阔领土，包括亚琛、特里尔、米兰（Milan）和罗马等几座帝国城市。

公元855年，中法兰克王国进而被洛泰尔的三个儿子一分为三。大儿子得到了意大利北部，小儿子得到了普罗旺斯，二儿子洛泰尔二世（Lothar Ⅱ）得到了北部地区。公元869年，洛泰尔二世去世，由于没有子嗣，他的部分领土即勃艮第归入法兰西王国，其余土地成为东法兰克王国（日后的德意志王国）的洛林公国。公元959年，洛林公国又进一步分割为上洛林公国（现法国洛林）和下洛林公国（斯海尔德河以东的低地国家区域），是东法兰克最难以有效整合的区域。罗马人和法兰克高卢人之间的历史联系，仍然在土地占有的模式及继承权问题上发挥着一定作用，洛林贵族间的家族联系及教会传统会驱使他们向西部扩展。尽管洛林公国作为一个独立的王国存在时间不长,但它让低地国家随后的统治者认为自己是洛泰尔的后代,从而拥有了一种半虚构的王族身份认同。但"真正"的加洛林人与统治德意志王国的奥托家族(Ottonians)和统治法兰西王国的卡佩家族(Capetians)截然不同。

维京人的狂暴

公元8世纪,低地国家随处可见斯堪的纳维亚人的身影,它们之间的联系十分密切。公元829年,汉堡(Hamburg)主教甚至在佛兰德斯的托尔豪特(Torhout)建立了一所学校,专门培训前往斯堪的纳维亚的传教士团体。大型商业城镇多雷斯塔德[现荷兰的迪尔斯泰德附近韦克(Wijk-bij-Duurstede)]联结了英格兰与斯堪的纳维亚半岛之间的海上贸易及莱茵河与马斯河之间的内河贸易。相较于中世纪早期其他的城镇,多雷斯塔德或许是北海附近所有王国中贸易最繁盛的城镇。交易的货物中甚至有斯堪的纳维亚人从基辅(Kiev)运来的中国丝绸和俄罗斯皮草。然而8世纪后半期,繁荣的经济遭遇危机,原本的商人被迫寻找其他方式维持生活。在查理曼统治时期,法兰克军队的威名震慑住了大批想要入侵的维京海盗(斯堪的纳维亚人),但在公元810年,即查理曼死后的第四年,维京人带着200艘船第一次入侵了弗里斯兰。在随后的几年里,他们的掠夺更加肆无忌惮。农作物的接连歉收和疾病传染使法兰克农民数量锐减,难以抵挡以高蛋白鲱鱼为食的维京军队。公元834—836年,多雷斯塔德共遭受了三次掠夺,曾经繁荣的国际市场就这样成了一片废墟。

到了9世纪40年代,这些北方人不仅掠夺,还开始寻求殖民，他们把目光投向不列颠群岛、法兰西北部和低地国家。在洛泰尔一世统治中法兰克王国后不久，便不得不授权丹麦冒险家哈拉尔（Harald）和罗里克（Roric）管理莱茵河三角洲及现在的荷兰南部海岸。罗里克死后，这一尝试没有再次施行，但维京人的定居问题再次出现。

维京人的侵扰促使佛兰德斯成为一个强大的伯爵国。公元861年，"铁臂"鲍德温（Baldwin Iron Arm）还在斯海尔德河以西的地区担任王家军官时，就和"秃头"查理十几岁的女儿朱迪斯（Judith）私奔了。那时，她已经两次成为威塞克斯国王的遗孀，也是阿尔弗雷德大帝（Alfred the Great）的继母。骚乱平息后，他们举行了婚礼，"秃头"查理任命鲍德温为伯爵，负责斯海尔德河西部沿岸的防御。传统上，鲍德温被视为佛兰德斯的第一个伯爵。他与朱迪斯的儿子兼继承人"秃头"鲍德温（Baldwin the Bald）迎娶了阿尔弗雷德大帝的女儿艾尔芙露德（Elftrude）。这一由威塞克斯国王、法兰西国王和佛兰德斯伯爵之间的联姻，巩固了他们协同抵抗维京人的能力。

维京人真正大规模的抢劫活动往往发生在当地统治者死后不久，这表明他们有出色的收集情报能力。公元879年，鲍德温一世（Baldwin Ⅰ）去世，维京人沿着斯海尔德河航行到根特，并在那里过冬，他们把佛兰德斯多数地区抢劫一空。公元881年，维京人在索姆河的一场战役中被西法兰克国王打败，但未能阻止他们将抢劫活动扩展到斯海尔德河东部。维京人在奈梅亨和鲁尔蒙德（Roermond）附近过冬，洗劫了马斯河和莱茵河流域的数个城镇。公元882年，他们抵达了特里尔城下，但特里尔在大主教的指挥下成功抵御了入侵。这为新加冕的东法兰克国王胖子查理（Charles the Fat）争取了时间，使他可以集结一支军队，围攻维京人在阿色特（Asselt）的大本营。在阿色特，双方达成了一项协议，将哈拉尔和罗里克曾控制的领土授予给了维京军队的首领"海王"戈弗雷（Godfrey）。戈弗雷接受了洗礼，并迎娶了洛泰尔二世的私生女吉塞拉（Gisela）。类似的协议已经在英格兰的丹麦法区（Danelaw）出现过，并很快推动了诺曼底（Normandy）的诞生。

虽然洛林公国不再是一个独立的王国，戈弗雷却借妻子之名要求继承洛泰尔二世的遗产。公元885年，相关人员就此事在洛比特（Lobith）召开会议，弗里斯兰的伯爵格鲁夫（Gerulf）借机杀死了戈弗雷。吉塞拉的哥哥雨果（Hugo）因曾与戈弗雷结盟也被刺瞎双眼，但获准在一所修道院度过余生。丧夫的吉塞拉成了尼韦尔修道院院长。曾被戈弗雷短暂统治过的领土移交给了格鲁夫，后来又传给了格鲁夫的小儿子迪尔克［Dirk，也称为迪德里克（Diederik）或特奥德里克（Theoderik）］。大约在1100年，这片土地改称荷兰，本书后文将沿用这一称呼（尽管与时代有些不符）。而在1100年之前，此地一直被称作西弗里斯兰（West Frisia）伯爵国，尽管有许多西弗里斯兰人并没有接受伯爵的统治。

"海王"戈弗雷的死结束了维京人在莱茵河三角洲的定居，但没有阻止维京人的侵袭。公元891年，洛林再次遭到抢劫。阿努尔夫（Arnulf）此时已接替胖子查理成为东法兰克国王。在遭遇了初期的军事挫折之后，阿努尔夫把维京人引到鲁汶（Leuven）附近的代勒河（Dijle）作战，成功将他们击败。在阿努尔夫的率领下，洛林再次短暂地成为独特的政治实体，附属于东法兰克王国，从公元

895年起一直由阿努尔夫的私生子兹万迪波德（Zwentibold）统治，直至公元900年兹万迪波德去世。在随后的一个世纪里，佛兰德斯伯爵国、荷兰伯爵国和随后成为布拉班廷（Brabant）公爵国地区的军事组织终结了斯堪的纳维亚人对莱茵河、马斯河和斯海尔德河沿岸的野心。贸易开始复苏，虽然此时旧莱茵河淤泥堵塞，但其岔流瓦尔河更适合航行，沿岸的蒂尔（Tiel）取代了多雷斯塔德，成为低地国家的市场中心。

匈牙利人之箭

康拉德一世（Conrad I）是德意志最后一位法兰克国王。公元918年，萨克森公爵亨利（Henry）继任王位，获得王位宝器，并由东法兰克王国的法兰克和撒克逊部族"全体人民"选为国王。塔西陀提到的古代日耳曼选举君主制，为亨利的统治提供了合法性，替代了查理曼的世袭制。亨利死时，他的儿子奥托被选为继承人。洛林公国的一场起义平息后，奥托任命了一个外族人——他的女婿红发康拉德（Conrad the Red）为洛林公爵，让他去对抗西法兰克的政治影响，同时确保帝国法令在公爵领地的执行。虽然康拉德作为一名军事领袖享有很高的声誉，但这一任命并不明智。公元953年，红发康拉德参与了反对奥托的起义，从此在公国内失了势，被当地贵族赶出了洛林。随后发生了一系列政治混乱，公元954年，洛林遭受了第一次（也是唯一一次）匈牙利人的入侵，这些匈牙利人早已深入德意志境内劫掠了数十年。

在此情况下，奥托立即任命他的弟弟布鲁诺（Bruno）为洛林公爵。这合乎情理，因为布鲁诺是一个能干可靠的亲戚。但不寻常的是，布鲁诺是一名牧师，他早年就注定要进入教会，在乌得勒支主教家中接受教育。布鲁诺曾担任奥托的大臣和私人秘书，后又成为科隆大主教和洛林公爵，将当地最高的教会和世俗权威集于一身。一位仰慕他的传记作者鲁特戈尔（Ruotger）这样说过："布鲁诺不仅在研究和讨论中表现活跃，对待战争也很积极。"任何一位同时担任主教和公爵的人都会遭到非议，但鲁特戈尔坚持认为布鲁诺的好战行为完全正当：正是通过战役，洛林的臣民们才享有了和平与安全。达到这一结果通常意味着布鲁诺会采取强制手段迫使长期争斗、掠夺成性的领主接受管制，但也意味着他要采取一条独立于王室政策的路线。公元955年，奥托召集了来自王国各地的军队，在与巴伐利亚（Bavaria）交界处的莱希河（Lech）上打败了匈牙利人，从而粉碎了匈牙利的威胁。在那里，与奥托已经和解的红发康拉德率领着法兰克特遣队，并在战役中阵亡。洛林人没有参战，布鲁诺将其部队部署在科隆，如果他的哥哥奥托失败了，他将保卫洛林。

奥托王朝

奥托对匈牙利人及教皇在意大利的政敌采取了一系列行动，获得成功。公元962年，奥托于罗马加冕为帝。作为皇帝，他赞成发展"帝国教会"，将土地和司法权授予大教堂和修道院。由于教会的职位不能世袭，且高级教士只能由皇帝任命，一个地方权力机构应运而生，其成员受过教育且投身于神职，他们忠于作为基督教社会领袖的皇帝。布鲁诺成为第一个该类型的主教，随后与他同类型的主教是特里尔的埃格伯特（Egbert），他是公元10世纪末最伟大的神职人员之一。埃格伯特的父亲是荷兰伯爵迪尔克二世（Dirk Ⅱ），他的母亲希尔德加德（Hildegard）是佛兰德斯伯爵阿努尔夫一世（Arnulf Ⅰ）的女儿。埃格伯特是学术界和艺术界有名的赞助人，在其担任主教期间（公元977—993年），特里尔被称为"第二罗马"。在他编订的书籍中，新《圣阿达尔贝特传》(*Life of St Adalbert*)是关于荷兰早期历史最为重要的记述资料。从中我们可以得知：安放阿达尔贝特遗骸的埃赫蒙德（Egmond）修道院是迪尔克一世（Dirk Ⅰ）于公元922年修建，这里也是伯爵们的安葬处。

奥托王朝在比荷卢地区的两大中心是乌得勒支和列日的主教辖区，它们都在科隆大主教区内。公元717年，圣休伯特（St Hubert）将马斯特里赫特主教区（最初为通厄伦主教区）搬到了列日。休伯特的前任兰贝特（Lambert）是一位直率的牧师，他曾介入贵族间的纷争，谴责了赫斯塔尔的丕平的通奸行为。兰贝特被流放多年，期间他向默兹河河谷一带的异教徒布道，最后在列日附近被杀害，具体情况无人知晓。休伯特皈依基督教之前，曾过着宫廷般浮华的生活（根据后来的传说，他在耶稣受难日狩猎牡鹿时看到了十字架的异象，之后便皈依了基督教），在信奉基督教后，尤其在公元714年丕平二世的儿子格里莫尔德在其教堂被人杀害后，休伯特决心疏远主教区与宫廷间的距离。他把兰贝特的坟墓搬到列日，离他被谋杀的地方很近，在那建起了一座新的大教堂。250年之后，在奥托王朝的统治下，列日的主教们凭借自身的权力成为领主。这一权力的缔造者是于伊伯爵安斯弗里德（Ansfrid）。在他的儿子死后，他想将自己的土地赠送给列日主教，然后隐居于世。当时的皇帝批准了这一转赠行为，但强迫安斯弗里德担任乌得勒支的主教，执行帝国的政策。最终，由主教们统治的领土成了人们所熟知的列日王子主教区。直至1794年法国的吞并，这块领土才与现在比利时的其他地区合并在一起。几乎在同一时期，乌得勒支的主教们也成了大领主。他们积极响应帝国政策，随后的几代皇帝也增加了主教在教区领土的权力，但他们并不总能控制领土内的伯爵。

虽然皇帝们把日常的管理委托给了公爵和主教，但有时也会出于个人兴趣参与下洛林公国的管理。大概10年一次，有需要的话会更加频繁，皇帝们在乌得勒支庆祝复活节或者在马斯特里赫特和奈梅亨的旧宫殿上朝。1018年，亨利二世（Henry Ⅱ）在奈梅亨上朝时，乌得勒支主教阿德尔博德（Adelbold）和蒂尔的商人们向亨利二世请愿，要求制裁荷兰的迪尔克三世（Dirk Ⅲ）。迪尔克三世是特里尔的埃格伯特和皇后库内贡德（Cunegunde）的侄子，他在莱茵河入海口建造了一座城堡，以自己的名义征收通行费。这显然是对帝王权威的侵犯，是对主教的臣民，特别是商人的压迫。亨利二世派遣了一支由洛林公爵和阿德尔博德主教率领的军队讨伐迪尔克三世，其中还有列日主教和康布雷主教组建的分遣队。第一次讨伐失败了，军队重新集结进行第二次尝试。据奥托王朝编年史作者梅泽堡（Merseburg）的蒂特马尔（Thietmar）记载，皇家军队在一个处于泥炭沼泽的岛上，没有察觉到危险，遭到了弗里斯兰人的伏击，最后几乎全军覆没，那些没有死于刀剑的人都在溃逃时淹死了。乌得勒支的主任牧师、后成为列日主教的瓦尔博多（Walbodo）从中斡旋，最终双方达成和平协议。主教们的军队损伤惨重，他们不得不依靠迪尔克三世以确保沿海地区的安全。蒂特马尔以其标志性的悲观笔调认为，正义再难伸张。

11世纪中叶，荷兰迪尔克四世（Dirk Ⅳ）入侵了乌得勒支主教伯诺德（Bernold）的领土，伯诺德指挥皇帝康拉德二世（Conrad Ⅱ）反击迪尔克四世的军事行为，并大获全胜。为了表彰伯诺德的诸多贡献和杰出管理，康拉德二世派他管理艾瑟尔河以东的土地，这块地属于代芬特尔的管辖范围，距离伯诺德的核心领地有一定距离。伯爵和公爵们越发轻视皇帝的君主地位，但帝国的主教们阻止了帝国的分崩离析。

封建主义

"封建主义"一词有时几乎被用于表示任何形式的依从或附属关系。如果不能正确理解这个术语，最好就不要使用它。严格来说，封建主义有两个要素。第一个要素是一个自由人（封臣）为另一个自由人（领主）提供私人服务，作为回报，前者可获得生活资料和安全保障。这种做法可以追溯到罗马帝国晚期，它在墨洛温王朝被称为"委身"（commedation）。第二个要素只在加洛林时代与委身相联系，并且是封建主义的显著特征：领主应当履行其职责，授予他的封臣官职或封地，让他们可以维持生活。通常来说，授予土地是更好的选择。到了10世纪，封建主义已经成为社会组织的主要形式。这种提供保护与回馈服务的互惠关系，在后来的几个世纪被视为君主与臣民或国家与公民之间的固有关系，并被极大地私有化了。然而这并非国家政治分裂的根源，反而是一种解决这一问题的办法。到了11世纪，即使是国王也希望他们的臣民作为封臣和属民向自己尽忠，而不是仅仅出于效忠王权的职责。

尽管封建制度的核心是人与人之间誓言的交换，原则上是自愿的，但领主们一般都有充分的理由在封臣死后与封臣的儿子续签协议。这样一来，领主和封臣之间的义务关系实际上成了世袭制。不过领主们在接受已故封臣儿子的效忠时，的确会收取一笔费用，并称之为"继承费"，以不断提醒效忠的人：这是一种恩惠，而不是一种权利。因此，封建主义是一种由契约、社会地位和亲属关系结合而成的独特历史产物。法兰西北部、低地国家以及征服后的英格兰地区是严格意义上的封建主义达到鼎盛巅峰的地区。在低地国家，相当大比例的土地是被人直接拥有，而非作为封地获得的，但封建关系仍在其他许多方面规定了人的权利和义务。

法兰克国王统治时期，伯爵是王室权威在地方的代表，主教在很多方面也是如此，尽管不如奥托时期的程度大。公爵是日耳曼人创建的爵位，负责组织地区防御、指挥王家军队。由于国王的权力被削弱，伯爵、公爵和主教都凭借自身权力成为统治者。他们以自己的名义征募军队、建造城堡、征收通行费和税款、授予豁免权、庇护修道院和教堂、铸造钱币以及开发矿产、森林和水资源，而这些自罗马时代以来一直被认为是由国家垄断的。这些人是国王授权的财产拥有者，也是封建领主，他们用土地换取更小级别领主和骑士的服务。从10、11世纪开始，这些大领主统治着比、荷、卢地区，他们的领地构成了低地国家。在这里，伯爵和公爵从未拥有主教的任命权，也没有任何伯爵或公爵能在自己领地内拥有主教教区。列日、乌得勒支、康布雷和图尔奈的主教都在政治上独立，而泰鲁阿讷主教住在法兰西，不在其教区范围内。更高的大主教们居住在兰斯和科隆，他们的世俗权力超出了实际掌管的地区，而教会司法权则更加广泛。尽管臣民和周围的人都时刻关注着主教行使世俗权力和宗教权力的情况,但主教有时也会越界。

在加洛林时代,封臣与领主之间的私人性质契约关系日渐普遍。通常情况下,领主提供生活所需物资,封臣则回报以军事服务。法兰克王国需要应对撒克逊人、弗里斯兰人、萨拉森人乃至随后维京人和匈牙利人的长线侵犯,这就需要当地的王权代表们率领高机动性的骑兵军队予以反击。这些军队规模很小,但士兵个个英勇善战。士兵需配备战马、长矛、盾牌和刀剑才能作战,而领主会承担这些必要的开销,甚至还会赏赐封地,因此他们乐意终生为领主效力。

公元10世纪末,饥荒和疾病的恶性循环终于结束了,农业得以在11世纪继续发展。而这部分得益于天气条件的改善,部分则是因为土地开荒。其他重要因素还包括农业技术改进,例如三年轮作技术的应用;提高生产力的工具广泛传播,诸如重型犁、风车、水车、手推车和马颈圈。尽管欧洲大部分地区实现了这些进步,但其对人口日益密集的低地国家来说尤为重要。躬耕于田的都是农民。从罗马时代到加洛林王朝早期一直作为劳动力主要来源的奴隶,在此时几乎消失殆尽。农业劳动者要么是自由农,要么是依附于某一领主的农奴。自由农并不完全为自己工作,他们也处于服务—保护的契约关系中,比如每周在领主的土地上工作两到三天,以换取某块土地的使用权。成功的事业在任何社会阶层都会有回报:11世纪起,农民开荒者通过参与水利工程和伐木活动,可以获得相对免费的土地使用权。农奴也可以成为士兵,和骑士一样享有日益上升的社会地位。在洛林公国,这些士兵的后代若依然为奴,则被称为"家臣"。但在佛兰德斯,这种社会区分则更加模糊。

封建关系只是10—13世纪的主流社会组织形式，但在13世纪之后，这一社会组织关系依然强大，并对低地国家影响深远。在现代大都市之外（它们几乎总是围绕中世纪的城市中心发展），许多地区广阔的地貌景观依然呈现着封建时代发展起来的土地使用和居住模式。农庄散落的社区演变成聚集在教堂周围的村庄，附近坐落着领主修建的城堡或设防的庄园宅邸。在18世纪90年代法国入侵前，许多低地国家的庄园领主一直保持着对社区生活的合法统治，他们巨大的社会影响力和作为当地领导人的身份则持续得更久。

11世纪的改革：公元1018—1122年

在11世纪，生活的各个方面几乎都发生了深刻的变化。就基督教世界而言，这些变化包括：对教士地位的新认识，对和平与贫困的再强调，以及对一般信徒在教会事务中的权力做出明确限制的愿景。

欧洲历史上最引人注目的运动之一是"上帝的和平与休战"运动。它号召人们停止侵略战争、长期纷争、土匪活动、教堂抢劫、压迫穷人、焚烧庄稼和其他暴力罪行。1024—1043年间，历次宗教会议在康布雷主教区、图尔奈主教区和泰鲁阿讷主教区颁布了《上帝的和平》法令。这显然是在佛兰德斯伯爵们的鼓动下发生的，因为没有一位主教居住在佛兰德斯，但每一次和平会议都在他们领地内的教区召开。低地国家的伯爵和公爵们忙于扩张各自的势力，有充分的理由支持这项运动，反对纷争和盗匪活动也有助于他们树立威信。致力于和平的僧侣们，凭借礼拜仪式中获得的戏剧般的灵感，在剑拔弩张的派系间放置圣徒的遗物。这些以圣洁著称的僧侣们努力和平解决争端，也并非总以失败告终。在一些著名的事件中，他们的调解使战争得以避免，纷争因此结束。从长远来看，骑士精神中很重要的一个要素在这一时期浮现，即他们只能在保护无辜的人（一般指寡妇、孤儿、旅人和神职人员）免受暴君、不法分子和异教徒的压迫时才能使用武力。骑士们仍然善于抓住发财的机会，但人们对他们的社会角色有了更高的要求，对他们的品行也有了更高的期望。一名骑士偷走了农妇的两头母牛，盔甲未卸就被扔进大锅里活活煮死。这样做就是为了彰显佛兰德斯伯爵鲍德温七世（Baldwin Ⅶ，1111—1119年在位）是多么认真地履行保护弱势群体的职责。

除了和平，11世纪也出现了对苦修的极大需求。饥荒减少了，外国敌人的威胁也减小了，王室和修道院不断累积财富。那些想献身于祷告事业的人不用再做僧侣，而是当隐士。他们模仿古叙利亚和埃及的隐士，这通常意味着要找到一片荒原，人们在那里可以独自生活，或与志同道合的人为伴。在低地国家，"荒原"可以是灌木丛、林地、河岛或沼泽山谷，隐居之地遍布乡下。在众多隐士中，有一位名叫格拉赫（Gerlach）的骑士，曾前往耶路撒冷朝圣，他在豪特姆（Houthem）的一棵空心树中度过了余生，这棵树现位于荷兰林堡省。18世纪赞颂他生平的壁画现今依然可以在教区教堂看到。隐士运动也鼓舞了流浪的传教士，他们以一种截然不同的方式生活在稳定的社会之外。

自加洛林时代开始，在俗教士（即非修道院教士）就希望以社区为单位进行祷告。他们自发组成教士团体，共同服务于联合教堂。祷告时，他们是一个集体，但在生活上各自独立，且有自己的收入。

除大教堂外，仅在列日就有7座这种形式的教堂。公元11世纪，在有关贫困的理想主义激励下，许多"在俗"教士成了"修会"教士：他们不仅一起祷告，还遵守共同的规则，相互分享财富。圣奥古斯丁（St Augustine）曾受一段有关特里尔僧侣的描述的深刻影响，他为宗教团体起草了一份规则纲要，后逐渐成为修会教士奉行的规则。1070—1155年，佛兰德斯有21个在俗教士团体成为修会教士团体。除此之外，另新增了12个修会教士团体，其中6个由隐士团体发展而来。隐士团体的修会化并不少见，像修道院一样，联合教堂也可以发展成为强大的学术、经济和艺术生活中心。修道生活本身仍是一种选择：阿夫利赫姆（Affligem）的本笃会隐修院最初由6名普通信徒受一位云游四海的传教士启发而建，在此后的几个世纪里发展成为布拉班廷最有影响力的机构之一。

教士地位提高的结果之一便是修会教士必须保持独身，切断与世俗的一切联系。这一对教士身份超世性的强调还体现在反对圣职买卖上，人们坚持精神利益（如神职授任）不能买卖。这两个结果都是长期以来从未被严格执行的理想。教士身份的日益特殊很快造成了教皇和皇帝间的巨大矛盾。

皇帝对主教的任命被视为不正当干涉教士事务。作为基督教社会的最高统治者，奥托王朝的历代皇帝从来没有明确区分过国家与教会的关系。教皇格列高利七世（Gregory Ⅶ）则做出了区分，因此在1076年，亨利四世（Henry Ⅳ，1054—1106年在位）迫使帝国的主教们宣布教皇被废黜。作为反击，格列高利把亨利逐出教会，后者被迫在卡诺萨城堡（Canossa）下跪，承认教皇是现世的教会领袖。在旷日持久的斗争中，这只是一个尤为引人注目的插曲。冲突的焦点集中在主教的任命上，届时主教会收到一根权杖和一枚戒指，象征着他们的权威。改革者坚持认为，即使统治者在主教任命方面继续发挥作用，主教权威的象征也只能在任命后通过教士权力传递，而不是预先由皇权授予。法兰西和英格兰国王在短暂的斗争后做出让步，但皇帝仍坚持认为，作为基督教世界的领袖，他应该负责主教的任命仪式。

列日主教区是这场争论中最激烈的战场之一。洛林公国当时以教育闻名，而列日的学校是其中最好的。数学和音乐是它们的强项，历史、诗歌和教会法规方面的重要拉丁语著作同样出自这座城市及周边各教会、修道院的学校。在11世纪中叶，特别是在瓦祖（Wazo）担任列日主教时期（1042—1048年），列日知识界坚决反对帝国干涉宗教。瓦祖对权力分立有着非常清晰的认识，有一位主教向他请教如何惩罚异教徒，他回复写道："主教在任命仪式上并没有收到佩剑。"1046—1047年间，他甚至拒绝为皇帝招募一支分遣队，用以讨伐荷兰的迪尔克三世。在瓦祖担任主教期间，列日出现了两位颇具影响力的作家，一位是编年史作家安塞尔姆（Anselm），另一位姓名不详，写过一部关于教士职位的专著，二者的作品都表达了对帝国权力的不屑。

11世纪末，情况完全改变了，主教辖区因教会分立及绝罚开始走向分裂。主教奥特伯特（Otbert，1091—1119年在位）由皇帝任命，他试图在教区内推行帝国的思维方式。他鼓励人们撰写具有争议的文章，用以反对教皇在授职仪式和教士婚姻上的权力。教皇在兰斯召开会议时，奥特伯特参加了，但当涉及圣职买卖的问题时，他离开了现场。奥特伯特曾为获得主教一职向皇帝支付了一大笔费用,他认为只要明确神职本身是非卖的,自己的做法就没有错。1105年,亨利四世的儿子发动了一场叛乱,将自己的父亲囚禁。但亨利四世逃跑了,逃到主教奥特伯特那里寻求最后的帮助。在列日,亨利四世领导着一支由主教召集的军队,最后一次抗击教皇的主张和其子的反叛。1106年,他在维塞(Visé)战役中击败了其子的军队,随后不久便在那里去世了。亨利五世(Henry V)时期(1106—1125年),关于授职仪式的冲突仍在继续,但日耳曼主教们越来越倾向听取教皇的主张。当亨利五世在1115年被逐出教会时,奥特伯特是最后一个支持他的帝国主教之一,他一直坚持到1119年自己去世。1122年,这场冲突在签订了有利于教皇的沃尔姆斯宗教协定(Concordat of Worms)后便结束了。随着皇帝对教会统治权的削弱,他们失去了控制低地国家最重要的剩余要素之一。

第一次十字军东征:公元1095—1099年

在当今社会,宗教体验通常是一件极其内在的事情,但在中世纪早期,人们能想到的最高宗教体验之一是一场艰苦卓绝的朝圣之旅。罗马或许是当时教会的大脑,但教会的心脏在耶路撒冷。公元638年,这座圣城落入了阿拉伯入侵者之手,双方达成临时协议(*modus vivendi*),保护了基督教徒的朝圣活动。大约在公元1000年,匈牙利人皈依基督教,西欧到君士坦丁堡的陆路因此重新开通,大批朝圣者开始踏上前往耶路撒冷的旅途。许多人仍通过海路从西西里岛(Sicily)出发开始朝圣之旅。这一时期低地国家最受欢迎的两位圣人是安德莱赫特的吉多（Guido of Anderlecht）和斯塔沃洛的波普（Poppo of Stavelot）。两人皆出身贫寒，但都曾前往耶路撒冷朝圣过，吉多还去过不止一次。最终，吉多成了一名隐士，波普成了一名修道士，后来甚至成为院长。他们在朝圣时都只是普通的教徒，之所以成为精神领袖，就在于他们是归来的朝圣者。

1076年，塞尔柱突厥人（Seljuk Turks）征服了耶路撒冷，日渐流行的朝圣活动受到威胁。拜占庭皇帝请求西方国家提供军事援助以抵抗塞尔柱人。1095年，教皇乌尔班二世（Urban Ⅱ）回应了拜占庭的请求，发布教令宣布所有加入朝圣保卫运动的人，可以免除任何应受的教规惩罚。次年，有四支军队出发作战，其中一支来自法兰西南部，一支来自法兰西北部，一支来自诺曼人统治的意大利南部，还有一支来自西罗马帝国。低地国家在军事领导和军力供给上对其中两支军队做出了巨大贡献。佛兰德斯的罗伯特二世（Robert Ⅱ）是法军北方分遣队的指挥官之一，在战役中，大批贫乏的佛兰德斯步兵因作战勇猛而备受关注。日耳曼分遣队主要是洛林公国的一支部队，由下洛林公爵布永的戈弗雷（Godfrey of Bouillon）及其兄弟鲍德温共同指挥。列日主教奥特伯特资助了戈弗雷的军队，而借款的抵押则是布永的领地。虽然大多数十字军战士对目的地一无所知，但他们的领导人多少会了解一些。圣地在巴勒斯坦的位置可以从早期朝圣者的报告中发现，比如罗伯特二世的父亲、弗里斯兰的罗伯特（Robert the Frisian）或者列日主教利特伯特（Lietbert）的报告。

在北欧，十字军东征最引人注目的推动者是隐士彼得（Peter the Hermit）。他从列日附近的隐居地出发，开始了一场鼓动民心的布道之旅。在其率领下，一支人数迅速缩减的农民队伍一路抵达了耶路撒冷。彼得巨大的影响力错使君士坦丁堡人认为是他挑起了十字军东征。1099年，十字军占领耶路撒冷，布永的戈弗雷获封"圣墓守护者"。1100年，戈弗雷去世，其兄弟鲍德温成为耶路撒冷的国王。另一位鲍德温，即埃诺伯爵，参加了第一次十字军东征，但在到达耶路撒冷前去世。

11世纪的社会、政治、宗教、经济的变化结合在一起，促成了非比寻常的十字军东征。或许，最明显的变化是，阿基坦人、诺曼人、佛兰德斯人和洛林人不是在国王的号召下，而是出于自身愿望和在教皇的命令下向基督教世界以外的地方进发。在封建时代的鼎盛时期，低地国家的统治者们突然发现了一个更加广阔的国际区域，他们在向这些地区进发。

为保护圣地的朝圣者，圣殿骑士团和圣约翰医院骑士团应运而生，他们在低地国家建立小修道院，负责军事招募和筹款。条顿的骑士团也是如此，他们的建立是要作为日耳曼"十字军"的先锋，对波罗的海沿岸的异教徒进行东征。十字军东征的结果之一是，成千上万的低地国家百姓——骑士、普通士兵或拥护和平的朝圣者，抵达了巴勒斯坦，或死于途中。仅在1270年，就有一支庞大的弗里斯兰军队与法兰西国王路易九世一起在北非作战。路易死后，法兰西人返回国内，弗里斯兰人转而在圣地与英格兰的爱德华王子（Prince Edward）会合。

耶路撒冷位于黎凡特地区，1187年耶路撒冷落入萨拉丁（Saladin）之手，在此之前，法兰克贵族对该地半封建王国和公国的统治持续了近100年，他们在安条克、的黎波里（Tripoli）和阿卡（Acre）的统治也持续了近200年。1291年，阿卡失守，西方骑士直至中世纪末还怀揣着重建基督教王国的理想。甚至在15世纪和16世纪奥斯曼土耳其人进行扩张时，于1095年提出的"基督教圣战"概念仍然激励着西方世界予以反击，也部分促使了16世纪和17世纪基督教世界的宗教战争。对后世来说，布永的戈弗雷是骑士精神的伟大典范，也是与亚瑟王（King Arthur）和查理曼大帝齐名的"基督教世界英雄"。

第二章

权力和虔诚的形式：公元1100—1384年

随着10世纪社会财富与安全的不断进步、贫穷和混乱逐渐消失，贸易得以扩张，城镇得到发展。一种新型的城市生活方式出现，并主要集中在低地国家地区，远比阿尔卑斯山以北的其他地区传播广泛。这一时期，低地国家的伯爵、公爵和主教作为各自封地独立的统治者，权力达到顶峰。这些小国在加洛林帝国分裂时开始出现，到12世纪末完全形成。虽然其中一些小国是由个人联盟组成，但直至18世纪末，它们都保持着各自的法律、习俗、税收和社会制度。封地君主的主要收入是封地税、贸易通行税和司法罚金。他们的权力建立在对农田、林地、司法权、道路和水路的管控之上。看似矛盾的是，君主权力的增长与城镇获得更高程度的内部自治密切相关。

佛兰德斯伯爵国：公元1037—1157年

9世纪的佛兰德斯伯爵国，是低地国家第一个明确成型的封建领地。尽管境内贵族和骑士不断涌现，但伯爵通过管理，紧握权力与税收，使佛兰德斯成为最成功的封建伯爵国之一。其管理包括伯爵封建法庭的运行,系统规划领土使之成为伯爵直接控制的城堡辖区,以及授予伯爵在佛兰德斯几乎所有教堂和修道院的"支持者"或"保护者"头衔。1100年左右,佛兰德斯伯爵可以派出1000名骑士,这与埃诺伯爵的700名骑士、法兰西国王的500名骑士,或者列日主教的300名骑士相比具有明显优势。在11世纪和12世纪,佛兰德斯的伯爵、贵族和骑士在法兰西、英格兰、神圣罗马帝国,以及宗教圣地的事务中都发挥着重大作用。

公元888年,鲍德温二世臣服于法兰西国王,佛兰德斯伯爵就此成为国王的封臣和属民。尽管国王是佛兰德斯的宗主或封建领主,但他基本没有管理该伯爵国的实权。在10世纪和11世纪的大部分时间里,法兰西国王所直接控制的领土,只是以巴黎为中心方圆不超过几十公里的狭小区域。法兰西北部的大部分地区由更强大的佛兰德斯伯爵和诺曼底公爵统治,他们的势力范围刚好在索姆河的北部有所重叠。1060年,法兰西国王亨利一世去世,他年仅8岁的儿子继承王位,伯爵鲍德温五世(Baldwin V,1035—1067年在位)作为监护人,成为王国的实际掌权者。1066年,诺曼底的威廉(William of Normandy)和他的佛兰德斯妻子玛蒂尔达(Matilda)成为英格兰的国王和王后,法兰西王室掌握实权的机会就更加渺茫。

1047年,鲍德温五世入侵斯海尔德河和登德尔河[Dender,在阿尔斯特(Aalst)和登德尔蒙德(Dendermonde)附近]之间的区域,此时佛兰德斯已成为神圣罗马帝国的一股强大势力。面对英格兰国王"忏悔者"爱德华(Edward the Confessor)与丹麦国王组成的强强联盟,鲍德温五世仍设法在斯海尔德河之外的地区站稳了脚跟。1056年,帝国入侵佛兰德斯失败,而佛兰德斯人对安特卫普侯爵国的反击也没能成功。随后，鲍德温五世为这片领土即"帝国的佛兰德斯"向皇帝的遗孀称臣，自此，佛兰德斯伯爵便成为德意志皇帝和法兰西国王的封臣。

继法兰西和神圣罗马帝国之后，英格兰也是衡量佛兰德斯伯爵政治影响力的重要因素。这些伯爵在英格兰事务中的角色可以追溯到1037年，埃玛王后（Queen Emma）遭到流放，鲍德温五世为其提供了避难所，这位王后是诺曼底公爵的女儿、"仓促王"埃塞尔雷德（Ethelred the Unready）和克努特大帝（Canute）的遗孀，以及"忏悔者"爱德华的母亲。11世纪40和50年代，鲍德温五世庇护了一些重要的英格兰流放者。1065年至1066年冬季，他的妹夫托斯蒂格（Tostig）将佛兰德斯作为进攻英格兰的根据地，两边的矛盾达到顶峰。托斯蒂格是英格兰国王哈罗德·葛温森（Harold Godwinson）的弟弟，二人相互为敌。托斯蒂格正是从佛兰德斯乘船出发，与挪威的哈拉尔·哈德拉达（Harald Hardrada）汇军，最终在斯坦福桥（Stamford Bridge）战败。1066年晚些时候，鲍德温五世的女婿——诺曼底的威廉在黑斯廷斯之战中获得胜利，许多佛兰德斯人参与其中。1067年，鲍德温五世去世，他死得过早，没有来得及享受胜利果实，但参与此战的士兵则幸运许多。《末日审判书》（Domesday Book）显示，征服英格兰后，佛兰德斯人获得的土地占很大比例，其中最大的受益者是根特的吉尔伯特（Gilbert），他成了英格兰十几个大地主之一。

鲍德温五世死后，佛兰德斯的伯爵们，尤其是弗里斯兰的罗伯特（1071—1093年在位）十分担忧诺曼底在法兰西北部的势力过于强大。为此，他们庇护并帮助威廉在英格兰的对手，罗伯特还把自己的女儿阿德拉（Adela）嫁给了丹麦的克努特二世（Canute Ⅱ），一个反对诺曼人的国王。1087—1106年，英格兰和诺曼底是各自统治的，佛兰德斯的伯爵们试图与英格兰国王结盟。1101年，他们在多佛尔（Dover）达成了秘密协议，佛兰德斯的罗伯特二世成为英格兰国王的封臣，作为回报，他获得了一大笔财产。罗伯特二世的继任者们继续执行该项协议。在诺曼征服英格兰后的近一个世纪里，佛兰德斯贵族和英格兰贵族间一直保持着政治往来和通婚，佛兰德斯人还充当了盎格鲁—诺曼人在南威尔士和爱尔兰的殖民先锋。

封建主义在没有有效法治的情况下，仍然维持着和平与秩序。但这种脆弱的和平一旦被打破，内在矛盾便会暴露出来。1127年，克努特二世和阿德拉的儿子查理伯爵（Count Charles）在佛兰德斯遇害，这一封建关系产生了最瞩目的一次瓦解。查理伯爵（后被称为"好人查理"）的遇害，源于他想要把法治强加于私人的封建关系之上。其做法并非出于理想主义的正义观，而是想要让其领土内最有权势的地主和官员家族埃雷姆鲍德（Erembald）家族就范。由于该家族具有奴隶血统，查理决定利用法律宣判他们为奴，以此来打压他们。布鲁日（Bruges）的城主贝尔托夫（Bertulf）和查理的管家艾萨克（Isaac）都是埃雷姆鲍德家族的成员，而查理伯爵也不为金钱所动。出于绝望，埃雷姆鲍德家族密谋将其杀害，并在他去布鲁日城堡中的教堂参加弥撒时实施了这个计划。

查理没有子嗣，也没有指定继承人。他的意外死亡及其死亡方式引起了一场混战，伯爵国内的贵族、骑士和各个城镇相互争夺利益，局势一片混乱。在国家最高层面，伊普尔的威廉试图夺取政权，但被威廉·克利托（William Clito，征服者威廉的孙子）击败，最终在英格兰成为一名雇佣军统帅。克利托的统治仅有一年,在与阿尔萨斯的蒂埃里(Thierry of Alsace)的战役中因伤去世。布鲁日的一位公证人加尔伯特(Galbert)在那个时代最有名的一部记述文献中记录了这一段无政府状态的日常细节,它的英文译本最近刚刚再版。蒂埃里伯爵统治佛兰德斯至1157年,后将权力转交给他的儿子阿尔萨斯的菲利普(Philip of Alsace),自己成了一名十字军战士。

斯海尔德河以东

在佛兰德斯的东部,低地国家充斥着封地及封地领主。在一些正式场合,该区域有时仍被称为洛林公国。在这里,帝国的权威依然存在,但没能阻止领地统治者的出现,他们在权力和自主性上都可以与佛兰德斯伯爵较量。到了12世纪,几十个小国和领主在几个封地君主的统治下得到统一,尽管少数封地、机构和行政辖区保持了某种形式的独立,还有的直接听从皇帝。1200年,低地国家的主要统治者是布拉班廷和林堡的公爵,格德司(Guelders)和卢森堡的伯爵(后成为公爵),那慕尔侯爵,佛兰德斯、荷兰—泽兰、洛恩(Loon)和埃诺的伯爵,以及列日和乌得勒支主教。康布雷主教和图尔奈主教各自统治着以其主教堂所在城市为中心的一小块领土。最后一块区域是弗里西亚(Frisia),也就是弗里斯兰,它本身就是一个特例。

弗里斯兰位于"低地国家沿海地区"的最北端,从现在的北荷兰省一直沿北海海岸延伸至丹麦,区域内没有统一的君主统治。就像传说中的冰岛一样,富有的家族建立寡头政治,他们沿用日耳曼习俗法，召集区域内自由男性参加定期的公开会议，以此种方式进行统治。村庄或地区首领居住在名为"石屋"（stins）的塔房里，配有武装随从。他们负责防御工事，以对抗外来入侵和海水侵蚀。自12世纪起，该地区每年都会在厄普斯塔树（Upstal Tree）下召开全体区域代表大会。厄普斯塔树在奥里希（Aurich，现德国境内）附近的一座小山上，附近有一座史前墓穴。这些会议将解决重大争端或协调大规模的军事行动。封建习俗对该地区影响不大，因为弗里斯兰人是渔民、家畜饲养者和商人，不是骑士和农民。14世纪，杰弗里·乔叟（Geoffrey Chaucer）提到过弗里斯兰的无尽财富——"所有黄金都在罗马和弗里斯兰"［《玫瑰传奇》（Romaunt of the Rose）］，以及对待囚房的残忍［《乔叟派往布克顿的信使》（Lenvoy de Chaucer a Bukton）］：

> 经历会告诉你，
> 宁做弗里斯兰的奴隶，
> 不做虚假婚姻的囚徒。

私战是弗里斯兰生活的一部分，主要由首领和他们的侍卫挑起，通常缺乏骑士战争中的礼仪和战俘赎回制度。1268年，一位修道院编年史作家记录了这样一个算得上新闻的事实：菲维尔戈（Fivelgo）地区（格罗宁根附近）已经12年没有发生战争了。

11世纪，乌得勒支主教获得了格罗宁根及其周边地区［奥默兰登（Ommelanden）］的统治权。该城于1251年获得实际独立，但格罗宁根和奥默兰登独特的地理位置，将现荷兰的弗里斯兰省［劳沃斯河（Lauwers）以西］从德意志的弗里斯兰（埃姆斯河以东）分离开来。

曾被称为"西弗里斯兰"的地区在 1100 年确定为"荷兰"。荷兰伯爵的核心领地是莱茵河入海口及其北部海岸。他们很快开始扩张，最终统治了整个莱茵河和斯海尔德河的三角洲地带，以及北海沿岸和须德海的西海岸。荷兰伯爵的扩张并不是入侵政权空虚的地区，并非没有挑战可言。他们争夺斯海尔德河控制权的对手是佛兰德斯的伯爵，每当形势不可逆转时，他们便会为了泽兰而宣誓效忠于对手。在须德海一带，荷兰伯爵的扩张损害了其他独立的西弗里斯兰人及乌得勒支主教的既得利益，最终与格德司人发生冲突。

中世纪末期，荷兰成为占统治地位的地区，但在此之前，乌得勒支的主教是莱茵河以北最重要的统治者。他们的教会管辖范围几乎覆盖了河流以北的整个尼德兰地区。作为世俗领主，他们的统治权虽然受限，但仍然相当大。其管辖范围包括乌得勒支周围的一小片领土，以及艾瑟尔河流域以北和代芬特尔以东更加广阔的区域。1122 年之后，主教不再由帝国任命，而是由乌得勒支五个联合教堂的教士选出。他们通常出身于低地国家的贵族和王室，难免与其他统治者特别是布拉班廷、荷兰及格德司的统治者相互牵扯。和所有封地君主一样，中世纪后期的主教们也必须面对难以管理的城市、过于强大的臣属和诡计多端的邻居。为了赢得选举和作为精神领袖的地位，他们不惜债台高筑，这种趋势削弱了他们应付权威挑战的能力。在大多时候，主教对代芬特尔及艾瑟尔河以外地区仅有名义上的统治权。

乌德勒支主教的世俗权力被削弱，原因之一在于乌得勒支和艾瑟尔河流域周边的领土在地理上是分离的。二者之间是费吕沃和聚特芬（Zutphen），那里没有统一的政治权威。但1190年之后，格德司伯爵成为该地区的主要统治力量。他的领土（现大部分在德国境内）正好被德意志的克莱沃（Cleves）伯爵国从费吕沃和聚特芬分隔开来。在马斯河和莱茵河之间的土地上，领主统治相较于西部低地国家要更加脆弱且分散。在那里，荷兰、布拉班廷、佛兰德斯、埃诺已经发展成相对紧密的领地势力。格德司伯爵们（1339年后为公爵）通过不同的法律权力，统治着迥然不同的领土，凭借财富大幅提升了地位。随着时间推移，格德司伯爵们拥有了一系列优质领土的统治权，控制着马斯河［芬洛（Venlo）和鲁尔蒙德］、莱茵河［莱克河畔的阿纳姆（Arnhem）和瓦尔河畔的蒂尔］和艾瑟尔河［坎彭（Kampen）和聚特芬］流域的贸易。

聚特芬和费吕沃的西南部、荷兰和乌得勒支的南部，以及佛兰德斯的东部共同组成了布拉班廷公国，布拉班廷在所有中世纪公国中最具声望。它创建于1100年前后，那时安特卫普侯国（或边界地区）与鲁汶伯国合并，统治者被授予下洛林公爵的称号。甚至在成为布拉班廷公爵后，他依然是神圣罗马帝国皇帝世袭仪式上的御剑侍卫。

下洛林公爵的头衔曾授予给林堡伯爵，林堡伯爵后成为林堡公爵。他的公国（现大部分在德国，一部分在荷兰的林堡省）由零散的领土组成，彼此间差异较大，拥有的合法权利相对较小。公爵收入的重要来源之一是收取科隆到佛兰德斯的道路通行费，这条路经过他们所在的黑措根拉特镇（Herzogenrath）。1289年，布拉班廷与林堡合并，因此在一段时期里它们的统治者是低地国家地区唯一的公爵。

布拉班廷公国与林堡公国间坐落着洛恩伯国，洛恩伯国在很大程度上相当于现在的比利时林堡省。洛恩的伯爵们以骁勇善战而闻名，但他们统治的国家却贫穷且混乱。在整个12世纪70年代，洛恩伯爵一直与圣特雷登（Sint-Truiden）修道院的代理人迪拉斯（Duras）伯爵交战。1179年，列日主教柴林根的鲁道夫（Rudolph of Zähringen）代表修道院进行军事干预，烧毁了洛恩城堡。埃诺伯爵和贝格（Berg）伯爵从中调停，最终交战双方达成协议，此后洛恩伯爵成为列日主教的封臣。尽管二者之间存在隶属关系，但为了维护自身的行动自由，洛恩伯爵经常站在布拉班廷一边反对列日。1366年，列日主教最终占领了洛恩，直接统治了这一地区。随后的列日主教在上任后，会在博尔赫隆（Borgloon）宣誓成为伯爵。

列日王子主教的主要领地紧邻洛恩以南地区。1121年起，主教通常由大教堂全体教士选举产生。以这种方式诞生的第一位主教是布拉班廷公爵的兄弟，皇帝有时仍可以任命一位外来人选。主教们的领地向西与鲁尔（Rur）河畔的德意志的于利希（Jülich）接壤，于利希以及附近的克莱沃伯国、马克（Mark）伯国和贝格伯国在中世纪与东部低地国家的事务密切相关。包括荷兰语和德语在内的各种方言在这些地区紧密结合。最终，于利希、克莱沃、马克和贝格伯国成为德意志国家的一部分，格德司和林堡则被纳入低地国家，只是这一区别在后来才体现。

神圣罗马帝国最靠西的伯爵国是埃诺，位于佛兰德斯的南边。埃诺的伯爵也担任瓦朗谢讷（Valenciennes）的侯爵。瓦朗谢讷位于法兰西王国，这使得侯爵们（佛兰德斯伯爵同样）既是法兰西国王也是神圣罗马帝国皇帝的封臣。尽管埃诺伯爵没有佛兰德斯伯爵的权力那么大，但他们仍可以招募到庞大的骑士军队，在战争以及与法兰西和神圣罗马帝国的外交中获得优势。他们在瓦朗谢讷的宫廷是前勃艮第时期低地国家地区最奢华壮观的宫廷之一。

57　　夹在埃诺（在其西边）、布拉班廷（在其北边）和列日（在其东边和南边）之间的是那慕尔伯国，其领土集中在桑布尔河和默兹河的交汇处。尽管那慕尔的伯爵们占有大量的土地，在默兹河流域的贸易中也收益颇丰，但他们在政治上的影响力却从未超过他们的邻居。1200年左右，那慕尔提升为侯爵国，一度成为领土扩张、继承纠纷和帝国政治的焦点。此后，它再次成为各个国家中最不重要的一个。

在领土面积上，最南端的卢森堡是这些国家中最大的。卢森堡伯国建立于963年，一个名叫西格弗里德（Sigfrid）的伯爵用埃希特纳赫附近的土地换取了卢森堡城堡，他的后裔又将统治扩展至周围的伯国。在亨利四世（Henry Ⅳ，1136—1196年在位）的统治下，隆维（Longwy）、迪尔比（Durbuy）、拉罗什（Laroche）和卢森堡合为一体。经过几番争执，这些地区由亨利四世的女儿埃尔梅辛德（Ermesind，1199—1247年在位）继承。她通过第二次婚姻兼并了阿尔隆侯国。在中世纪后期，这一囊括了众多国家的集合体统一成为卢森堡公国。在低地国家地区，卢森堡是最倾向德意志的领地之一，部分原因在于它是唯一使用高地德语（High German）变体语言的国家。

城镇与国家

面对支离破碎的封建领土，低地国家的统治者们尚能够保持相对牢固的管控,原因之一在于,他们从贸易中获得的收入补充了(甚至超过了)封地税赋。伯爵、公爵和主教给予这些城镇前所未有的自治自由,换取他们在财政和军事上的支持。如果这些城镇从未成为独立的城邦国,并不是因为它们不想尝试。列日和根特的市民最爱挑起争端,经常向主教和伯爵的权威发起挑战,但从未成功地永远摆脱他们。格罗宁根是其中最成功的。1251年,该市的世袭行政长官乌得勒支主教被驱逐出城,此后这座城市保持了150年的独立自治。

伟大的比利时中世纪史学家亨利·皮雷纳(Henri Pirenne)认为,城镇随着罗马人的入侵而消失;维京时代之后,国际贸易逐渐复苏,城镇重新出现。然而最近有关物质遗迹的研究以及对历史资料更仔细地阅读表明,城市生活从未完全消失,甚至早在墨洛温时期(约公元500年至750年)就已经再次繁荣。在法兰克统治时期的低地国家,城市中心沿着三条主要河流分布。默兹河流域有迪南(Dinant)、于伊、那慕尔、列日和马斯特里赫特;莱茵河的支流流经奈梅亨、多雷斯塔德和乌得勒支;斯海尔德河沿岸及其西部入海口,坐落着瓦朗谢讷、图尔奈、根特、安特卫普、米德尔堡(Middelburg)以及布鲁日。

商人和工匠们倾向于聚集在城堡和主要教堂的周围,这并非为了寻求庇护,而是由于那里充满了商机。皮雷纳认为,相较于城市住宅区规模的增长,更重要的一点在于,城镇居民开始要求法律保障和豁免,甚至要求商业自治。这一迹象最先出现在10世纪后期的康布雷、图尔奈和列日主教区的城镇里。阿尔卑斯山以北现存最古老的公民宪章,是由列日主教特奥都因(Theoduin)

于 1066 年颁布的。市民们将免于司法决斗和神明裁判；诉讼和审判决议将加快处理速度；禁止私人复仇，同时市民享有自由地位（故而任何领主声称某市民自己的农奴，都必须提供无可辩驳的证据）。1077 年，康布雷成为第一个实行内部自治的城镇。佛兰德斯和主教辖区的城镇大多在 12 世纪获得自治特许；其他诸侯国则要到 13 世纪及晚些时候。

那些也许是商人，也许是地主，也可能两者兼之的贵族们，带头要求城镇自治。他们通常与代表伯爵或公爵的警长和执行官一起，或者与行使主教世俗权力的地方行政长官或教务长一起共同管理城镇生活。市长和市议员来自贵族阶层，他们管控着集市和市场。"自由市场"看起来有些自相矛盾，因为市场的真正目的是控制商品的质量、数量和价格。市议员任命监督者检查商品，布匹、面包、啤酒、肉和鱼都必须符合标准。

当地商人们的财富因为可以出口的产品而得到大幅提升。列日最有名的城市是瓦隆尼亚（Wallonia），它的首要产业是金属加工，其中黄铜制品最为有名，由用康沃尔（Cornwall）产出的锡和当地的锌熔合铸成的日耳曼铜而铸成。12 世纪初，黄铜开始大规模地出口到邻国。在其他低地国家，经济增长的支柱则是纺织产业。村民们自己可能会制作简单的土布，但生产销往国际市场的布料则需要更多的专业技术，比如纺纱、梳理、染色、织布和浆洗，总共十几道单独的工序，而在产出最优质布料的城镇，这些工序的专业化程度可能会更高。羊毛的质量因其所用的毛料和加工方法而异。每个地方都有自己的传统工艺，根特的布、伊普尔的布或者任何地方的布，都有其特定的尺寸和编织方式，产地一目了然。任何生产劣质布料的人不仅欺骗了顾客，还玷污了这座城市的名誉，因此针对布料生产的管控十分严格。

12世纪，一种接近资本主义性质的纺织产业组织在佛兰德斯发展起来，大布商成为行业的关键人物，而其他出色的工匠也能从订单中分一杯羹。那时，佛兰德斯人的布料已经流通到温彻斯特（Winchester）、诺夫哥罗德（Novgorod）和香槟（Champagne）的集市上。而正是在香槟，佛兰德斯商人首次买到了意大利人带到北方的货物。低地国家和意大利之间的联结是中世纪欧洲最富成果的商业联结之一。丝绸和香料是意大利人提供的商品中最吸引人的，但最重要的还是进口染料，如胭脂虫粉、巴西木材和藏红花，以及媒染剂白矾，它能使各种布料上色更快、更鲜艳。经过与外国织工的长期竞争，佛兰德斯的染色工人仍然保持着市场中的领先地位。

市议员们常常在布料大厅会面，布料大厅是多数城镇中最大的公共建筑，也是用以检验和出售布料的地方。12世纪末，城镇开始建造钟楼，那是一个巨大的方形塔楼，用来存放特许状、财产，以及主宰城市生活的大钟。它在固定的工作和休息时间敲响，有庆祝活动和发生危险时也会鸣钟。这些钟楼后来成了地方法官开会的地方，钟楼的台阶和阳台则成了宣读公告的地方。图尔奈的钟楼是许多这类钟楼的典型。伊普尔和布鲁日的钟楼建于13世纪晚期，它们坐落于对称建造的布料大厅的中心，是迄今为止最为壮观的几座。13世纪时，市政厅从布料大厅中分离出来，标志着布料商人失去垄断权力，或者说他们从一开始就没有掌握这种权力。至今仍在使用的、最令人印象深刻的中世纪市政厅位于布鲁塞尔、鲁汶和豪达（Gouda），它们都建于15世纪。布鲁塞尔和鲁汶的市政厅采用童话般的华丽夸张风格，即所谓的布拉班廷哥特式建筑。

城市市场经济的出现对农村产生了深刻的影响，促进了农业的集约化和专业化，改变了封建关系的模式。起初，布料交易依赖于以本地羊毛。公元9—10世纪，在沿海的盐沼、肯彭的荒地、阿图瓦（Artois）和埃诺的丘陵等地，随处可见大批羊群，但到了1100年左右，城镇的布料商人转而从英格兰进口羊毛，牧场也转型养牛，出售牛肉和牛奶。当地也种植起了基本的染料植物——提供蓝色染料的菘蓝、红色的茜草，以及黄色的黄木樨草。城市人口的增加意味着对基本食物需求的扩大。11—12世纪，佛兰德斯海岸的盐沼被开沟、排干，变成了围垦地，起初用作牧场，后来成了耕地。12世纪后荷兰的盐沼地也是如此。组织、监督公共堤坝建设与维修的协会，成为尼德兰农村公民社会的种子。在11世纪的佛兰德斯、12世纪的布拉班廷和埃诺，森林与荒地被开垦为新的田地。低地国家的农民顺利地砍伐森林、排干沼泽、围海造田颇著成效，因此德意志也邀请他们开展类似的工程，并回报他们以宽松的条件获得土地使用权。1113年，不来梅（Bremen）主教号召来自佛兰德斯和荷兰的殖民者开发汉堡周围的荒地，1143年，荷尔斯泰因（Holstein）伯爵也发出了类似的邀请。于是其他邦国纷纷效仿，甚至远至波兰（Poland）和普鲁士（Prussia）也以"佛兰德斯田地"作为衡量土地的标准。

农村生活远非一成不变。农业的发展促进了城镇的崛起，同样，低地国家紧密的城市网络也逐渐改变了农业的生产方式。到中世纪末期，1/3的人口居住在城镇。没有一个村庄离最近的城镇的步程超过一天，而且大多数村庄离城镇更近。11世纪，盈余的农产品已经在乡村市场上售卖。到14世纪,这一现象消失了,农民从周边乡村涌向城镇,去进行更大规模的买卖。一些小农户可能只集中生产某一种谷物、羊肉、盐、麦芽酒、泥炭、羊毛或皮革以供应市场,此外只生产一些自给自足的基本作物。其他人,尤其是那些只有小块土地的农民,可能会专注于种植他们维持生计所需的任何作物,然后卖掉剩余产品。亚麻在市场中最受他们的欢迎,它可以种植在土地的边角旮旯。对亚麻布纺织工来说,将亚麻分解成亚麻纤维可以带来额外收入,因此这一活计受到欢迎。在荷兰,捕鱼、捕鸟、收芦苇和筑堤是小农户们贴补家用的工作,除了粮食作物,他们还生产酿酒原料啤酒花、纺织原料亚麻,以及腌鱼所需的盐。

城镇不仅提供了需要食物的人,也提供了丰富的肥料来源,如烟囱灰、皮革屑、家庭垃圾、堆肥、破布。甚至人类的排泄物也可以回收利用——染工和制革工人把尿液收集在大桶里,固体秽物(称为"城市土壤"或"私人肥料")则卖给农民,他们会推着手推车前来收集。中世纪晚期,为了方便处理垃圾,一些较大城镇会许可中间商收集并出售垃圾。但是大量的粪肥仍然产自农村,主要取自家畜和家禽的粪便。

即使是小农,也可以通过种植甜菜、卷心菜和芜菁等饲料作物来饲养家畜。亚麻籽和油菜籽可用作冬季饲料,也可以榨油出售。牲畜一般是指牛,弗里斯兰、荷兰和佛兰德斯的牧区提供了极好的放牧条件。在乡村,猪被当作食腐动物饲养在森林和荒地里,而在低地国家,猪肉价格非常昂贵,是一种奢侈的肉类,这与如今十分不同。牲畜数量的增加意味着更多的肥料和更高的作物产量。细致施肥意味着可以放弃三年轮作和一年休耕的做法。中世纪晚期,低地国家的农民开始在同一块土地上播种互补作物，以备夏冬两季收获。在欧洲其他地方，类似的技术在17世纪和18世纪也被加以应用。"佛兰德斯体系"的细致施肥和一年四季不同作物的种植丰富了农产品的种类，但也减少了可播种谷物的数量。从13世纪开始，大量的谷物从阿图瓦、埃诺和皮卡蒂（Picardy）进口。波罗的海沿岸成为14世纪的粮仓，到15世纪，佛兰德斯也从东安格利亚（East Anglia）和莱茵兰进口谷物。欧洲和其他地方的城镇居民都穿着低地国家织布工织造的衣服，而许多地方的农民则为织布工们提供粮食。

理查德·韦斯顿爵士（Sir Richard Weston）是英国内战时期流亡到低地国家的保皇派难民，他在1650年写有一篇关于布拉班廷和佛兰德斯地区农耕的论述，展示了那里翻天覆地的变化，表示可以学习和借鉴。他描述的那些土地，在英格兰人眼里都是低劣的荒地。

> 一英亩上好的亚麻抵得上四五英亩最好的谷物……而在收割亚麻后，又可以种植一批芜菁。按英亩来算，芜菁可能比全国最好的谷物更有价值。收获芜菁后，大约到4月份，可以在同一土地上种植燕麦，同时撒下苜蓿的种子……燕麦收割后，苜蓿会破土而出。因此在那一年的圣诞节前，农民会收获一大片牧场，第二年还可以收割三次牧草。作为这个国家最好的草地，每年的收成都足以饲养各种各样的牛类……

当土地的耕种者可以种植经济作物，或开垦自己的土地，或搬到城镇时，他们自然不愿意把一半的生产时间花在领主的土地上。劳役经常被转变成现钱租金,这样领主可以吸引更多的佃户,也可以应对农民因为强迫劳役而发起的反抗。甚至领主自己的土地也越来越多地向外出租给付租金的佃户。领主可以通过其他方式压榨村民,比如通过领地法庭获取罚金,垄断磨坊、啤酒厂,甚至是耕地的牲畜。牧场制备干草的权利和义务持续最久,因为封建体系仍需要供养骑兵。农奴制直至18世纪90年代才从法律中废除,但在13世纪之后,除了格德司和欧弗斯蒂希特(Overstictht)的部分地区,农奴制早已是末日黄花。

封建制度要么吞噬货币经济,要么被其反噬。社会地位更是如此。13世纪佛兰德斯的一项调查发现,只有1/3的骑士领地是由骑士占有的,其余的已兑换成现金或象征性的偿付。长期以来,这些领地都由统治者的私人仆从管理,一般是当地教堂的教士或被称为家臣的骑士。13世纪,一些组织有序的大法官掌握了管理权。家臣们摆脱了屈从的地位,与贵族和地主阶级融合在一起。整个13世纪,乌得勒支的主教们都十分厌恶阿姆斯特尔河(Amstel)流域的领主,因为这些领主的祖先曾是乌得勒支主教的家臣。13世纪下半叶,阿姆斯特尔河(须德海和莱茵河三角洲支流某个汇合处的一部分)上筑起了防洪水坝,水坝之上形成了一座城镇:阿姆斯特丹(意为阿姆斯特尔水坝——译者)。海斯贝特四世(Gijsbrecht Ⅳ)开始以自己的名义征收通行费,他的儿子则声称阿姆斯特丹是自己的领地。数十年来,荷兰的伯爵们、阿姆斯特尔的领主们、乌得勒支的主教们一直在争夺阿姆斯特丹及其税收,最终荷兰取得了胜利。

1163年,一场毁灭性的洪水形成了须德海,这场洪水将尼德兰北部中心的阿尔默勒(Almere)大湖变成了一个海湾。当地原本以湖泊和沼泽为主的景观变成了以小溪、岛屿和半岛为主。鱼类是重要的食物来源，在海洋中捕鱼对所有人都是免费的（不像在湖里和河里捕鱼），因此一个盛产比目鱼的内海的突然出现，在一定程度上弥补了失掉肥沃土地的损失。须德海沿岸很快便布满了渔村。须德海免于恶劣天气侵袭的航海条件，使之成为北上船只的理想航线（这曾是斯堪的纳维亚驶向多雷斯塔德的路线，途径阿尔默勒）。随着与德意志北部、丹麦和波罗的海沿岸贸易的增长，连接着须德海和莱茵河的艾瑟尔河沿岸的城镇变得越发重要。14 世纪，欧弗斯蒂希特的代芬特尔和兹沃勒（Zwolle）、格德司伯国的聚特芬和坎彭、须德海东北海岸的斯塔福伦（Stavoren）都加入了汉萨同盟（Hanseatic League）——一个由北欧主要贸易城市组成的国际联盟。

荷兰伯爵们想要在须德海上征收通行税，因此不难理解他们会牺牲乌得勒支主教的利益以控制南部海岸，又牺牲弗里斯兰人的利益控制北部流域。须德海上到处是浅滩，许多来自波罗的海的货物要在斯塔福伦、恩克赫伊曾（Enkhuizen）和霍伦（Hoorn）重新装载到吃水较浅的船只上，这些都是弗里斯兰人的城镇，最终由荷兰伯爵统治。12 世纪洪水泛滥，西弗里斯兰（现在这个名字只用于后来成为北荷兰省的北部地区）几乎与弗里斯兰其余地区完全隔绝。荷兰的伯爵们急于将统治扩展至此，便开始了一系列尝试。1256 年冬天，荷兰伯爵、"罗马人民的国王"（当选的神圣罗马帝国皇帝）威廉二世（William Ⅱ）在与西弗里斯兰人的战役中丧命。他的马掉进了冰里，但他没有淹死，弗里斯兰人将其拽出水面，当场杀死了他。最终，弗里斯兰人臣服于威廉的儿子弗洛里斯五世（Floris V），威廉去世时他年仅 2 岁。

新修道生活：1098—1147年

在众多积极排水和清理荒地的人中，西多会（Cistercian）修道士远称不上唯一的筑堤者，但他们的工程具有制度上的一致性，很少有世俗工程能与之相比。他们的修道院建于1098年，位于勃艮第的西多（Cîteaux），属于新型修道院。在这里，圣本笃（St Benedict）的教规通常被用以指导修士的生活，他们要严格遵守，不能有一丝一毫的放松。经历了摇摇欲坠的起步之后，西多会修道院在明谷的伯尔纳（Bernard of Clairvaux）的影响下声名鹊起。伯尔纳于1112年进入教会，他四处旅行，致力于传播教义、解答精神困惑。他曾两次在低地国家旅行，促成了该地区第一批西多会修道院的建立。像隐士一样，西多会修士也会寻找荒凉之地，再通过开垦使之变得富饶。这往往是在庶务修士（lay brothers）的劳动下完成的，他们受到的管束相对宽松，在修会管理上也没有发言权。沙丘圣母院［Our Lady in the Dunes，现为科克赛德（Koksijde）附近的一座博物馆］及其分院特杜斯特（Ter Doest）便是以在佛兰德斯的沿海平原上圩田而闻名，特杜斯特的什一税谷库一直保持到现在。弗里斯兰的克拉坎普（Klaarkamp）修道院修建了许多堤坝，还开发了斯希蒙尼克奥赫（*schiermonnik*，意思是庶务修士）岛。它在爱德华（Aduard）的分院成了繁荣的贸易社区核心。

另一个修道院是由莱茵兰人，桑滕的诺伯特（Norbert of Xanten）建立的。他前往法兰西北部的普赖蒙特莱（Prémontré），于1120年在该地修建了一所律修会修士（canons regular）修道院。诺伯特的信徒（被称为诺伯特派修士或者普雷蒙特雷修会修士）奉行圣奥古斯丁创建的教规。第二所修道院建于那慕尔的伯爵国弗洛雷夫（Floreffe）。很快，更多的修道院建立起来。直至12世纪末，整个低地国家共新增了22个该教派的修道院。自14世纪开始，布拉班廷的普雷蒙特雷修会院长成为公爵领地中最重要的精神领袖之一。弗里斯兰的两所修道院，玛丽温阿德（Mariëngaarde）和布卢姆霍夫（Bloemhof）成为弗里斯兰历史记载的中心。

和伯尔纳一样，诺伯特也曾到过低地国家，并在那儿亲自建立了修道院。1131年，两人均前往列日参加神圣罗马帝国皇帝洛泰尔与教皇英诺森二世（Innocent Ⅱ）的会晤，这是唯一一次在低地国家举行的皇帝加冕仪式。诺伯特早期到低地国家的一次旅行是在1124年，当时他接管了安特卫普的联合教堂——圣米歇尔教堂（St Michael's），要把它改造成一座普雷蒙特雷修会修道院。教堂的领导权之所以被转交给他，是因为要打击在安特卫普扎根的异教邪说，这些异教邪说是由一个叫坦彻姆（Tanchelm）的人传播的，他或许死于1115年。

在一封写于1113年左右的信中，乌得勒支的教士们向科隆大主教抱怨说，在科隆有一个叫坦彻姆的人，一直教导人们只有他和他的信徒才是真正的教会；教皇、主教、大主教、教士和牧师的职务毫无意义；圣礼之所以有效是源于牧师的圣洁，而不是他的圣职；教会是邪恶的地方，充斥着虚无；最后，他自身已经接受了圣灵的充盈，接近于神了。坦彻姆的信徒崇敬他的浴水，将其视为"圣水和有益健康的圣礼"，有一次他甚至将圣母玛利亚的雕像带到他的信众面前，用手拿着它宣称："我最亲爱的朋友们，看看我是怎样和圣女结婚的，拿出你们的结婚赠礼吧！"据说他的言论煽动力巨大。

乌得勒支教士们的描述难免有失公正。那时坦彻姆在前往罗马的途中，代表佛兰德斯伯爵向教皇请愿，要求将斯海尔德河以西的乌得勒支的部分教区移交给图尔奈教区，从而使教区边界合理化。当时，布鲁日属于图尔奈教区，但它在达默（Damme）的外港属于乌得勒支教区。失去达默会损害乌得勒支的财政收入，教士们当然希望（他们也是这么表达的）大主教可以阻止坦彻姆到达罗马。后来的史料有一两次提及坦彻姆的布道引人入了歧途，但都没有关于他的观点的可靠证据。《圣诺伯特传》中提到，坦彻姆的教导之所以得到认可，是因为安特卫普的人民实际上没有牧师引导。那是一个人口稠密的小镇，只有一个教区牧师，还在和他自己的侄女姘居。在圣诺伯特接管教堂之前，圣米歇尔教堂的牧师们削了发，但没有被授予圣职的教会执事，他们的主要工作是征收什一税，并将其中2/3转交给公爵。

12世纪的文艺复兴

伯尔纳和诺伯特的观点是：古代的经文不仅能为宗教团体提供方针指导，还可以为生活提供确切的准则，是一场更加广泛的知识运动。为了方便，人们称之为12世纪的文艺复兴。这场知识复兴还有另一个重要方面，那就是对罗马法和古代哲学的重新研究、对教会法规和神学体系的系统化，以及对人类个性更加深刻的自我思索。一些12世纪出生在低地国家的伟大思想家，在一定程度上展现了文艺复兴运动的影响。其中一位是来自列日圣劳伦斯（St Laurences）修道院的多伊茨的鲁珀特（Rupert of Deutz），他在修道院的学校里生活了40多年，先是作为学生，后是成为老师。在生命的最后几年，他被召唤到德意志担任多伊茨修道院院长，最后于1130年去世。他是礼拜仪式和圣经经文的评注家，也是神秘主义者和诗人。他为《马太福音》所做注解的第12册，讲述了自己在理解和实践福音书时的困苦挣扎，是中世纪自传中最具自我反省的传记之一。鲁珀特评注经文时，尤为重视《旧约》和《新约》在意象上的相似之处，不像流行学派们那样注重逻辑的区别。他在《圣经》的不同部分发现了共有的诗性，成为低地国家和莱茵兰修道院教育的一个标准，影响了教堂绘画和雕刻对圣经场景的选择与排列。好几代人，甚至是文盲，都不知不觉从鲁珀特的注解中了解了圣经的基本内容。16世纪20年代，他的书得以印刷，科隆和安特卫普的第一代路德派教徒引用这些书，表明他们对《圣经》评注的态度与经院哲学没什么不同。

然而，就知识与思辨的系统逻辑框架而言，低地国家的其他一些人走在了新潮流的前列。例如，里尔（Lille）的诗人和神学家艾伦（Alan，逝于1203年），他曾在巴黎学校学习，对圣经术语和当时的主要神学问题进行了系统的研究，赢得了"博学"的声誉。图尔奈的西蒙（Simon）是一位巴黎的学者，他的研究没有艾伦广泛，但更加清晰和系统，他在物理学和形而上学方面均提出了具有争议的观点。像艾伦和西蒙这样的人在他们的家乡佛兰德斯，不可能完全施展出自身才华，那里的人认为教会执事应当致力于管理，而不是思辨。

法律学习的复兴也许对很多人产生了更加直接的影响。1127年，布鲁日的加尔伯特写下了"习惯法"，但到了1205年，才出现了一部区分"法律"和"习俗"的宪章，其中一个是理性的、成文的，另一个可以被文字记录下来，但完全不是同一种东西。这一区别受到了一些"上帝的和平"观念和格列高利改革的影响，它们强调抽象的正义，而不顾通常情况。1092年，教皇乌尔班二世向弗里斯兰的罗伯特指出——基督曾说过"我是真理"，但没有说"我是惯例或习俗"。另一个影响来自随后罗马帝国编纂的法典，这部法典认为，统治者不仅仅是法律的守护者，也是法律的创造者。1170年，佛兰德斯伯爵阿尔萨斯的菲利普颁布了一部《大宪章》，对阿拉斯、布鲁日、杜埃（Douai）、根特、里尔、圣奥梅尔（Saint-Omer）和伊普尔等城镇统一立法——统治者不再只是确认习俗或给予豁免，还可以制定新的法律。

阿尔萨斯的菲利普资助了12世纪文艺复兴的另一个领域——世俗文学的繁荣。当时最重要的诗人是克雷蒂安·德·特鲁瓦（Chrétien de Troyes），一个侍奉菲利普伯爵的法兰西人，他将自己所写有关圣杯传奇的诗文《佩斯瓦》（Perceval）献给了菲利普。那时流行的宫廷爱情文学也受到了佛兰德斯最高阶层的欢迎，因为菲利普伯爵的夫人韦芒杜瓦的伊丽莎白（Elizabeth of Vermandois）就是法式"宫廷爱情"的代言人。12世纪另一位伟大的宫廷诗人是亨利克·凡·维尔德克（Henric van Veldeke）。他是洛恩伯国的一名家臣，用介于荷兰语和德语之间的方言写作，使用这两种语言的人都称他的《埃尼伊特》（Eneit，特洛伊战争中勇士埃涅阿斯故事的再写）是他们看过的第一部骑士小说。荷兰早期留传下来的文字残片，还包括乌得勒支在公元8世纪的洗礼公文，9世纪或10世纪的两段下法兰克赞美诗译本，1100年左右在肯特（Kent）的羊皮纸上信手涂鸦的西佛兰德斯情歌。亨利克·凡·维尔德克的《圣瑟法斯传》写于1170年左右，是现存的第一首荷兰诗歌。他还写过情诗，诗中描绘了嫩芽、绿叶和鸟儿在树上歌唱的画面。

12世纪末，佛兰德斯诗中出现了一部无名的动物史诗，英文名为《列那狐的故事》(*Reynard the Fox*)。这部著作讲述了奸诈又反社会的狐狸列那是如何利用对手缺点，最终免于抢劫和谋杀的。狮子国王诺布尔（Noble）贪财，它的下属熊布兰（Brun）和猫蒂博尔特（Tybalt）贪婪，他的顾问獾格兰贝尔（Grimbert）任人唯亲。这部史诗在整个中世纪持续受到人们的欢迎，威廉·卡克斯顿（William Caxton）1481年印刷的版本（这里使用的书名来自该版本）是最早出版的英文书籍之一。19世纪，列那狐成了佛兰德斯文学历史深远且成就斐然的重要政治象征，也启发了卢森堡最著名的文学作品——米歇尔·罗丹格（Michel Rodange）的《雷诺特》(*Renert*)。

荷兰文学的大部分作品都依赖于对法语原著的翻译或改编。比如荷兰语版的《罗兰之歌》(*Song of Roland*) 和《蒙托邦之歌》(*Renaut de Montauban*)，后者直至19世纪仍受到欧洲大陆的欢迎。这部著作讲述了一段传奇故事：艾蒙（Aymon）的四个儿子受到诬陷，即将受到查理曼大帝的惩罚，他们最终骑着神马巴亚尔（Bayard）逃走了。《查理曼和埃莱加斯特》(*Karel ende Elegast*) 是出自佛兰德斯的一部查理曼传奇，该书引自法国，但原著不详，讲述了"皇帝是如何阻止劫掠的"：一晚，查理曼大帝在天使的指引下发现了一场犯罪活动，这位乔装的皇帝与逃犯骑士埃莱加斯特（Elegast）合伙阻止了一场针对皇帝的致命密谋。

神圣罗马帝国和低地国家：1155—1256年

在腓特烈·巴巴罗萨（Frederick Barbarossa，1155—1190年在位）皇帝的统治之下，神圣罗马帝国的皇威在低地国家稍有回升。巴巴罗萨修复了奈梅亨的皇宫，有时会在那里上朝。皇帝也许不能再任命主教，但至少在1156年，巴巴罗萨前往乌特勒支主持了雷嫩的戈弗雷（Godfrey of Rhenen）的选举。1167年，他的朋友兼盟友——柴林根的鲁道夫，一个在意大利参加过帝国战争的老兵，受其扶持成为列日主教（1167—1191年在位）。1189年，腓特烈皇帝与法兰西的腓力·奥古斯都（Philip Augustus）、英格兰的狮心王理查（Richard Lion-Heart）一起领导了第三次十字军东征，确立了皇室对十字军运动的控制。他们最终没能夺回耶路撒冷，由于死伤惨重，此次十字军东征对低地国家的历史具有重要意义。佛兰德斯伯爵阿尔萨斯的菲利普与列日主教柴林根的鲁道夫在围攻阿卡城时死于疾病。荷兰的弗洛里斯三世（Floris Ⅲ）在安条克由于过于疲劳，死在了他小儿子威廉的怀中。腓特烈·巴巴罗萨本人在小亚细亚（Asia Minor）的一条河里淹死了。

皇帝去世时，那慕尔伯爵国的继承权备受争议。从1139年起，那慕尔由"瞎子"亨利（Henry the Blind）统治，他同时也是卢森堡、隆维、迪尔比和拉罗什的伯爵。1163年，作为一个没有子嗣的鳏夫，亨利指定他姐姐的儿子"勇敢者"鲍德温（Baldwin the Brave）为继承人。鲍德温于1171年成为埃诺伯爵，1191年又凭借妻子的权力成为佛兰德斯伯爵。腓特烈·巴巴罗萨同意任命鲍德温为卢森堡的继承人，还愿意把桑布尔河与默兹河交汇处到摩泽尔河之间的国家整合为那慕尔侯爵国，与佛兰德斯和埃诺结成个人联盟。如果一切按计划进行，低地国家的政治统一将会是另外一番风景。但在1186年，72岁的"瞎子"亨利（1168年再婚）意外得到了一个女儿埃尔梅辛德，于是他改变自己的意愿。结果，1188年，"勇敢者"鲍德温入侵并占领了那慕尔伯国。腓特烈皇帝在率领十字军出征前，将那慕尔伯爵国提拔为侯爵国，确认了鲍德温在那慕尔、迪尔比和拉罗什的统治地位，但把卢森堡伯国留给了自己的亲兄弟，完全剥夺了埃尔梅辛德的继承权。1195年，"勇敢者"鲍德温的大儿子鲍德温继承了佛兰德斯和埃诺的爵位，小儿子菲利普则继承了那慕尔。1196年，"瞎子"亨利去世，他生前一直寻求埃尔梅辛德获得继承的机会。随后，埃尔梅辛德的未婚夫、巴尔的特奥巴尔德（Theobald of Bar）接手为她争取权力。

相较于他的父亲腓特烈，皇帝亨利六世（Henry Ⅵ，1190—1197年在位）对帝国的统治变得更加困难，自身也缺乏管理技巧，但依然维持着皇权。1191年，鲁道夫主教在围攻阿卡时死亡的消息传到了列日。布拉班廷党在教士会议上推举布拉班廷公爵亨利一世的弟弟、鲁汶的阿尔贝特（Albert of Leuven）成功当选列日主教。皇帝试图推举另一位候选人，但阿尔贝特向教皇提出了申诉，他的当选得以确认。1192年9月，阿尔贝特被皇帝驱逐出洛林，于是他在兰斯担任列日主教一职，但不久后便被三名帝国骑士谋杀，成为教会自由的殉道者。鲁汶的阿尔贝特被谋杀后，教士会议选举林堡的西蒙（Simon of Limburg）为继任者，但选举的有效性存在争议。1194年，一群倾向于埃诺伯爵的教士选举古约克的艾伯特（Albert of Cuyck）作为西蒙的对手，结果引起了内战。林堡和布拉班廷公爵支持西蒙，而佛兰德斯和埃诺伯爵——"勇敢者"鲍德温支持艾伯特。1195年，两位候选人前往罗马向教皇陈述他们的情况。西蒙在判决前便去世了，因此艾伯特的主教身份得以确认。

1196年，乌得勒支也发生了一场类似的争议选举。一名候选人获得了格德司伯爵的支持，然而皇帝和荷兰伯爵却支持他的竞争对手。荷兰和格德司各派去了一支军队支持自己的候选人，最终格德司的军队在乌得勒支战败，但他们却设法在代芬特尔为其支持的人举行就职仪式。1197年，两位主教当选人都前往罗马寻求教皇裁断。旅程艰辛疲惫，他们的目的地又频发疟疾，这桩难解的案件以双方均去世而告终。乌得勒支的教会分裂成荷兰派和格德司派，最后双方达成妥协，选定前宫廷牧师阿尔的特奥德里克（Theoderic of Ahr，1198—1212年在位）为主教候选人。

主教选举在那时并不是最具争议的，皇室才是。1197年，亨利六世去世，他只留下一个尚在襁褓中的儿子作为继承人。帝国的王子们开始选举继承人，但最终选出了两位候选人，分别受到两个敌对派系的支持。其中一位是亨利六世的弟弟，施瓦本的菲利普（Philip of Swabia，1198—1208年在位），另一位是狮子亨利（Henry the Lion）的儿子奥托四世（1198—1218年在位），他的父亲亨利是萨克森和巴伐利亚的公爵，曾于1181年被腓特烈·巴巴罗萨流放。双方都在德意志、意大利和低地国家找到了自己的支持者。奥托四世的家族是韦尔夫（Welfs），菲利普的家族是霍恩施陶芬（Hohenstaufens），他们家族间的冲突持续了一个世纪。在12世纪的前50年里（1198—1248年），这一冲突尤为突出，它和一系列的继承纠纷缠绕在一起，事件往往变得错综复杂。

布拉班廷的亨利一世（Henry Ⅰ of Brabant，1190—1235年在位）是下洛林公国名义上的公爵，作为帝国执剑者，在仪式中发挥着重要作用。他成了左右决胜选举的拥王者，可以决定哪个候选人可以得到洛林贵族的承认。最初，他呼吁几个伯国支持韦尔夫阵营的奥托四世，但在1203年与格德司联姻后，便连同原先的人一起支持施瓦本的菲利普，条件是奥托四世承诺给他们的授权和特许，菲利普也要一样不少地完成。1208年，菲利普被谋杀后，他们又回归韦尔夫阵营。

荷兰也同样不断变换立场，但只是因为它的统治者一直发生变化。1203年，伯爵迪尔克七世（Dirk Ⅶ）去世，只留下一位十几岁的女继承人艾达（Ada）。她的母亲随即把她嫁给了洛恩伯爵路易（Louis），这样就有一个男人支持艾达统治荷兰伯国，同时挫败她的叔叔威廉的野心，此人是一名归来的十字军战士。在迪尔克七世下葬之前，威廉乘坐一艘渔船从弗里斯兰来到荷兰，煽动了一场叛乱，反对"外族人"洛恩的路易统治荷兰。艾达和路易寻求霍恩施陶芬派的韦尔夫的威廉（William of the Welf）。1204年底，威廉已在荷兰建立起了统治，他将艾达囚禁在英格兰。1206年，布拉班廷和格德司转向霍恩施陶芬阵营，在外交上支持洛恩的路易，艾达因此获得释放，同时路易成为荷兰的伯爵。1208年，霍恩施陶芬阵营瓦解，一切随之改变。1210年起，威廉一世再次颁布宪章，宣布自己为"荷兰伯爵"，尽管当时没有人承认他的身份。

皇权的争斗也影响了佛兰德斯和法兰西之间的关系。皇帝奥托四世出身于韦尔夫家族，母亲是英格兰人。他自小流亡国外，在舅舅狮心王理查的宫廷长大。法王腓力·奥古斯都因此倾向于霍恩施陶芬家族。这足以让佛兰德斯的鲍德温九世（Baldwin IX，1194—1205年在位）放弃其家族对霍恩施陶芬家族的长期忠诚，转而与盎格鲁—韦尔夫家族联盟，共同对抗法兰西。鲍德温九世是佛兰德斯伯爵夫人阿尔萨斯的玛格丽特（Margaret of Alsace）与埃诺伯爵"勇敢者"鲍德温的儿子。玛格丽特的父亲、阿尔萨斯的菲利普于1191年死于阿卡，腓力·奥古斯都只好放弃十字军东征，立即赶回法兰西。在那里，他承认玛格丽特和鲍德温对佛兰德斯的统治，只要他可以占有佛兰德斯的一些边境城镇，同时索取了一笔高达2万英镑的领地继承税。1194年，鲍德温九世成为伯爵，他的首要任务是收复1191年失去的边境城镇。1199年，为了建立反法国—霍恩施陶芬联盟，出于统一战线的考虑，"瞎子"亨利的遗产争端被解决了。奥托四世把霍恩施陶芬斯家族自己想要拥有的卢森堡伯国授予了埃尔梅辛德，鲍德温还与埃尔梅辛德达成和解，放弃了阿登高地，甚至把他哥哥的那慕尔侯爵国的部分领土也转让给她。鲍德温九世集中对付法兰西的政策在1200年得到回报，腓力·奥古斯都把他1191年占领的城镇归还了，作为交换，鲍德温放弃了与英格兰国王约翰的联盟。同年，鲍德温的第一个孩子若昂（Joan）出生了。1202年，他的第二个女儿玛格丽特也即将出生。

  1202年，鲍德温以其满意的结果解决了领土争端，开始了第四次十字军东征。玛格丽特一出生，鲍德温的妻子就跟随他从军，最后在东征的途中逝去。由于资金短缺，十字军在途中自愿成为雇佣军，再没有去圣地。1204年，他们受雇在君士坦丁堡参与了一场皇室战争，但他们的委托人没有能力支付雇金，于是这些十字军野蛮地洗劫了该城，并推举鲍德温为皇帝。第二年，鲍德温在与保加利亚人（Bulgars）的一场战斗中被俘，从此杳无音信。1206年，他去世的消息传到了法兰西和佛兰德斯。腓力·奥古斯都向鲍德温的两个孤女索要了前所未闻的5万英镑领地继承税，以此为条件承认她们是鲍德温的继承人，并且宣布她们拥有封建的监护权。年幼的若昂和玛格丽特被带到巴黎。腓力·奥古斯都一直统治着佛兰德斯，直到1212年，他把12岁的若昂嫁给了葡萄牙的费兰德（Ferrand of Portugal），把10岁的玛格丽特嫁给了年龄是她四倍的阿韦讷的伯查德（Burchard of Avesnes）。法王腓力希望费兰德成为佛兰德斯的傀儡统治者，但他的愿望落空了。法兰西人的侮辱使费兰德拒绝参与入侵英格兰的计划，之后几个生产布料的城镇也施压，迫使他与英格兰王室结盟。佛兰德斯人占领并洗劫了图尔奈，在达默摧毁了法兰西的舰队，但不久法兰西的骑士就把佛兰德斯的乡村夷为了平地。

1209年，奥托四世在罗马加冕为皇帝，但他与领地君主和教皇之间的冲突仍在继续。1212年，一群领地君主在纽伦堡（Nuremberg）集会，宣布废黜奥托四世，并选举亨利六世年满18岁的儿子为皇帝，即腓特烈二世。霍恩施陶芬家族的复兴对奥托是一个沉重的打击，他开始在德意志之外争取支持。1212年，他扶持格德司家族的一个小儿子当选乌得勒支主教。1213年，他最终确认威廉一世为荷兰伯爵并继承弗洛里斯三世所有的领地。1214年，他迎娶了布拉班廷公爵的女儿玛丽亚（Maria）。这样，奥托四世就领导了一个由德意志人、英格兰人以及洛林人组成的多国联盟，旨在把法兰西人赶出佛兰德斯。佛兰德斯属于皇家领地，奥托是若昂和费兰德的封建领主，因此有义务保护他们。1214年7月27日，这支盎格鲁—韦尔夫军队在布汶（Bouvines）战役中惨败。

布汶战役的失败严重打击了奥托四世在低地国家的威信。荷兰的威廉一世被俘，但他转而便效忠法兰克—霍恩施陶芬阵营，随即得到释放。奥托四世的亲戚布拉班廷公爵同样放弃了韦尔夫家族的利益。1215年，利珀（Lippe）的奥托接管了乌得勒支主教区，他是腓特烈二世的一个远房表亲。这件事对佛兰德斯的影响最深。费兰德伯爵在布汶被俘，被囚禁了十多年。为了获得释放，若昂被迫服从法兰西国王的政治指令。腓力对婚姻法一向满不在乎，他甚至让若昂与布列塔尼（Brittany）伯爵举行了一场婚礼，以此作为释放费兰德的条件，而若昂在自己的丈夫重获自由时，便立即拒绝承认这桩婚姻。1224—1225年，若昂不得不应付"假冒鲍德温"的荒诞事件。这个冒牌货是个精神错乱的隐修士，他相信自己就是若昂从东方归来的父亲，还从佛兰德斯市民中召集了数量惊人的支持者。之后，若昂对这些城市处以巨额罚款，1226年，她最终赎回了费兰德。

1200年前后的混乱，显现出低地国家的皇权已经脆弱到了什么程度，但同样也能看出皇权仍然多么重要。只有得到皇帝的认可，强权才能成为合法的，而且在韦尔夫和霍恩施陶芬两派的斗争中，皇帝的认可是可以买卖的。这一状况很快就发生改变。腓特烈二世为了在意大利推行他的计划，需要得到帝国领地君主的支持。1231年，他颁布了《世俗领主法案》（*Statutum in favorum principum*），证实了帝王的权力受到侵蚀，承认了领主们征收通行费、铸造钱币、建造城堡、司法管理，以及征收司法罚款和费用的权利。低地国家的统治者继续扮演着帝国封地领主的角色，但他们不再受任何意义上的帝国统治。1245年，腓特烈二世被逐出教会，韦尔夫家族先是推选图林根的亨利（Henry of Thuringia，1246—1247年在位），又推选了荷兰的威廉二世（1247—1256年在位）担任皇帝，与腓特烈二世为敌。腓特烈二世死后，霍恩施陶芬家族推选腓特烈二世的儿子为皇帝，即康拉德四世（Conrad Ⅳ，1250—1254年在位）。竞争还在继续，但对于低地国家的统治者来说，这已不再是那么重要的问题了。

13世纪的宗教生活

13世纪见证了中世纪最激进的新宗教运动，它试图为日益扩大的市场经济和城市社会中那些急需精神慰藉的人提供答案，其中包括被谴责为异端的人，还有那些因圣洁而受到称道的人。

在11世纪，一个基督教的邪恶派别，卡特里派（Cathars，又称"清洁派"）出现了。他们将灵与肉的区分推向极端，教导信徒物质世界完全是邪恶的，神圣的最高境界是饥饿而死。一个最受欢迎的观点是，好的造物主不会创造出狼。这一阴郁的信仰体系在西欧大陆的大部分地区都有传播，但在法兰西南部以外的地方，也就是卡特里派被称为阿尔比派（Albigenses）的地方，基本上是一种少数人崇拜的邪教。早在12世纪，佛兰德斯就出现了卡特里派。人数一直不多，但受到法兰西阿尔比派煽动的群体是持续存在的。1155年，康布雷主教宣布一位名叫乔纳斯（Jonas）的牧师因其卡特里派的异端思想与教会不符，因此被驱逐。1162年，法兰西的路易七世（Louis Ⅶ）试图向佛兰德斯施压，他写信给教皇说那里异端邪说盛行。1163年，11名佛兰德斯人在科隆附近被捕，经过众多审讯和争论，依照刑法规定的罪责，他们被当作异教徒处以火刑。

1184年,教会为了保持对异教徒的控制,针对他们制定了新的措施:主教下的审讯人员可以对异端嫌疑人进行审问,世俗法庭只有在嫌疑人被确认为异端后才能介入。1232年,腓特烈二世主张主教调查应在帝国的管控下进行。对此罗马教廷在1233年做出回应,任命了专门的罗马教皇调查官四处巡回调查。1235年,罗伯特·勒珀蒂(Robert le Petit)被任命为全法兰西的教皇调查官。他不论走到何处,都会将大量无嫌疑的人判为异端分子。1236年和1237年,他在佛兰德斯巡回调查,1238年,他又去了列日教区,数十人被烧死在火刑柱上。不久之后,有人向教皇控诉,罗伯特因暴虐和不公正被判终身监禁。审讯的过度狂热受到抑制,但教皇调查官却成了生活中常见的一部分。这些人的大部分精力都花在了追捕韦尔多派信徒(Waldensians)和自由精神兄弟会(Brothers of the Free Spirit)的成员上,它们从根本上说仍然是基督教派,只是否认教会是上帝恩典的载体。

托钵修道士

阿西西的方济各(Francis of Assisi)是一名意大利商人的儿子,他在青年时期也曾追名逐利,后决心放弃世间的财富与享乐,转向贫穷且谦卑的生活。与此同时,他认为万物皆有尊严,坚信耶稣出生时是一个有血有肉的婴儿,他同鸟类和兽类讲道,据说甚至还对狼讲过。方济各不仅拒绝个人财产,也拒绝公共财产,他与伙伴一起以乞讨为生,四处传播福音。1229年,方济各的方济各会(小兄弟会)获得教皇批准,那时他们在低地国家地区已有6座教堂,未来还有增加。随着时间推移，该教派做出了财产"所有权"和"使用权"的区分，因而一些修士团体使用了大量的物资，却不主张自己拥有它们。1214 年，多明我·德古斯曼（Dominic de Guzman）创建布道兄弟会（Order of Preachers），与托钵修道会类似。他们将布道视为一种途径，连接了教会和因受异教误导而处于危险之中的人。多明我会与后来的其他教士都密切参与了教皇的调查中。两个教团的发展都很迅速，对低地国家的影响不亚于欧洲其他任何地方。

有一个托钵教派名为十字兄弟会（Brothers of the Cross），也叫丁形修道会（Crutched Friars），它起源于尼德兰的于伊附近。据传，其建立者塞勒的特奥多尔（Theodore of Celles）是列日的一名教士，曾随柴林根的鲁道夫参加了第三次十字军东征，归来后决心献身于传道，将耶稣在十字架上的牺牲宣告世人。在低地国家的其他地区发现过他们的教堂，甚至在法兰西、英格兰和德意志的几个城镇也有。但十字兄弟会从未成为大教派，因此有关他们的文献记载少之又少。

托钵修会的修士们没有前往荒凉之地，而是聚集在城镇。因为在城镇靠乞讨有更多的机会谋生。到 1350 年，仅在布鲁日就有 6 所修道院，根特 5 所，伊普尔和瓦朗谢讷各 4 所，低地国家地区的每一个主要城镇都至少有 1 所修道院。他们从城镇出发，定期到乡间传教。托钵修会修道士的一个特殊专长是使乡村教区的居民以一种特殊的基督教团体感来庆祝一年中的重大节日。教区牧师自己常常卷入当地的纷争，从外地来的托钵修会的修道士们会以其精湛的布道技巧，劝诫人们要活在基督的爱与和平中，并倾听当事人的忏悔，最终促成赔偿与和解。他们强调每年至少要进行一次忏悔和圣餐受领（1215年第四次拉特兰公会议颁布了这项法令），这意味着基督徒至少在复活节前后有义务与邻居和睦相处。

13世纪晚期，佛兰德斯叙事诗《比阿特里斯》（*Beatrijs*）讲述了一段平常人的奇迹，它从新的角度描述了个人忏悔的重要性，文中饰以巧妙的细节刻画和深度的心理描写。故事的主人公是一名修女，她将自己的道袍扔在圣母像下和男友私奔，后来男友把她抛弃了，她只好羞愧地回到了修道院，却发现圣母玛利亚一直在暗中帮助她，没有人发现她的逃离。该诗最显著的补充之一是在结尾，修女的经历让她领悟到，表面上回归原有的生活不足以恢复她与上帝的关系，只有发自内心的忏悔才可以弥补过往，用外在的虔诚隐藏内心的罪过是不可取的。

托钵修会的修道士们属于国际化组织，他们不受特定教堂的约束，因此具有高度的流动性。1234年，弗里斯兰的布卢姆霍夫的普雷蒙特雷修会院长埃莫（Emo）曾谈及，多明我会的修士"像云一般飞来飞去"。大约在1300年，一位法兰西的法学家写道，没有人会比修士们更了解世界上的事情。从距离和知识成就的角度来看，托钵修会的成员身份往往是通往更广阔世界的途径。由于修士们重视讲道和聆听忏悔，他们常常会尽可能寻求最好的教育。早在13世纪，已经有越来越多的佛兰德斯人和洛林人参与了巴黎大学的学术活动。在荷兰伯爵、"罗马人民的国王"威廉二世的统治下，多明我会的修士阿尔伯图斯·马格努斯（Albertus Magnus）建立了科隆大学（1248年），这所大学为洛林人提供了更多的教育机会。在那里的第一代学生中，走出了一位自然哲学家——坎蒂普雷的托马斯（Thomas of Cantimpré）。托马斯出身于布拉班廷贵族，曾在列日上过传统的课程，后加入多明我修会成为了阿尔伯图斯的学生。到了14世纪，方济各会、多明我会和奥斯定会（Augstinians）都在布鲁日设立了国际性学校，但这些学校只是用来培训修会成员的，不能授予学位。

神学与哲学

　　13世纪最重要的知识进步是对亚里士多德的再发现。他的思想对12世纪里尔的艾伦等人提出的神学与哲学体系带来了冲击。此前在西班牙和西西里岛流传有亚里士多德著作的阿拉伯语译本，通过将这些著作译为拉丁语，亚里士多德的知识成就才被西方的基督徒所了解。来自布拉班廷的多明我会修士穆尔贝克的威廉（William of Moerbeke）翻译了亚里士多德大部分的著作和一些古希腊人对亚里士多德的评论。意大利的多明我会修士托马斯·阿奎那（Thomas Aquinas）曾在巴黎和科隆讲学，他将亚里士多德的思想与现有各学派的学说进行了权威的结合。

　　低地国家从来没有像13世纪中叶那样涌现出如此多的哲学家，而要想再现或超越这一成就，还需要几百年的时间。在方济各会的毕业生中，布鲁日的沃尔特（Walter）论述了自由意志凌驾于理性之上的心理优先性，而图尔奈的吉尔伯特论述了统治与和平。三位世俗教士——方丹的戈弗雷（Godfrey of Fontaines）、根特的亨利（Henry of Ghent）及梅赫伦的亨利·巴特（Henry Bate of Mechelen）是13世纪晚期最杰出的智者代表。除此之外，13世纪低地国家最有影响力的思想家是另一位世俗教士——布拉班廷的西格尔（Siger of Brabant），但丁在《神曲·天堂篇》(*Paradiso*)的第十章将其安排在托马斯·阿奎那的旁边。西格尔和托马斯采取了截然不同的方法来调和亚里士多德与已有学说间的矛盾,他们在生活中也是死对头。托马斯认为哲学和神学是完全不同但又相辅相成的学科,因为真理是一个不可分割的整体,哲学可以提供由推理证明的观点,人们借助推理可以解释神的启示。西格尔否认真理的单一性,认为宗教真理超出了哲学讨论的范畴,而合乎逻辑的哲学也许不能成为完备的神学。西格尔在巴黎大学文学院获得了不少追随者,但他的立场遭到了学院神学家的憎恶,尤其是托马斯。西格尔的与众不同之处在于,他引得一贯温和的托马斯竟对他恶言相向。1277年,西格尔被巴黎主教指控为异端,但在向教皇的个人申诉中,他被证明没有触犯宗教信仰的任何条款。在被其秘书谋杀之前,他在奥维多(Orvieto)的教皇内宫里待了三年。

贝居安修女

卡特里派、韦尔多派、方济各会及多明我会都起源于南欧,经由法兰西传播到低地国家。而有一门教派似乎是发源于低地国家本土,随后向法兰西北部至德意志发展,再从莱茵河一直延伸到瑞士,可能越过北海到达东安格利亚,这一教派就是贝居安派(Beguines)和贝格派(Beghards)。贝居安是女教徒,贝格是男教徒。他们一生都在祈祷和怜悯中相互支持。由于他们既没有共同的财产,也没有脱离世俗,靠乞讨为生,因此在多数方面与其他世俗之人没有什么区别。他们的入会誓言较为简单(并非庄严且终身有效的),因此可以在任何时候摆脱束缚,选择结婚或脱离教派。教会当局对其组织如此松散而感到不安,但教会封闭或半封闭的趋势消除了这一顾虑。

贝居安会的修女很快就住进了贝居安会院，这是城镇专门为献身于宗教服务的妇女保留的住处。如果同一个城市有两个不同的贝居安会院，通常情况下，这二者会出现社会性的或功能性的分化，其中一个专门针对较为贫穷的贝居安修女，或针对经营医院的修女。在14世纪的格罗宁根，有三个甚至四个贝居安女修会。她们各自拥有自己的教堂，或至少雇用了牧师来做弥撒和听取忏悔，这使得它们甚至独立于教区组织。

神秘主义

对内在宗教信仰的再强调与新的神秘主义教派不谋而合。中世纪早期最伟大的神秘主义者之一是西多会修女通厄伦的路佳尔德（Lutgart）。坎蒂普雷的托马斯将她的远见与狂热记录下来，以供后人知晓。荷兰最早的神秘主义作家是拿撒勒的比阿特丽斯（Beatrice of Nazareth）和贝居安修女哈德维希（Hadewijch）。哈德维希也写诗，她借助传统的宫廷爱情文学传达上帝的仁慈。神秘主义者对这一点的经验性理解并不总是与神学家的定义和区分一致。玛格丽特·波蕾特（Margaret Porete）就是与宗教法庭审判官发生冲突的人之一。1310年，她被判为异教徒在巴黎被处以火刑，因为她拒绝删除或阐明其神秘著作《简单灵魂之镜》(*The Mirror of Simple Souls*) 中的某些段落。

让·凡·瑞斯波洛克（Jan van Ruysbroeck）的作品引领着佛兰德斯的神秘主义文学在14世纪走向顶峰。瑞斯波洛克隐居在布鲁塞尔郊外的格罗安达（Groenendael）。他的周围逐渐聚集起一个团体，原本的隐居之所很快变成了修道院，这样的发展变化放在11世纪算是稀松平常。在接下来的两个世纪里，瑞斯波洛克的作品被译为拉丁文，对欧洲的精神生活产生了深刻影响。神秘主义精神主要是在城市生活和货币经济最发达的地区受到追捧，这似乎是一个悖论，但威廉·布莱克（William Blake）无疑会赞成这一观点。

13世纪的圣餐崇拜在修女哈德维希等人的神视体验中扮演重要角色。她的第一次神视发生在房间里，因为她无法去教堂，所以圣餐就直接送到了她的住处。这一对圣餐的强烈崇拜很大程度上起源于列日教区。在那里，西多会修女朱莉安娜（Juliana）的神秘经历促使她创建一个新的宗教节日，以面包和葡萄酒庆祝基督的存在。1246年，列日主教在其教区确立了该节日。1258年，朱莉安娜去世，她的一位隐士朋友伊娃（Eva）四处游说人们将这一节日变成普遍的教会节日。1264年，教皇颁布了一项训谕，以回应她的努力。托马斯·阿奎那被委任为基督圣体节的负责人之一，围绕这一节日，宗教游行和公共仪式应运而生，将原本个人对基督存在的狂喜体验，转变成一种包容与排斥并存的公共仪式。庆祝基督圣体的游行尤其强调基督教团体要像基督的神秘身体一样团结一心。有些城镇可能会在庆典期间驱逐犹太人，这样公民团体就可以完全与基督融为一体。

犹太人

13世纪初，一部分犹太人居住在低地国家的城镇里。在佛兰德斯伯爵国，犹太人还未以任何有组织的形式定居于此，但从佛兰德斯到科隆的整个陆路沿线，如布鲁塞尔、鲁汶、蒂嫩、佐特莱乌（Zoutleeuw）和圣特雷登，都有犹太人的社区。13世纪后期，被法兰西驱逐的犹太人在埃诺建立社区。在布拉班廷，犹太人也留下了一些宗教和精神生活的痕迹。学识渊博的德意志人、犹太拉比（rabbi）埃利泽尔·本·叶·哈·列维（Eliezer ben Joel ha-Levi），又名拉维亚（Ravyah）似乎曾在鲁汶生活过一段时间。1309年，牛津的埃利亚胡·沙桑（Eliyahu Chasan）的儿子、犹太抄写员艾萨克在布鲁塞尔完成了一个《希伯来圣经》的抄本。14世纪，鲁汶建有一处犹太墓地和至少一座犹太会堂。有人猜测，生活在1312年左右的"鲁汶犹太教长老莫伊塞斯·朱迪斯（Moyses Judeus）"是不是一名拉比，或者某种社区或财政部门的官员。公会和其他法规有效地将犹太人排除在大多数形式的生产劳动之外。他们只能以还没被商业行会垄断的贸易（如二手商品买卖）、行医和借贷为生。在低地国家，意大利人放债的数量最大，因此"伦巴第人"（lombard）成了高利贷者的同义词。

  1261年，布拉班廷的亨利三世（Henry Ⅲ）去世，他在遗嘱中下令，必须将所有与高利贷有关的犹太人和伦巴第人赶出公国。亨利三世一直到死也无法面对个人信仰和财富的冲突：向放债人征收税款是公爵收入的重要来源，但这并不符合封建习俗、教规或公民的意愿。面对这个问题，亨利的遗孀咨询了托马斯·阿奎那如何公正对待犹太臣民。托马斯的回答是一篇名为《犹太制度》（*De Regimine Judaeorum*）的文章。针对公爵放任犹太人放高利贷，托马斯给予了一定神学上的认可。他建议，不应把犹太人赶走或强行施洗，但应该尽量减少基督徒与非基督徒的接触，同时颁布法令规定犹太人可以从事生产性工作，对坚持高利贷的人应该客以重税。在1309年一次针对犹太人的大屠杀中，犹太人在热纳普（Genappe）

的约翰二世（John II）公爵城堡里得以避难。

战争、婚姻与谋杀：1246—1305 年

1300 年前后，就像 1200 年前后一样，低地国家发生了一系列相互关联的王朝危机。皇帝对爵位的批准不再是君主国发展的主要因素：它被婚姻所取代。接着是战争，只有以联姻或封建习俗为借口才能挑起。而在更远的地方则是通过购买和交换领土。已被内部分裂而削弱的皇帝宗主权，由于法兰西王朝在外交和军事上的复兴而变得无关紧要。

鲍德温九世的小女儿玛格丽特的婚姻是 13 世纪最棘手的婚姻问题之一。当她 10 岁的时候，法兰西国王腓力·奥古斯都把她嫁给了阿韦讷的副助祭伯查德，其婚礼仪式完全不符合教规。1215 年，伯爵夫人若昂为她的妹妹取得了一项宣布其婚姻无效的教皇法令，但伯查德多年来拒绝给玛格丽特自由。1223 年，玛格丽特终于自由了，并随后嫁给了当皮埃尔的威廉（William of Dampierre），给他生了一个儿子，名字也叫威廉。然而，就在玛格丽特极有可能接替姐姐若昂成为佛兰德斯的伯爵夫人时，她的长子阿韦讷的约翰（John of Avesnes）试图主张其合法权利。由此产生的争议促使罗马教廷、神圣罗马帝国的皇帝和法兰西国王们纷纷对此发表声明。玛格丽特的长寿使该争议长期未决，双方争吵愈演愈烈。1280 年，玛格丽特去世，她将佛兰德斯传给了孙子——当皮埃尔的盖伊（Guy of Dampierre），将埃诺传给了另一个孙子——阿韦讷的约翰二世（John II of Avesnes）。1246 年，由于遗产分别由阿韦讷和当皮埃尔

家族继承，佛兰德斯与埃诺之间维持了半个世纪之久的个人联盟随之结束。但是，各方当事人对结果都不满意，与此同时，阿韦讷家族与荷兰伯爵联姻，当皮埃尔家族与布拉班廷公爵联姻，两个家族之间爆发了三次小规模的战争。玛格丽特的儿子——当皮埃尔的威廉在特拉泽尼斯（Trazegnies）的骑士比赛上遇害。更多的战争接踵而至，在接下来的几十年里，当皮埃尔和阿韦讷家族间的仇恨成为低地国家政治生活的元素之一。

为了包围埃诺，1263年，当皮埃尔的盖伊以2万英镑买下了那慕尔的侯爵身份。那慕尔侯爵在出售爵位时并没有明确也将领地给他。1256年，一场叛乱使得卢森堡的亨利五世（Henry V）掌握了这一地区的实权。1199年，他的祖母埃尔梅辛德被赶出了那慕尔。在短暂的战争结束后，盖伊和亨利通过结盟解决了这场纠纷，盖伊娶了亨利的女儿伊莎贝拉（Isabella）。卢森堡对那慕尔的所有权成为伊莎贝拉的嫁妆，但有一个条件是，那慕尔必须由伊莎贝拉的子嗣继承，而不是盖伊首次婚姻诞下的继承人继承。盖伊直至1305年才去世，但在13世纪90年代末，他被囚禁在法兰西王国时，正式将那慕尔的统治权交给了他与伊莎贝拉所生的长子当皮埃尔的约翰（John of Dampierre），佛兰德斯的统治权交给了他第一次婚姻的继承人，贝蒂讷的罗伯特（Rober of Béthune）。联姻非但没有把低地国家的公国团结在一起，反而似乎将它们分裂了。

"胜利者"约翰

从另一个角度看，战争或许能将低地国家团结在一起。布拉班廷公爵"胜利者"约翰一世（John I, the Victorious，1267—1294

年在位）将骑士精神发挥到极致——他是一名十字军战士和战争领袖，也是正义的传播者、教会和艺术的赞助人，他还是著名的格斗家和写诗赞颂美酒、女人、歌曲的宫廷诗人。有人认为，传说中的酒王甘布赖纳斯（Gambrinus）便是以约翰一世［又名"让·普里默斯"（Jan Primus）］为原型创造的，而中世纪的编年史家则喜欢提及约翰的母亲曾代其向托马斯·阿奎那咨询的事迹，他本人也因此沐浴在这些荣光之中。

1280年，林堡的最后一位男性直系公爵去世，继承的候选人包括格德司伯爵（以其妻子的权利）、贝格伯爵、卢森堡伯爵以及略有隔亲的布拉班廷公爵约翰一世。最终，神圣罗马帝国皇帝把林堡授予给了格德司伯爵，但该决议没有获得广泛认可。卢森堡伯爵将其继承权出售给了格德司伯爵，而贝格伯爵则将自己的权利出售给了布拉班廷公爵，竞争关系因此极大地简化。列日主教是当皮埃尔人，约翰一世和他是姻亲，所以他和于利希及克莱沃的伯爵一并，支持布拉班廷公爵。卢森堡伯爵和科隆大主教则支持格德司伯爵。科隆大主教是莱茵兰地区的主要领主之一，但科隆的市民站在了反对主教的一边，因为大主教质疑他们的自由权。1288年6月5日，布拉班廷公爵和科隆大主教的军队在科隆以北的莱茵河畔沃林根（Worringen）会战。布拉班廷的骑士、贝格的农民募兵和科隆的城市民兵对战格德司伯爵、科隆大主教及卢森堡伯爵的骑士。战斗中，大主教和格德司伯爵双双被俘。卢森堡伯爵和他的三个兄弟战死，家族的一代人几乎全灭，但他们的英勇精神得以永恒。战争并没有在沃林根结束，但这是一场关键性的战役。1289年底，科隆的自由和约翰一世对林堡的统治权获得一致认可。约翰一世成为低地国家唯一的公爵,也是从科隆到佛兰德斯之间领土的统治者。

1279年,约翰一世的儿子约翰二世(John Ⅱ)与国王爱德华一世(Edward Ⅰ)的女儿玛格丽特订婚,婚礼于1290年举行。中世纪的布拉班廷民族史诗记述了沃林根之战,但带有明显的倾向。这部史诗是约翰一世委托让·凡·赫鲁(Jan van Heelu)所写,为了让他的英格兰的儿媳妇了解布拉班廷的语言和光辉成就。1294年,玛格丽特的妹妹埃莉奥诺拉(Eleonora)嫁给了巴尔伯爵。在伦敦完婚后,这对夫妇穿过布拉班廷来到巴尔,那里将举行一场盛大的骑士比赛。约翰一世和他的几名随从骑士在旅程的最后一段加入进来,并参加了此次比赛,这位41岁的公爵已是第72次参加这样的比赛,也是他的最后一次。1294年5月3日,他在马上长枪比武时跌落,因此去世。

弗洛里斯五世遇害

弗洛里斯五世与约翰一世是同时代的人,但比约翰更年轻。弗洛里斯五世在2岁时成为荷兰伯爵,后统治荷兰40年,直至1296年遇害。他的父亲威廉二世于1256年被弗里斯兰人杀死。弗洛里斯在1272年发生农民叛乱后对自由权和法律保证上的让步,为他赢得了"农民的上帝"的绰号。他23岁时,参加了斯海尔托亨博斯举行的骑士比武大会,这样的赛事旨在提供外交、礼仪和武艺切磋的机会,他在大会中被布拉班廷的约翰一世册封为爵士。第二年,弗洛里斯五世征服了西弗里斯兰,作为纪念,他在那里建造了一系列的城堡。其中最北的一座位于梅登布利克(Medemblik),于1285年建成。他还在海牙(Hague)建造了一座令人印象深刻的哥特式大厅,名为骑士厅(*Ridderzaal*),如今用于荷兰王室在议会开幕式上发表演讲。1292 年,他获得了斯塔福伦,成为他在须德海东北海岸的立足点。

爱德华一世与布拉班廷和巴尔的联姻,是其在法兰西北部及东部边境扩展领土的计划之一。1281 年,荷兰的弗洛里斯五世将女儿玛格丽特嫁给爱德华一世的儿子兼继承人阿方索(Alfonso),许诺以其伯爵国的一半领地作为嫁妆。阿方索的早逝终止了这场婚姻,弗洛里斯也未能如愿得到一个贵为英格兰国王的外孙。10 年后,另一桩与英格兰的联姻提上日程,弗洛里斯尚在襁褓中的儿子兼继承人约翰与爱德华的女儿伊丽莎白订婚,随后约翰被送到了英国宫廷抚养。婚礼最终于 1297 年举行,也就是弗洛里斯死后的一年。

1294 年,爱德华一世在法兰西北部边境的盟友新加入了佛兰德斯伯爵——当皮埃尔的盖伊。英格兰人把羊毛贸易中心从多德雷赫特(Dordrecht)转移到梅赫伦,弗洛里斯五世早已对此十分不满。他与盖伊之间更有不共戴天之仇,因为在 1290 年,盖伊将他扣为人质,使其蒙辱,同时盖伊还质疑其在泽兰的领主权。弗洛里斯因此放弃了与英格兰和布拉班廷的结盟,转而支持法兰西以对抗佛兰德斯。很快,一场针对弗洛里斯五世的国际阴谋就此上演。执行者是荷兰的小领主杰拉德·凡·韦尔森(Gerard van Velsen),也是布拉班廷公爵和乌得勒支主教的的封臣,后有记载表示,杰拉德似乎受伯爵冤枉,被冠以通奸的罪名。爱德华·格里梅斯通(Edward Grimestone)写于 1608 年的《尼德兰通史》(*Generall Historie of the Netherlands*)细述了这一阴谋,尽管很大程度地借鉴了埃赫蒙德的检察官威勒姆斯(Willelmus)撰写的编年史。此外,弗洛里斯伯爵的文书梅利斯·斯托克（Melis Stoke）曾目睹其猎犬的所作所为，并将此写入诗歌体编年史，也成了《尼德兰通史》的参考。大致内容如下：

> 1296 年，英格兰国王、布拉班廷公爵、佛兰德斯伯爵、阿姆斯特尔及武尔登（Woerden）地区的领主们，派遣他们的副手在康布雷设下陷阱，然而弗洛里斯五世对此浑然不知。他应杰拉德·凡·韦尔森的邀请，与乌得勒支的主教长及其他贵族共进晚餐。结束后，弗洛里斯卧床小憩，思考着接下来的娱乐和运动。阿姆斯特尔的领主随后将其唤醒，邀请弗洛里斯带着他的鹰去外面骑马，还告诉他说，他们发现了一种善于飞行的苍鹭，还有其他野鸟（但没有鹰可以抓住这些鸟，它们被关在陷害弗洛里斯的屋子里）。听到有这般动物，弗洛里斯便按捺不住骑着马，带着一只灰背隼放在他的拳头上出发了，只有寥寥几个随从的侍卫跟着他。他骑出乌得勒支大概一公里，逐渐逼近阴谋家们设下的陷阱。杰拉德·凡·韦尔森（认为自己很无辜）是第一个去抓弗洛里斯的人，弗洛里斯像一名英勇的君主那样，放走了他带的隼，随后拔剑自卫，决心宁死不屈。但他还未来得及抵抗，就被抓住了。阴谋家们想秘密把弗洛里斯带进默伊登（Muiden）的城堡，随后在那里通过弗利（Vlie）河把他送往英格兰。

那天是 6 月 23 日，弗洛里斯五世被劫持的消息不胫而走，他的守卫和士兵以及瓦特兰（Waterland）、肯尼默兰（Kennemerland）

和西弗里斯兰地区的人们也武装起来，前往营救伯爵。编年史继续描述 6 月 27 日的事件：

  同谋的人得知有追兵赶来，便立即撤离，他们带着伯爵穿行在沼泽和一些不知名的地方，纳尔登（Naarden）人（他们最先动身寻找伯爵）一见到他们便发起进攻，绑架伯爵的人慌了手脚，因为他们知道肯尼默人（Kennemers）正在追捕他们，不知道该走哪条路。伯爵被绑在马上，无法像其他人那样跳跃，伯爵跌落到一条沟里，绑架的人想要将其拉出，但由于后面的追击非常紧，根本没有时间，杰拉德·凡·韦尔森怒火中烧，绝望地向伯爵刺了 21 剑，几乎剑剑致命，随后他骑上一匹好马，逃到了库霍恩布赫（Croonenburch）的城堡里。与此同时，肯尼默人赶来，发现伯爵伤势严重，他无法说话，只能微弱地呼吸。赶来的人抓住了几个绑架者的仆从并把他们带到伯爵面前乱刀砍死，又把伯爵从水渠里抬上来，运往默伊登山。在那里，伯爵离开了人世，此前他与他的导师统治了荷兰、泽兰和弗里西兰 42 年之久。弗洛里斯五世是一位慷慨的君主，身材魁梧、面容姣好、谈吐文雅、口才斐然。他也是一名优秀的音乐家，端庄又大气。人们用船将他的遗体运往阿尔克马尔（Alkmaar），他的内脏埋在了那里的教堂，而躯体经过防腐处理保存在了唱诗班，直至其子约翰伯爵从英格兰赶回。弗洛里斯五世共有两只猎犬，平日总是跟随主人进出默伊登城堡。人们发现遇刺的伯爵时，这两只猎犬就躺在他的身旁。伯爵随后被带上船，它们也跟着跳上去，就算有人喂食也不吃不喝。如果没有人把它们从伯爵的遗体旁拖走,这两只狗一定会饿死。

弗洛里斯五世的爵位由其子约翰继承。1299年,约翰年仅15岁便去世了,没有留下子嗣。这个统治荷兰长达400年之久的家族在男性血脉上就此绝嗣。新即位的伯爵是弗洛里斯五世的表兄——阿韦讷的约翰,他此前已经是埃诺的伯爵。为了赢得荷兰商人的支持,阿韦讷的约翰将多德雷赫特发展成为大型的贸易市场,所有途经这里的外国货物必须在此出售。阿韦讷家族与统治佛兰德斯的当皮埃尔家族积怨已久,因此阿韦讷家族还要维护荷兰对泽兰的统治。

在法兰西国王的支持下,阿韦讷家族的权势不断增长。1300年,神圣罗马帝国皇帝阿尔布雷希特一世(Albert Ⅰ)来到奈梅亨,打算将荷兰伯国授予阿韦讷的约翰,但约翰不想受更多的誓约束缚,就把这位皇帝赶走了。第二年,乌得勒支主教在与阿韦讷家族交兵时去世,约翰想让他的兄弟盖伊担任主教,但代芬特尔的教士推选他们的院长瓦尔德克的阿道夫(Adolph of Waldeck)为乌得勒支主教。碰巧的是,此时列日主教的职位空缺出来,于是阿韦讷家族进行了一次交易,如果阿道夫辞去乌得勒支主教的职务转而支持盖伊,他便可以成为列日主教。直至1317年,乌得勒支和欧弗斯蒂希特都属于阿韦讷家族,而且他们对埃诺和荷兰—泽兰的统治一直延续到1345年。

金马刺之战

1297年,佛兰德斯伯爵当皮埃尔的盖伊宣布放弃对法王"美男子"腓力(Philip the Fair)的效忠。法兰西人随即入侵并占领了佛兰德斯的大部分地区。教皇波尼法爵八世（Boniface Ⅷ）派遣方济各会和多明我会的会长进行调解，最终法兰西人与英格兰人达成和解，盖伊却被冷落。根特、伊普尔和杜埃等主产布料的城镇的工匠们支持佛兰德斯伯爵，因为他曾承诺，这些人会在城市治理中占得一席之地。但布鲁日和其他地区的贵族为了维持自身的显赫地位，选择支持"美男子"腓力。1300年底，当皮埃尔的盖伊被关在法兰西的地牢中，几乎奄奄一息，而腓力已任命雅克·德·沙蒂永（Jacques de Châtillon）担任佛兰德斯总督，代其管理该区域。1302年5月17日，布鲁日的工匠们向法兰西发起进攻，此次行动后被称为"布鲁日的晨祷"，因为工匠们把教堂的钟声作为进攻信号。在织布大师彼得·德·康宁克（Pieter de Coninck）和贵族朱利奇的威廉（William of Jülich，当皮埃尔的盖伊的孙子）的领导下，他们在城市里肆意屠杀了200多名法兰西人和亲法兰西的民众。沙蒂永及其私人保镖勉强逃出了这座城市。

"美男子"腓力派遣了一支骑士精锐部队镇压叛乱。有一小队骑士从那慕尔和泽兰赶来支援城镇居民，不过佛兰德斯军队大多由布鲁日的工匠组成，再加上周围农村的农民和几支其他城市派遣来的民兵队。1302年7月11日，双方在科特赖克（Kortrijk）的郊外展开会战。佛兰德斯人略多于法兰西人，前者是一支由平民组成的步兵队伍，后者却是一群训练有素的骑兵。这场战役是一场屠杀。战斗打响，马匹没多久就陷入了泥沼，无数的骑士被手持长矛、戟和棍棒的工匠和农民屠杀。19世纪的佛兰德斯民族主义者偏袒地将此次战役形容为说荷兰语的人对讲法语的人的胜利，7月11日也成了现在佛兰德斯地区的国庆节。

1300年左右的城市文化和治理

尽管在讨论科特赖克战役时讨论城镇崛起与荷兰语兴起之间的联系是不恰当的,但是二者的关系却并非简单虚构。在1300年之前不久,雅各布·凡·马兰特(Jacob van Maerlant)离世,他的作品奠定了荷兰文学自成一体的传统。荷兰中世纪学家弗里茨·凡·奥斯特罗姆(Frits Van Oostrom)曾表示,马兰特或许是中世纪欧洲最多产的荷兰语作家,他一生所写的诗歌作品不少于25万行。马兰特既不是神秘主义教徒,也不是托钵修会的修士,而是位于泽兰的沃恩(Voorne)岛上马尔兰德(Maarland)的一名教会执事。后来他回到了家乡佛兰德斯,依据传统成了达默地方行政部门的职员。除了日常乏味的工作,他的文学创作获得了当地最高阶层的支持。他的最高成就,便是献给弗洛里斯五世的一首长达9万行的诗《历史的镜子》(*Spiegel historiael*)。这是一部记录了从创世记到第一次十字军东征的世界编年史。他的其他作品和《历史的镜子》一样,都是从法语和拉丁语的原作改编而来,包括亚瑟王的传奇文学,圣方洛各(St Francis)和圣克莱尔(St Clare)的生平传记,各种有关大自然奇观的作品,一部《圣经》历史的释义诗集,记述特洛伊战争(Trojan War)、亚历山大大帝(Alexander the Great)及耶路撒冷毁灭(Destruction of Jerusalem)的文字作品。

有一个词,最常用来形容马兰特的作品及由此产生的文学传统,那就是"说教"。作为一名诗人,马兰特认为自己的首要任务是传播知识和促进发展,正是这一信念驱使他放弃了早期作品中"虚假"的浪漫主义传统,转而着手从事自然哲学、政治道德和宗教历史的写作。在马兰特及其追随者的作品中，历史、编年史、动物寓言、草本植物、宝石、道德反思及圣徒生平取代了骑士、少女和会说话的野兽的奇幻冒险，成为文学关注的焦点。尽管马兰特是为贵族而写，但他的读者也包括城市中产阶级，他们同样热衷于了解世界历史和新奇的事物。市民阶级委托他人复制了马兰特的作品，这些作品成为荷兰最早的印刷书籍之一。受过教育的都市人逐渐成为荷兰语书籍的主要受众，就像教堂和法院长期以来一直是拉丁语和法语书籍的买家一样。

城市戏剧和世俗戏剧是13世纪开始出现的新型文学形式。从奥托时代开始，一些宗教戏剧就在修道院上演，尤其是在复活节前后。13世纪早期，耶稣受难复活剧便开始在主要的教堂上演，后来又发展到集市和马车上。中世纪末，多数宗教游行都带有露天历史剧的元素，大量的神秘剧、神迹剧和道德剧每年都会固定在低地国家的城市舞台上演，就像在西欧的其他地方一样。14世纪，荷兰戏剧演员开始从事"严肃剧"（abele spelen）表演，这是一种围绕严肃题材展开的艺术戏剧，也是欧洲中世纪流传下来的最古老的严肃世俗戏剧。在表演中，正剧后往往跟着一幕喜剧，尽管其中微妙的笑点得是中世纪学者才能发现，但喜剧表演本身的效果已足够明显。

当皮埃尔的盖伊与"美男子"腓力爆发战争的缘由，具有典型的封建色彩——伯爵不再对压迫他的君主效忠。不论在战争中还是结束后，城镇的新兴力量得以彰显，其中尤以工艺行会最为明显。伯爵不在时，布鲁日的工匠可以插手政治事务，再加上他们曾打败法兰西的骑士，这些人渐渐地发展成为一股不可小觑的力量。他们屠杀了城里亲法的贵族，这些贵族本质上就是欧洲城镇里最有权势的商人。此次屠杀便是为了表明，那些靠房租和贸易为生的人再也不能凌驾于那些用双手劳作的人之上了。

  整个13世纪，工艺行会都在争取城镇事务中的更大权力。他们曾在佛兰德斯成功迫使贵族交出部分甚至全部的市政权力，激发了邻国类似的运动。在列日和布拉班廷的一些城市，工匠早在1303年便可以掌权，但真正摆脱贵族统治是在很久之后。1304年，乌得勒支的工匠们夺取了政权。随着时间推移，工艺行会参与当地政府的要求扩展到了低地国家的每一个城镇，取得了不同程度的胜利。工艺行会从经济管制的工具转变为自治机构，很快便有了自己的城市管理和军事训练系统。城市法律和民兵组织一般被用以维护主要行业的经济利益。例如，根特的纺织工人控制着附近较小城镇的布料生产，同时禁止该市3公里以内农村生产的布料出售到外地。从一开始，行会的作用就是维持现有工匠大师及其家族的社会地位，随着时间推移，这一点越发明显。成为工匠大师的花费越来越高，工匠大师的数量也因此受到限制，除了佛兰德斯地区的一些行会外，只有大师才能选举或被选为行会会长。在确定工作条件和薪水时，工匠师傅常常与熟练工和学徒发生冲突，而不是以协商的态度解决问题。熟练工和学徒们盼着有一天能成为自己店铺的主人，但这种希望越来越渺茫。

  城市管理的另一个新要素便是专业的管理人员。从13世纪开始，不断变化的市镇官吏——由贵族和工艺行会轮流选举产生——开始雇佣长期的公务人员，以确保管理的延续性。起初，这些人简称为"办事员"，其中以让·凡·博恩达勒（Jan van Boendale）最为出名，他是安特卫普市议员的助手，在闲暇时，他像雅各布·凡·马兰特一样进行写作（他称马兰特为"荷兰诗之父"）。在他的作品中，有一部押韵的布拉班廷编年史书，名为《布拉班廷事迹》(*De Brabantsche yeesten*)。城镇开始创作自己的历史著作，这对修道院和法院的类似著作既是补充又是竞争。中世纪末，办事员的职能开始减弱，行政主管被称为"秘书"，负责起草法令、保存记录及处理官方信件。此外，被称为"雇员"或"理事"的律师作为长期雇员，负责为公务人员提供建议，同时对外代表城镇。

贵族们不会不战而降，放弃对权力的垄断。最臭名昭著的例子是1312年，贵族团体试图通过放火焚烧巴特彻斯大礼堂（Butchers Hall）夺回列日的统治权。最终政变失败了，他们躲进了圣马丁（St Martin）教堂塔楼里避难。工匠们放火将之烧毁，造成数百人死亡，短时间内确保了贵族完全被排除在权力之外。

反抗贵族和工艺行会并不是城镇局势紧张的唯一原因。《罗密欧与朱丽叶》中所描绘的蒙太古家族（Montagues）与凯普莱特家族（Capulets）之间的派系斗争，在中世纪晚期的低地国家非常普遍，造成这一局势的原因有很多。就像1302年佛兰德斯的工匠站在伯爵一边反对贵族和国王一样，各派系都倾向从其他势力获得支持。这样，社会、王朝和个人之间的敌对关系便会长久地纠缠在一起。归尔甫派（Guelphs）与吉伯林派（Ghibbelines）在不同的地区有不同变体，在佛兰德斯是利利斯（Lilies）和克劳斯（Claws）；在乌得勒支是利希滕贝格斯（Lichtenbergers）和弗雷森斯（Fresings），后来是利希滕贝格斯和洛霍斯特（Lokhorsts）；在格德司是勃朗霍斯特（Bronkhorsts）和赫克伦斯（Hekerens）；在弗里斯兰是斯齐林格尔（Schieringers）和维托伯斯（Vetkopers）。最牢固的"党派"

是荷兰境内的霍克斯（Hooks）和考兹（Cods）。一个多世纪的时间里，他们左右了城镇和贵族家族之间各种内部矛盾。另一个引发暴力冲突的原因是城镇之间的贸易竞争，一旦工艺行会确立了主导地位，城市民兵团便会奋力击垮对手。

黯淡的世纪：1305—1384年

13世纪末，人类耕种的土地比以往任何时候都多，但森林却比19世纪之前的任何时期都少。人们需要大量的木材和柴薪，故而领主、修道院和乡村放弃了收益微薄的次要土地，开始退耕还林。洪水和流沙的侵蚀导致了水土流失，仅在佛兰德斯海岸就有超过1000公顷的农田因沙化消失。随着收成的减少，人们的饮食条件趋于恶化，随之而来的是人口长期营养不良，饥荒时常发生，流行病开始广泛传播。自1315年5月起，连绵的阴雨持续了整整一年，导致庄稼歉收、粮食价格上涨了两倍，低地国家出现了严重的饥荒。

1349年，黑死病传播到佛兰德斯；1350年扩散至其他低地国家地区，过早死亡的人数急速增加。低地国家的死亡率看似比许多地方要低，但死亡人数依然巨大。直到17世纪60年代，这场瘟疫还在不断周期性地爆发。在整个14世纪，人口下降，来自土地和布匹贸易的收入也随之减少。在该世纪共发生了9次大洪水，其中3次发生在1373—1376年间，荷兰和泽兰遭受的破坏最大。更糟糕的是，1421年11月19日，"圣伊丽莎白洪水"（St Elizabeth Flood）淹没了多德雷赫特附近的34个教区。在14世纪，除了洪水、饥荒和疾病，还伴随着战争及经济衰退。

13世纪90年代以来，英国王室一直通过联姻与低地国家的伯爵和公爵保持联系。1328年，爱德华三世（Edward Ⅲ）延续了这一传统，迎娶了埃诺的菲利帕（Philippa of Hainaut）为妻，菲利帕是荷兰、泽兰和埃诺伯爵阿韦讷的威廉的女儿。同年，威廉将另一个女儿玛格丽特嫁给了神圣罗马帝国皇帝巴伐利亚的路易（Louis of Bavaria）。他自己的连襟瓦卢瓦的腓力意外地继承了法兰西的王位。几乎是一夜之间，阿韦讷的威廉就成了周边三个王国统治者的姻亲。1338年，百年战争拉开帷幕，低地国家也卷入其中。最开始，爱德华三世与路易皇帝结成联盟，将军队驻扎在安特卫普，以便与低地国家的盟友建立联系。让·凡·博恩达勒在其2018行的史诗《爱德华三世》中记录下了他的成就，特别着重描绘了爱德华的盟友布拉班廷的约翰三世（John Ⅲ of Brabant）。比这些事件更重要的是瓦朗谢讷的琼·傅华萨（Jean Froissart），她是14世纪60年代服侍菲利帕的侍女，后与卢森堡和布拉班廷的公爵瓦茨拉夫（Wenceslas）成为私交。她撰写过一套《英格兰、法兰西、西班牙及邻近国家编年史》（*Chronicles of England, France, Spain and the Adjoining Countries*），该书对百年战争的描写无人能比，成为中世纪晚期最受欢迎的作品之一。其中有超过100份手抄本留存下来，在1495年后多次出版。

爱德华三世的盟友不包括佛兰德斯的公爵和纳韦尔的路易（Louis of Nevers），他们仍效忠于法王腓力。英格兰羊毛贸易对佛兰德斯布匹贸易十分重要，因此在国际事务中，大型的产布城镇通常站在英格兰一边。由于伯爵无法维护人民利益，根特的织工和商人们组成了一个并不稳定的联盟，他们还建立了一个由雅各布·凡·阿特维尔德（Jacob van Artevelde）领导的共和国政权。不久，根特人取代伯爵统治了佛兰德斯，而阿特维尔德作为他们的领导人逐渐走向独裁。1340年1月26日，爱德华三世在根特宣布成为法兰西国王。几个月后，整个法兰西舰队在斯勒伊斯（Sluis）的海战中全线落败。但这一胜利没有在陆地上延续，战争一直持续到1346年才结束。与此同时，脆弱的佛兰德斯内部联盟逐渐走向瓦解。1345年5月，根特的织工和漂洗工在星期五集市上发生激战。同年7月，阿特维尔德在斯勒伊斯的一艘船上会见了爱德华三世，随后返回根特，结果在途中遭遇围攻并被谋杀。1346年，纳韦尔的路易在克雷西（Crécy）为法王作战时战死，他的继任者马莱的路易（Louis of Male）很快恢复了对佛兰德斯的统治。那时，布鲁日、伊普尔和其他较小的城镇摆脱了根特的统治，承认了马莱的路易在佛兰德斯的统治地位。1349年，即瘟疫暴发的那一年，根特人在城内的一次战斗中被打败。

1345年，阿韦讷家族的最后一位男性继承人——荷兰的威廉四世（William Ⅳ of Holland）入侵了弗里斯兰，最终在瓦伦斯战役（Battle of Warns）中丧生。他的去世揭开了荷兰、泽兰和埃诺继承纠纷的大幕。其中一位有力的竞争者是英格兰的爱德华三世，因为他的妻子菲利帕来自埃诺。但是，威廉四世的另一个妹妹——巴伐利亚的路易的妻子玛格丽特最终继承了阿韦讷家族的领土。总体来说，从14世纪50年代到15世纪30年代，巴伐利亚家族统治着荷兰、泽兰和埃诺，这80年是海牙和瓦朗谢讷宫廷生活中最辉煌的时期。1371年，格德司家族的男性世系绝嗣，学者杰拉德·尼斯坦（Gerard Nijsten）近日对取而代之的继承者做了进一步研究。

对低地国家事务关心最少的或许是卢森堡的伯爵们。他们之所以没有参与其中的纷争，是因为忙于在其他地区扩张实力。1308年，低地国家的君主们组成了尼韦尔联盟（Alliance of Nivelles），以阻止法兰西国王的弟弟当选罗马人民的国王，结果卢森堡的亨利七世（Henry Ⅶ）最终当选。亨利是近100年来第一位真正加冕的皇帝，为此他特意前往罗马。在路上，他又被加冕为伦巴第（Lombardy）国王。但丁对此欣喜若狂，很早便称赞亨利是救世主，认为他能平息意大利的内乱，同时为其在《神曲·天堂篇》保留了一个位置。结果教皇此时不在罗马，亨利被两位红衣主教加冕为皇帝。1313年，亨利在锡耶纳（Siena）附近去世，葬于比萨（Pisa）。亨利七世的加冕标志着卢森堡王室在国际事务中崭露头角。他们的王朝不仅获得了帝国的皇位，还获得了波希米亚（Bohemia）和匈牙利（Hungary）的皇位。

与前几个世纪一样，王室财富的增长常常伴随着臣民权力和自主性的增强。为了维持战争和宫廷日常的花费，王室成员们不得不承认城镇和地方贵族的特权。这样做以后，统治者和臣民之间的契约关系就变得更加清晰。14世纪，代议制机构第一次参与君主国的统治，其中最早的是列日的第22届议会（Council of XXII in Liège）和布拉班廷的科滕贝赫（Kortenberg）议会。在14—15世纪期间，被称为"议会"（states）或"议院"（estates）的成熟议会机构开始出现。在布拉班廷，大修道院、贵族以及鲁汶、布鲁塞尔、安特卫普和斯海尔托亨博斯这4座城市对公爵的统治具有发言权，特别是在税收和申诉方面；在佛兰德斯，只有根特、布鲁日、伊普尔和布鲁日乡村的自由市拥有投票权；在荷兰，城市和贵族共享权力；在乌得勒支和列日，权力由城市、贵族和教士掌握；在埃诺、那慕尔以及格德司，贵族占据统治地位；而在卢森堡，贵族和5个区〔卢森堡、阿尔隆、蒂永维尔（Thionville）、埃希特纳赫和比特堡（Bitburg）〕的代表出席了第一次议会，神职人员代表从1378年开始也加入进来。

1355年，布拉班廷公爵约翰三世去世，留下3个女儿作为继承人。她们的丈夫分别是卢森堡公爵、佛兰德斯伯爵和一个觊觎成为格德司公爵的人。布拉班廷议会（States of Brabant）坚持认为遗产应该全部传给约翰三世的长女乔安娜（Joanna）。乔安娜带上了她的丈夫——卢森堡的公爵瓦茨拉夫一同管理布拉班廷。在接受外族人的统治之前，布拉班廷的贵族和城市要求乔安娜及其丈夫签署一份关于公爵领地主要特权的宪章，其中规定了乔安娜和瓦茨拉夫必须宣誓维护布拉班廷的贵族和城市，否则就拒绝向他们臣服。1356年，乔安娜和瓦茨拉夫作为布拉班廷公国的统治者进行了宣誓。这次的特权大宪章最明确地陈述了契约政府的典范和君主维护臣民自由的义务，影响极其深远。这部宪章在低地国家的历史中扮演着法律、政治和神话的角色，有点类似于《自由大宪章》(*Magna Carta*)在英语世界所起的作用。未来的公爵在开始统治时，都必须亲自或授权代表对宪章宣誓。随后的布拉班廷法学家们开始称该宪章为"迎驾仪式"（the Joyous Entry，低地国家在欢迎新统治者时的通用术语）。

布拉班廷议会制度的发展（与英格兰早期一样）伴随着统治者对犹太人征税的结束。在人们寻找14世纪灾难的罪魁祸首时，布拉班廷的犹太人遭受了强烈的指责。1350年，有谣言说是犹太人向井里投毒才引起了瘟疫，在一波民众暴力中，大多数犹太人被赶了出去。德意志的犹太殉道者死亡高达700人。来自布拉班廷的难民涌入格德司，成为中世纪低地国家最重要的犹太人生活中心，他们也在泽兰和卢森堡建立或扩大了犹太人社区。

到1370年，布拉班廷只剩下6户犹太家庭，布鲁塞尔4户，鲁汶2户。那一年，有6位户主承认亵渎了圣饼。他们随即被处死，家人被驱赶，财产被没收。我们有充分的间接证据怀疑这些供词的真实性，甚至有人认为，这是由神职人员中几个狡猾的人策划的，为的是掩盖他们在一起高利贷丑闻中的所作所为。1402年流传出这样的说法，当用针刺这些圣饼时，它们便会奇迹般地流血。随后，人们将圣饼保存在圣米歇尔（St Michael）和圣古都拉（St Gudula）的联合教堂（现在的布鲁塞尔大教堂）里。这座"神迹圣殿"成为布拉班廷公国进行典礼仪式的核心场所。16世纪，人们建造了一个单独的教堂来容纳它，随着时间推移，教堂里装饰了大量的绘画、挂毯和彩色玻璃窗。对于神职人员和信徒来说，最重要的是基督在圣餐仪式中奇迹般的显现。类似的圣餐奇迹还有博克斯特尔（Boxtel）的圣血，以及杜埃的神奇圣饼，据说是由于牧师处理圣餐时疏忽大意造成的。1345年，在阿姆斯特丹有一块被吐进了壁炉的圣饼，奇迹般地完好无损。在恩克赫伊曾，朝圣者们纷纷前来朝拜一个据说是从一棵空心树上长出来的十字架，曾有一位年轻妇女吃完圣餐后不久把圣餐吐到了这棵树里。对后来的朝圣者而言，在著名的布鲁塞尔圣餐奇迹中，反犹的元素只是一个偶然，但它在布拉班廷的历史留下了长长的阴影。

历史没有关于将犹太人正式地、永久地从布拉班廷驱逐出去

（就像1290年英格兰曾经发生的那样）的记载，但后来有一个维持了很久的传统，即犹太人的定居是与公国法律相悖的。16世纪早期是安特卫普最繁荣的时期，犹太人只能临时进入布拉班廷，并且要证明他们是出于经济原因而来，而不是为了逃避迫害。17世纪，阿姆斯特丹经济低迷，同时葡萄牙流出了大量的犹太人的资金，布拉班廷为了趁机获利，曾尝试给予犹太人更安全的法律保护，但这些尝试因公爵（也是当时的西班牙国王）执意要维护布拉班廷的"纯洁性"而搁浅了。

勃艮第人统治的开始

1379年起，根特又一次爆发了反对马莱的路易伯爵和法王的叛乱。1382年，雅各布·凡·阿特维尔德的儿子菲利普（Philip）像其父亲在1338年那样夺取了根特的政府控制权。不久，他被任命为佛兰德斯的总督。叛乱开始时，路易伯爵曾向他的女婿勃艮第公爵、"大胆"菲利普（Philip the Bold）请求支援。援兵进入佛兰德斯后，法王、勃艮第公爵和佛兰德斯伯爵紧密协作，最终击垮了根特人。1382年末，根特人在西罗泽贝克（Westrozebeke）遭受了决定性的战败，而菲利普也在这场战斗中丧生。反叛者在绝望中仍然继续进攻，尽管败局已定。

1383年，英格兰人对佛兰德斯进行了短暂的"十字军东征"，但并没有改善当时的局势。自1379年以来，罗马的乌尔班六世（Urban Ⅵ）和阿维尼翁（Avignon）的克雷蒙特七世（Clement Ⅶ）不断争夺教皇的职位。在低地国家，不仅是不同的君主，甚至不同的城镇所承认的合法教皇都不一致。英格兰入侵佛兰德斯的借口是，如果他们把佛兰德斯从法兰西手里夺回来，乌尔班六世就可以在那里行使教皇权力，而不是与之敌对的克雷蒙特七世。英格兰人将此次战役美名曰"十字军东征"，为的就是向教士们征税以支付战争费用。在围攻伊普尔（该市其实已经承认乌尔班六世为教皇）失败后，英格兰军队便打道回府了。

1384年，马莱的路易去世。他的女儿玛格丽特继承了佛兰德斯伯爵国，玛格丽特的丈夫勃艮第的菲利普（Philip of Burgundy）代表她执政。菲利普在军事上雷厉风行，性格又宽宏仁慈，没多久便牢牢控制了佛兰德斯。在随后的50年里，勃艮第公爵将统治扩展到大多数低地国家，打破了西欧的权力平衡。

第三章

低地国家的统一和分裂：1384—1609 年

15 世纪，勃艮第的公爵们逐渐成为各个低地国家的统治者，这一统一过程持续到 16 世纪，由哈布斯堡王朝（Habsburg）的皇帝查理五世（Charles V）完成。查理五世死后的几年里，这个脆弱的集合体国家分裂成两个相互敌对的集团：荷兰共和国（the Dutch Republic）和哈布斯堡的尼德兰（the Habsburg Netherlands）。

勃艮第人的世纪：1384—1477 年

勃艮第的"大胆"菲利普（1404 年去世）所创建的王朝，只在男性世系下维持了一个世纪，1477 年，他的曾孙去世，王朝随之结束。但勃艮第家族是自查理曼家族以来对低地国家影响最大的，它与低地各国的联系以各种形式延续了 300 年。

"大胆"菲利普是法兰西国王"好人"约翰（John the Good）最小的儿子，他在 1356 年的普瓦捷（Poitiers）战役中赢得了这个绰号，之后被英格兰人囚禁了 4 年。1363 年，他的勇敢受到嘉奖，获得了勃艮第公国。1369 年，菲利普迎娶了佛兰德斯的女继承人、马莱的玛格丽特,并自1384年起代表其妻执政。1385年,菲利普安排自己的子女约翰和玛格丽特与巴伐利亚的阿尔贝特（Albert of Bavaria）的子女玛格丽特和威廉联姻。这样的结果是,巴伐利亚家族绝嗣后,菲利普的孙子便可以统治荷兰、泽兰及埃诺。与此同时,其余的联姻和筹资安排也使勃艮第人统治了布拉班廷、林堡和那慕尔,这些都是后话了。相较其他低地国家,"大胆"菲利普对法兰西更加上心。在法兰西国王查理六世（Charles VI）未成年之前和后来精神错乱期间,他一直是该国的实际掌权人。尽管勃艮第人的心思主要放在法兰西,他们的统治很快扩张到了布拉班廷和林堡,虽然只是间接统治。没有子嗣的公爵夫人乔安娜为了回报"大胆"菲利普支援她抵抗格德司公爵,将布拉班廷遗赠给她的外甥女马莱的玛格丽特,条件是布拉班廷不能成为勃艮第领土的一部分,而要传给玛格丽特的次子。这个条件在1406年实现,"大胆"菲利普的小儿子勃艮第的安东尼（Anthony of Burgundy）成为布拉班廷公爵。

菲利普的大儿子"无畏者"约翰（John the Fearless,1404—1419年在位）那时已经继承了勃艮第和佛兰德斯。像他父亲一样,他把主要的政治精力都放在法兰西上。但他在国际事务上的主要成就还是在担任纳韦尔伯爵时,参加卢森堡的西吉斯蒙德（Sigismund of Luxembourg）发动的尼科波利斯（Nicopolis）十字军东征,率领西欧骑士团迎战土耳其人,结果兵败被俘,直至第二年用佛兰德斯的几座城市作为赎金他才重获自由。再次像他的父亲一样,他明白了成为一名战俘意味着什么。随后,约翰将全部的精力放在对法兰西政府的控制上,也使他深深卷入了英格兰亨利五世（Henry V）再次挑起的百年战争。1407年,"无畏者"约翰雇人在巴黎街头杀死了他在法兰西的主要对手奥尔良的路易（Louis of Orleans）。1419年，约翰又被复仇者杀死，法兰西自此分裂为三个区域：兰开斯特人（Lancastrian）控制的北部，法兰西王太子控制的南部和勃艮第人控制的东部。

"好人"菲利普（Philip the Good，1419—1467年在位）不但摘得了其祖父缔结婚姻联盟的成果，还不断扩大勃艮第的势力，使之能与任何一个欧洲王国相提并论。1421年，菲利普支付给那慕尔的约翰三世（John III of Namur）一大笔钱让他宣布自己为继承人，1429年，那慕尔成了勃艮第人的统治区域。1406年，布拉班廷传给了"好人"菲利普的叔叔勃艮第的安东尼。安东尼去世后，布拉班廷随后由他的两个儿子统治。1430年，安东尼这一旁支绝嗣，"好人"菲利普成功接管了布拉班廷和林堡，他当上布拉班廷公爵没多久，便从其主要住所第戎（Dijon）搬到了布鲁塞尔，还创立了金羊毛骑士团（Order of the Golden Fleece），很快成为欧洲最尊贵的阶层之一。

1433年，荷兰、泽兰和埃诺被划入勃艮第人的领土，其中的背景会在下文详述。1434年，低地国家的第一个通用货币"四领土"被铸造出来，尺寸、重量和价值在佛兰德斯、布拉班廷—林堡、荷兰—泽兰和埃诺是统一的。1435年，"好人"菲利普又把统治向南深入法兰西，包括欧塞尔（Auxerre），塞纳河畔巴尔（Bar-sur-Seine）和马孔（Mâcon），卢森堡是他获得的最后一块领土。1441年，"好人"菲利普纠缠着年迈又无子嗣的卢森堡公爵夫人，试图成为她的继承人。1443年，女公爵去世，"好人"菲利普入侵卢森堡，将他的竞争对手萨克森的威廉（William of Saxony）驱逐出境，直至1451年，他终于成为卢森堡无可争议的统治者。尽管勃艮第的统治者们为自己的和平扩张感到自豪：无须征服，只靠联姻、购买和继承便可获得土地，但他们总还是要以刀剑和攻城炮作为自身统治的依靠。

最复杂的王朝斗争是巴伐利亚家族在低地国家地区的分支——荷兰—泽兰和埃诺的继承权问题，以及不太相干的列日王子主教。1389年，巴伐利亚的约翰（John of Bavaria）被提名为列日的王子主教，在没有获得副助祭以上职位的情况下统治列日和洛恩28年之久。1406年，约翰被列日的市民驱赶出境，但他的哥哥荷兰的威廉六世（William Ⅵ）和他的表弟勃艮第的"无畏者"约翰借给了他军队，他又率军杀回了列日。"主教"约翰用极其残酷的手段镇压他的反对者，让他以"残酷"约翰（John the Pitiless）而闻名。

荷兰、泽兰和埃诺的最后一位独立统治者是巴伐利亚的杰奎琳（Jacqueline of Bavaria）或者叫雅各芭（Jacoba）。杰奎琳生于1401年，是荷兰的威廉六世的女儿。14岁时嫁给法兰西王太子。1417年，她的父亲被狗咬伤，死于感染。杰奎琳17岁就成为一名寡妇、孤儿，以及荷兰、泽兰和埃诺的女伯爵，受罗马教会安排，她嫁给了表兄布拉班廷的约翰四世（John Ⅳ of Brabant）。杰奎琳的叔叔巴伐利亚的约翰辞去列日主教职务，迎娶了卢森堡的女公爵，他声称自己拥有杰奎琳的监护权，质疑这个婚姻安排的有效性。杰奎琳的丈夫、布拉班廷的约翰四世疏于捍卫妻子权益，竟允许巴伐利亚的约翰（他获得了勃艮第和卢森堡势力的支持）以摄政为由掌控了荷兰和泽兰。1421年，杰奎琳否认了与约翰四世的关系，将权力握在自己手中，后前往英格兰嫁给了格洛斯特（Gloucester）公爵汉弗莱

（Humphrey）。1424年，两人率领一支军队登陆加来（Calais），向埃诺进发，想多少取回一些杰奎琳的继承权。第二年，格洛斯特和杰奎琳的一名侍女私奔，这位年仅24岁的女伯爵承受不住打击，向"好人"菲利普屈服了。

1425年初，巴伐利亚的约翰突然死于慢性中毒，毒药被涂抹在他祷告书的书页上。此前，他已授予"好人"菲利普为继承人，因此经过布拉班廷的约翰四世允许，菲利普以摄政的身份统治荷兰。杰奎琳迅速对此做出反击。她乔装成男子从根特逃出，藏身于荷兰一处城堡密集的地方，那里有忠于她的人驻防。1425—1428年间，菲利普连续发动了四次夏季军事战役才迫使杰奎琳服从他的条约。局势逐渐平息下来，直到1432年，杰奎琳秘密嫁给了弗兰克·凡·鲍塞恩（Frank van Borselen）。鲍塞恩家族是泽兰有权有势的名门望族，而弗兰克已从菲利普那里租得了荷兰和泽兰的管理权。这场秘密婚姻违反了1428年菲利普与杰奎琳之间定下的条约，因此消息一经传出，菲利普便囚禁了弗兰克，宣布削夺杰奎琳的爵位。这位女伯爵为了让丈夫重获自由，同意辞去爵位并隐居她的城堡。1436年，杰奎琳因肺结核去世，年仅35岁。勃艮第人与她在继承权上的纠葛就此落幕。

勃艮第人唯一不能继承的领土是主教辖区，但他们试图以其他方式控制这些地方。在14世纪的危机中，乌得勒支主教的政治权力不复从前，主教布兰肯海姆的弗雷德里克（Frederik of Blankenheim，1393—1423年在位）开始着手恢复权力且取得了卓著的成效，他甚至恢复了对格罗宁根的主教管辖权。弗雷德里克去世后，出现了两位候选人，二者皆声称拥有乌得勒支主教的继承权。

一位得到"好人"菲利普的支持,一位得到格德司公爵埃赫蒙德的阿诺德(Arnold of Egmond)的支持。两人各自为营,分别在乌得勒支和代芬特尔进行统治。由于一系列的提名、选举和不断变化的联盟,乌得勒支主教区分裂了长达27年,直至1450年才重获统一。

1455年,乌得勒支主教区再次统一的几年之后,"好人"菲利普试图通过武力帮助他合法化的私生子——勃艮第的大卫(David of Burgundy)成为主教。当时,教会的主教人选另有其人,但菲利普措手不及的入侵推翻了原有的计划,勃艮第的大卫因此成了乌得勒支主教,一直到1496年。1456年,列日主教海因斯贝格的约翰(John of Heinsberg)被迫辞职,"好人"菲利普的外甥波旁的路易(Louis of Bourbon)1456—1482年统治该辖区。从此乌得勒支和列日的主教区落入了勃艮第人手中。同样的命运也降临在了康布雷主教身上,但图尔奈的主教通过法兰西人的帮助,抵制住了勃艮第的影响。

勃艮第的公爵们分别继承各自的领土,他们的领地共同形成了一个集合体国家。它们的机制、法律、习俗和自由程度各不相同,由不同头衔的人统治。尽管如此,早在1386年,"大胆"菲利普就开始强化勃艮第和佛兰德斯的财政管理,并且随着王朝向邻近领土的扩张,这一过程还在继续。

若想把不同的伯爵国和公爵国打造成一个可协调的松散邦联,需要关键的一步。这一步发生在1464年,"好人"菲利普将布拉班廷、佛兰德斯、瓦隆佛兰德斯(Walloon Flanders)、阿图瓦、埃诺、瓦朗谢讷、荷兰、泽兰、那慕尔、梅赫伦及波旁(Bourbonnais)的议会代表们召集到布鲁日,召开了联合协商会议,后被称为三级会议（Estates General）。从1477年到1576年，会议举办得越发频繁，几乎每年都有。尼德兰地区的勃艮第人由此产生了一种"共荣辱"的集体感，三级会议也成了基督教世界和这些国家之间的媒介。

"好人"菲利普去世后，他的儿子"大胆"查理（Charles the Bold，1467—1477年在位）继承了勃艮第、佛兰德斯、阿图瓦、那慕尔、布拉班廷、林堡、荷兰、泽兰、埃诺和卢森堡。他又任命家族成员担任乌得勒支、列日和康布雷教区的主教，以保持对这些辖区的统治。查理热爱视觉艺术和音乐，但最喜爱的还是书籍，尤其是历史书籍。他的父亲"好人"菲利普的藏书室是欧洲最大的图书馆之一，查理在此基础上再次丰富了馆藏。他痴迷于亚历山大大帝和尤利乌斯·凯撒的故事，同时也热心资助作家、译者和从事书稿装饰的人。查理一生脾气暴躁，他年轻时勤奋好学，长大后成了一名胸怀抱负的男人和冷酷无情的统治者。1465年，他的表弟波旁的路易被列日的反抗者驱逐出境。1468年，查理残忍地镇压了反抗者，洗劫了列日，还把这座城市象征自由的一根圆柱（perron）掠走，作为胜利的纪念立在了布鲁日。后来列日的市民再次武装反叛，查理便放火烧毁了列日。

"大胆"查理的野心很大，想把自己手下各不相干的领土组成一个王国。为了征服他所继承领土中的两部分——勃艮第、低地国家地区的边界领地和两地之间的若干领土，查理连续发动了多次战争。1469年，他夺取了森德高（Sundgau）和布赖斯高（Breisgau）；1473年，获得了格德司；1475年，又征服了洛林和巴尔。就这样，在查理去世前夕，他通过继承或征服得到的领土，可以从北海延伸至阿尔卑斯山视野所及之处。1473年，查理甚至与皇帝腓特烈三世

（Frederick Ⅲ）在特里尔会面，商讨双方的继承人——勃艮第的玛丽（Mary of Burgundy）和哈布斯堡的马克西米利安（Maximilian of Habsburg）的联姻事宜，其间查理提及了"勃艮第国王"或"洛泰尔国王"的头衔，想要获得腓特烈三世的首肯。腓特烈三世被他的贪婪惊吓到，随即中断了谈话，秘密离开了特里尔。查理公爵没能获得头衔，但他也没有放弃，仍继续推进领土的统一。1473年12月，查理颁布了《泰昂维法令》（*Edict of Thionville*），在梅赫伦创建了适用其所有领土的四大机构——高等法院、审计院、财政院和税务院。他不断挑起的战争花销巨大，因此查理急需集中管理并合理规划自己的资产。

1475年，为了解除勃艮第和佛兰德斯对法兰西的封建依赖关系，查理与英格兰的爱德华四世（Edward Ⅳ）达成一项协议，查理承认爱德华四世为法兰西国王，以换取后者同意解除勃艮第和佛兰德斯与法兰西的隶属关系。这项协议最终没能达成，因为战败的洛林公爵再次向查理宣战，重申他对洛林公国的统治权。同时，南锡（Nancy）城在洛林公爵的挑唆下爆发了起义，查理不得不前去镇压，因此无法帮助英格兰人入侵法兰西。1477年1月，查理在南锡城外的一场恶战中丧生，他的尸体几天后才被人们找到：冻在一条水渠中，衣服被打劫的人偷走，脸被狼啃噬，只能通过战争留下的旧疤辨认出他来。

和平文学

尽管勃艮第人好战的事迹数不胜数，但在他们统治的低地国家地区的贸易、艺术和宗教的名气远大于军事。勃艮第人统治下的尼德兰有两大饮食创新——啤酒花啤酒和盐渍鲱鱼。14世纪早期，荷兰人在酿造啤酒方面取得巨大进步，啤酒花啤酒（借鉴于德意志人）代替了香料麦酒。啤酒花既是调味品也是防腐剂，使啤酒清爽可口并便于携带。1340年，荷兰人开始向德国出口啤酒，特别是在1396年以后，荷兰人成为国际啤酒贸易的中坚力量，这种势头一直保持到了17世纪，当时蒸馏法制造的白兰地和杜松子酒逐渐代替了酿造的啤酒。长期以来，鲱鱼已经成为北欧人食谱中极其重要的一部分。13世纪晚期，佛兰德斯和泽兰的渔民借用并完善瑞典人在盐渍鲱鱼方面的技术，把鲱鱼腮、心脏和内脏从其左腮的一个小切口处取出，然再用盐腌渍起来。在此之前，人们每天捕捞的鲱鱼都要带上岸处理，以达到保存的目的。现在有了这种腌制方法，人们可以随时把捕捞的鱼保存在桶里，这样捕鱼船一次可以跟踪鲱鱼群几个星期之久，不用担心保存的问题。很快，荷兰人控制了鲱鱼渔业，他们甚至建造了一种特殊的渔船——布伊斯（buis）或叫鲱鱼巴斯（herring buss）。

布鲁日集市

佛兰德斯因航运发展而成为欧洲的贸易中心。1278年，意大利船队沿旧贸易航线绕过香槟，抵达布鲁日。那是一条早期开辟的航线，适合远距离海洋贸易。但直至一个世纪以后，它成为热那亚（Genoese）和威尼斯（Venetian）商船的固定航线时才重新启用。尽管陆上贸易线路依旧重要（越来越多的人选择通过莱茵兰而不是饱受战火摧残的法兰西），但对布鲁日来说，与意大利直接联系具有新的商业意义。来自欧洲各地的商人都到布鲁日做生意。起初,商人们只想从需求旺盛的必需品和奢侈品中大捞一把。佛兰德斯布料业的兴旺刺激了这些市场需求,使得布鲁日成了国际聚会的场所,外国商人和银行家光顾此地的欲求大大增加。早在1300年,意大利的银行机构就把它们的北部办事机构从特鲁瓦(Troyes)迁到了布鲁日。商人们来到这座城市,可以买到产自整个不列颠群岛的羊毛;康沃尔的铅和锡;英格兰东北部的煤;爱尔兰的铜;挪威的鹰、兽皮、豌豆和黄油;丹麦的马、盐渍鲱鱼和烟熏火腿;瑞典和俄国的毛皮;波希米亚和匈牙利的贵金属;莱茵兰的葡萄酒;德意志南部和东部的金属;保加利亚的貂皮和黑貂皮;西班牙的皮革、橄榄油、帆布、丝绸、无花果和葡萄,以及北非和小亚细亚的大米、枣、无花果、糖、胡椒粉、香料、金线、丝绸和白矾。此外还有低地国家地区的产品和由佛罗伦萨人、威尼斯人和热那亚人带来的意大利的商品。

14世纪经济长期萎靡,布鲁日的发展速度减缓。但到1380年左右,国际经济再次复苏,布鲁日成了理想的北欧商业大都会。这座城市通过兹汶(Zwin)与斯海尔德河的河口地带连接起来,即使在兹汶被淤泥阻塞时,布鲁日的贸易依然兴旺。达默是布鲁日的第一个外港,但当航船无法停靠达默时,人们就在斯勒伊斯卸下货物,再用小船运送到布鲁日。要是这些小船因为浅滩的不断增高而搁浅时,人们会用手推车完成货物运输的最后一程。布鲁日贸易网络需要额外的开支来维持,但从它的重要性来看,至少在几十年内是值得的。

布鲁日并非打遍欧洲无敌手。周边的其他城镇也一直在进行着重要的商业活动,而且每当政治紧张局势威胁到任何国家在布鲁日的贸易时，荷兰的多德雷赫特、泽兰的米德尔堡以及布拉班廷的安特卫普便会准备好，诱惑商人们迁移办事机构。但每当政治形势缓和后，外国商人又会返回布鲁日。1471年，布鲁日的商业垄断地位第一次受到打击：苏格兰人前往米德尔堡后，再也没有回来。15世纪90年代，布鲁日其他国家的商人被驱赶到安特卫普，到1540年只剩下卡斯蒂利亚人（Castillians）保留领事馆在布鲁日。他们在这里的大部分的业务是向佛兰德斯人销售制造布料用的西班牙羊毛。

勃艮第人的统治时期正好与经济恢复期相吻合。在他们统治时，低地国家的贸易量增长了一倍多。15世纪中叶，低地国家地区普通人的生活标准可能比19世纪以前的任何时期还高。商人和独立工匠所拥有的财富受人瞩目，他们纵情享受的奢侈程度是其他地区的人无法想象的。勃艮第公爵们的宫廷里，奢侈品和陈列品极尽奢华。1468年7月3日，"大胆"查理迎娶了约克的玛格丽特（Margaret of York），这无疑是一场世纪婚礼。出席婚礼的人包括新郎同父异母的兄弟康布雷和乌得勒支主教。约翰·帕斯顿（John Paston）是一位年轻的东安格利亚绅士，他被拉进玛格丽特的随行人员中充数。在他给母亲的家信里，激动之情溢于言表。信中写到了勃艮第人的礼仪和排场，以及婚礼带给人们的震撼。他写道：

> 上周日早晨5点，玛格丽特小姐在距离布鲁日城约5公里的达默镇出嫁。当日，我就被带到布鲁日参加她的晚宴。她在那里受到了全世界能想象到的最高礼遇。女士和贵族们夹道欢迎，其中任何一位都是我看到或听说过的衣着最华丽的人。为了表示对玛格丽特的欢迎，各式各样的盛装表演在布鲁日沿途举行，那

是我曾看过的最好的盛装表演。同日，安东尼（查理公爵的另一个私生兄弟）阁下一人面对24个骑士和绅士的挑战，接下来的一天进行马上比武。骑士和绅士们衣着华丽，阁下更是如此。他的服装应是用金丝、丝绸、银丝和金匠制作的饰品制成。在公爵的宫廷里，无论是绅士还是淑女皆穿着如此。

至于公爵的宫廷，以及其间的贵妇、淑女、骑士、侍卫和绅士们，除了亚瑟王的王宫，我从未听说过有如此衣着华丽的场景。我发誓，因为我嘴巴笨拙、记忆又差，现在描述的婚礼场景不及当日一半的繁华，等我回到家里想起来的时候，再讲给您听。

没多久，我们就离开了，因为公爵说法兰西国王要向他发起一场恶意的战争，他在布鲁日的旅程大概在四五天以内。并且下周二公爵就要骑上战马迎战法兰西国王。上帝啊，请赐予公爵最快的速度和他该有的一切。我发誓，他们是我遇到过的最出色的人，他们的行为举止最为得体，绅士风度尽显无遗。

［摘自《帕斯顿信札》（*The Paston Letters*），由詹姆斯·盖尔德纳（James Gairdner）编辑，艾伦·萨顿出版社（Alan Sutton）重印，1986，第297–299页。］

这场宫廷庆典是不会把城市精英排除在外的，正是这些人和他们的财富，才有了这般繁华的场面。公爵若想维持自身权力，就必须要维护与宫廷和城市精英之间的关系。有时，各方的利益相互交织，以至于一个活动属于宫廷仪典还是城市仪典都失去了讨论的意义。勃艮第公爵（以及他们的哈布斯堡后继者）绝不认为自己可以超脱于城市仪典之上，尤其是那些具有军事或宗教性质的仪典。长期以来，贵族青年们喜欢在赛场上展示他们的马术和武艺。民兵组织还会装备弓和弩，定期举行射箭比赛，他们的统治者偶尔也会参与其中。

艺术和音乐、文学和学术

勃艮第人的陈列文化还要依赖于工匠，他们的工作就是绘画和谱曲。虽然建筑师、壁毯制作者和金匠们可以拿到最丰厚的报酬，但声名远扬的却是画师和音乐家。例如，扬·凡·埃克（Jan van Eyck）最初在海牙从事绘画工作，那是巴伐利亚的约翰的宫廷所在地。不久后，便被派到"好人"菲利普那做事，他一直是菲利普的朝臣，同时担任画师和外交官，直至1441年去世。扬·凡·埃克曾被派去协商婚礼条约，并带回来一幅准新娘的画像，外交官和画师这两个角色此时融于一身。他和他的兄长休伯特（Hubert）被视为最早的佛兰德斯原始派画家（Flemish Primitives）。说他们是原始派画家是就时间最早而言，而没有任何贬义，他们的作品是众多现代绘画的起源。两人合作完成的最伟大的作品是装饰在根特圣巴沃教堂的祭坛画，有时人们称之为《神秘的羔羊》（Adoration of the Mystic Lamb）。这对兄弟的绘画风格受到后人的追捧和模仿，其中最有名的是胡果·凡·德·格斯（Hugo van der Goes）、罗吉尔·凡·德尔·韦登（Rogier van der Weyden）和汉斯·梅姆林（Hans Memling）。扬·凡·埃克的《阿尔诺芬尼夫妇像》（Marriage of Arnolfini）、胡果·凡·德·格斯的《波尔蒂纳里三联画》（Portinari Altarpiece）以及其他画作彰显了布鲁日的财富，以及布鲁日与意大利的贸易往来在促进15世纪文化繁荣上的重要性。

佛兰德斯画作的"秘密"被法兰西和意大利的艺术家们热烈追捧,他们特意前往佛兰德斯学习这种富有活力的色彩技巧。佛兰德斯绘画的色彩深度不是通过透视的几何计算(一种意大利绘画技巧),而是利用精细的色调层次,多层色彩、光泽而成。15世纪的佛兰德斯艺术带来了革命性的影响,使得意大利文艺复兴时期的艺术编年史家乔治·瓦萨里(Giorgio Vasari)误以为油画是扬·凡·埃克发明的。尽管此前从未有过如此大规模的绘画,佛兰德斯的画作艺术并非凭空而来。除了板面油画,低地国家的手抄本彩绘同样闻名欧洲。15世纪10年代,"林堡三兄弟"保罗(Pol)、赫曼(Herment)和让(Jehannequin)创作的《贝里公爵的豪华时祷书》(*Très-riches heures du Duc de Berry*)便是最著名的一部令人难以置信的艺术瑰宝。为了满足国内外日益增长的市场需求,低地国家的工坊必须大规模地生产手抄本。无论是彩布、挂毯、板画还是彩绘书籍,15世纪的佛兰德斯人都是公认的、不可思议的色彩大师。

在音乐方面,15世纪的低地国家也领先于欧洲。从15世纪上半叶的纪尧姆·迪费(Guillaume Dufay)和吉尔·班舒瓦(Gilles Binchois),到该世纪中叶的让·奥克冈(Jean Ockeghem),再到1500年左右的若斯坎·德普雷(Josquin des Prez)、海因里希·艾萨克(Heinrich Isaac)和雅各布·奥布雷赫特(Jacob Obrecht),中世纪晚期复调音乐的繁荣要归功于"佛兰德斯学派"。这些作曲家的艺术灵感来源于康布雷和图尔奈大教堂的文化传统,但他们能在欧洲取得突破性进展要部分归功于瓦卢瓦(Valois)公爵的财富和人脉。16世纪,佛兰德斯学派的艺术传统由阿德里安·维拉尔特(Adriaan Willaert)、尼古拉斯·戈姆伯特(Nicolaas Gombert)

和克莱门斯·农·帕帕（Clemens non Papa）发扬光大，到奥兰多·拉索（Orlandus Lassus）时期达到顶峰。

除了绘画和音乐，文字也是城市、宫廷和教堂仪式的重要元素。人们将演出中的语言元素命名为修辞。在低地国家的大多数城镇成立了被称为修辞学协会（这一术语最早出现于1441年）的业余组织，通过戏剧表演和诗歌比赛促进修辞学的发展。这些组织是低地国家所特有的，地方官为了维护自身形象，会为他们提供资助，目的是让组织成员提高公民生活和礼仪文化所需要的公开演讲技巧，同时提供真挚又有启发性的娱乐活动。城市的修辞学家通常负责公共仪典的策划，修辞学协会在15—16世纪主导了城镇的文学生活。

1426年，低地国家的第一所大学在鲁汶成立（1425年12月获得教廷特许）。此前鲁汶已经有了一所学校，吸引了布拉班廷之外，甚至来自德意志的老师和学生。为了重振萎靡的城市经济，市政官员向公爵和教皇申请将这所学校特许改为大学。废弃的布料大厅变成了大学礼堂，公爵授权鲁汶垄断整个勃艮第地区的学位授予。这所大学的首批毕业生中包括诗人兼朝臣乔治·夏特兰（Georges Chastellain）。他曾效力于"好人"菲利普、"大胆"查理和法兰西的查理七世（Charles Ⅶ），但最终成了一名勃艮第的编年史家。他是勃艮第宫廷中众多传记作家和历史学家中的一员，并追随编年史家琼·傅华萨的步伐，开始了自己的创作。"大胆"查理的侍从菲利普·德·科米纳（Philippe de Commynes）也毕业于该所大学。1472年，科米纳投奔了法兰西国王路易十一（Louis Ⅺ），作为一名既了解勃艮第宫廷的内部情况，又与勃艮第公爵关系密切的顾问，他在法兰西的5年里受到极大青睐。1477年以后，他的地位不复从前，随着"大胆"查理的去世，他的作用也随之结束。退休后，科米纳用尖刻的语言撰写了一部关于路易十一统治时期的回忆录，这部作品因其愤世嫉俗而一直可与马基亚维利（Machiavelli）的著作相提并论。除了编年史和历史之外，勃艮第宫廷还喜欢古老的骑士浪漫文学的改编作品，中世纪法兰西文学的大量灵感来源于勃艮第文学。

低地国家的第一台印刷机组装于15世纪60年代初，比约翰内斯·古登堡（Johannes Gutenberg）发明这项新技术晚了不到10年。最早一批印刷的书籍是关于13、14世纪的基本教义与祷告词的汇编。印刷商最先在乌得勒支、代芬特尔和兹沃勒等与德意志关系密切的城市建立了自己的地位。直到后来，布鲁日、安特卫普和阿姆斯特丹等更多的西方商业中心才迎头赶上。正是在布鲁日，威廉·卡克斯顿掌握了印刷技能，在1473年出版了第一本印刷的英文书籍《特洛伊史回顾》（*The recuyell of the historyes of Troye*）。该书的原文是法语，由"好人"菲利普的牧师拉乌尔·勒费弗（Raoul Lefèvre）汇编而成，威廉·卡克斯顿应约克的玛格丽特邀请，将它译为英文。

"新的信仰"

勃艮第时代见证了"新的信仰"（new piety），人们也称之为"现代信仰"（*devotio moderna*）。它引发了公众对道德松懈、民间宗教和礼拜仪式过于奢华的普遍批评。这种"新的信仰"在低地国家的市民和工匠中传播，他们受此影响，更容易接受16世纪早期的新教思想。然而这一传播也助长了对一切教义创新持敌视态度的天主教福音派的发展。共同生活兄弟会（Brethren of the Common Life）

作为一个新兴组织，对低地国家居民的道德意识和社会态度产生了巨大影响。共同生活兄弟会的建立很大程度上归功于赫拉德·赫罗特（Gerard Groote）的布道和提议。赫罗特出生于代芬特尔，是一名小品（minor orders）圣职人员，曾在大学上学并在大学教堂里担任教士。1373年左右，他辞去了神职，放弃了圣俸和代芬特尔的房子，在修道院中度过了三年。之后，赫罗特被任命为执事，开始了一场轰轰烈烈的布道运动，反对伪善、异端邪说和神职人员的不端行为。14世纪建筑行业发展正旺，1382年乌得勒支大教堂的塔楼刚一竣工，就遭到了赫罗特的谴责，认为它见证了城市的傲慢而不是虔诚。在他去世前不久，乌得勒支主教邀请他向教区全体神职人员发表演讲，他借此机会痛斥了在场的所有人，随后被剥夺了布道权，直至临死前还在为此申诉。由赫罗特翻译成荷兰语的《时间之书》（*Book of Hours*）被抄写了800多份，在他去世的100年之后成了畅销书。

共同生活兄弟会最著名的学生是赫罗特的传记作者托马斯·海默肯（Thomas Hemerken），也被称为托马斯·肯皮斯（Thomas à Kempis）。他是德意志的莱茵兰人，曾在代芬特尔接受教育，后来加入了兹沃勒附近温德斯海姆（Windesheim）的一所教会，在那度过了余生。作为一名精神导师，他受到了热烈的追捧。托马斯·肯皮斯撰写的《师主篇》（*De Imitatione Christi*）从1418年开始得以匿名传播，逐步发展为15世纪最常被复制的作品。后来，该书成为了销量稳定的出版物，到现在也是最著名的基督教精神作品之一。

从勃艮第到哈布斯堡：1477—1515 年

"大胆"查理的突然死亡使低地国家陷入混乱。一些城镇的工匠们发起反叛，主张或要求恢复在公民政府中的权力份额。勃艮第的玛丽为了赢得公民对其继承权的肯定，一次接一次地做出了让步，以最完整的形式批准了国家、城镇和公会的特权。在她最低谷的时候，曾被根特人抓去作为俘虏，并当着她的面，以受贿和镇压的罪名将她父亲的两名议员处死。她的让步包括：废除不受欢迎的中央集权机构；给予省议会和三级会议自行召开会议的特权；规定战争必须经过三级会议允许才能发动；批准勃艮第的 25 个代表和女公爵任命的议员出席大议会（Great Council）。

格德司公爵、法兰西国王和整个列日城决心联合起来抵制勃艮第的扩张，而玛丽公爵做出的这些让步已经削弱了自身势力。在法兰西国王路易十一入侵并吞并勃艮第公国之前，"大胆"查理就已经奄奄一息了。接着，路易与根特人进行谈判，然后入侵了低地国家。法兰西人本以为可以轻松获胜，但城市民兵成功挫败了他们的期望。尽管如此，各城市要求玛丽通过联姻获得强大的盟友，她很快就与奥地利的马克西米利安缔结婚约，后者是哈布斯堡家族的神圣罗马帝国皇帝腓特烈三世的儿子兼继承人。通过这种方式，勃艮第王朝及其继承权被纳入哈布斯堡王朝。

1482 年，玛丽在打猎时从马上摔下，不幸去世。依照她的遗嘱，马克西米利安成为摄政王，直到他们的儿子腓力（1478 年出生）成年。1490 年，马克西米利安的摄政权终于得到低地国家的认可，他还打败了格德司、乌得勒支和列日境内受法兰西支持的反对势力。1493 年，当他把政权移交给腓力时，哈布斯堡王朝在低地国家的统治已是不争的事实。在其摄政期间，那些反抗外族人马克西米利安统治的人声称，他们真正的主人和君主是未成年的腓力。腓力在执政时（1493—1506 年）充分利用这一点，恢复了他的祖父和曾祖父在勃艮第的各项集权政策，与此同时，他也放弃了领土扩张。腓力的父母在 1478—1492 年间曾设法直接统治格德司，但在 1498 年，腓力放弃了这一权利。他的王朝利益体现在其他方面。1496 年，腓力迎娶了西班牙卡斯蒂利亚的胡安娜（Joanna of Castille），随着王室成员相继去世，她成了卡斯蒂利亚和阿拉贡（Aragon）王国的继承人。1504 年，卡斯蒂利亚的伊莎贝拉（Isabella of Castille）去世，腓力凭借妻子的继承权宣布继承卡斯蒂利亚的王位。但他的岳父——阿拉贡的费迪南（Ferdinand）却要求摄政。经过短暂的斗争，腓力最终成为国王，但他很快就去世了。胡安娜对此悲痛万分，他们的继承人查理五世年仅 6 岁，因此查理的祖父马克西米利安再次成为低地国家的摄政王。

1500 年，查理五世在根特出生，以其曾祖父"大胆"查理的名字命名。查理和他的 3 个姐妹在低地国家长大，由姑妈奥地利的玛格丽特（Margaret of Austria）抚养。马克西米利安坚持让他的孙子兼继承人查理经常去城市街道上散步，以此了解臣民的生活。大使和朝臣们总是觉得查理神色威严、沉默不语、一动不动，但他在狩猎或旅行时的"平易近人"却是近代早期笑话书中无数轶事的主题。查理从 9 岁起便有了自己的家臣，由谢尔夫（Chievres）的领主克罗伊的威廉（William of Croy）监护。乌得勒支的学者阿德里安（Adrian）负责查理的学术教育，他既是鲁汶大学的校长，也是后来的教皇哈德良六世（Adrian Ⅵ）。

文艺复兴

查理五世统治时期，低地国家在学术和艺术上都取得了巨大的成就。早在15世纪60年代，来自格罗宁根的语法学家鲁道夫·阿格里科拉（Rudolph Agricola）就以其纯正的拉丁语在意大利掀起了轩然大波。但这与后来的人文主义学者、北部文艺复兴时期最有影响力的人物——鹿特丹的德西德里乌斯·伊拉斯谟（Desiderius Erasmus）在国际上引起的轰动相比，简直是小巫见大巫。伊拉斯谟年轻时成了一名修士，但他讨厌这种生活，并设法得到了康布雷主教的赏识，得以离开修道院。此后，他游历西欧各地，在鲁汶、剑桥和其他地方教书，但最终定居瑞士。在每一个学术中心，他都结交了朋友，也树立了敌人。

伊拉斯谟一直关注的是回归古典学术和基督教学术的古老源头。在他1500年出版的《箴言集》（*Adagia*）中，伊拉斯谟概述了古人的智慧与学识；在1502出版的《基督教骑士手册》（*Enchiridion*）中，他提出了"基督哲学"这一概念，启示了众多近代的基督教教义；在1511年出版的《愚人颂》（*Praise of Folly*）中，他无情地讽刺了同时代人的迷信和缺点（真实的或察觉到的）。尽管有其不足之处，他在1516年编辑的希腊语《新约全书》（Greek New Testament）直至19世纪都是基本的学术文本。他对古典的优雅和福音派的朴素同样热爱，这种矛盾的情感使他可以将蛇的智慧与鸽子的和善结合起来。

从 16 世纪早期到 17 世纪中期，低地国家在科学领域处于领先地位。文艺复兴时期，科学领域最杰出的人物之一是安德雷亚斯·维萨里（Andreas Vesalius），他是查理五世的私人医生。作为一名解剖学家，维萨里在人体构造方面的研究超过了他所有的前辈。他在 1543 年出版的《人体构造》(*De humani corporis fabrica*)中的插图，将其精准的观察与高超的艺术结合在一起，尽管书的价格不菲，没有多少人能买得起。另一位伟大的医生是伦伯特·多东斯（Rembert Dodoens），他在 1554 年出版了插图丰富的《药草书》(*Cruijdeboeck*)。这本书精辟地阐述了欧洲的植物学知识，着重介绍了植物的药用价值。这本书在 16 世纪 80 年代被翻译成拉丁文，之后又被译成更多语言。

地理学是另一个将新知识转化为艺术绘图的领域。1540 年，杰拉杜斯·麦卡托（Gerald Mercator）绘制了第一张佛兰德斯地形图。在与教廷检察官发生了一些无关的纠纷后，他搬到了德意志。1569年，他在那里出版了第一张世界地图，使用了"麦卡托投影法"。另一位重要的制图家是亚伯拉罕·奥特柳斯（Abraham Ortelius）。1570 年，他在安特卫普出版的《寰宇概观》(*Theatrum Orbis Terrarum*)是世界上第一部地图集。自 1579 年开始，安特卫普的克里斯托弗·普朗坦（Christopher Plantin）成为奥特柳斯的出版商，他还出版了多东斯拉丁文版的《药草书》。普朗坦去世后，他的房子由女婿让·摩雷图斯（Jan Moretus）及其后代一直经营到 1866 年，成为欧洲最重要的印刷所之一。这座富丽堂皇的建筑现在是一个博物馆。普朗坦最令人印象深刻的成就是出版了 8 卷本的《圣经故事》(*Biblia Regia*)，这是受西班牙国王腓力二世（Philip II）委托出版的，由拉丁文、希腊文和希伯来文（根据不同字母排列）等多种语言写成的《圣经》。

世界市场—世界帝国

15世纪，荷兰的城镇（阿姆斯特丹、恩克赫伊曾和霍伦）取代了艾瑟尔河沿岸的城镇，成为北方货物的主要聚集地。15世纪末，贸易模式发生了进一步的转变：安特卫普取代布鲁日成为北欧大都市，成为"基督教世界的商业之都"。商业中心从布鲁日到安特卫普转移的关键原因之一在于明矾。1462年，教皇辖区内发现了明矾，但布鲁日的意大利商人继续出售土耳其明矾，与教皇的商业代理人相竞争。1491年，在安特卫普建立了阿尔卑斯山北部销售教皇明矾的主要贸易中心。奥地利的马克西米利安曾于1488年命令外国商人离开布鲁日，当时布鲁日正处在反抗马克西米利安的暴动时期，在暴动平息后，外国商人本应在1492年像以往那样再次返回，但明矾让他们选择了安特卫普。另一个促进这座城市商业主导地位的国家是英格兰。从15世纪90年代开始，大部分英格兰与欧洲大陆的贸易都是通过安特卫普的商人投机公司进行的。他们将英格兰的布料送到安特卫普进行染色和处理，最终销售到世界各地。

从1501年开始，安特卫普成为葡萄牙殖民地货物的贸易中心，货物以香料为主。葡萄牙商人之所以选择安特卫普，是因为他们在亚洲的贸易需要银子，而这里是他们从中欧矿山获取白银最方便的地方。安特卫普也是法兰西和莱茵兰的葡萄酒、德意志山区的非贵重金属、波罗的海地区的谷物和木材以及西班牙皮革的重要市场，不久后又成为西班牙殖民地商品的重要市场。在中世纪，糖是一种昂贵的奢侈品，是从地中海东部进口的。1508 年，第一批从加纳利群岛（Canaries）运糖的船只抵达安特卫普，把这块市场搅得天翻地覆，这是北欧饮食变甜的开始。从 16 世纪 20 年代起，安特卫普成为国际金融中心，大量使用信用工具的私人交易和向欧洲各国首脑提供的贷款都在这里完成。安特卫普的商人团体将海上保险和汇票背书系统化，这在中世纪至多是局部地区的实践。安特卫普是最佳商业场所的代名词。1591 年，英译的《计算的应用……安特卫普商人们的每日账单》（The Practize of Cifering ... Conteyning all sortes of Accompts daily used amongst the Merchants in the citie of Andwerpe）横空出世，原书是一本关于计算股票、利率、汇率和商人们关心的其他事项（包括分期付款的利息）所需算术的法语指南。

最后，安特卫普的制造业并非无足轻重。染色是它最重要的产业，但鱼的腌制、肥皂的制造和糖的精炼也分布在城市的边缘地带。安特卫普制造的屏风、祭坛、挂毯、绘画、彩色玻璃、印刷品和装帧书籍需求量很大。起初他们提供物美价廉的产品，后来则供应质量最好的。1530 年，昆丁·马西斯（Quentin Massys）去世，他是首批因艺术高超而闻名的安特卫普画家之一。与他同时代且年长的耶罗尼米斯·博斯（Hieronymus Bosch）在主流之外的艺术上进行创作，也取得了巨大成功。博斯以怪诞的、"栩栩如生"的作品表现了隐藏的邪恶，包括人类和超自然的邪恶，赢得了许多上层贵族的喜爱，在 16 世纪拥有了大批崇拜者和模仿者。

1515 年，查理五世成年后，便统治着世界上有史以来最大的帝国。从他的父亲"美男子"腓力那里，他继承了勃艮第和哈布斯堡；

从他的母亲乔安娜那里，他继承了西班牙的卡斯蒂利亚王国及其在美洲的属地，以及阿拉贡王国及其在意大利南部的属地。在其统治期间，西班牙臣民将他们的势力扩展到了美洲和菲律宾。在低地国家，查理征服了勃艮第人。1515年，他买下了弗里斯兰的爵位，仅仅用了9年的时间，他就与弗里斯兰各阶层建立了相互谅解，使他得以在该地区行使真正的权力。1521年，查理五世征服了主教城市图尔奈，这一地区曾是法兰西在佛兰德斯的一块飞地（enclave）。1528年，乌得勒支的主教巴伐利亚的亨利（Henry of Bavaria）将他的世俗爵位移交给查理。此举是为了摆脱哈布斯堡家族和格德司家族对乌得勒支领土无休止的争夺。但是，格德司公爵埃赫蒙德的查理（Charles of Egmond）不允许哈布斯堡的势力如此肆无忌惮地扩张，于是他任命雇佣军上尉马丁·凡·罗森（Maarten van Rossum）为乌得勒支的总督，随后罗森迅速洗劫了海牙。1538年，埃赫蒙德的查理去世，查理五世建立了哈布斯堡王朝，统治了乌得勒支的领土。新格德司公爵威廉二世接受了这一结果，但罗森继续打着法兰西的旗号发动战争，他在1542年洗劫了布拉班廷，1543年占领了阿默斯福特（Amersfoort）。就在那一年，格德司公国最后一位独立的公爵威廉二世去世，并将查理五世作为他的继承人。马丁·凡·罗森也归顺了哈布斯堡王朝。

除列日王子主教区外，查理五世把低地国家的其他地区都归入了自己的统治，与此同时，他开始确保自己能将这些领土完整地传给他的儿子。1548年，他使尼德兰独立于帝国的管辖。1549年，查理五世颁布诏书，宣布只有一名继承人可以继承所有领土。1550年，他在整个低地国家实施统一的异端法。1555年，查理隐退到修道院，将奥地利和帝国的领土移交给他的弟弟，并将西班牙、哈布斯堡王朝和低地国家的权力移交给他的儿子腓力二世，这位继承人在西班牙长大，从马德里（Madrid）进行统治。

宗教改革：1517—1566 年

16 世纪 20 年代，佛兰德斯方济各会的托马斯·凡·赫伦塔尔（Thomas van Herentals）在他关于第一诫条（"我是耶和华你的神……"）的布道中警告他的听众，要反对无神论、异端邪说、迷信、撒旦教和占卜术，要更多地信仰上帝而不是圣徒。他清楚地意识到，一般的基督徒正面临着信仰的基本问题。他悲痛地总结道（暗指伊拉斯谟和路德）："因为信徒错误的迷信，圣徒们的正确仪式和良好朝圣受到指责和鄙视。没有人出面维护道德的尊严，也没有人站出来破除迷信。"

乌得勒支的阿德里安便是一位致力于恢复并维系中世纪宗教精华的学者，他不愿屈服于新潮观念。阿德里安曾是鲁汶的一名教授，曾担任过查理五世年轻时的导师，并在查理确立王位的关键时期出任西班牙的摄政王。1522 年 1 月，阿德里安当选教皇，他于 1523 年 9 月去世。在他任期的 20 个月里，他保持着自己受洗时的名字，被称为阿德里安六世。他曾试图阻止新教的宗教改革，为此，阿德里安六世自上而下整顿教会，团结基督教世界以抵抗土耳其人的入侵。1522 年 9 月，他抵达罗马，随即公布了自己的计划，却遭到罗马人民和教廷的强烈反对，所有的努力付之东流。他也是 20 世纪前的最后一位非意大利籍教皇。

人们渴望更加纯洁的教会生活和教义指导，这同世俗权威和教会权威之间的关系变化相一致。教会特权导致了法律的不平等，即使是完全正统的地方官吏也对此十分不满。世俗统治者和教会之间的一个摩擦点是婚姻法。教会声称他们拥有婚姻之事的司法管辖权，坚持婚姻是男女双方相互传达感情的圣事。但婚姻涉及财产关系，这意味着地方官更愿意以一种确保父母同意和社会认可的方式安排和见证婚礼。举一个这种争议的案例，1525年末，阿姆斯特兰（Amstelland）的主持牧师被指控为新人们秘密举行婚礼，乌得勒支主教拒绝对其进行处分。随后，阿姆斯特丹市议员颁布刑法处罚令，规定任何婚礼司仪若未宣读三次结婚预告（banns），都应受到相应处罚。这时乌得勒支主教做出了反应，因为这一做法侵犯了神职人员的宗教戒律。他威胁要实施宗教禁令，同时将地方官吏传讯到教会法庭，但面对荷兰法庭的施压（威胁要没收教会财产），乌得勒支主教只好作罢。

路德教派

马丁·路德是一位教士兼大学讲师，1519年，他与罗马天主教会决裂。当时在德意志北部的一些圈子里，他已颇具影响力。1517—1522年，路德公开反对教皇权力和主教学说，这使他成为一场改革运动的领袖和发言人。这场改革运动的目标不是改变现有的教会，而是将其废除。低地国家中很快涌现了大量路德的支持者，特别是在与德意志进行贸易的商业城市中。1519年，鲁汶大学首次正式谴责路德的观点。1521年，查理五世查禁路德的著作，并宣判他的信徒有罪。第一批因其信仰而被处死的路德教徒是亨德里克·沃斯（Hendrik Voes）和约翰·凡·埃森（Joannes van Essen），1523年，他们在布鲁塞尔被烧死。像路德本人一样，两人都是萨克森教区的奥斯定会修士。他们也曾是安特卫普教派的成员，该教派被视为异端邪说的温床并遭禁。1525年9月15日，荷兰法庭在海牙将武尔登（Woerden）的牧师扬·德·巴克（Jan de Bakker）作为异教徒烧死，他是荷兰北部第一位新教殉道者。同年，另一名路德派教徒亡于安特卫普，成为该市首位被处死的路德派教徒。此后，迫害暂时平息。

法律改革

查理五世1521年颁布的公告存有漏洞，使得地方法官可以对违反宗教法律的罪犯处以罚款、枷刑、流放、悔罪朝圣等惩罚，而不是在火刑柱上施以火刑，这些都是在安特卫普和阿姆斯特丹等地常见的刑罚。当案件引起王室官员的注意时，布鲁塞尔的布拉班廷议会或海牙的荷兰法院等机构则更可能宣判死刑。1531年，这个漏洞被封堵了，死刑被认定为适用于路德教徒的唯一刑罚。这意味着市政官员们越来越不愿意将异端分子绳之以法，至少在1535年的再洗礼派（Anabaptist）恐慌之前是这样。

1531年颁布的反路德教派的法律，只是在道德和法律层面尝试改革的一部分。1530—1531年，查理五世居住在低地国家。他把大议会分为三个"附属委员会"，地位同等重要，但具有独立的职权范围。财政委员会（Council of Finance）负责财政监管；枢密院（Privy Council）由法学家组成，向君主提供法律和政策执行方面的建议；政务院（Council of State）由大贵族组成，负责国家最高政策的决策建议。查理还颁布了关于货币、公共秩序、流浪行乞和济贫方面的新法律。济贫改革在伊普尔走得最远,在那里,皇帝授权将大量的"济贫饭桌"收归于中央市政机构管理。人们对此有些不安,因为"济贫饭桌"通常由教会机构管理,现在却被置于政府机构之下。但巴黎的神学家们却对该计划表示支持,这似乎是应对城市贫民日益增长、绝望情绪不断扩散的唯一有效途径。虽然这项实验的时间很短,但它通过一本小册子在整个欧洲西北部的英格兰地区广泛传播,这本小册子发行于 1535 年,名为《为穷人提供补助或帮助的形式与方法:以佛兰德斯的伊普尔为例》(The form and manner of subvention or helping for poor people, devised and practised in the city of Ypres in Flanders)。

再洗礼教派

16 世纪早期最激进的宗教运动,也是唯一一个在社会最底层中迅速获得支持的运动,就是再洗礼教运动。与新教徒不同的是,再洗礼派教徒否认他们幼时接受的洗礼是有效的,坚持成年后重新洗礼。早在 1523 年,甚至 1520 年,再洗礼派的托马斯·闵采尔(Thomas Münzer)就开始鼓吹暴力推翻现存的社会秩序。德意志农民战争后,他被捕并被处决。1530—1533 年间,另一位德意志再洗礼派教徒梅尔基奥·霍夫曼(Melchior Hoffmann)在莱茵兰、荷兰和弗里斯兰宣扬世界末日。他的追随者"梅尔基奥派"(Melchiorites)在须德海沿岸的阿姆斯特丹、坎彭、兹沃勒、代芬特尔这些城镇里人数最多。霍夫曼被逮捕关押进斯特拉斯堡(Strasbourg)后,梅尔基奥派的领导权落入了哈勒姆·贝克·简·马蒂斯（Haarlem baker Jan Matthys）手中。1533年春天，马蒂斯带领一群再洗礼派难民来到了明斯特，以某种方式控制了市议会。明斯特主教的部队随即试图包围该城市。马蒂斯建立了财产公有制，并下令所有拒绝重新受洗的人都必须离开这座城市。这两项措施均是针对围城做出的准备，但都充满了世界末日的气氛。1534年，马蒂斯在一次针对主教军队的突袭中丧生，24岁的满师学徒裁缝让·博克尔松（Jan Bockelson）接管了城市，他更为人熟知的英文名字是莱顿的约翰（John of Leyden）。他废除了市议会，任命了12位长老作为代替，最后宣布自己为国王。他还颁布了《旧约全书》中的一夫多妻制法令，娶了16个妻子。

1534年3月，阿姆斯特丹有几艘船正准备将再洗礼教派的支持者送往新成立的明斯特王国，荷兰法庭发现后将他们逮捕。其中4人作为犯罪头目被处以死刑，其余人则以"受到引诱或欺骗"予以警告，最后释放。同年4月，有传闻说阿姆斯特丹将发生新的叛乱，进行了房屋搜查和逮捕之后，2名受害者被处以死刑以示警诫，他们是由市议员们而不是由荷兰法庭判决的，这是城市地方官吏第一次决定异端分子的危害性大到要实施死刑。1534年至1535年冬天，明斯特王国到了最激进的阶段，事件开始走向高潮。1534年12月，再洗礼教派试图控制代芬特尔。在弗里斯兰，一小群人在去明斯特的路上占领了诺伯特派修道院——奥德克劳斯特（Oldeklooster），经历了8天围攻后才被赶走。1535年2月，12名再洗礼派教徒（7男5女）一边在阿姆斯特丹的街道上奔跑，一边宣告着圣徒王国的来临。为了强调这一点，他们索性裸奔。更多的人被逮捕，3月10日至11日晚，一群再洗礼派教徒冲进了市政厅。骚乱中，一位市长被杀。在接下来的几个月里，62名再洗礼派教徒被判死刑，21人被长期流放。

在明斯特王国血淋淋的失败后，北尼德兰的再洗礼教派由门诺·西蒙斯（Menno Simons，1496—1561年）领导。西蒙斯来自弗里斯兰，之前当过教区牧师，他讲授和平主义和非抵抗主义，还坚持基督徒不应参与政府事务和评判他人。他的追随者后来被称为门诺派（Mennonites），虽然在荷兰一直是少数群体，但他们的学术影响远远超过了他们人数上的局限。

加尔文教派

另外一位持有新思想的牧师是曾在巴黎求学的法国人约翰·加尔文（John Calvin）。1534年，他辞去了牧师职务，还可能遭到了短期监禁。1535年，他从法国逃往瑞士，并在1536年出版了《基督教要义》。加尔文强调上帝的绝对权威，人的绝对堕落，圣经是信仰的基础。1541年，他成为日内瓦（Geneva）教会的领袖，有机会将改革后的戒律和教义付诸实施。加尔文的教导经由皮卡第（Picardy）地区传播到了低地国家。埃诺和佛兰德斯法语区的布业城镇中很快就有了秘密的加尔文教徒集会，成员通常是熟练工匠。很快，讲荷兰语的佛兰德斯地区和布拉班廷，尤其是根特和安特卫普，也出现了类似的趋势。城市中产阶级和贵族阶层中不乏加尔文教派的认同者乃至成员，他们的戒律比门诺派更加清晰，以长老会的理念组织教会生活。这意味着，只要他们低调行事，地方官吏就会对他们睁一只眼闭一只眼。很快，加尔文教派便成了低地国家规模最大、组织最完善的新教团体。

阿德里安·凡·赫姆斯特德（Adriaan van Haemstede）是安特卫普加尔文教派秘密团体的牧师。他为人十分谨慎，绝不会让城镇议会的秘密支持者陷入麻烦。但在1558年，他误以为面向公众的时机已经成熟，于是在梅尔大街（Meir）上向人群布道。梅尔大街是这座城市的主干道（现在是比利时版"大富翁"桌游地价最贵的区域之一），这样的哗众之举很难不引人注意，随之而来的便是一场针对加尔文教徒的血腥镇压。赫姆斯特德先是逃到了德意志，最终去了英格兰。在藏匿期间，他开始编纂殉道者的历史，从古巴勒斯坦和罗马的早期基督教殉道者开始，到他在安特卫普被烧死的亲密朋友为止。这本书于1559年出版，在接下来的一个世纪里经历了几十次再版和修订。《殉道者之书》（*Book of Martyrs*）是荷兰归正教会的重要文本之一，也是明确荷兰新教身份的文献。

猎巫狂潮

异教徒并不是唯一面临火刑威胁的群体。关于魔法和巫术的各种信仰在中世纪时期似乎普遍流行。在村落间和病房里，谣言与嘲弄四起。15世纪末，一些博学之士开始察觉到信魔者的国际阴谋。1532年，女巫对社会构成威胁的观点被写入了低地国家的法律。对女巫的惩罚一般是罚款、枷刑或流放，也有处以火刑的案例，且在1570年后越发频繁。凡是引起中央司法机构注意或上诉至此的案件，涉事女巫几乎都被处决。为了对抗巫术谣言，聪明的奥德瓦特（Oudewater）人想出了一种解决办法：鉴于人们普遍相信，撒旦施法让他的仆从比《圣经》还轻（不然怎么会飞呢？），奥德瓦特镇的官吏们在查理五世的特许下，设立了一个"女巫天平"，若有人被诽谤为巫师，只要支付一笔费用，便可获得一份证书，证明经过"女巫天平"的衡量，他们比《圣经》要重得多，谣言不攻自破。这种做法虽难应对厉害的恶魔学学家，但也能有效平息恶意流言，甚至还让一些国家官吏印象深刻。

约翰·维尔（Johan Wier）生在荷兰，曾是克莱沃公爵的医生。他在著作《恶魔的诡计》[*De praestigiis daemonum*，1563 年出版；英文名为 *On the Tricks of Demons*，由约翰·谢伊（John Shea）翻译，1991 年出版] 中，率先公开指责猎巫狂潮。耶稣会士马丁·德·里奥（Martin del Rio）是鲁汶的一名讲师，他在作品中警告人们女巫的危险性，是该领域最重要、最博学的作家之一。他的 3 卷本《巫术研究》（*Disquisitiones magicae*）激起了全欧洲焚烧女巫的热潮，也证实了豪达的天主教徒、后来成为特里尔大学神学教授的科内利斯·洛斯（Cornelis Loos）曾试图阻止这一趋势。德·里奥在书中满意地写道："洛斯曾试图出版一部书，谴责人们对女巫的恐慌（他认为女巫除了自然手段以外，无力伤害他人），这本书被查禁了，他也被迫放弃了自己的立场。"

焚烧女巫的行动在时间和地点上都很集中。虽然刑事法庭一般只对控诉和检举做出回应，但在审判女巫的过程中，法庭越发倾向于任命立场强硬的检察官。在某种程度上，其他罪行也是如此：1535—1542 年，在科内利斯·多本佐恩（Cornelis Dobbenzoon）任阿姆斯特丹治安官期间，有关家庭罪犯（殴打妻子或不听话的孩子）的起诉增加了一倍，通常是以扰乱公共治安之类的罪名来指控。在对待巫术上，法官坚决施以酷刑意味着被捕者通常都会认罪。即使检察官的个例不足为证，这一模式也表明猎巫问题只能引起上层非常有限的关注。例如在格罗宁根，16世纪中期有3次女巫审判热潮，都发生在弗里斯兰德语区进行大规模猎巫之后。弗里斯兰的荷兰语区似乎从未有人因巫术而被处决。

特伦托改革

呼吁改革的人不仅限于那些坚信教皇是反基督的人，天主教的改革者们在1500年以前就很活跃，即使受到新教改革家的攻击，他们的力量和人数也在增长。鹿特丹的伊拉斯谟和乌得勒支的阿德里安都以各自的方式，成为教会的改革者。两次中断的特伦托公会议（1545—1563年）为各种不协调的天主教改革运动提供了条理的方向和指导，公会议出台的法令几乎是迅速在低地国家实行开来。

特伦托法令的执行人是低地国家的主教，生效地区不再限于列日、康布雷、图尔奈和乌得勒支。1559年，低地国家建立了12个新的主教辖区，这是16世纪低地国家最重要的教会发展之一。整个中世纪，世俗统治和主教权威之间一直存在纷争。而如今每座大城市都有一位主教，但他们不能挑战皇权，只有卢森堡公国除外：特里尔和列日的王子主教坚定维护自己在阿登高地的主教管辖权。这也是查理五世决心统一低地国家，使其作为一个不受异端污染的整体移交给儿子腓力二世的最高成就。

从圣像破坏到公开断绝：1566—1581年

大修道院和联合教堂对1559年新建的主教辖区十分不满，他们必须服从于主教，还要支付主教辖区的日常开支，限制了自身的行动和财政自由。与此同时，国王听信红衣主教格朗韦勒（Cardinal Granvelle）的建议，疏远了其他国务委员，这一做法激怒了低地国家的大贵族们。1550年之后，教会对加尔文派教徒的迫害日趋严重，教徒们陷入绝望之中，同时教会检察官的搜查侵犯了地方官吏的管辖权，二者之间出现矛盾。16世纪50—60年代，社会中很少有实权人士完全认可王室政策。此外，安特卫普的商业也遭遇了第一次重创。1548年，随着西班牙在美洲的殖民地开始取代中欧成为白银的主要来源，葡萄牙香料贸易撤出了安特卫普。1564年，安特卫普发生了一场贸易争端，随后英格兰的布匹贸易便转移到了其他地方，整个城市的经济开始衰退。

1566年4月，一群愤怒的贵族向国王在低地国家的摄政王、帕尔马的玛格丽特（Margaret of Parma）递交了一份请愿书，其中提出了暂停异教法的要求。一名怀有敌意的朝臣轻蔑地把请愿者们称为"乞丐"，这一称谓成了一个党派的名称、一个战斗的口号和受压迫者要求正义的象征。埃格蒙特（Egmont）伯爵被派往马德里与腓力二世协商，离开马德里时伯爵认为已经赢得了国王的支持。低地国家燃起了希望，但当王室信件抵达布鲁塞尔时，希望破灭了。这些信件坚持严格执行异端法，与埃格蒙特得到的国王口头保证恰好相反。

1566年8月，加尔文派教徒所受的屈辱在圣像破坏运动中得以爆发。一小群圣像破坏者扫荡了低地国家，他们捣毁教堂，损毁雕刻品、雕像和绘画，焚烧、污损了书籍和法衣。牧师、修士和修女受到攻击甚至被杀害，天主教杰出的在俗教士受到恐吓和公开羞辱。对此，城市民兵很少愿意介入。加尔文派教徒还在瓦朗谢讷、斯海尔托和其他几个城镇夺取了政权，但秩序很快就恢复了。腓力二世在西班牙知晓后十分担忧，随即派出一支由西班牙人和意大利人组成的军队，在阿尔瓦（Alva）公爵的指挥下，重新夺回了低地国家的控制权。军队从米兰出发，经过瑞士和洛林，沿着一条后来被称为"西班牙之路"的路线行进，这条路是连接哈布斯堡的意大利和哈布斯堡的尼德兰的关键战略要道。

　　阿尔瓦一到低地国家，便发现动乱已经平息。他不甘心就这样离开，在他看来，自己的任务是消灭那些对王室权威构成威胁的人。他设立了一个特殊法庭，称之为"除暴委员会"，也就是更为人所知的"血腥委员会"，这个法庭后来处死了数千人。尽管达不到偏颇的编年史家所指控的成千上万人，但也是足够令人震惊的程序。阿尔瓦有时会将王室和教皇的赦免令推迟数月发布，这样就会有更少的叛乱者和异教徒凭借赦免而侥幸存活。勃鲁盖尔（Brueghel）的名画《无辜者大屠杀》（Massacre of the Innocents）中有一位黑袍长须者，人们将他视为阿尔瓦公爵也就不难理解了。

起义

　　在"乞丐党"中，奥兰治（Orange）的君主威廉是官位最高的贵族，他没有在尼德兰逗留，而是逃往了德意志，那里也有他的领土。抵达后不久，威廉便开始集结军队和盟友，并在1568年向低地国家进发。同年5月23日，起义者在弗里斯兰的海利赫莱（Heiligerlee）取得了第一次胜利。阵亡者中，有阿伦贝格（Aremberg）的伯爵兼格罗宁根和弗里斯兰的总督——让·德·利涅（Jean de Ligne），他是尼德兰最重要的效忠者之一。但这场胜利没有持续多久，起义便瓦解了。许多贵族因请愿而遭到指责，认为是他们招致了祸患，更有一些贵族遭到围捕。奥兰治人入侵后的几周内，部分贵族被处死，像埃格蒙特和霍讷（Horne）伯爵这样的大贵族，即使拥有金羊毛骑士和国务委员身份，也同普通罪犯一样被判决死刑，于1568年6月5日被斩首。公众顿时哗然：没有人是安全的。阿尔瓦在低地国家的所作所为不断变本加厉，人们对此感到沮丧，而那些流亡到德意志、英格兰和法兰西的加尔文教徒点燃了未来的希望之火。

阿尔瓦公爵的恐怖统治疏远了大部分公民，也给他们带去了恐惧。从长远来看，若他有能力支付军队开支，这种做法或许还可行。但由于预期中的西班牙银币没能运达，阿尔瓦只得要求尼德兰人缴纳百分之十的销售税，即"什一税"（Tenth Penny）。以当时的标准来看，这项税负十分沉重，但作为增加财政收入的非常手段，也并非闻所未闻。真正令人大跌眼镜的是，阿尔瓦决定无论有没有三级会议的同意，他都要征收这笔税款，且征期不限。血腥镇压加上任意征税，让低地国家的公民们再也无法忍受，阿尔瓦已民心尽失，许多人公然走向了反抗的道路。

为使起义军具备海上作战的能力，奥兰治亲王颁发了捕拿特许证。有了君王的支持，加尔文教派的私掠船不再担心被中立派以海盗罪起诉，可以攻击西班牙船只。许多被称为"海上乞丐"的私掠船都在英格兰港口出发，展开劫掠活动。这让伊丽莎白非常难堪，1572年春天，她下令驱逐这些私掠船。1572年4月1日，"海上乞丐"在布里勒［Brielle，也称布里尔（Brill）］登陆并占领了这座城市。这是起义军的第一次领土征服。在接下来的几个星期里，河口附近的城镇向这些"乞丐"敞开了大门，居民们宁愿如此，也不愿继续服从阿尔瓦公爵。很快，泽兰和荷兰南部的大部分地区都落入了起义军手中，尽管米德尔堡的士兵面对围城坚持了两年，最终还是被敌军占领。

从1569年到1573年，弗里斯兰的农民雷恩克·海姆莫马（Rienck Hemmema）为后人留下了一本账簿，这是一份关于16世纪低地国家的农村生活的独特史料。这本账簿不仅记录了海姆莫马庄稼和牲畜的生长情况，也反映了早期的农村起义带来的影响。或许是因为物价持续上涨，海姆莫马一直保持了记账的习惯。1570年11月1日，百年一遇的"万圣节"大洪水（All Saints' Flood）席卷了弗里斯兰的堤坝，他因此失去了一半的冬大麦。第二年夏天，为了修复堤坝，他不得不提供两三个人力、一辆马车和两匹马。1573年洪水再次来袭，他只好从咸水中收割豌豆，牛也被迫涉水到田中吃里面的大麦。

唐·卡斯帕·德·罗布莱斯（Don Caspar de Robles）是格罗宁根王家驻军的指挥官，他设法在弗里斯兰和格罗宁根的奥默兰登恢复了王权统治。作为行省长官，罗布莱斯完全以务实的态度对待城市特权：只有威胁到公共利益时，他才会拒绝遵从城市特权，否则不会特意干涉。弗里斯兰议会曾拒绝上缴额外税金以供瓦隆军队的开支，为了防止兵变，罗布莱斯便采取了非法手段获得这笔钱。当贵族拿出特许状来免除他们修建堤坝的义务时，他告诉贵族们，如果特许状可以阻止春天的洪灾，他们就可以免除修坝的义务。

在16世纪70年代早期的弗里斯兰，洪水的威胁似乎比战争更加恐怖。1572年7月初，"海上乞丐"登陆弗里斯兰。在接下来的12个月里，雷恩克·海姆莫马花了一大笔钱在弗拉讷克租了一间房子，大概是为了把多余的财物储存起来，以免被掠夺者抢走，同时还能作为自己最后的避难所。但弗里斯兰发生的战役对他的生意几乎没什么影响。1572年8月28日，起义军占领了弗拉讷克，可在11月26日，他们又被迫放弃了这座城镇。弗拉讷克被起义军占领的那天，海姆莫马正要把他的两只公羊卖给屠夫。1572年9月，他像往常一样到城里出售农产品和奶制品。10月初，他又前往吕伐登售卖一匹小马，那里仍由王室控制。对于海姆莫马来说，途中没有什么"前线"需要穿过，只有受防御工事影响的地区。

此次起义很快演变成了一场宗教战争，尽管不是完全宗教性质的。来自欧洲各地的外国雇佣兵在低地国家服役，有时也会带着宗教战争精神回到家乡。比如，1573年，苏格兰枢密院曾授权约翰·亚当森（John Adamson）率领130名全副武装的士兵前往低地国家，只为"保卫上帝真正的宗教，反对它的迫害者"。按照规定，一旦发现有士兵"信奉天主教、反对新教"，将对其处以5000马克的罚款。1782年之前，还有在荷兰服役的苏格兰人。英格兰人、法兰西人，最重要的是德意志人，他们联合在一起支持起义军，另一小帮人则支持西班牙国王。对西班牙和意大利的士兵而言，这场战争是反对异教徒的十字军东征。

在这场战争中，机动部队由小型突击队组成，他们在敌人控制的领土上抢劫农民，不让对手得到粮草。1568—1576年，在内陆也有类似"海上乞丐"的群体，被称为"森林乞丐"。加尔文教的黑帮团伙进入森林，像强盗一样烧杀抢掠，尤其针对教堂及牧师和天主教徒的住所。当起义军在地面建起基地后，这些"森林乞丐"便消失了，取而代之的是另一种非正规的掠夺者：战争劫掠者。他们常常以闪电般的速度进入敌人领地劫掠，然后返回防卫森严的泽兰或佛兰德斯海岸要塞。王家军队也是如此，驻扎在马斯河沿岸和弗里斯兰的王家军队进入了起义军的领地，通常以围城的形式发起进攻。低地国家的战略版图由密集的大城市和小城镇组成，几乎每个城镇都有城墙和防御工事。与此同时，还修建了越来越多的土方工程包围着城镇，任凭大炮也无可奈何，就连村庄和庄园的房子设置有简陋的防御工事。外来军队无法在全国范围内进行任何大规模的行动，起义初期的几场激战很快就被一次又一次令人精疲力竭的围城战取代。

由于缺乏赢得持久围城战的资金和人力，阿尔瓦对试图反抗他的城镇采取恐吓政策，局势越发紧张。他批准了军队在梅赫伦、聚特芬、纳尔登、哈勒姆（Haarlem）实施抢劫和暴行，也确实让一些城市唯恐落得相同的下场而轻易投降了。但这也意味着一旦围城开始，市民就必须抵抗到底。在众多围城战中，莱顿（Leiden）之战最为有名，从1573年12月到1574年10月，面对王家军队的进攻，莱顿市民一直在顽强抵抗。1574年春天，拿骚的路易（Louis of Nassau）最后一次入侵北尼德兰，希望借此将莱顿城门前的王家军队调离。4月14日，路易和他的兄弟亨利在莫克希思（Mook Heath）之战中双双阵亡，他的军队也被迫撤退。围城再次开始，市民孤注一掷打开海水堤坝，迫使王家军队撤离。1575年，为了表彰莱顿在军事上的出色表现，荷兰第一所大学的专有权被授予了这座城市。

1576年，起义进入了全新的阶段。1575年，西班牙王室破产，这意味着他们驻扎在荷兰的军队没有了军资供给。一时间叛乱四起，王家士兵成了对和平与安全最大的威胁。对此，三级会议出马控制了局面，他们虽没有否认王室权威，但还是根据自身的主张平息了事端。尼德兰南北省的代表在根特展开谈判，签署了一份"停火协定"或者叫"和平协定"。尽管《根特和平协定》(*Pacification of Ghent*) 没能结束战争，但它却成为低地国家历史研究领域永恒的珍宝，展现了人们和谐一致、理性妥协的闪光时刻。

三级会议还宣布，凡叛乱者皆为非法，无论是死是活，只要抓获他们便可获得赏金。绝望的叛乱者们联合起来，四处寻找安全之地，最终在安特卫普的护城堡垒中定居下来。这座堡垒是奉阿尔瓦之命建造的，才刚刚完工不久。随后，一场震惊欧洲的暴力与掠夺（也称"西班牙狂暴"）将安特卫普洗劫一空。不论是王家军队的叛乱与贪婪，还是阿尔瓦的"什一税"与他试图以恐怖来强加的统治，都有一个共同的缘由：腓力二世想要重新征服低地国家，却没有足够的金钱支撑他的野心。

1577 年，奥地利的唐·胡安（Don Juan de Austria）拒绝接受《根特和平协定》，选择在那慕尔定居。三级会议随即免去了他总督的职位，任命奥地利的大公（Archduke）马蒂亚斯（Matthias）接替管理。反对奥兰治君主威廉的温和派起义者亲自将马蒂亚斯接到低地国家，但他没能建立起自己的统治，于 1581 年又回到了奥地利。1578 年至 16 世纪 80 年代早期，低地国家的各个城市发生了一系列的加尔文主义和奥兰治主义政变。这些都是对《根特和平协定》的蔑视，许多天主教徒因此疏远了起义军。1579 年初，一些省份为了相互支持和共同防卫而结成了关系更加紧密的联盟。1580 年，起义军的雇佣兵占领并洗劫了梅赫伦（也称"英格兰狂暴"），天主教徒遭到镇压，两极对立就此形成。乌得勒支的教堂也禁止主持弥撒，牧师变成了世俗职位，尽管他们在社会生活中的角色依然不变，但已不具备任何的宗教职责。

回归忠诚

1579年，为了维持王权统治和天主教信仰，阿图瓦、瓦隆佛兰德斯和埃诺结为阿拉斯联盟（Union of Arras）。针对加尔文教派的叛乱，他们与国王的新总督、帕尔马的君主亚历山德罗·法尔内塞（Alessandro Farnese）进行磋商，旨在协调军队，共抗外敌。即便如此，他们仍要求外族军队撤离自己的领土。1580年，作为与新总督继续合作的条件，他们迫使国王的外族军队撤离低地国家。但随着德意志、苏格兰、英格兰和法兰西的雇佣兵受起义军所托入侵低地领土，阿拉斯联盟很快又把西班牙和意大利的军队邀请回来予以抗衡。帕尔马已经直接控制了那慕尔、林堡和卢森堡，这些地方到目前为止还没有受到起义的影响。卢森堡公国甚至没有派代表出席1576年的三级会议，他们宣称自己拥有决定事务的自由，不受其他省份共同决定的影响。从1545年到1605年，曼斯菲尔德（Mansfeld）伯爵彼得·欧内斯特（Peter Ernest）一直在卢森堡行使王家权力，这种管理的连续性在这一时期的低地国家中绝无仅有。

1579年，荷兰和泽兰省与乌得勒支、弗里斯兰、海尔德兰（Gelderland）及格罗宁根的奥默兰登组成了乌得勒支联盟。1579—1581年，加尔文教派控制下的佛兰德斯和布拉班廷，包括安特卫普、布鲁塞尔和根特等大城市也加入了进来。乌得勒支联盟条例是荷兰共和国的宪法基础。随着帕尔马征服的推进，乌得勒支联盟的领土迅速缩小，但这只是暂时的挫折。

1580年，在一定的限定条件下，荷兰和泽兰将统治权移交给了法兰西国王的兄弟——安茹（Anjou）的公爵弗朗西斯（Francis）。1581年，三级会议中的奥兰治派余党起草了《誓绝法案》（*Act of Abjuration*），正式宣布腓力二世退位。安茹公爵不满于自己的权力受限，在1583年试图发动军事突袭（也称"法兰西狂暴"），失败后逐渐被冷落。随着君主权力在北尼德兰的淡出，联盟的7个省份逐渐确立主权。7省的共同事务由海牙国会（States General，该称呼沿用至今）决定，但在国会议员投票之前，仍需与他们所在的行省议会进行协商。联盟如果寄希望于体恤的外国君主，如英格兰女王或法兰西国王来管理平民事务，这很成问题。奥兰治虽然面积较小，但它依然是一个主权国家，奥兰治亲王因此获得了一部分行政和军事权力，成为荷兰、泽兰和乌得勒支联盟的执政。该"执政"职位并不隶属于国王，而是7个主权国的行政长官。

政治权力，尤其是财务权力，掌握在贵族和城镇代表组成的行省议会手中。除了东尼德兰的几个城镇，工艺行会均被排除在权力之外。垄断大多数城市管理的有产贵族逐渐被称为"摄政"（regents）。此前官吏由王室任命或从议员和行会提供的名单中挑选的老做法，现在被直接选举所取代。"摄政者"作为一个永久存在的阶级，与平民的距离越来越远。7个联合省份中，没有机构有权颁发贵族爵位。但他们的子女可以同贵族联姻，或者买下附加贵族头衔的地产，以此获得贵族的专权。在此后的200年里，无论是否有执政存在，贵族寡头政体一直统治着尼德兰联省共和国。

尼德兰的分裂：1581—1609 年

面对乌得勒支联盟颁布的《誓绝法案》，阿拉斯联盟充分肯定了国王的主权和帕尔马君主作为总督的权力，以此作为法案的回应。1579 年，低地各国对国王的三种立场（忠诚、有条件的忠诚和反抗）缩减为两种，分别成了两个对立的集团。在 1648 年之前，二者一直处于交战状态。在战争的危急时刻，随着王权的恢复和联盟主权出现纠纷，奥兰治的威廉被刺杀了。此前国王已将他列为通缉犯，悬赏 25 000 克朗要他项上人头。来自弗朗什-孔泰（Franche Comté）的年轻人巴尔塔萨·杰拉德（Balthasar Gerard）决定不惜一切代价获得悬赏。1584 年 7 月 10 日，他假装成请愿者，在威廉位于代尔夫特（Delft）的住所中开枪将其杀死——这是世界上第一起持枪的政治刺杀。杰拉德在逃跑时被捕，经受了一番严刑拷打而惨死。杰拉德的赏金拖延了一段时间之后，最终付给了他的母亲。联盟的起义失去了最伟大的领袖，他的离世无疑是雪上加霜。

为了帮助尼德兰联省共和国度过这场危机，伊丽莎白女王加强了英格兰对起义军的支持。她拒绝了 7 个联合省份愿意给她的有限主权，但首次正式宣布支持起义军并与之结盟。伊丽莎白甚至任命她最信任的莱斯特（Leicester）伯爵罗伯特·达德利（Robert Dudley）为新任总督和海军司令。1586 年，莱斯特伯爵在乌得勒支建立了政府，但第二年他就回到了英格兰，准备迎击西班牙的无敌舰队，最终也在那里去世。荷兰人对他的离开并不感到遗憾。

6 个效忠于王权的省份，加上佛兰德斯、布拉班廷和海尔德兰的一些城镇成为帕尔马君主重新征服尼德兰大部分领土的大本营。

一年多的时间里,军队和王家行政部门因内部分裂而陷入瘫痪,但在 1583 年,重新征服尼德兰的战役打响了。同年年底,佛兰德斯海军在新收复的敦刻尔克重建,恢复了佛兰德斯王家军队的海上作战能力。帕尔马的征服一直在推进,1584 年,他们几乎征服了整个佛兰德斯伯爵国,1585 年又夺回了梅赫伦和布拉班廷公国的大部分领土(包括布鲁塞尔和安特卫普),战役达到高潮。随着第二支王家军队在上艾瑟尔(Overijssel)和海尔德兰展开行动,王权效忠者控制的领土自 1582 年以来几乎翻了一番。1585 年后,帕尔马的攻势停止了,因为腓力二世的关注点和资源配置先是转移到后来失败的反对英格兰的战争上,而后又转移去干预法兰西的内战。帕尔马君主于 1592 年去世,他的侄子、奥地利的大公恩斯特(Ernest,1594—1595 年在位)和奥地利的大公阿尔布雷希特(Albert,1596—1598 年在位)先后继任总督一职。他们都是曾试图干涉低地国家的事务的马蒂亚斯大公的兄弟。

莱斯特伯爵在乌得勒支建立统治遭遇惨败后,奥兰治的威廉的第二个儿子——拿骚的莫里斯(Maurice)作为起义的军事领袖脱颖而出。1585 年,莫里斯被任命为荷兰和泽兰的执政;1589 年又成为上艾瑟尔的执政;1590 年,他被任命为乌得勒支的执政;同年,又被任命为联盟的新总督和海军司令;1591 年,他成为海尔德兰的总督。弗里斯兰选择任命莫里斯的堂兄为其总督。1590 年,莫里斯迎来了第一次重大胜利,他占领了布雷达(Breda)。一支精锐部队的突击队躲在一艘运送泥炭的船上,打开了敌人的大门。1595 年,莫里斯也在利尔(Lier)如法炮制,但被从安特卫普和梅赫伦迅速赶来救援的城市民兵团挫败。1591 年,为保卫艾瑟尔湖航线的安全,并进一步向奈梅亨南部扩展，莫里斯占领了聚特芬和代芬特尔。在东部和北部：上艾瑟尔、海尔德兰和格罗宁根这些16世纪80年代起义军丢掉的领地，莫里斯的军队将它们悉数夺回。1594年他们占领格罗宁根城的时候，战事达到顶峰。在1597年的一场战役里，莫里斯成功地减少了北尼德兰最后的保王派驻军，确立了低地国家为南北分界而不是东西分界。

1592年，莱顿的明星教授尤斯图斯·利普修斯（Justus Lipsius）回到了鲁汶，在知识领域沉重打击了王室的威望。因对当时的恐怖和动荡所做出的回应，他被追随者称为欧洲的救世主。利普修斯立志于复兴斯多葛哲学（Stoicism），复兴这一有关不幸恒常的伟大罗马哲学。1582年，他发表了《论恒常》（*On Constancy*），认为无论外在环境和身体上如何不幸，坚持美德本身就是一种奖赏。在此之后，他出版了《政治六书》（*Six Books on Politics*）和许多其他著作。"新斯多葛派"的利普修斯是一个敏感的忧郁症患者，他从信仰天主教的鲁汶搬到了信仰路德宗的耶拿（Jena），又去了加尔文派的莱顿，最后又回到了鲁汶。尽管他性情不定，但依然是一位有影响力的教师和作家，他的话引起了许多人的共鸣，这些人在寻找马基亚维利式的犬儒主义之外的选择。利普修斯只把自己简单地描述为古代哲人的学生，他编辑过塔西佗和塞内卡（Seneca）的著作，也撰写过斯多葛哲学指南，这些都成了他最负盛名的作品。除此之外，他在尼德兰教授了两代知识分子如何用拉丁语进行表达，培养了他们的人生观，这些人后来成了议员、法学家、牧师、教师，以及城市和行省的官员和大臣。他的作品在整个欧洲引起了共鸣，到17世纪，还成为未来国王及其大臣的教育读物。

1598 年，腓力二世去世。他最后的政治行动之一是将尼德兰作为他的大女儿伊莎贝拉的嫁妆，并把她嫁给了总督、伊莎贝拉的堂兄、奥地利的大公阿尔布雷希特。腓力三世（Philip Ⅲ）继承了西班牙、葡萄牙，以及哈布斯堡家族在意大利的领土和海外帝国，但没有继承尼德兰。阿尔布雷希特从尼德兰出发，前往巴塞罗那（Barcelona）迎接他的新娘。这对被历史学家称为大公夫妇（Archdukes）的新人于 1599 年一起回到了低地国家，还带上了奥兰治亲王威廉的长子菲利普·威廉（Philip William）。他在西班牙宫廷由教父腓力二世抚养长大，象征着效忠的回归。王朝的延续以成文条款来得以保障。根据条款，若阿尔布雷希特或伊莎贝拉离世后没有留下子嗣，尼德兰将归还给西班牙君主。此外，还有一些秘密条款保障了西班牙国王对尼德兰的间接影响。西班牙的野战部队和驻军由国王出资维持，这减轻了大公夫妇的财政负担，但也使他们在军事上依赖于他人。西班牙占领军的性质很容易被夸大，在为联省共和国服务时，外国军队受地方政府管控的力度要更大，且他们从未受到欢迎。1616 年，阿尔布雷希特任命尼德兰人为军事司法部门的最高长官，换掉了西班牙人。尽管腓力三世对此不满，认为他的军队受到了外国长官管制，这一任命仍未改变。

在阿尔布雷希特和伊莎贝拉两人的统治下，习惯法和公民特权被编纂成法典，贵族和城市上层阶级的权利重新获得宪法认可，首先是 1599—1600 年的一系列"迎驾仪式"。与北方一样，贵族精英开始主导公民生活，他们在哈布斯堡的尼德兰购买贵族特权，逐渐取代了管理委员会中的传统贵族。但与尼德兰联省共和国不同的是，任何涉及外交政策的事务都要服从于哈布斯堡王朝更加长远、全面的考量。

阿尔布雷希特和伊莎贝拉到达后不久,荷兰人便入侵了佛兰德斯。而此时的西班牙军队叛乱频发,莫里斯希望借机消除敦刻尔克港对荷兰船只的威胁,于是便在佛兰德斯海岸登陆。作为西班牙公主的伊莎贝拉将西班牙士兵重新聚拢,再由阿尔布雷希特率军抗击侵略者。1600年7月2日,双方在尼乌波特(Nieuwpoort)城外的沙丘上交火。起初,不论是在莱芬厄(Leffinge)桥上的初战,还是后面的主要战斗,莫里斯的苏格兰雇佣兵和泽兰的军队都表现得十分勇猛。当天结束时,荷兰人占领了佛兰德斯,但与阿尔布雷希特军队的遭遇战使他被迫放弃了计划。双方都宣称取得了胜利。

1600年荷兰发动入侵后,阿尔布雷希特的注意力便集中在佛兰德斯沿岸,佛兰德斯也发出了一份请愿书,要求把攻占奥斯坦德(Ostend)提上军事议程,该城是私掠船船员和海盗的老巢。伊莎贝拉效仿其祖先及同名之人在格拉纳达战役(Siege of Granada)中的做法,决定在夺回奥斯坦德之前不换内衣,因而诞生了"伊莎贝拉黄"这一颜色。围城战一直持续到1604年9月,整座城镇化为一片烂泥之上的废墟。最初,围城战由阿尔布雷希特亲自指挥,但在1603年,他将指挥权移交给了安布罗西奥·斯皮诺拉(Ambrogio Spinola),一名刚从热那亚抵达低地国家的佣兵队长。斯皮诺拉出身银行业世家,是一名贵族,但他决心利用自己的财富追求军事上的荣耀。斯皮诺拉打胜了此次围城战,直至1627年,他一直是低地国家最重要的军事指挥官。

1605年,战争的结束,至少是暂时的停战已经有望。1598年,法兰西与西班牙讲和。1604年,英格兰紧随其后。来自法兰西、苏格兰和英格兰的雇佣兵继续在尼德兰作战,但尼德兰联省共和国已经没有了盟友。1605年,斯皮诺拉在海尔德兰打赢了一场胜战,占领了几个具有重要战略意义的小镇,但西班牙王室的金库已经见底了,国会也早已债台高筑。1607年,双方达成停火协议,在法兰西和英格兰的调停下开启了谈判。双方的分歧点在于荷兰要求承认他们的独立性,而哈布斯堡王朝要求荷兰放弃对西班牙殖民帝国的商业侵犯,允许天主教徒在尼德兰联省共和国进行礼拜。

1609年,一份为期12年的休战协议在安特卫普签订。几个月后,该协议在海牙获得批准。腓力三世和大公夫妇同意像对待主权国家那样对待尼德兰联省共和国,但没有承认它是主权国家。根据协议,荷兰可以与腓力三世的海外领地直接建立贸易关系。天主教徒虽未取得在尼德兰联省共和国的信仰自由,但法兰西国王保证他们可以免受迫害。斯海尔德河的航运问题一直悬而未决,第二年,泽兰议会做出澄清,称不会改变战时的政策,所有前往安特卫普的货船必须在泽兰转运。这对安特卫普的贸易来说,并不会像人们有时所想的那样致命,但它确实阻碍了安特卫普进一步的复苏和扩张。这也彰显了荷兰和泽兰商人的政治影响力,他们的努力已经使荷兰共和国成为欧洲领先的商业强国。

第四章

从代尔夫特陶器到瓷器：1609—1780 年

强势的共和国

16 世纪，欧洲大河流域以北的省份已经主宰了低地国家的船运和渔业，荷兰的亚麻织品和啤酒出口到全世界。荷兰起义的几十年里，金融、商业和一系列新产业向北部发展。例如，安特卫普自 1512 年以前起一直出产锡釉陶器。1584 年，代尔夫特开始生产此种陶器，不久后得名"代尔夫特陶器"。17 世纪时，代尔夫特陶器是欧洲模仿中国青花瓷技法最成功的产品之一，直到 1711 年，迈森（Meissen）才开始出产真正的瓷器。至 1670 年，仅代尔夫特一地就有 28 家彩陶厂，哈勒姆、鹿特丹、豪达、多德雷赫特等地的工厂则更多。以荷兰花砖为代表的其他陶器则产自米德尔堡和吕伐登。

到 17 世纪中叶，莱顿成为欧洲最大的毛纺业中心，一如哈勒姆在亚麻纺业的中心地位。莱顿毛纺工发明了轻巧耐穿的精纺毛料"羽纱"（camlet）。以精纺布、亚麻布为首的荷兰布料成为殖民地贸易的重要商品，运往美洲、非洲交换当地的农产品及奴隶。

荷兰奶酪和黄油也举世闻名，当时的文献多有描述。荷兰的另一主导产业是鳕鱼和鲱鱼养殖，北部捕鲸业的兴盛更加巩固了其强势地位。17世纪，数个小镇的鲱鱼捕捞船队常于6月出海，9月返航，整个夏天都在海上跟随鲱鱼群，随时捕捞，随时腌制保存。一些散布在沿海沙丘的村落的渔民，以及阿姆斯特丹等未加入同业联盟的市镇的渔民，可以捕捞鳕鱼、鲽鱼、鲑鱼、鲷目鱼、大菱鲆或牙鳕，但他们不被允许进入鲱鱼渔场。得益于国际体系的发展，牛肉也像鱼和奶酪一样更容易买到；丹麦畜养的菜牛被运至荷兰进一步养肥以待屠宰加工。荷兰也主导了波罗的海区域至西欧、南欧的船运业，掌控了国际粮食贸易。此外，荷兰工匠、工人的伙食是欧洲城市人口中最优良的。

17世纪，荷兰的财富积累堪称世界奇迹，阿姆斯特丹尤为如此。阿姆斯特丹是一个以天主教为主的城市，这座城市直至1578年仍在抵抗起义军，是荷兰最后陷落的市镇之一。战争刚一结束，加尔文派教徒、门诺派教徒乃至天主教难民就涌进了阿姆斯特丹，力求构建更为稳定的环境。他们带来了安特卫普等地的财富、人脉和商业技术。相比之下，安特卫普的衰落并非一朝一夕之事；但从1585年起，阿姆斯特丹在几十年内发挥自己的优势，几乎在所有领域都超过了其他城市，成为北欧商业和金融中心；从世界范围来看，也已成为欧洲贸易中心。其标志性的新市政厅（现为阿姆斯特丹王宫）始建于1648年，竣工于1655年，恰当又审慎地体现了这个城市的财富和自信。这可不是什么自欺欺人的面子工程。运河边壮观的市镇住宅鳞次栉比，殖民者后裔在周边乡村拥有的众多"欢愉之屋"（有的已经相当于小城堡了），这些都证明了这个城市繁荣昌盛的坚实基础。

阿姆斯特丹威瑟尔银行（Amsterdam Wisselbank）成立于 1609 年，是荷兰的外汇银行，开创了国际金融新秩序，确立了跨行直接转账的体系。相应地，阿姆斯特丹城市贷款银行（Amsterdam Bank van Lening）向家庭和小企业提供基础信贷，对经济的健康发展非常重要。阿姆斯特丹最早创立的一批保险公司也进一步完善了海上保险（Marine insurance）。所有这些银行业和保险业的发展都是建立在安特卫普对意大利中世纪商业实践的早期系统化之上的。不同之处在于安特卫普商人是在自己的房子里做生意，有时在"公司"（以今天的标准来看也就是"合资企业"）里工作；荷兰贸易融资的一大要素是成立长期股份公司。另一明显不同是布鲁日是被动发展为商业中心的，安特卫普在一定程度上也是这样。它们提供优惠福利、便利场所及大型当地市场来吸引外国商人。荷兰和泽兰则更为积极地开发新市场，从源头上与老牌殖民列强竞争。

波罗的海和北海相对短期的海上贸易运用了新式货船——福禄特快艇（fluty），船体较长，船底扁平。快艇行动迟缓，无护航时尤其易为海盗和私掠船攻击，但这种船相当廉价——可以大量制造，适于运输大宗货物。波罗的海航运是荷兰共和国的"贸易之母"，而共和国至意大利及黎凡特（经直布罗陀海峡）、东西印度群岛和北极地区的直航贸易进一步巩固了它的统治地位。与西班牙及其殖民地的走私贸易也一派兴旺景象。荷兰的习俗、语言、城市及博物馆深刻地保留着荷兰殖民贸易强国的印记。

16 世纪 90 年代，英勇的威廉·巴伦支（Willem Barentsz）多次率船队远征北冰洋，目的是探明英国至莫斯科公国（Muscovy）

的航线能否拓展至中国。1596—1597 年，巴伦支率探险队被迫在现巴伦支海（Barents Sea）上的新地岛（Nova Zembla）过冬。据记载，探险队用漂流木临时搭建了一个长 16 米、宽 10 米的木棚度过了几个月，这成为后世所有荒野求生故事的模板，也在潜移默化中使一代又一代荷兰学童牢记勤俭坚毅、足智多谋等大无畏精神的重要性。尽管没能探索出一条东北航道（North East Passage），但荷兰通过经阿尔汉格尔斯克港市（Archangel）开拓了至俄国的贸易，从而与英国莫斯科公司（English Muscovy Company）竞争；以及参与北极捕鲸业，与丹麦人竞争。莎士比亚剧作《第十二夜》中有一句台词："我的小姐自然要冷待您了；您如今在她心里的地位就如挂在荷兰人胡须上的冰柱一样。"这句台词活用了探险队饱受北极酷寒折磨的意象，如今读来让人摸不着头脑，在当时却是脍炙人口的佳句。

让·哈伊根·范林斯霍滕（Jan Huygen van Linschoten）也是一位北地探险家，他是荷兰在东印度地区的先驱者。他曾作为葡萄牙主教秘书受命前往亚洲传教，于 1592 年回到故乡恩克赫伊曾，开始将沿途所见所闻整理发表。因此，香料贸易的暴利吸引了荷兰商人开拓东方市场。1596 年，他们抵达了现在的印度尼西亚。1602 年，联合东印度公司（Vereenigde Oost-Indische Compagnie, United East India Company，简称 VOC）成立。公司随时可动用武力，也得到了荷兰议会的外交政策支持，迅速主宰了摩鹿加群岛（Moluccan）的香料贸易，并于 1619 年占领雅加达（Jakarta），成立荷属东印度（Netherlands East Indies）的行政中心。他们修建军事基地、运河、排屋及荷兰风格的市政厅，将城市命名为巴达维亚（Batavia）。很快，中国人来到此地，成为多数人口。

葡萄牙人被从一个又一个的贸易站点中赶了出去，在安汶岛（Amboina）的英国和日本商人也受到冷遇。安东尼·范·迪门（Anthony van Diemen）从葡萄牙人手中夺取了锡兰（Ceylon）和马六甲（Malacca），后于1642年资助阿贝尔·塔斯曼（Abel Tasman）率探险队远征澳洲沿海。至17世纪末，联合东印度公司直接或间接控制了印度尼西亚几乎所有的贸易城市，主导了胡椒、肉豆蔻粉、丁香等香料的交易。公司随后兴建甘蔗种植园，后来则兴建咖啡种植园：在18世纪荷兰控制了摩卡（Mocha）及爪哇岛（Java）的咖啡贸易。1636年起，联合东印度公司在孟加拉设立贸易站，将丝绸、鸦片纳入贸易范围。经过半个世纪的争斗，公司于1658年占领斯里兰卡沿岸葡萄牙商人的最后一处驻地，并一直控制到1795年。

1598年6月，5艘帆船从鹿特丹出发前往日本。其中只有"慈爱号"（*Liefde*）于1600年4月抵达目的地。英格兰人威廉·亚当斯（William Adams）是船上的高级船员，詹姆斯·克拉弗尔（James Clavell）编剧的《幕府将军》（*Shogun*）即取材于他的冒险经历。当时，葡萄牙耶稣会会士及其日本信徒日趋式微，反天主教的欧洲海员突然出现，受到征夷大将军德川家康的热情接待。1609年，荷兰与日本确定了正式贸易关系；1641—1853年，荷兰人是唯一被允许在日本进行贸易的欧洲人。荷兰遣至长崎港（Nagasaki Bay）出岛（Deshima）的商人靠日本的金、银、漆料赚得盆满钵盈。此外，荷兰商人将欧洲最先进的制图学及多东斯的草药志引入日本；将啤酒传入日本，还提供给他们第一艘蒸汽船。

荷兰人是受胡椒吸引前往东印度群岛的，而其前往西印度群岛（West Indies）的动力则是食盐。荷兰鲱鱼捕捞船队需要精制的食盐来保存捕到的鱼，委内瑞拉沿岸的大片盐田正可提供低成本的优质食盐。此外，与西班牙殖民地的走私贸易及私掠西班牙舰船也是吸引荷兰人到来的一大因素。1621年，荷兰西印度公司（Dutch West India Company，WIC）成立，为入侵西、葡的美洲殖民地提供资金支持。

约1609年，英国航海家亨利·哈德逊（Henry Hudson）为联合东印度公司勘查了北美洲海岸。1624年，荷兰西印度公司于哈德逊河（Hudson River）沿岸建立殖民地新阿姆斯特丹（New Amsterdam）并占领巴西海岸的巴伊亚（Bahia，一年后失守）。17世纪30年代，荷兰进一步在加勒比地区站稳阵脚。加勒比群岛成为贸易仓库，种植园遍布内陆殖民地，如圭亚那（Guyana，1625—1803年）、巴西（Brazil，1630—1654年）、苏里南（Surinam，1667—1975年）及德梅拉拉（Demerara，1667—1814年）。荷兰人受盐的吸引而来，却为了糖而留下。

彼得·斯特伊维桑特（Peter Stuyvesant）或许是殖民时期最著名的荷兰人，这要多亏了烟草公司推出了同名卷烟。他是弗里斯兰人，受雇于荷兰西印度公司，1643年被任命为库拉索（Curaçao）总督。1644年，他在一次对当时还由西班牙占领的圣马丁岛（island of St Martin）的失利突袭中失去一条腿。1647年，他受命出任新尼德兰总管及背风群岛（Leeward Isles）总督。为吸引人口移居，公司在新尼德兰推行一种新封建制度——"赞助人制度"（patronage），任何人若能带来50名成年男性来当佃农，都可以从公司获得一块封地，成为"赞助人"（patron）。斯特伊维桑特在处理种种棘手问题、推行对印第安人政策及稳固荷兰归正会在殖民地的地位时皆遇到了困难。1655年，他设法为荷兰西印度公司征服了瑞典在特拉华（Delaware）的殖民地，但在1664年不得不将新尼德兰拱手让给英国人。随后，如大多数荷兰的殖民地开拓者一样，他在后来的纽约留下来，务农为生。

1652年，扬·范·里贝克（Jan van Riebeek）在联合东印度公司的帮助下建立了开普殖民地（Cape Colony），这里直至1796年皆受荷兰统治。范·里贝克建立了南非最早的殖民城镇开普敦（Cape Town），但几十年间这里基本上只是公司船只往返远东（Far East）的补给点和中转站。约17世纪末，开普殖民地逐渐有人定居、形成社区；雨格诺派（Huguenot）难民和荷兰孤儿纷至沓来，期待更美好的未来。斯泰伦博斯（Stellenbosch）是南非第二个殖民城镇，可辨别出的荷兰房屋遍布葡萄园和崎岖山脉之中。1707年，联合东印度公司停止了拓荒殖民，但已定居的种植园主选择留在当地，他们就是布尔人（Boers）的祖先。公司在西非沿岸建立了一排堡垒及贸易站来维持补给，但这些很快被用作了奴隶市场。荷兰在东、西印度群岛的种植园需要不断补充强制劳工，同时荷兰也向他国贩卖奴隶。1663—1701年，荷兰经营跨大西洋奴隶贸易不只为满足自身利益，还有向西属新世界殖民地（Spanish colonies of the New World）输送非洲黑奴的国家契约，同时代理葡萄牙、意大利公司的业务。到18世纪，荷兰人不得不把这些业务让与布里斯托（Bristol）和利物浦（Liverpool）的商人。

信仰多元的北方

一位 17 世纪初的评论家认为：天主教徒、新教徒和无宗教信仰者各占尼德兰人口的 1/3。多年以来，宗教冲突和毁灭性的战争已使宗教蒙受了巨创。1572 年，尼德兰叛军包围西班牙控制的米德尔堡时，瓦尔赫伦岛（Walcheren）的里特赫姆村（Ritthem）最后一位天主教神父出逃。直到 1612 年，荷兰归正会才任命了首位牧师。整整两代人在无法直接接触到官方任命的宗教导师的情况下长大成人。一些基督徒渴求参加已被禁止的圣礼——1609 年，成千上万的基督徒涌入安特卫普和斯海尔托亨博斯参加坚信礼和初领圣体礼——但总的结果是无信仰、自助团体和民间宗教的增长。

北方各省出现了研读《圣经》的团体，这是一种自助现象；其成员们赞成加尔文派教义，但不愿遵守归正会的戒律。新教国家教会或天主教政府往往要求民众严守清规戒律，而这些团体的成员则不需面对同样的压力：荷兰归正会是尼德兰联省共和国唯一的公共教会，却不完全是国家教会，成员也没有热情让冷淡的信徒来稀释"被拣选的族类"（the elect）。

荷兰归正会的矛盾之处在于他们改造社会的意愿，需要的是信教的地方行政官之推动，而非主动迫害反对者或建立新型宗教裁判所。在荷兰起义的关键时期里，公证员迪尔克·库恩赫特（Dirk Coornhert）是强烈抨击归正会的一员；他曾为"沉默者"威廉（William the Silent）奔走宣传，并担任起义军将军的书记员。库恩赫特写过畅销的小册子，还将荷马（Homer）、塞内卡及伊拉斯谟的作品译成荷兰语。尤斯图斯·利普修斯与库恩赫特激烈论战后，重新考虑了自己在莱顿大学的位置，归正会的神职人员也感受到他言谈和写作的犀利。19 世纪他被描述成"典型的荷兰人"，一个仁善克己（humane moderation）拥护者和宗教信仰自由的坚定理论家，这也不无道理。他对于归正会特权的反对并不全是有理有据，却足以促使一些地方行政官相信：他们不能被人视为加尔文主义的世俗权力机构。

后世的英国驻海牙大使威廉·坦普尔爵士（Sir William Temple）在其著作《联省共和国评论》（Observations upon the United Provinces，1673 年）中写道："政府不支持对任何和平人士的信仰或宗教原则进行任何特定的或可疑的宗教调查，他们可以在法律的保护下生活。"这其实是一条宪法原则。《乌得勒支同盟条约》第 13 条规定了"不问、不说"的宗教信仰自由原则，让其他宗教团体因而得以在共和国低调生存。天主教也是如此，尽管政府声明弥撒违法，牧师仍在私下举行集会，活动由"克洛珀吉斯"（klopjes）这个虔信女教徒秘密组织提供支持，她们是贝居安修会的继承者。尽管 16 世纪时已鲜有女性对贝居安修会的生活方式感兴趣，但修会并未完全消亡。例如，哈勒姆的贝居安会院及教堂被市政当局没收，但修女把附近一条街上的房子全部买下用于宗教活动，直到一所非官方批准的会院及一座秘密教堂建成。而阿姆斯特丹当局竟然允许保留原有的贝居安会院，但要求教堂收容来自英国的清教徒难民——实际上他们必须穿过一个女修道院的庭院才能到达教堂。17 世纪，贝居安修会的生活方式在哈布斯堡统治的各省再度复兴。

其他教派在公共事务中较为边缘。它们虽处于法律的灰色地带，但在社会上也颇具存在感：门诺派、路德宗、许多规模小而自成一格的派系（并无贬义），在某些地区还包括犹太人。阿姆斯特丹尤其因庞大活跃的犹太群体而闻名；犹太群体自行照料救济本族穷人、不劝诱他人改宗、不与基督徒通婚，基于这些条件他们才获准在阿姆斯特丹容身。许多城镇仍拒绝给予犹太人公民身份，甚至禁止他们定居，但大多数城镇只明确禁止吉卜赛人定居。

公共教会对离经叛道的容忍程度低于其他宗教，从很早即有"严守教义派"（precise, *precies*）和"变通执行派"（flexible, *rekkelijk*）之分，直至 1619 年，荷兰濒临内战，荷兰归正会终于被确立为完全的加尔文教会。加尔文主义的救赎观认为上帝恩典即是一切，人类行为无关紧要，上帝早已在母亲怀胎前就以决定其子女将获得救赎还是永堕地狱。17 世纪初，《安特卫普报》（*Antwerp gazette*）记者驳斥教徒，因其宣扬"上帝会把无邪的婴儿从母亲怀中夺走，再投入无间地狱！"而这正是严苛的加尔文主义观点。"严守教义派"的莱顿大学教授安东尼厄斯·提休斯（Antonius Thysius）在其著作《宿命》（*De praedestinatione*，1613 年）中严肃地引用了这一例证，而且也不止他一人这么做。出于牧师的关怀，荷兰归正会教义将教友逝去的孩子视作已获救赎，但那些神学家所写的抽象案例并不受这种父母意识的约束。

最优秀的人类行为在上帝眼中也是罪孽，但这不代表个人行为毫无意义。那些确信自己必然升入天堂的人是"受召敬神"（called to the practice of godliness）。这意味着只要他们遵从上帝的旨意，即使力有未逮也不必担心会背离信仰、堕入地狱。人类绝不具有接受或拒绝上帝恩典的自由：日常生活中或许存在自由意志，但救赎与否是上帝的选择。

阿明尼乌派论战：抗辩和反抗辩

雅各布斯·阿明尼乌（Jacobus Arminius）提出了反对加尔文主义的观点，近似传统天主教教义。阿明尼乌派主张宿命是有条件的，人们可自由选择如何回应上帝救赎的恩典。阿明尼乌1603年成为莱顿大学神学教授，但他关于恩典和救赎的主张受到同事弗朗索瓦·哥马如（Franciscus Gomarus）的激烈抨击。哥马如是布鲁日难民，坚信加尔文主义，1594年受任为莱顿大学神学教授。1609年，阿明尼乌逝世，一位更不严格的加尔文主义追随者接任了他的职位，而哥马如则辞职以示抗议。两种主义论战的第一回合是在学术界，以哥马如支持的加尔文主义落败而告终，但这只是开始。阿明尼乌派和哥马如派不久即在布道坛上公开辩驳，甚至在街头打斗。大多数虔诚的归正会信徒倾向于哥马如的主张。争论情绪激动，哥马如派的激进分子甚至攻击受阿明尼乌派传道人吸引而放弃参加仪式的信徒。1610年，阿明尼乌派教徒起草了一份抗辩书并寻求荷兰议会保护；因此，他们又称抗辩派（Remonstrants），反对者即为反抗辩派（Counter-Remonstrants）。

关于上帝恩典、信仰和救赎的关系之争不只是理论上的，而是触及了加尔文主义狂热宗教崇拜的核心：坚信上帝预选不可动摇。武尔登镇路德宗教徒的领导者之一阿尔特·范·赖内费尔绍恩（Aert van Rijnevelshorn）记录了一则尤其令人感伤的事例。1636年，荷兰深受瘟疫之害，赖内费尔绍恩编写了一本小册子，说明第四国（但以理书2：31-45）正在消亡，永恒的第五国即将开始。这本手册及后来编写的一本细节更丰富的宣传册中，赖内费尔绍恩提到了一个相识已久的荷兰归正会的村民，他在这位村民弥留之际去看望过他；尽管这个教徒有一个幸福的大家庭、经营了盈利颇丰的农场、按时去教堂礼拜、虔诚信奉上帝，仍然没有得到获得救赎的保证。1617年左右，这个农民终于确信自己注定堕入地狱，他的这种信仰危机（crisis of faith）在武尔登镇被广泛讨论。在镇上最权威的归正会牧师看来，"其问题不在灵魂，而在信仰"。他很可能说对了。但最顽固的忧郁情绪，在当时也更多被视为肉体而非精神折磨。经历这种肉体折磨之人必将永堕地狱，这成为当时的普遍看法。赖内费尔绍恩无疑也持有这种看法，他提出世界末日（End Times）的15条征兆，绝望和怀疑即是其中之一。

1617年，也就是武尔登镇农民出现信仰危机那一年，公众争议到达顶点。2月，一群哥马如派的激进分子袭击了抗辩派在阿姆斯特丹的集会。荷兰摄政王通常倾向于接受变通执行的观点，即使不厌恶神学争论的人也拒绝神学争论由骚乱的乌合之众解决。荷兰议会授权各镇政府征兵维持治安。严守教义者认为荷兰摄政王企图强迫公共教堂接受异端邪说，因而恳求荷兰执政帮助。莫里斯此前一直不愿卷入宗教纷争，但此时决定必须加以干涉才能稳固他作为军事首脑的地位。他率军穿过联省共和国，肃清抗辩派旗下的镇政府。许多人怀疑他企图侵犯各省的主权。约翰·范·奥尔登巴内费尔特（Johan van Oldenbarnevelt）是当时的荷兰大议长（Grand Pensionary of Holland），他授权城市民兵在必要时开战以维护荷兰及其辖镇利益，但佣兵们没有任何抵抗行动。

约翰·范·奥尔登巴内费尔特一直是荷兰的实际领导者。他曾担任鹿特丹行政首长，也是1579年《乌得勒支同盟条约》的主要起草者。其后他一直在公共事务中充当领导人的角色，尤其是在1586年出任大议长后。他准许镇政府佣兵向荷兰执政的军队开火，虽然并未落实，却成为他日后被判叛国罪的主要理由。1619年，约翰被处以斩首死刑。乌特勒支同盟秘书长希勒斯·范·莱登贝赫（Gilles van Ledenberg）也同时受到控告。莱登贝赫随后用面包刀自刎，以免牵连家人被驱逐，但其死后仍被判处死刑，棺材被象征性地挂上了绞刑架。鹿特丹行政首长胡果·格劳秀斯（Hugo Grotius）被判处终身监禁，关押在鲁汶施坦城堡（castle of Loevestein），国家要犯往往监禁于此。1621年，他藏身在一只书箱中逃出监狱，逃到了法国。

1618年11月—1619年5月，荷兰归正会在多德雷赫特举行全国宗教会议（National Synod）。会上谴责了阿明尼乌派，要求抗辩派必须归附加尔文主义，坚信宿命论。逾200名牧师被剥夺圣职圣俸，80多人被流放出境。只要不公开做出有损宗教声誉的行为，流亡国外的抗辩派分子可以在天主教盛行的安特卫普生活，这让荷兰执政深感为难。流亡于此的牧师组建抗辩派兄弟会（Remonstrant Brotherhood）继续在联省共和国举行秘密宗教活动，基督教教会正式分裂并持续至今。"严守教义"派在多特会议（Synod of Dort）上的胜利也影响到生活的其他方面。1619年后，荷兰城镇及各省逐渐采取措施限制公民持宗教异见的权利，或剥夺持异见者的公民身份。联省共和国史无前例地成为加尔文主义国家，但《乌得勒支同盟条约》第13条仍然为宗教异见者提供庇护。

天主教盛行的南方

十二年休战（years of the Truce）期间，天主教在哈布斯堡的尼德兰逐渐重建。在大公夫妇阿尔布雷希特及伊莎贝拉（1598—1621年在位）的财政支持下，忠于当局的人建立起自觉和效忠的天主教社会。1629年之后，荷兰征服了大公统治的北布拉班廷、林堡和部分海尔德兰地区，这些地区在17世纪中期大肆推行新教政策，但天主教至今仍占主流。

大公夫妇是当地的统治者，十分关心臣民福祉，只要他们愿意接受哈布斯堡的持续统治及天主教信仰。休战期间，大公夫妇尽己所能修复荷兰起义造成的破坏，采取了货币政策等手段刺激经济迅速重振发展势头，尽管它从未恢复到战前水平，也完全无法与荷兰短时间内的崛起相比。安特卫普货币市场因被重新纳入西班牙帝国的金融体系而发展显著，丝绸和其他奢侈品的贸易再度开始。连接根特、布鲁日、伊珀尔与奥斯坦德、尼乌波特、敦刻尔克的运河网因军事及商业用途而得到扩张。此外，大公夫妇还资助统称为"慈善山"（Mounts of Mercy）的低息贷款银行，向穷人提供有力偿还的贷款，以整治高利贷这一社会顽疾。

低地国家中特伦托天主教堂最为与众不同的两大元素是新的主教职位及耶稣会（Society of Jesus）。尽管耶稣会会士有时被视作天主教改革的代名词，他们却常受到主教、修道士、托钵会士等同样狂热支持改革、但对优先事项有明显冲突之人的反对。耶稣会无疑十分重要，但不同于后世传说（无论是赞扬还是反对）中塑造的社会主导力量。耶稣会对大公的宫廷没有特别影响，大公更信任方济各会和多明我会的告解神父,并把声誉颇高的新慈善会交由奥托拉利会(Oratorians)和奥斯丁会(Augustinians)。里昂那多·勒西乌斯(Leonardus Lessius)是大公唯一信任的耶稣会会士,他是一名颇有影响力的道德神学家,其著作灵感源于他敏感地意识到安特卫普商人的道德问题。勒西乌斯提出容忍宗教异见、收取合法借贷利息的观点,却鲜少获得耶稣会会士的认同。主要由于耶稣会会士在优秀教师方面颇有声誉,确实有贵族和城市精英狂热地支持他们。各城镇不久就争相建立耶稣会士学校。英国政府及联省共和国总议会(States General of the United Provinces)皆认为必须禁止男孩进入佛兰德斯的耶稣会士学校,远在挪威的路德宗主教也有同样的抱怨。耶稣会会士也组建了主日学协会(Sunday schools)及名为"联谊会"的祷告社团,因而迅速让自己成为城市协会生活的中心。耶稣会广泛的社会影响在某种程度上弥补了其在政界缺乏支持的损失。

新主教面临的挑战是同时重振和改革天主教。克雷格·哈林(Craig Harline)和埃迪·普特(Eddy Put)在其著作《主教的故事》(*A Bishops Tale*)中阐明了这一点,该书由一系列改编自马蒂亚斯·霍维厄斯(Mathias Hovius,1596—1620年任梅赫伦大主教)日记的小品文组成。这一挑战最根本的问题是资金和戒律。缺乏资金,就难以找到合格的牧师候选人(因为叫嚣着贫困的人只希望尽快加入任何一个教派成为教区牧师),但缺乏严格的牧师戒律会导致花在他们身上的钱被白白浪费。宗教寺院被视为主教势力的重要组成部分,但它们不能影响主教提供救济、招募新成员:1615年,耶稣会士和主教的关系出现裂隙,因为梅赫伦的耶稣会士学校从主教开办的学院挖走了明星学生若望·伯尔各满(Jan Berchmans,后来成为圣徒)。传教区"荷兰传教所"(Dutch Mission)也被相似对手严重摧残。

黄金时代

在哈布斯堡的尼德兰,天主教生活以一种更实际的方式重建。人们认识到必须修复圣像破坏者及战时破坏、疏忽于维护所导致的损失。这往往意味着完全摧毁中世纪艺术品,给新作品腾出空间。一些全新的教堂被兴建起来,比如在大公促成下斯赫尔彭赫纳尔(Scherpenheuvel)建起的七角大教堂,成为朝拜圣母玛利亚的中心。整修、建造天主教堂提供了众多就业机会,养活了建筑师、建筑工人、石匠、木匠、砖瓦工、雕塑家、画家及其他手工艺人。17、18世纪的雕像和讲坛是比利时教堂最引人入胜的景观。17世纪初,哈布斯堡的尼德兰的工艺迎来黄金时代。受教堂、礼拜堂和大公王室成员委托的艺术作品利润丰厚,社会各阶层也有蓬勃发展的艺术品市场。安特卫普资产公证档案的详细目录显示,工匠们会把闲钱投入装饰品上,使得居室富有生气,关键时刻还可变卖它们救急。一些工匠甚至还有全家福。

绘画

阿尔布雷希特大公最喜欢的艺术家是奥托·凡·费恩(Otto van Veen),又名奥托·维讷斯(Otto Vaenius),是由暴乱的莱顿逃来的天主教难民。奥托首先是位画家,但令他声名鹊起的则是寓意画册(books of emblems)。寓意画册集合了诗歌、图片和说明文字,三者相互联系,有时也很隐诲。这是17世纪流行的体裁,在低地国家最为流行。国际上最畅销的寓意画册作品即奥托的《爱之寓言》(love is …,*Amorum emblemata*,1608年)和《神爱之寓言》(divine love is …,*Amoris divini emblemata*,1615年)。这些作品对绘画、装饰和设计的影响不但遍布整个欧洲,也影响了欧洲人定居的其他地方。奥托的学生包括彼得·保罗·鲁本斯(Peter Paul Rubens)。鲁本斯的双亲逃离了饱受战争蹂躏的低地国家,而鲁本斯出生在德意志。他先后在科隆和安特卫普读书受教,23岁起为曼托瓦公爵(dukes of Mantua)效力。1608年,他回到安特卫普,迅速成为当时最优秀的画家,于1640年逝世。他受命为安特卫普的教堂作画,也收到了全西欧各王室的创作委托。鲁本斯先画好设计草图,将大部分耗时费力的工作交给学徒完成,最后自己加以修饰点缀,从而保持了惊人的创作效率。他与最杰出的雕刻师密切合作,保证了自己的设计传播最广、获利最多,他寻求的合同安排,体现了超越时代的知识产权意识。他也为普朗坦印刷所最著名的出版物设计卷首插图,如尤斯图斯·利普修斯的作品集。

在安特卫普,与鲁本斯同时代的艺术家还有约翰·勃鲁盖尔(John Brueghel)和小彼得·勃鲁盖尔(Peter Brueghel the younger),他们延续了父亲老彼得·勃鲁盖尔(Peter Brueghel the elder)开创的家族传统。约翰绰号"地狱(Hell)",专注宗教主题,风格与耶罗尼米斯·博斯一脉相承;小彼得绰号"丝绒(Velvet)",是静物画和风景画大师。同期艺术家还有塞巴斯蒂安·乌兰克斯(Sebastian Vranckx)和法兰西·席得斯(Frans Snyders);前者因描画战争场面出名,后者精于描画静物和狩猎场面。安东尼·范·戴克（Anthony Van Dyck）是彼得·保罗·鲁本斯的学生，曾在安特卫普崭露头角，后来效力于斯图亚特王庭。安东尼开创了上流社会肖像画技法的新风尚，当时英国和低地国家的画师争相效仿。同时代的隐加尔文派教徒（crypto-Calvinist）雅各布·乔登斯（Jacob Jordaens）一生都居住在安特卫普，他以教堂创作委托维生，但最出名的还是描绘饮酒的场景。17 世纪"安特卫普派（Antwerp school）"的下一代（也是最后一代）传人中，最出名的是大卫·特尼尔斯二世（David Teniers the younger），其描绘风景及农民生活的作品甚至在外国王室中也供不应求。

绘画是安特卫普占领先地位最久的领域之一，但即使这一专业领域也在 17 世纪的联省共和国繁荣起来。和许多领域一样，这是由已有的技艺和引入的技艺两相结合促成的。第一位尼德兰艺术史学家是卡列里·范·曼德尔（Carel van Mander），他是安特卫普新教徒，1585 年后定居哈勒姆。他对佛兰德斯艺术家的生平及成就进行了分类整理，记录了新艺术家以之为发展基础的传统和规范。绘画的核心概念是模仿，旨在效法前人、掌握其技法，最终加以超越。"逼真"是最高级的褒扬，但最终目的是通过创新，转换和超越自然。加尔文主义在北方占统治地位，因此重大的创作委托不是宗教绘画，而是为摄政官员画集体肖像：地方官吏、当值官员、慈善组织委员会成员。佛兰德斯绘画传统上长于运用色彩，但最优秀的荷兰画家往往在运用光影上更胜一筹。

除了文森特·梵高（Vincent Van Gogh），荷兰最出名的画家就是伦勃朗·哈尔曼松·范·莱因（Rembrandt Harmensz van Rijn）。伦勃朗是莱顿本地人，在此开始其职业生涯；1631 年移居至阿姆斯特丹并度过余生。1632 年，他因作品《杜普教授的解剖学课》(The Anatomy Lesson of Dr Tulp)崭露头角，随后委托他创作肖像画的人络绎不绝。与彼得·保罗·鲁本斯一样，在经常取材圣经记载的历史画这一重要流派中，伦勃朗最具有想象力，最多才多艺。伦勃朗最出名的作品或许是《夜巡》(Night Watch，1642 年)，这是受雇而作的集体肖像，看上去却更像历史画。从某些方面来看，伦勃朗可谓是任性的画家，他的固执性格使许多人不满，作画收入越来越少，终至破产。1660 年，他接受阿姆斯特丹新市政厅的委托创作了《西维利斯的阴谋》(Conspiracy of Claudius Civilis)，画作因不符合人们普遍接受的描绘巴达维亚起义军的形象，而被市议员退回。伦勃朗按塔西佗的描述，将西维利斯描绘成一名久经沙场的独眼老兵，而非丰神俊朗的年轻贵族形象。

荷兰黄金时代的画作内容远远超出哈布斯堡的尼德兰的艺术范围，转而关注日常生活和事物。这些画作数量众多、内容丰富：肖像、静物、风景（一些画家专攻冬景或月夜风景）、水景、下层人民的生活、节日聚会和喧闹场景、教堂内部、乡村家庭生活。彼得·德·霍赫（Pieter De Hoogh）和约翰尼斯·弗美尔（Johannes Vermeer）的作品或许是目前最为著名的描绘中产阶级家庭生活的绘画。北方各省的艺术品市场起步较晚，但经过发展，其地位超过了南方艺术品市场。游记作家彼得·蒙迪（Peter Mundy）1641 年行至阿姆斯特丹，他注意到当地所有人"都在不遗余力地装点自己的房子"，连面包师和铁匠也不例外。日记作家约翰·伊夫林（John Evelyn）次年造访鹿特丹，惊奇地发现农舍的内部也挂满了画作。为顺应人们控制预算的要求，高仿艺术作品大量涌入市场，鉴赏能力因而成为商业资本。画家哈勒姆的弗兰斯·哈尔斯（Frans Hals of Haarlem）年幼时全家逃离南方，随后师从卡列里·范·曼德尔，像他这样声誉颇高的艺术家不仅以卖画、教学维生，还能指点地方官吏选购艺术品、在拍卖会上提供专业见解从而补贴收入。

世界观

不只有画家创造了看待世界的新方式。当时人们热衷于使用词汇和数字创造新的意义并试图改变世界，这些符号的用法可能多种多样。炼金术、数字占卜术、占星术、犹太神秘哲学等充满学问的"自然"法术是不能与巫术混为一谈的。这些精深的法术倚仗的不是魔鬼的力量，而是人们设想的数字、词汇、星象、元素、天使的位阶（orders of angels）之间存在的隐秘联系（即"神秘"）。德国医生海恩里希·柯尼勒斯·阿格里帕（Heinrich Cornelius Agrippa）是影响最深远的自然法师（natural magicians）之一，他在晚年担任布鲁塞尔王室档案管理员，专研历史。其百科全书式著作《神秘哲学三书》（De occulta philosophia）1531年在安特卫普发行。

扬·巴普蒂斯塔·范·海尔蒙特（Jan Baptist van Helmont）是低地国家最成功的炼金术士之一，他曾在鲁汶学习了多个学科，最终于1599年取得医学博士学位。他对物体由固态、液态向气态变化的过程十分感兴趣，由此创造了"气体"（gas）一词。他首次确定了一系列气体的化学成分，也用实验证明了植物生长需要水源，将液体转化为固体。但他人生的抱负在于找到贤者之石（philosophers stone），即点金石，却终其一生未能如愿；因其研究带有神秘色彩，海尔蒙特受到当局反对（甚至在1634—1636年被软禁)。其子弗兰斯·梅屈里厄斯(Frans Mercurius,名字取自化学元素汞,mercury)是一个不太成功的科学家,却在探索玄学上更为大胆激进,加入相关的研究团体并参与出版了《卡巴拉解密》(*Cabbalah Denudata*,1677年)。17世纪,一些秘密社团如玫瑰十字会(Rosicrucian order)和共济会都植根于此种自然神秘主义。

植物学家伦伯特·多东斯的一生,体现了科学和文化的原创精神由安特卫普、鲁汶、布鲁塞尔向阿姆斯特丹、莱顿、海牙过渡。多东斯曾是梅赫伦市和哈布斯堡王室的医生,晚年在莱顿做大学教授。另一位科学家西蒙·斯蒂文(Simon Stevin)从布鲁日移居到北部,也体现了学术重心的移动。斯蒂文不仅在数学(如推广小数点记数法)、军事及水利工程领域做出贡献,还是语言纯粹主义者(linguistic purist),他创造了许多荷兰语新词,代替源自拉丁语和希腊语的外来词汇(如用 *meetkunde* 代替"几何" *geometrie*)。威廉·扬松·布劳(Willem Janszoon Blaeu)在阿姆斯特丹制作出版的地图也延续了尼德兰的制图传统,包括1608年的航海图册和1634年的《寰宇概观》,后一地图册的成就除了其子琼·布劳(John Blaeu)于1664—1665年出版的9册世界地图集,至今无出其右者。莱顿的埃尔泽菲印刷所(Elzeviers of Leiden)也以更优质的出版物取代了安特卫普的普朗坦印刷所,走在出版行业的前沿。

克里斯蒂安·惠更斯(Christiaan Huygens,1629—1695年)或许是最多才多艺的、"纯粹的"尼德兰科学家,也是当时最著名的科学家。其祖父、父亲及兄长相继担任过执政秘书。惠更斯集数学家、物理学家和天文学家于一身,享有相当的国际地位,也是英国皇家学会(Royal Society)会员、法兰西学术院(Académie Française)

院士，他的名字如今被用于给欧盟航天项目命名。同时期的科学家安东尼·范·列文虎克（Antonie van Leeuwenhoek）奠定了显微镜研究的基础，他借助显微镜发现了细菌、精子、毛细血管循环等各种肉眼不可见的自然奇观。在医学领域，雅各布·邦修斯（Jacob Bontius）死后出版的著作《医学论》（*De Medicina Indicorum*，1642年）使欧洲人认识到在热带地区生活的危险。著名植物学家赫尔曼·布尔哈夫（Herman Boerhaave，1668—1738年）的神职生涯因丑闻终止，后转向医学研究。他的独创贡献不多，但却有解释最新发现的独特天赋。全欧洲的医学生奔赴莱顿参加他的讲座和演示会，其著作《医学教程》（*Institutiones medicae*，1708年）被翻译成欧洲各个主流语言。

  17世纪，荷兰学术在欧洲遥遥领先的一个重要原因是共和国容忍异见、思想自由的环境。但这种自由是相对有限的，学者阿德里安·考贝夫（Adriaan Koerbagh）的事例即为佐证。考贝夫是无神论者，在一次异端审判后被处以10年苦役，1669年在服刑期间病逝。宗教排异的另一受害者是曾任鹿特丹行政首长的胡果·格劳秀斯，他因支持阿明尼乌派而被判刑，1621年逃往法国。他被母国驱逐后，1631年担任瑞典驻巴黎大使。他作为法学家的声名，曾使阿姆斯特丹地方治安官在考虑是否应当或以何种条件正式批准犹太人定居城时向他咨询：后来采取的相应措施基本上是根据格劳秀斯的建议。格劳秀斯应荷兰东印度公司要求所写的著作《海洋自由论》（*Mare liberum*，1609年），提出了公海自由原则，而当时荷兰共和国在陆上仍维持其关于主要城镇、过路费和关税的中世纪特殊主义。格劳秀斯影响最大的著作是《战争与和平法》（*De jure belli ac pacis*，1625年），其中首次完善地提出了国际关系由法理而非道德神学界定的观点。

最主要的学习机构仍然是大学。荷兰共和国的高等教育在17世纪不断扩张：紧随莱顿开办大学的城镇有弗拉讷克（1585年）、格罗宁根（1614年）、乌得勒支（1636年）和哈尔德韦克（Harderwijk，1648年），超过6座城镇开设了博雅学院（*Athenae Illustria*，liberal arts colleges），其中在代芬特尔（1630年）、阿姆斯特丹（1632年）和布雷达（1646年）的学院地位更为重要。哈布斯堡的尼德兰不久仅剩一所大学。第二所大学于16世纪60年代建在了杜埃，但这座城市于1668年被路易十四夺去了；鲁汶拼命捍卫其对高等教育的垄断，尤其反对耶稣会士学校。和北部一样，对新知的好奇激发了南部人们做学问的兴趣，但鲜见公开讨论；虽然南部的学术生活并非人们意识中那样停滞不前，却远不如共和国活跃，这一点是无可否认的。

低地国家所有大学都再次以从亚里士多德为起点探索逻辑学和自然哲学。吉布雷希特·沃修斯（Gijsbrecht Voetius）对17世纪荷兰文化的影响或许超过了任何人。沃修斯是严格的加尔文派教徒，反复强调必须打压阿明尼乌派和天主教，但17世纪中期，荷兰加尔文主义关注的重点由对教义的争论转向提倡虔诚的生活方式，他在此过程中发挥了重要作用。他坚持严守安息日，为立法禁止赌博和卖淫而奔走游说。沃修斯在乌得勒支担任神学教授，提出了一种加尔文主义的经院哲学（Calvinist scholasticism），以亚里士多德的学说支持改革宗神学（Reformed Christianity）。通过他学生的影响，这套体系发展为尼德兰乃至欧洲其他信奉新教之地区的学术正统，最重要的是为苏格兰启蒙运动（Scottish Enlightenment）中的活跃分子提供了思想形态（intellectual formation）。经院哲学派亚里士多德主义（Scholastic Aristotelianism）以其更为传统的天主教形式盛行于尼德兰南部。

当时最具创造力的思想家活跃于学术领域之外。梅纳什·本·以色列（Menasseh ben Israël）是一位研究《塔木德》和《圣经》的著名学者，荷兰人文主义者常向其请教希伯来语，或咨询犹太教对《圣经》中某篇文章的观点。梅纳什著作众多，大部分是以西班牙语写的，其中《调和者》(*El Conciliador*) 一书反复被人查阅参考，书中解决了希伯来语《圣经》中的明显矛盾。1656年，梅纳什1604年出生于马德拉岛（Madeira），幼时随全家逃至阿姆斯特丹。1655年，也就是他逝世前两年，梅纳什向克伦威尔（Cromwell）请愿成功，犹太人可以重返英国。他也鼓励犹太人定居巴西，犹太人散布全球是他所理解的历史上弥赛亚计划（messianic scheme）的一部分。1656年，梅纳什在其最伟大的著作《为犹太民族的辩护》(*Vindiciae Judaeorum*, *Vindication of the Jews*) 回应了一些英国人对克伦威尔决议的批评。

另一位在低地国家做研究并出版著作的外国思想家是勒内·笛卡尔（René Descartes），1628—1649年，他生活在荷兰共和国，其研究影响深远。在《方法论》(*Discours sur la méthode*，1636年) 中，笛卡尔将理性主义升华至全新高度，改变了哲学家的思维走向。追溯至伊拉斯谟甚至更早的传统人文主义一直是从研究典籍（内容为古典文化、《圣经》、教会教父）及其在生活中的应用为基础；而笛卡尔哲学则依靠数学抽象以及对心灵与身体、经历与思维的彻底割裂。

同样有深远影响的是饱受争议的巴鲁赫·斯宾诺莎（Baruch Spinoza）。1656 年，年仅 24 岁的斯宾诺莎还没有明确表达他的非正统观点，就被逐出犹太会堂及阿姆斯特丹。死后其著作仍遭荷兰议会封禁。斯宾诺莎将宇宙看作相互联系且错综复杂的整体，可以称作上帝或自然。他认为传统宗教使无知之人各得其所，但只能解释而无法揭示基本真理。他对人类及人在世界中的位置之假设大多源自中世纪犹太教亚里士多德主义（medieval Jewish Aristotelianism），但其哲学方法是全新的。在笛卡尔逻辑学和玫瑰十字会数字占卜术盛行的时期，斯宾诺莎以几何命题的形式推导出道德准则的必然后果。他以此将关于生命、自由及追求幸福的传统观点转换为人们无法识别的模式。斯宾诺莎的思想对自由和理性概念的发展产生了重要影响，也奠定了现代世俗人文主义的基础。其观点对启蒙运动中自然神论（Deism of the Enlightenment）及某些浪漫主义者所持泛神论（Pantheism of certain Romantics）观点的形成有很大的影响。

文学

1637 年，荷兰加尔文派的至高著作完成：由总议会批准的《圣经》全新官方译本。这部《荷兰语圣经》（Statenvertaling）对荷兰散文发展的影响有如《钦定版圣经》（King James Version）对英语国家的影响。《荷兰语圣经》是荷兰文学高度发达时期的一部有意仿古的作品，这也与《钦定版圣经》类似。与英语文学界后莎士比亚及米尔顿时期相对应，荷兰此时也有两位划时代的文学巨匠，即彼得·科内利斯·霍夫特（Pieter Cornelisz Hooft）和约斯特·范·登·冯德尔（Joost van den Vondel）。霍夫特是诗人、历史学家，1609—1647年担任阿姆斯特丹附近的地方官，官邸为默伊登城堡。霍夫顿常邀文坛友人留宿城堡，为方便起见，人们常把当时的几个作家归为"默伊登圈"（Muiden circle），这些诗人包括安娜·菲斯海尔（Anna Roemers Visscher）和玛丽亚·菲斯海尔（Maria Tesselschade Roemers Visscher）姐妹，以及科学家克里斯蒂安·惠更斯之父——执政秘书康斯坦丁·惠更斯（Constantijn Huygens）。

阿姆斯特丹苏堡剧院（*Schouwburg*）是低地国家首个（在很长时间里也是唯一一个）为特定目的而建造的剧院；它的开放加速了戏剧表演内容由业余作品更快地转变为专业诗作。约斯特·范·登·冯德尔是诗歌大师，其剧作成就也无人超越，但他的写作收入并不足以维生，还要在阿姆斯特丹城市贷款银行做文员补贴家用。冯德尔的祖父是安特卫普的门诺派难民，但在1639年被天主教会接纳。在整个文学生涯中，冯德尔都面对着加尔文教徒对其剧作的批评，如《路西法》（*Lucifer*，1654年首演后遭禁）将《圣经》人物搬上舞台、历史剧《吉士布雷特·冯·阿姆斯特尔》（*Gijsbrecht van Aemstel*，1637年）或《玛丽·斯图亚特》（*Maria Stuart*，1646年）中明确表达天主教的观点。1625年，他遭遇最激烈的批判，因其作品《帕拉墨得斯》（*Palamedes*）表面上改编自《荷马史诗》，却显然在攻击刚去世不久的奥尔登巴内费尔特之政敌。荷兰法院要求阿姆斯特丹引渡冯德尔，他躲藏起来，但阿姆斯特丹市地方长官最终拒绝了这一请求。

当时作品最畅销的作家是雅各布·凯茨（Jacob Cats）。他是一位律师，曾任米德尔堡、多德雷赫特行政首长及联省共和国大议长。他的诗集和寓意画册阐释了《圣经》中、经典作品中及民间流传的格言警句，以道德和礼仪教育读者。20世纪，凯茨被贬为"说教者"和"最早的资产阶级卫道士"，但近300年间他一直被视为语言流畅、观点谨慎的典范。他是严格的加尔文教徒，但其作品却吸引了所有教派的读者。

理查德·维斯特根（Richard Verstegan）是英国天主教难民，祖籍荷兰。在安特卫普，他是一位多产的讽刺作家，讽刺伪君子、放高利贷者、加尔文教徒等威胁社会的因素。但南部各省更喜欢与神学相关的作品。《圣徒传》（*Acta Sanctorum*）是维斯特根最伟大的成就。根据赫伯特·路思威德（Heribert Rosweyde，1629年逝世）的建议，安特卫普的耶稣会士确定了一个艰巨的项目：以最全面的史料，辅以最好的文本考据研究，总结出版基督教圣人的生平及传说。该项目至今仍在进行，首任负责人为让·博兰德（Jean Bolland），故参与项目的人被称作"博兰德派"（Bollandists）。卷册以圣人历顺序编排：头两卷记载了瞻礼日在1月的圣徒，已于1643年首次出版；1940年已编纂至瞻礼日在12月初的圣徒，但因学术不断进步、封圣之人增多，这项工作至今仍未完成。

八十年战争尚未结束：1621—1648年

阿尔布雷希特及伊莎贝拉希望低地国家免于再次卷入战乱，故极力劝说西班牙国王延长休战期，但西班牙和荷兰都不愿在条件上让步过多，始终未能达成协议。莫里斯本人已经示意准备和谈，但一些史学家认为这不过是在愚弄哈布斯堡一方。腓力三世和大公阿尔布雷希特皆于1621年去世，由于大公子女皆早夭，哈布斯堡的尼德兰归还给西班牙国王腓力四世（Philip Ⅳ of Spain）所有，伊莎贝拉作为统治总督（Governess General）留在当地，直至1633年去世。

1621年战火再起，但战事充其量也就是敷衍了事。直到1624—1625年间围攻布雷达时，陆上战争才再次正式爆发。布雷达是战略要地，位处斯海尔德河河口与马斯河河口之间，其象征意义也十分重要：布雷达勋爵（Lord of Breda）是奥兰治王室授予的爵位。布雷达守军最后向佛兰德斯军队的意大利统帅安布罗西奥·斯皮诺拉投降，许多绘画、歌曲及历史记载皆为纪念这一受降而作，其中最著名的是委拉斯开兹（Velázquez）的作品。

海上战争则更迅速地再次爆发。荷兰西印度公司是贸易公司，但其于1621年创办的初衷是作为战争武器，削弱哈布斯堡王朝在美洲建立的西班牙和葡萄牙根据地的控制力。西班牙政府通过在塞维利亚（Seville）扶植一家西班牙—佛兰德斯商业公司予以回击，试图把荷兰从波罗的海—地中海的转口贸易中切割出来，却收效甚微。哈布斯堡及其同盟控制着德国莱茵兰及马斯河中游地区。当局下令修建运河连通马斯河与莱茵河，但进展缓慢。伊莎贝拉和斯皮诺拉都希望通过阻碍河流贸易，以及一场在奥斯坦德、尼乌波特及整个敦刻尔克附近的强力海上私掠运动，来让荷兰摄政王重回谈判桌。哈布斯堡所用的战船经过了全新设计，船体缩窄、吃水较浅：也就是佛盖特帆船（frigate）。敦刻尔克人攻击荷兰渔船（包括鲱鱼捕捞队）的残暴行径变得恶名昭彰。1622年，船长扬·雅各布森（Jan

Jacobsen）遭到围攻，最后引燃火药炸毁自己的战船，也不向荷兰人投降保命，为同胞树立了宁死不屈的榜样。

哈布斯堡的新商战策略有许多可取之处，但围攻布雷达之后，陆战的局势就已逆转了。莫里斯1625年逝世，这似乎标志着哈布斯堡在与低地国家、西班牙、美洲和中欧交战中的一系列胜利。但因莫里斯无合法子嗣，其执政及海军司令职务由年纪尚轻的同父异母兄弟腓特烈·亨利（Frederick Henry，1584—1647）继承。亨利是久经沙场的指挥官，热切盼望取得军事成就。1627年，斯皮诺拉受西班牙王庭的阴谋陷害，被调离了低地国家。佛兰德斯军的各方将领开始争夺统帅大权。1628年，皮特·海因（Piet Heyn）指挥荷兰西印度公司舰队在古巴海岸捕获了一艘西班牙运银舰（海因次年在苏格兰附近与奥斯坦德军交战中身亡）。他们用了一周时间才将所有战利品搬到荷兰舰队上，因此1629年荷兰西印度公司的股东可谓赚得盆满钵盈。19世纪人们创作的一首歌颂皮特·海因的爱国歌曲，至今仍在足球比赛中播放。运银舰遭劫后，安特卫普爆发信贷危机；佛兰德斯军队高层本已四分五裂，此时更陷入瘫痪。

1629年，腓特烈·亨利逐渐得名"城市强权者"（*stedendwinger*），他占领斯海尔托亨博斯后开始了一系列征服行动。斯海尔托亨博斯是布拉班廷省4个主要城市之一，1579年以来承受了无数次进攻和围城仍屹立不倒。荷兰保皇主义者是这座城卫戍部队的主力，城市本身也是身经百战仍保持效忠态度的典型代表。斯海尔托亨博斯失守除了给人们心理带来重创，更意味着布拉班廷北部大片土地沦陷，共和国在马斯河以南建立了新的桥头堡。

哈布斯堡王朝的威望彻底瓦解，1632年，保皇省（Loyal

Provinces）贵族密谋起义。最终参与行动的密谋者只有伯格伯爵亨利（Count Henry of Berg）和瓦尔菲塞伯爵（count of Warfusée）勒内·德·雷内塞（René de Renesse）；前者不满于把西班牙人提拔在自己头上，后者是一名被怀疑渎职的财政顾问。两人都逃到了列日，宣言反对"西班牙之枷锁"（Spanish yoke）。腓特烈·亨利事先知道了此次密谋，实现了自己的一部分计划，溯马斯河而上，攻占了芬洛、鲁尔蒙德及马斯特里赫特。这打破了西班牙王室在马斯河和莱茵河之间的控制。河流封锁和修建马斯—莱茵运河的策略皆告失败。与攻陷斯海尔托亨博斯的过程一样，腓特烈·亨利在暴力征服这些天主教城市前，许诺他们如果投降即可继续信奉当前宗教，后来联省共和国总议会却拒绝兑现承诺。尤其是泽兰坚决认为容忍"弥撒这种亵渎上帝的偶像崇拜"（blasphemous idolatry of the Mass）会招致上帝的怒火。

为平息政治动荡，1632年，西班牙公主因凡塔（Infanta）在布鲁塞尔召集保皇省三级会议，这是1600年以来召开的首次会议。保皇省坚持恢复和谈，还派使节前去马德里及贝亨奥普佐姆（Bergen op Zoom），但共和国的顽固态度严重阻碍了和谈达成。1634年三级会议解散，此后再未召开。同时，哈布斯堡王朝的运气短暂复苏。1634年，腓力四世的弟弟唐费迪南德（Don Ferdinand）率哈布斯堡军队从意大利北来到佛兰德斯。途中，他在讷德林根（Nordlingen）经过激战，打败了进犯哈布斯堡皇帝的德国和瑞典敌军，战斗口号为"西班牙万岁！（Viva Spania!）"

黎塞留（Richelieu）大力支持哈布斯堡在低地国家、德国和意大利的敌人，却一直避免法国直接卷入反对哈布斯堡的战争。特里尔主教兼选侯（archbishop-elector of Trier）接受法国而非哈布斯堡保护自己的侯国，当他被一支西班牙突击部队绑架时，法国再也不能隔岸观火了。法军于1635年入侵哈布斯堡的尼德兰，这也是法国一系列入侵行动的开始，直至1815年结束。法军与荷兰联手，夷平蒂嫩并围困鲁汶。法国贵族阴谋家在1632年谋划军队会以解放者的身份受到欢迎，但蒂嫩受到的摧残将这种可能性彻底打消了。而当法军欲保护修女而对信奉新教的荷军拔剑相向时，法荷联盟也在这座城市显示出分歧。为躲避洗劫者，1000多户农家带着牲畜逃入特尔菲伦（Tervuren）与布鲁塞尔之间专供公爵狩猎的苏瓦涅森林（forest of Soignes, Zoniën）避难。唐费迪南德能够阻挡入侵者并予以反击，虽仍有可能取胜，却难以挽回逐渐倾颓、终将失败的局势。

1612—1640年，列日王子主教是巴伐利亚的费迪南德（Ferdinand of Bavaria），他也是科隆大主教，哈布斯堡最重要的战略盟友之一。费迪南德年轻时在大公的宫廷度过了大把时光。他唯一公开干预八十年战争的行动是在1632年，是为了保护自己对马斯特里赫特的权力。作为列日主教，他公开持中立态度，但他无疑是一位具有同情心的中立派。列日反哈布斯堡党（anti-Habsburg party）反对主教的政策，由市长皮埃尔·德拉吕埃勒（Pierre de La Ruelle）领导，并向法国寻求支持。瓦尔菲塞伯爵1632年流亡至列日，与德拉吕埃勒共谋废黜王子主教费迪南德、扶持红衣主教黎塞留上位，但这一计划并未实现。白等了5年后，瓦尔菲塞意图通过谋杀德拉吕埃勒来重新讨好哈布斯堡王朝。他提前将60名西班牙士兵召集至列日，1637年4月16日，他邀请德拉吕埃勒参加宴会，借士兵之手将其杀死。一切都按计划进行，但这场谋杀并未收到预期效果。"法国派"（French party）没有被吓得胆战心惊、群龙无首，一群盛怒的暴民反而包围了宴会场所、杀光了凶手，并将瓦尔菲塞的尸体吊在绞刑架上，狂暴地打击"西班牙派"（Spanish party）。与西班牙有关联的宗教团体也遭了殃：他们谋杀了耶稣会士学校校长，纵火焚烧加尔默罗会（Carmelite）女修道院。

1648年确定的边界线大多在1637年已经成形。1637年，列日重申了中立和独立状态。腓特烈·亨利1632年攻占的芬洛与鲁尔蒙德被皇家军队夺回，成为哈布斯堡在马斯河上的飞地（分别持续到1715年和1794年）。腓特烈·亨利也收复了1625年沦陷的布雷达及1635年失去的河岸战略堡垒斯亨肯斯汉斯（Schenkenschans）。此后，哈布斯堡的军事状况迅速恶化。连通意大利至低地国家、用以军事补给及贸易的西班牙之路（Spanish Road）难以维持，由海路运输军队的选择也在1639年遭遇重创，因为马滕·特朗普（Maarten Tromp）率领的荷兰舰队在唐斯之战（Battle of the Downs）中摧毁了一支西班牙军队护航舰队。不列颠群岛爆发的内战也中断了爱尔兰雇佣兵的招募。

8年来一直招人厌烦的法国在1643年于罗克鲁瓦（Rocroi）的对阵战中肃清了佛兰德斯军队的精英。17世纪40年代，葡萄牙、加泰罗尼亚（Catalonia）、那不勒斯（Naples）和西西里起兵反抗西班牙哈布斯堡的统治，使低地国家不再是西班牙王国在军事及财政上的优先选择。1644—1645年，腓特烈·亨利巩固了荷兰在斯海尔德河口以南的势力，摸清了布鲁日的防卫力量及前往安特卫普的通路。联省共和国议会将他召了回去：丹麦在与瑞典交战中关闭了松德海峡（Sound），荷兰及泽兰摄政王更急于武装一支舰队来迫使海峡重新开放。他们当然不希望再扩张领土，这会让更多天主教徒涌入共和国、招致潜在的商业对手。

1643 年，明斯特召开了一场国际会议，旨在最大限度地恢复神圣罗马帝国的和平状态。荷兰代表团的组成及权力直到 1646 年才最终协商一致。所有独立省都有自己的代表。主战派领导人腓特烈·亨利于 1647 年逝世。至 1648 年，大部分联省都同意休战。唯一美中不足的是泽兰省拒绝与西班牙签订休战协议。最终，泽兰代表（envoy of Zeeland）默许自己不在场时，"在场者可以协商一致"签署休战协议。这样，泽兰省没有违背自己的原则，但签署协定后，休战为既成事实（fait accompli），他们也就不得不接受了。低地国家的八十年战争和神圣罗马帝国境内的三十年战争就此终结。法国和西班牙帝国的战争又持续了 10 年。阿姆斯特丹此时正式取代安特卫普，为佛兰德斯军队提供财政支持。

第一次"无执政"时期：1650—1672 年

1647 年腓特烈·亨利逝世后，他 20 岁的儿子威廉二世继任 5 个省执政、联盟陆军总司令及海军总司令（admiral-general）。刚一实现和平，联省共和国未解决的宪法冲突再次浮现。最迫切的是军队问题，它们由各州供养，却听令于威廉二世。荷兰摄政王试图削减军队规模和开支，却遭到议会阻挠，因执政在议会中有相当的影响力。威廉二世决意要把联省共和国重新卷入战争：与法国重新结盟对抗西班牙；还插手英国内政，为岳父查理一世（Charles Ⅰ）的被杀复仇、使妻兄查理二世（Charles Ⅱ）重掌王位。1650 年，他抓捕6名荷兰议会议员,把他们关进鲁汶施坦城堡,企图统治阿姆斯特丹。他的阴谋最终被挫败,但荷兰议会和执政都不愿发起内战,所以双方最终都不情愿地做出让步。1650年11月,威廉二世感染天花去世,防止了联省进一步分裂,此时距其继承人威廉三世(William Ⅲ)出生尚有一周。

荷兰议会认为和平时代不需再由执政统治,便绕过总议会在海牙直接召集大国民议会(Great Assembly),各省市皆有直接代表。会议由荷兰大议长雅各布·凯茨主持,在大多数议题上仍沿用联盟宪法的规定。按照多特会议教义建立的唯一公众教会——荷兰归正会的法律基础进一步稳固。军队指挥权分散至各省,供养军队者即有权发号施令。结果共和国中央军队被7支地方军队取代。海军此前已按此模式由5个海军部运作——弗里斯兰省1个、泽兰省1个、荷兰省3个。

荷兰议会明确表示无意委任执政,还向其余几省施压,要求它们也这么做。因此接下来几年被称为"无执政时期"。但有的省不愿追随这一做法。拿骚家族的一个非长子分支(cadet branch)自16世纪90年代一直是弗里斯兰总督,在荷兰"无执政时期"(1650—1672年,1702—1747年)仍继续统治。直至1663年,荷兰议会才终于指示牧师在公开宗教仪式中停止为执政而做的祈祷。

荷兰停止委任执政的决议与英国废黜君主的实践不谋而合。查理一世1649年被处决,奥利弗·克伦威尔(Oliver Cromwell)迅速确立军事独裁统治。克伦威尔提议英格兰共和国和尼德兰建立同盟,但荷兰人对此并不热衷。和平统治的示意遭拒后,克伦威尔领导通过了《航海条例》(*Navigation Act*,1651年)。该法案规定英国进口的商品只能由英国或商品原产国的船只运送入国。这一措施直接针对荷兰在海外贸易领域的国际霸主地位。1652年,马滕·特朗普指挥的荷兰船队与英国舰队交火,第一次英荷战争爆发。一切试图解决海上贸易争端的外交手段成为泡影。联省共和国立刻证明,它没有海军总司令也一样能开战,尽管不一定能打胜仗。交战双方有胜有负,当时的记者常因谁赢得了交战而陷入迷茫。荷兰舰队的英雄是特朗普,这位1639年唐斯之战的功臣在此战中阵亡。

1653年,约翰·德维特(Johan de Witt)接替雅各布·凯茨担任荷兰大议长。同年,荷兰舰队在里窝那(Livorno)获胜,将英军逐出了地中海,但特朗普在波特兰岛(Portland)的失败导致英军封锁了荷兰沿海,严重影响了国家生计。德维特旋即于1654年向克伦威尔妥协,以保证荷兰贸易及安全,为此他在许多尚不紧迫的问题上做出了让步:如禁止斯图亚特家族进入荷兰、奥兰治家族永不得选为执政。接下来20年,德维特一直是荷兰政治生活最重要的人物。

1663年,英荷再次因贸易对抗掀起战争。英国海战告捷,其盟友明斯特主教在陆上进犯荷兰共和国;但约翰·德维特已与法国签署条约,把路易十四(Louis XIV)也带入了战争。但路易十四更想征服佛兰德斯而不是继续对抗明斯特,巩固既得利益。事情变得对英国不利:1666年伦敦先后暴发瘟疫和大火;荷兰海军随后长驱直入,沿索伦特海峡(Solent)航行,摧毁了停泊的英国舰队。英国最终向荷兰妥协,签署《布雷达条约》(*Treaty of Breda*,1667年),而《第一亚琛条约》(*Treaty of Aix-la-Chapelle*,1668年)确认了路易十四的征服成果。

1650年左右,哈布斯堡的尼德兰的经济开始恢复,主要见于乡村地区。此时,佛兰德斯产的蕾丝织物开始声名远播,但在其他商业领域,佛兰德斯城市难以与荷兰竞争。乡村工业及农业确有增长,耕地面积再次开始扩张。例如,1655 年,占地 500 公顷的加温特罗(Zaventerlo,现为布鲁塞尔机场的跑道)公爵森林对外开放以充分利用其资源。商业生活并未完全消亡,而是在低调进行。斯海尔德河关闭通商后,荷兰、泽兰获益良多,而一些贸易航线重新规划路线,经由佛兰德斯沿岸港口,布鲁日的经济有少许增长。佛兰德斯运河网被进一步扩展以从沿途贸易中获益,终至 1665 年布鲁日—奥斯坦德运河完工。相较于荷兰共和国,哈布斯堡的尼德兰有点死气沉沉,难于抵抗法国人的野心,但在经济未有显著增长的情况下,当地还是维持了舒适的生活水平,虽然这种局面并不稳定。

幸福的少数

科内利斯·杨森(Cornelis Jansen,Cornelius Jansenius)是荷兰备受尊敬的天主教神学家。他是鲁汶荷兰学院(Holland College)的首任校长,学院于 1617 年成立,为荷兰传教所培训牧师。杨森去世前不久被任命为伊珀尔主教。他的思想源自 16 世纪初期以来鲁汶一直盛行的朴素神学传统。相较于耶稣会道德学家,鲁汶的多明我会、奥斯丁会及神学院对神圣恩典的看法更为消极暗淡,他们批评耶稣会卫道士堕落不堪。当安特卫普驱逐抗辩派领袖时,一些多明我会的神学家暗中劝他们接受与加尔文教正统观念近似的观点。杨森毕生的最高成就是《奥古斯丁传》(*Augustinus*),出版于其逝世两年后,即 1640 年。著作旋即被教皇谴责为对奥古斯丁恩典神学过于极端的解读。杨森的追随者立刻反驳了教皇的谴责。

不论如何，对教皇谴责《奥古斯丁传》是否合理的争论直到 18 世纪仍主导着天主教神学，杨森派成为教会内部强大的持异见团体。与共和国内关于宿命论的争端一样，"上帝之死是为了全人类还是少数拣选出来的人"这一基本问题远远超出学术讨论的范围。17 世纪 40 年代中期，耶稣会反对杨森派的宣道行动时，在根特和布鲁塞尔甚至爆发了街头斗殴。1723 年，杨森派对教皇权威的挑战使荷兰"旧天主教会"［Old Catholic Church，现与圣公会（Anglicanism）有密切联系］拒绝服从教皇，最终导致乌得勒支教会分裂（Utrecht Schism）。

17 世纪 50 年代，哈布斯堡的尼德兰也经历了其他政治—宗教重组事件。1531 年起，国王对宗教异端有司法权，但如今这一权力交给了主教。国家非官方或半官方地容忍少数几个尚存的加尔文教团体，教徒可以在安特卫普的"布拉班廷橄榄山"（Brabant Mount of Olives）、布鲁塞尔的荷兰使馆礼拜堂（Dutch Embassy Chapel）及霍雷贝克-科赛勒（Horebeke-Corsele）的"佛兰德斯橄榄山"（Flemish Mount of Olives）举行礼拜活动。英国流放的保皇派所信奉的圣公会也得到容忍，只要他们保持低调，但在安特卫普郊区兴建犹太会堂的计划不得不搁置。

随着宿命论的争议尘埃落定，荷兰加尔文主义经历了道德的再度觉醒，被称为虔敬主义（Pietism）。这一思想强调虔敬生活的精神乐趣，常以与世隔绝的生活方式实现。信徒组织秘密聚会研读《圣经》，通过见证信仰的内在影响相互敦促，并以虔诚相互鼓励。虔敬运动或许是受"朝圣者之父"（Pilgrim Fathers）等曾经旅居尼德兰的英国清教徒之影响而兴起。虔敬主义发展的领袖之一是吉布雷希特·沃修斯，当时他已是学术争论中坚定的亚里士多德学派学者。

强调内在感受、组织秘密聚会及与志趣相投之人的共同体意识无意中鼓励了秘密聚会发展成公共教堂之外的教派。最著名的虔敬主义派之一由感召力超凡的法国传道士让·德拉巴迪（Jean de Labadie）领导。德拉巴迪所受的是耶稣会教育，但他坚信耶稣只为少数拣选出来得救之人而死，因此他先信奉杨森派，后转向加尔文派。1666年，沃修斯邀请他前往尼德兰出任米德尔堡瓦隆圣公会（Walloon Congregation）牧师。1669年，德拉巴迪遭到驱逐，他带领少数追随者前往当时宗教环境更宽松、盛行路德宗的德国。他去世后，追随者们四处寻找新的安身立命之所，其中一部分于1675年定居弗里斯兰。他们在当地享受凡埃森家族（Van Aerssens）的庇护，该家族或许是共和国最富有的家族。科内利斯·凡埃森（Cornelis van Aerssen）是苏里南（Surinam）总督，也拥有该殖民地的三分之一。他将弗里斯兰的塞廷戈庄园（Thetinga estate）转让给他的姐妹，拉巴迪派在此建立了公有制社区。凡埃森一直打算将这一社区移至苏里南，但只有少数拉巴迪派信徒去了。18世纪初，这一派系逐渐消亡。

拉巴迪派的名声超越了当时无数此类教派，这主要归功于两位女性成员。安娜·玛丽亚·范舒尔曼（Anna Maria van Schuurman）饱读诗书、博学多才，在归附拉巴迪派之前是文学、哲学沙龙的常客。其著作《论女性的学识天赋》（*Dissertatio de Ingenii Muliebris*，1641年）提出女性可以和男性一样做学术、文学研究（这一观点受到斯宾诺莎的猛烈抨击）。第二位是玛丽亚·西碧拉·梅里安

（Maria Sibylla Merian）。脱离拉巴迪派后，她旅居西印度群岛。她是博物学家和科学插画家，她的插画以惊人的细节记录了各类奇异昆虫及其赖以繁衍生存的代表性植物。有人指出这种创新显示了远超那个时代的生态敏感意识。

执政回归：1672—1702年

1668年《第一亚琛条约》确认了路易十四的征服成果，包括佛兰德斯沿海由敦刻尔克至尼乌波特的地带、半个佛兰德斯大区（整个法语区及伊珀尔）和埃诺大部分地区。同年，尼德兰联合英国、瑞典结成三国同盟（Triple Alliance）来遏制路易十四的不断扩张。同盟最初取得了一定成功，但随后法国以金钱说服瑞典保持中立、英王查理二世转变立场，同盟初期的胜势因而逆转。路易十四也与共和国东部邻国明斯特和科隆当地的主教结盟。

1672年是荷兰灾难年（Rampjaar），第三次英荷战争爆发，同时法德入侵荷兰联省共和国。荷兰对抗英国的海战中取得决胜。米希尔·德鲁伊特（Michiel de Ruyter）是第二次英荷战争的英雄，此战中他再次指挥荷兰舰队取得巨大胜利，短暂夺回了新尼德兰。至于陆战，法德部队越过共和国东部诸省，占领了乌得勒支。明斯特主教伯恩哈德·冯·盖伦（Bernhard von Galen）因在格罗宁根围城战中使用了最新的爆炸炮弹，被荷兰人戏称为"爆炸伯恩哈德"（Bommen Berend）；围城战以失败告终，当地至今仍每年举行活动庆祝这一事件。然而这对荷兰来说是仅有的好消息，因为路易十四在乌得勒支建立了指挥部。各省军队撤退到荷兰水防线保护之下。

约翰·德维特曾运用外交手段分别于 1654 和 1667 年终结了前两次英荷战争，这样的外交胜利在此役中难以再现，联省共和国迫切需要一名勇士。

在 1672 年危机中，年仅 22 岁的奥兰治的威廉三世（William of Orange）出任荷兰、泽兰执政，被总议会任命为陆海军统帅。人们此时对摄政王的"寡头政治艺术"的反应非常极端。海牙暴民将约翰·德维特及其兄科内利斯凌迟分尸，残破的尸体被挂上绞刑架。1673 年，威廉三世在荷兰保卫战中取得胜利，联合西班牙和奥地利携手对抗法国。他入侵科隆、占领波恩，阻断了法德同盟的后勤联结，迫使法军撤离了尼德兰。1674 年，第三次英荷战争结束，但法国仍虎视眈眈。

1672—1678 年的战争见证了重新确立执政权力为共和国政治的支配因素。威廉三世 1674 年出任乌得勒支执政，次年出任海尔德兰、上艾瑟尔执政。弗里斯兰仍保有独立执政。1675 年，威廉三世成为荷兰、泽兰、乌得勒支、海尔德兰、上艾瑟尔的世袭执政，担任共和国世袭陆海军统帅。他立刻颁布《统治法令》(*Governing Regulations*)，赋予自己任命乌得勒支、海尔德兰和上艾瑟尔的许多高级公民和官员之权，那里的官员几乎没怎么抵抗侵略者。威廉三世没能使得一切按自己计划进行：1678 年法荷战争结束，停战的条件却违背他的意愿。《奈梅亨条约》(*Treaty of Nijmegen*) 弥补了荷兰的全部损失，共和国的贸易地位也得以提高，但威廉三世被迫背弃盟友。法国得到弗朗什—孔泰大区，终结了勃艮第和低地国家长期的王朝联系。

1688 年以前，威廉三世的权力不断增长、近乎无冕之王，这一点从其建在阿珀尔多伦（Apeldoorn）郊外、费吕沃内部的罗宫（Loo）即可看出。中世纪时，这里的城堡一直是格德司公爵（medieval dukes of Guelders）狩猎休息的住处，城堡被拆除后以最新的宏伟风格重建。重建工程始自1684年；尽管罗宫与凡尔赛宫规模不同，但后者对前者（1984年开始对外开放）宫殿和花园风格的影响是显而易见的。

1688年，威廉三世接受一群不满的政治家提议，进攻英国。当时的英军统帅约翰·丘吉尔（John Churchill）向入侵的荷军投降。威廉三世的舅舅兼岳父、时为英国国王的詹姆斯二世（James Ⅱ）弃国出逃。这场政权更迭异常地（如果不算完全）和平。詹姆斯二世此前已颁布了宗教信仰自由的法令，威廉三世再次颁布同样的法令，但这次排除了天主教。为避免伤害新臣民的感情，威廉三世将信奉天主教的朝臣留在荷兰，并极力淡化在对抗波旁—斯图亚特联盟中哈布斯堡王朝和罗马教皇给予自己的外交支持。1688—1689年的冬天，伦敦受到荷军的军事管制。1689年，一部《权利法案》（*Bill of Rights*）剥夺了王室的许多权力，正式使王朝世袭制臣服于宗教信仰因素：威廉三世在尼德兰剥夺了寡头贵族和宗派的利益，在不列颠群岛也如法炮制。1690—1691年，爱尔兰和苏格兰被迫接受政变事实，承认英格兰归属威廉三世，在那里威廉三世需要推出更多激进措施以平息事态。1691年起，威廉三世成为联省共和国和不列颠群岛的实际统治者，掌控了南尼德兰。

哈布斯堡王朝现在已经沦落到要依靠荷兰才能把法国人挡在佛兰德斯外。1688年，法荷再次开战。弗朗索瓦·亨利·德·卢森堡-蒙莫朗西（François-Henri de Luxembourg-Montmorency）是中世纪卢森堡公爵的旁系后裔,他率领路易十四的军队于1690年在弗勒吕斯(Fleurus)、1693年在内尔温登(Neerwinden)及斯腾凯尔克(Steenkerque)取得胜利。1695年,布鲁塞尔遭炮火猛击,许多地区被毁:中世纪市政厅逃过一劫,但其前方市场附近的大会堂不得不重建。后来,关于撒尿小童雕像(*manneken pis*)的故事流传开来:据说这个小男孩朝法国炸弹的引信撒尿,阻止了一场灾难;但其实这个雕像在炮击战前就早已存在。

斯图亚特王室在爱尔兰和苏格兰败北后,大同盟[Grand Alliance,主要由荷兰联省共和国、不列颠、奥地利、西班牙和勃兰登堡普鲁士(Brandenburg Prussia)组成]的力量终于击溃了法国。1697年法荷签订《赖斯韦克条约》(*Treaty of Rijswijk*),法国自1659年来首次被迫交还其征服的领土。即便如此,路易十四仍然通过战争提升了他在佛兰德斯、埃诺、卢森堡和列日的地位及战略影响。《赖斯韦克条约》也确立了"边界"(Barrier),荷兰有权保留、戍卫南尼德兰的几个城镇,费用由当地承担——这一防御工事可能消耗共和国30%的财政支出。这是哈布斯堡王室对荷兰联省共和国军事依赖的具现,也埋下了怨恨情绪的根源。

第二次"无执政"时期:1702—1747年

威廉三世于1702年逝世,因为没有子嗣,他作为执政统治的各省再次决议没有必要设立执政一职。第二次无执政时期由此开始。约翰·威廉(Johan Willem)1711年逝世,格罗宁根也决议不再接受执政统治,只有弗里斯兰仍然承认威廉·弗里索[Willem Friso,

即威廉四世（Willem Ⅳ）]的权威。

1697年签署《赖斯韦克条约》是荷兰共和国最后一次与欧洲列强行使平等权利的时机。1713年《乌得勒支条约》（*Treaty of Utrecht*）终结了西班牙王位继承战争（War of the Spanish Succession），而尼德兰不过是外国列强商讨条约细则的陪衬。1700年，体弱多病的卡洛斯二世（Carlos Ⅱ）去世，西班牙哈布斯堡王位空悬。奥地利哈布斯堡王室及法国波旁王室皆要求继承王位。法国迅速控制了哈布斯堡的尼德兰，但新教诸国与哈布斯堡再次联手对抗法国。马尔博罗公爵（Duke of Marlborough）约翰·丘吉尔自17世纪70年代起一直参与低地国家的战争，此时已晋升为与萨伏依的欧根亲王（Eugene of Savoy）并肩的联军统帅。巴伐利亚与法国结了盟，但联军在布伦海姆（Blenheim，1704年）的胜利打消了这一威胁。联军早已准备好在低地国家与法国交火：在布拉班廷省的拉米伊（Ramillies，1706年）、佛兰德斯省的奥德纳尔德（Oudenaarde，1708年）和埃诺省的马尔普拉凯（Malplaquet，1709年），联军无往不利。这些著名的战役直到最近仍被视为英国学童的必备知识。

1709年，各方议定新的《边界条约》（*Barrier Treaty*），南尼德兰收归联省共和国。1714年战争结束，法国波旁王朝得到了西班牙及其海外属地，但奥地利（以国王查理六世的个人名义）获得了原哈布斯堡在尼德兰和意大利的领土。1715年《边界条约》内容更新：荷兰有权驻军戍守那慕尔、图尔奈、伊珀尔及位于西佛兰德斯的零星几个要塞，但哈布斯堡需将马斯河岸领土割让予普鲁士和荷兰联省共和国。

启蒙时代：1747—1787年

威廉·弗里索是"沉默者"威廉侄子的直系后裔，1711年，他接替父亲成为弗里斯兰执政。1718年，（在短暂的政权空白期后）他又接替父亲成为格罗宁根执政。1722年，他被选为德伦特和海尔德兰执政，因时年尚幼，北部、东部各省政治生活实际由他的母亲控制。威廉四世1729年成年，开始掌权，君主权威日益加强。此时，摄政王的财富及权力几乎完全通过世袭继承，荷兰商人在国际贸易中失去主动权。用于大宗交易的市镇极少，各地通行费及关税负担严重，市际、省际经济生活割裂（阿姆斯特丹甚至有自己的经济法），这些因素都意味着荷兰共和国缺乏与英法平等竞争的规模和协调能力。荷兰一度享誉世界的酿酒、织麻等家庭手工业急剧衰退（虽然酿酒业衰退的部分原因是荷兰杜松子酒的成功）。只有波罗的海航运和部分殖民地贸易仍或多或少由荷兰支配。

奥地利哈布斯堡皇帝查理六世1740年去世时，女儿玛丽亚·特蕾西亚（Maria Theresia）继承了除皇帝头衔外的一切（皇帝头衔由她的丈夫继承）。法国波旁王室、萨克森勃兰登堡王室及巴伐利亚以此为借口扩张领土。1745—1746年，路易十五的军队占领整个哈布斯堡的尼德兰，这是法国到此时为止最为成功的入侵行动。由此可见，尽管荷兰投入了大量财政支持，其在边界的戍卫依然疲软无力。

1747年，法国再次入侵荷兰共和国，9月占领贝亨奥普佐姆，次年春占领马斯特里赫特。与1672年一样，民众对于摄政政府的反应也很激烈，认为摄政王无法保证联省共和国的国际安全，故纷纷采取措施反抗其统治。农民对税款包收人群起而攻，阿姆斯特丹民兵行会（militia guild）试图摆脱摄政王控制。1747年，威廉·弗里索已是弗里斯兰、格罗宁根、海尔德兰和德伦特执政，此时正式宣布出任泽兰、荷兰、乌得勒支及上艾瑟尔执政，史称威廉四世。"第二次无执政时期"就此结束。此外，联省共和国首次由同一执政完全控制。威廉四世宣布执政及陆海军总司令为世袭职位，其子威廉五世（William V）于1571年继承了这些职位。除名称不同，执政此时成为实际的国王。

同时，《第二亚琛条约》（second Treaty of Aix-la-Chapelle，1748年）终结了战争，奥地利重新统治哈布斯堡的尼德兰。玛丽亚·特蕾西亚继续统治哈布斯堡王朝长达30年。期间，洛林的查理·亚历山大（Charles Alexander of Lorraine）一直担任低地国家总督（governor general），但布鲁塞尔的实际控制权在战争结束后不久即由女王的全权公使（Minister Plenipotentiary）掌握。总督及全权公使共同维护了政府的长治久安，这一时期的各个方面都十足古板乏味。

但这场战争揭示了潜在的社会张力。暴力仍然是穷人表达绝望的唯一手段，如1747—1748年，荷兰掀起了反抗税款包收人和摄政王政府的暴动。贫困和不安导致拦路强盗的出现。1745—1748年，佛兰德斯省东南部一直处于扬·德利希特（Jan de Lichte）及其帮派的威胁之下，他们犯下100多起入室行窃、至少50次抢劫、10次谋杀、7次谋杀未遂的罪行。同一时期林堡出现神秘犯罪团伙，名为"Bokkerijders"（字面意思为"骑山羊者"，与"赫内的猎人"意义相近）。

南部地区的贫富悬殊最为明显。高粮价意味着城市会发生暴动,但农业的收益相当可观。通过精细化管理,教堂、修道院和贵族家庭积累的财富达到新高,尤其是勃艮第时代以来就繁荣兴盛的大贵族、王室家庭。利涅的领主查理·约瑟夫(Charles Joseph,Prince of Ligne,1735—1814年)掌握了不可估量的巨额财富,生活明显表现出享乐主义、世界主义的特点。查理·约瑟夫曾是奥地利哈布斯堡的士兵和外交官,这在很大程度上意味着他可以悠闲地拜访欧洲各省会首都、打牌跳舞、性伴不断。利涅宣称:"我有六七个母国,神圣罗马帝国、佛兰德斯、法国、西班牙、奥地利、波兰、俄罗斯,甚至还有匈牙利。"查理·约瑟夫不完全是纨绔子弟:他追求法国哲学那一套大胆臆测、辛辣讽刺的学说,这一哲学当时正在受过良好教育之人之中广泛流行。他写过一篇论文支持赋予犹太人公民权,还有一篇甚至为罢奸行为作辩护。

思想更为严肃的贵族和神职人员将大量闲暇时间投入"改进"(improvement)的项目上,这些项目兴起与盛行的法国式理论化无甚关联。这一时期,由低地国家农夫培育开发的紫甘蓝、菊苣叶和抱子甘蓝在欧洲广泛传播,同时马铃薯的引进结束了对波罗的海国家谷物的依赖,成为人们的主食。道路网、运河网得到扩展。根特及菲尔福尔德(Vilvoorde)建立的监狱确立了18世纪70年代的模范监狱:囚犯睡在单间而非集体牢房里,还必须从事一定的工作。玛丽亚·特蕾西亚在布鲁塞尔的代理人,即全权公使施塔伦贝格亲王(Prince Stahremberg)以及枢密院议长帕特里斯·德内尼伯爵(Count Patrice de Nény)在推动改革方面相当谨慎,他们深受奥地利和普鲁士影响,提倡开明专制原则,对英国科技实践成就印象深刻。布鲁塞尔设立帝国皇家文理学院（Académie imperiale et royale des sciences et belles-lettres）以促进理论和实践研究，英国侨民J. T. 内德姆（J. T. Needham）和A. T. 曼恩（A. T. Mann）担任了院长和秘书的关键职务。和其他大多数国家一样，1773年耶稣会遭到镇压。耶稣会士学校收归国有，重建为"特蕾西亚学校"（Theresian colleges），课程为法国文学和自然科学腾出了很大空间。人们自封建时代、神学时代起由来已久的兴趣开始受到挑战。

和奥地利属尼德兰的修道院长（abbés）、贵族一样，联省共和国的摄政王、神职人员及尚存的贵族过着有文化的安逸生活，而他们周围的贫民越来越多。扑粉假发和齐膝紧身短裤是绅士们常见的装扮，荷兰史学家称18世纪为"男子假发时代"（Pruikentijd）。荷兰科学协会（Hollandsche Maatschappij der Wetenschappen）1752年在哈勒姆成立。法国启蒙哲学家的思想十分流行，但对这些思想的理解流于肤浅。德国启蒙运动（German Enlightenment）追求的严肃道德占据了更重要的地位。在18世纪上半叶的克里斯蒂安·沃尔夫（Christian Wolff）、下半叶的伊曼努尔·康德（Immanuel Kant）和19世纪的格奥尔格·弗里德里希·黑格尔（Georg Friedrich Hegel）等人的相继影响下，尼德兰成为普鲁士在思想上的附庸国。贝彻·沃尔夫（Betje Wolff）和阿赫耶·代肯（Aagje Deken）共同创作的第一部荷兰语小说《莎拉·博格哈特》（Sara Burgerhart，1782年），作品观察敏锐，例证了当时的这种道德格调。

《莎拉·博格哈特》的法语版译者或许是伊莎贝尔·德沙里埃夫人（Madame de Charrière），荷兰语名为贝尔·范路易伦（Belle van Zuylen）。她是一位贵族名流，用法语（知识分子及贵族的国际语言）写了一系列轻浮厌世的中篇小说。她在写给朋友的信中这样描述一个相识之人："我不是法国女人，他觉得这是我的过错；他是法国男人，（我只跟你这么说，）有时我觉得这是他的过错。但咱俩在一起时，没有国别之分。"法国大革命开始后，她在信中告诉侄子，众生永不可能平等，但你现已被剥夺与生俱来的贵族特权，倒不如培养自己的智力，从而保持超脱愚蠢众生、稳固而真实的优越之处。

瓷器是18世纪最具代表性的一种新商品。德国炼金术士发现了如何制作真正的瓷器，尼德兰锡釉彩陶（即代尔夫特陶器）的市场地位旋即一落千丈。随着代尔夫特陶器贸易衰退和瓷器带来的新商机，奥地利属尼德兰的重商主义者纷纷转向瓷器，因其具有推动经济的潜力。1751年，玛丽亚·特蕾西亚女皇给予图尔奈特权，由市政厅出资建立瓷器工厂。制瓷巧匠罗伯特·杜布瓦（Robert Dubois）被劝诱离开了万塞讷（Vincennes），出任工厂制瓷主管；工厂也从英国雇用了熟练工，他们或许来自切尔西（Chelsea）或伍斯特（Worcester）。工厂所造的仍然不是真正的瓷器而是"幼陶"（soft paste，玻璃粉混入黏土制成的半透明陶器），尽管如此，这家工厂还是盈利颇丰，达半世纪之久。洛林的查理·亚历山大1767年在特尔费伦也开设了一家陶厂，却不甚成功。尼德兰首家制出瓷器的工厂在1759年建于韦斯普（Weesp）。工厂先后迁至旧洛斯德雷赫特（Oude Loosdrecht，1771年）和阿姆斯特尔河沿岸（1784年），1820年前后停止了生产。

第五章

自由秩序的兴衰：1776—1914 年

波士顿（Boston）打开了旧世界的第一道裂隙。英国在美国独立战争（American Revolutionary War，1776—1782 年）期间对待中立国船运的政策引发了第四次英荷战争（Fourth Anglo-Dutch War，1780—1784 年）。仅从军事角度来看，英荷战争显示出荷兰联省共和国之地位已从黄金时代的世界强国一落千丈到何种地步。荷兰的国际金融业达到新高，最引人注目的是向新生的美利坚合众国（USA）及俄国提供贷款，但制造业陷入一潭死水、贸易停滞不前。1780—1781 年，波罗的海的航运贸易量从逾 2000 艇降至仅 11 艇。

1782 年美国独立战争结束，但荷兰仍被迫继续与英国作战，直至盟友法国愿意议和休战。共和国的军事将领奥兰治领主威廉五世从一开始就反对这场战争，却因战争带来灾难般的影响为千夫所指。至 18 世纪 80 年代，部分荷兰人受美国革命鼓舞，形成了"爱国者"团体（Patriots）。守旧的摄政王也响应爱国者的要求，与其联手反对奥兰治家族的统治。

爱国者和革命者：1782—1799 年

1782 年，尼德兰公民志愿者组成爱国者民兵。他们夺取了共和国部分地区的政权。1783 年起，来自各省的爱国者开始举行会议。1784 年，爱国者在乌得勒支举行全国会议，从各方面来看，这场会议都非常像全国代表大会（National Convention）；多达 28 000 人武装起来准备战斗。至 1785 年，执政的实际权力已无足轻重。爱国者不断施压，要求复制美国式民主，提倡改革的摄政者们开始声明不支持激进的爱国者。

1787 年，政治平衡突然颠覆。威廉五世之前被赶出荷兰，在奈梅亨尽全力行使职权。他的妻子普鲁士的威廉明娜（Wilhelmina of Prussia）决定前往海牙召集摄政王支持奥兰治政权。她的出行方式过于奢华，很难不引起人注意，至南荷兰省被豪达的爱国志愿者拦下。志愿者派人前去荷兰议会探明威廉明娜是否应被允许继续此行，但她没有等待发放通行证（laissez-passer），而是返回了奈梅亨。她的兄长普鲁士国王认为这是对自己家族的羞辱，以此为借口发动了入侵。面对奥兰治派再次抬头、外国势力介入，爱国者的事业崩溃了。五六千最坚定的爱国者被流放至法国和南尼德兰，许多人于 1795 年返回。

在即将成为比利时的国土境内，情况完全相反：社会改革、制度改革的倡议来自上层，主要由神圣罗马帝国皇帝约瑟夫二世（Emperor Joseph Ⅱ）提出，但这种改革的推行方式比较专横，无视固有的习惯和人民的意志。母亲玛丽亚·特蕾西亚于 1780 年去世后，自以为是、刚愎自用的约瑟夫二世即位。1781 年，他化名法尔肯施泰因伯爵（Count Falkenstein）微服私访奥地利属尼德兰，考察市镇、地方议会、法院、防御工事及卫戍部队。这是哈布斯堡的尼德兰王室近200年来的首次地方视察。微服出访节省了他大量的时间，免去了各市镇迎来送往、自己宣誓维护臣民权利和自由的困扰。

1783年3月，约瑟夫二世下旨关停"无用的"修道院，即未经营学校或医院的修道院。1784年，他废除在司法中使用酷刑，也废除了限制工匠招收学徒和日工数量的行规。从此工匠可以随心所欲雇佣劳工，资本或信贷成为限制扩大营业的唯一因素。同年，婚姻被宣布为民事契约，在教堂和教堂墓地的葬礼以卫生理由被禁止——新公墓将于建筑物密集地带的边缘开放。1786年，各神学院被关闭，开设了一家公办的中央机构培训神职人员。同时，大小社团被强令合并为单一的"慈善互助会"（charitable fraternity），共济会团体仅限在官方认可的3处地方集会，财产转让与朝圣活动被废除；为促进生产力，所有的乡村集市都要在同一天进行。

君主专横地干涉宗教、社团及节庆活动使人民深感愤怒，但最初有组织的抵抗仅限于神职人员。1787年，约瑟夫二世颁布法令废除现有的各省议会及法院，并在布鲁塞尔建立中央行政、司法机关。这一举动明显操之过急。布拉班廷省领导了反对宪法的行动，呼吁维护1356年宪章（Joyous Entry of 1356），作为军事组织，公民组成的民兵团长期以来奄奄一息，如今开始招募志愿者以保护自由。帽徽和条幅用黑、黄、红色，回归了布拉班廷中世纪军备的颜色。有了荷兰（遑论美洲）的前车之鉴，约瑟夫二世决定扼杀一切革命苗头于摇篮之中。当普鲁士军队襄助奥兰治王室重掌共和国政权时，奥地利军队也赶来平息哈布斯堡的尼德兰的事态。志愿军拒绝解散。1788 年初，帝国军队在布鲁塞尔向人群开火。布拉班廷革命（Brabant Revolution）就此爆发。1789 年 10 月发布于布雷达的《布拉班廷人民宣言》(*manifesto of the People of Brabant*) 可被视为革命的独立宣言。

布拉班廷革命主要的两位领导者是律师亨利·范德努特（Henri van der Noot）和让-弗朗索瓦·冯克（Jean-François Vonck）。范德努特实质是古代宪法的捍卫者，但乐于接受辉格党和荷兰爱国者思想（Whiggish and Dutch Patriot ideas）。冯克更多受到美国共和主义和法国启蒙哲学家影响。1788 年危机中，范德努特先到了伦敦避难，恳求当局帮助在低地国家建立宪政体制却徒劳无功，随后他逃至布雷达，在当地建立了一个委员会，很快就接手了革命领导权。同时，冯克留在布鲁塞尔，在神职人员（他们广受革命思想影响）的财政支持下建立了激进的秘密社团"为了圣坛和家庭"（*Pro Aris et Focis*）以保护自由。1789 年 6 月，约瑟夫二世颁布法令废除了 1356 年宪章和各省议会。

巴黎攻占巴士底狱的风暴和革命者废黜列日王子主教的消息使奥地利属尼德兰的局势更加紧张。1789 年 10 月 27 日第一场交战在蒂伦豪特（Turnhout）爆发，奥地利军队遭遇始料未及的失败。12 月 31 日，布拉班廷省宣布主权独立，也呼吁其他各省加入行动结成联盟。不到一个月，除卢森堡外的其他各省纷纷揭竿而起，比利时合众国就此成立。皇帝约瑟夫二世此时忙于进攻土耳其，无暇顾及此事。佛兰德斯东部的农民和编织工组建了民兵队伍，支持革命者在奥德纳尔德击败的哈布斯堡保皇派。但比利时合众国未能组建一个有效的政府。范德努特和冯克的追随者剑拔弩张，双方就主权归属各省（实质上相当于荷兰的摄政王寡头政治，受到行会师傅潜移默化的影响）还是"全体人民"（即全体有财产的男性）争论不休。

约瑟夫二世于1790年12月20日逝世。逝世前几日，他对正在匈牙利军队服役的查理·约瑟夫大呼："你的国家杀了我！"利奥波德二世（Leopold Ⅱ）继位为皇帝，他随后与土耳其休战，并从卢森堡入侵比利时。年末，奥地利军队恢复了哈布斯堡家族在南尼德兰的统治，镇压了列日革命。冯克逃至法国，恳求法国政府干预比利时局势。

1792年，夏尔·迪穆里埃（Charles Dumouriez）领导一支法国革命军进入了奥地利属尼德兰，他受到了范德努特的追随者和"巴达维亚军团"（Batavian Legion）的协助；后者由赫尔曼·丹德尔斯（Herman Daendels）领导的流亡荷兰爱国者组成。低地国家内出现了象征革命情谊的自由之树（Tree of Liberty）。奥地利军在热马普（Jemappes，1792年）战败，但在内尔温登战役（Battle of Neerwinden，1793年）后集结力量击败了对手，实现第二次王政复辟（Second Restoration）。这不再只是奥地利的事务：1792年法国向英国宣战，当时奥地利、荷兰共和国、汉诺威（Hanover）和英国结盟正在低地国家对抗法国。法国革命军在内尔温登战败后士气却未受挫伤，他们于1794年再度来袭，一路势如破竹。奥地利、英国和汉诺威军队撤出低地国家，奥兰治亲王只能独自应对革命军。

1794年12月，法国人控制了莱茵河以西的所有土地，除了有城墙保护的卢森堡、美因茨（Mainz）和马斯特里赫特。皮什格鲁将军（General Pichegru）领导着包括迪穆里埃手下"巴达维亚军团"在内的军队；在一个严冬里征服了比利时，跨过冰河进入荷兰，没受到任何抵抗。荷兰舰队在泰瑟尔岛（Texel）抛锚停泊，被一队轻骑兵横跨冰河击溃。威廉五世逃至英国，巴达维亚共和国（Batavian Republic）宣告建立。荷兰议会被一个由直选代表组成的议会取代。荷兰议会废除了省议会议员投票时须听从其所代表城市官员意见的做法，也废除了决议需要全体议员一致通过的要求。其余各省纷纷效法，1796年国民议会取代联省共和国总议会，成为当地最高权力机关。这标志着盛行几个世纪的荷兰特殊主义（Dutch particularism）就此终结。

与短命的比利时合众国一样，巴达维亚共和国的主要政治分歧在于实行集权制还是联邦制。这种分歧也同样导致了暴力。赫尔曼·丹德尔斯觉得自己作为民族解放者，应多考虑自己的想法而非他人给予的观点，故发动两次政变（coups détat）来推行他的计划。1798年，共和国终于通过集权制的宪法。政教得以分离，由5人组成的部门成为行政机关，以纳税水平为基础赋予选举人资格，组成了一个两院制国家立法机关。各省成为法国模式的行政省（departments），推行司法改革，如废除严刑拷问。

1795年，比利时和卢森堡正式并入法国。各郡县及公爵领地被重组为法兰西共和国9个行政省，成为如今各省规划体系的基础。佛兰德斯和布拉班廷省各自被一分为二；在瓦隆和林堡，根据地理特点的"科学"划分完全取代了之前的边界区划。同年，根据《海牙条约》（Treaty of The Hague）后，巴达维亚共和国成为法国同盟及附庸国。马斯特里赫特城（之前处于列日主教和荷兰总议会的双重主权之下）及西斯海尔德河南岸被割让给法国，荷兰革命政府同意在国内供养一支法国常驻军队。整个比荷卢地区都卷入了法国战争，这些战争在接下来 20 年主导了欧洲局势。

《海牙条约》签订后，已与法国开战的英国向荷兰宣战。1795 年，英军于赫勒富茨劳斯（Hellevoetsluis）登陆但被击退，但接下来几年间英国占领了荷兰在东印度群岛、南非和加勒比海的贸易中转地。1797 年，荷兰北海舰队（Dutch North Sea fleet）在坎珀当（Kamperduin）被尽数击溃。同年，奥地利宣布放弃对比利时的所有权力，第一次战争结束。但不久后，为反对拿破仑·波拿巴（Napoléon Bonaparte）入侵埃及，第二次战争旋即开始。

教堂被关闭、亵渎，集市、圣庆日遭到禁止，农民对节日文化和宗教文化所受的这些压制深恶痛绝。1798 年征兵是压垮他们的最后一根稻草。东佛兰德斯爆发动乱后，布拉班廷、林堡和卢森堡北部的农民组建了军队。比利时史学家将 1798 年末至 1799 年初的游击反抗行动称为"农民战争"（Boerenkrijg），卢森堡人称其为"棍棒战争"（Klëppelkrig）。但不是只有农民才能加入反抗军。比如肯彭的"暴徒"（brigands）首领之一是鲁汶的印刷工彼得·科贝尔（Pieter Corbeels），他于 1799 年被抓获并处决；科贝尔印制了谴责法国暴政的小册子，其生意为布雷普尔士（Brepols）出版社打下基础（该出版社现因出版早期基督教文献而闻名）。

尽管大规模反抗行动最初取得了一些胜利，但很快就被瓦解。规模较小的反抗行动得以继续。许多人为逃避服兵役躲进森林里。这些"暴徒"有时只是强盗团伙，有时是原则坚定的反政权组织，有时二者皆有。即使在 1798 年征兵法颁布之前，查理·雅克曼（Charles Jacqmin）就已领导了一个哈布斯堡保皇派组成的秘密社团，部分成员以苏瓦涅森林为基地。雅克曼1799年被捕后被送上位于布鲁塞尔主广场的断头台，成了民间英雄。1798—1806年，仅在佛兰德斯省被处决的各帮派成员就远超100人。其中，因后世的传奇化描述而最为出名的人物是洛德韦克·巴克兰特（Lodewijk Baekelandt），他与23名同伙于1803年在布鲁日被斩首处决。

巴达维亚共和国内有组织的犯罪活动同样在18世纪90年代猖獗至极。整整10年，双胞胎兄弟弗兰斯·博斯比克和扬·博斯比克（Frans and Jan Bosbeeck）领导他们的帮派在共和国各地横行无忌。布拉班廷乡下及海尔德兰孤立的农庄内外为暴力抢劫提供了充足的空间；其他地区也有不甚明目张胆的犯罪活动。1803年，格德司公爵以抢劫、袭击、谋杀罪名判处多森帮和普律多姆帮（Gang of Dossain and Prudhomme，自1798年一直很活跃）3名成员死刑。为在乱世期间以儆效尤，他们先被勒住脖子吊起来，随后活着放下，再被车裂处死。虽然严刑拷问已经被废止，但令人生畏的处决手段仍然可用。

1799年8月，约克公爵（duke of York）指挥英俄联军在登海尔德（Den Helder）附近登陆尼德兰，迫使荷兰舰队残部投降。这场战争的血腥及破坏力度在尼德兰是前所未见的。尽管联军被阿尔克马尔视为解放者而受到热烈欢迎，但他们不久就被迫撤退。此后，战区转移到别处，低地国家基本上没有受到直接的破坏。更多波拿巴主义者统治下的和平成果保留至今。

立法者拿破仑：1800—1815 年

173　　1800 年，法国立法确定了新的统一公制系统，取代各地沿用自中世纪的不同度量衡。1801 年，法国政府与天主教廷签订政教协定，拿破仑允许所有未转为其他用途的教堂重新开放以供敬神，并让地方当局负责维护，作为交换条件，教廷需放弃在其没收地产上的所有权利主张。1803 年，《法国民法典》（Code of Civil Law）颁布，这是法律上最重大的变革。这部律法又名《拿破仑法典》（Napoleonic Code），围绕男性户主的财产权而建立，废除封建权利自由法案，确立了法律面前人人平等的原则，并对婚姻、遗产继承和财产转让做了严格规定。《拿破仑法典》禁止人们随意处置他们的财产，而是列出细则保护财产所有权及立法者预见到的各种情况，如让丈夫难以剥夺初婚子女的继承权以偏袒再婚妻子。

　　1804 年，拿破仑加冕称帝。次年，他任命拉特格·扬·希默尔彭宁克（Rutger Jan Schimmelpenninck）为尼德兰政府首脑（Pensionary of the Netherlands），享有独裁权力。1806 年，巴达维亚共和国改为荷兰王国（Kingdom of Holland），由拿破仑的弟弟路易统治，首都迁至阿姆斯特丹，当地市政厅被改为王宫。当权期间，路易国王下令为尼德兰制定了统一的《商业法典》（Code of Commercial Law）。法典由阿姆斯特丹法庭首位犹太法官莫泽斯·萨洛蒙·阿塞尔（Mozes Salomon Asser）起草。虽然迫于法国的压力，巴达维亚共和国已于 1796 年投票决定给予犹太人完全的公民自由，但只有在路易国王领导下，这一决议才真正付诸实践。

　　1810 年，法国吞并荷兰王国。自查理曼大帝之子统治以来，低地国家首次由唯一的国家元首统治。1811年,《拿破仑法典》的荷兰语版本由威廉·比尔德代克（Willem Bilderdijk）起草并得到全力推行。威廉是律师和作家，他的名字在后文还会再次出现。法国律法意味着法律面前人人平等和陪审团审判，也有国家审查、秘密警察及征兵制度。1.5万名荷兰人被强制征入拿破仑大军（Grande Armée），只有几百人侥幸从令人恐怖的俄法战争中存活归来。法国从莫斯科撤军，又在莱比锡（Leipzig）战败，其在低地国家的政权迅速瓦解——尤其是在3年前刚刚吞并的尼德兰政权。1813年11月30日，奥兰治的威廉·弗雷德里克（William Frederik of Orange-Nassau，William of Orange）在斯赫弗宁恩登陆（Scheveningen）；12月2日被加冕为尼德兰国王威廉一世（William Ⅰ, Sovereign Prince of the Netherlands）。此时，普鲁士和俄国军队正在低地国家内活动。安特卫普是拿破仑军队的最后一处防御阵地，守军在这位皇帝退位后仍坚持抵抗联军达3周之久。

部分比利时人力图使哈布斯堡统治复辟的愿望最终落空，就如同布拉班廷革命中宣告的民族独立也没能成功一样。联军最终得出结论，必须在法国北部边界建立一个强大的国家。普鲁士的领土在莱茵兰得到了很大的扩张，取得了明斯特和科隆王子主教的辖区，以及包含海尔德兰、林堡和列日省部分地区在内的小块土地。低地国家其余地区由威廉一世统治：尼德兰和比利时组成联合王国，卢森堡为新的德意志联盟（German Union）中的个人封地。卢森堡被提升为大公国，因此不论威廉一世戴着什么样的王冠，他都将成为王室殿下。在维也纳（Vienna）举行的国际和平大会（international peace congress）尚在进行中，各国尚未就新生的尼德兰联合王国

（United Kingdom of the Netherlands）达成最终安排。列强联合势力（由奥地利、英国、法国、普鲁士、俄国组成）在大会最后决议宣告威廉一世为尼德兰国王。1815年3月，被流放的拿破仑从厄尔巴岛（Elba）逃离。刚刚复辟波旁王朝的路易十八（Louis XVIII）流亡到根特。威廉旋即宣布自己为国王，意在预先阻止比利时和法国重新联合的任何企图。

联军在布鲁塞尔集结，准备于7月进攻法国，但拿破仑在6月14日率先入侵低地国家。几次交锋后——其中最引人注目的是6月16日法国与普鲁士在利尼（Ligny）的战斗，逾4000名士兵丧命，小镇在一天中易主7次。法国于6月18日进犯威灵顿公爵领导的反法同盟驻地。英国、荷兰及汉诺威军队正面迎击。战阵围绕两处农庄展开，战斗异常激烈、旷日持久。史无前例的血腥战争中，在最为残忍的一场战役尾声，普鲁士军于夏季的黄昏加入战场，终结了拿破仑的政治生涯。

尼德兰联合王国：1815—1830年

威廉一世依照奥兰治派君主主义者起草的宪法统治他的新王国。王国有两个官方政府所在地，海牙和布鲁塞尔。国王有权凭意愿任免大臣，不需与其商议即可做出决定。大臣不向总议会而向国王负责。总议会基本上成了一个咨询机构，其预算监管权甚至也受到严格限制。下院议员由各省选举产生；上院议员是国王任命的终身议员。即使在法国旧制度（ancien régime）期间，低地国家的两大部分也没有经受过独裁统治；但如今自由主义乃至保守立宪主义都无力阻止独裁政体通过宪法实现合法化。这一做法唯一的正当理由是当局害怕爆发新的革命。

19世纪初,尼德兰联合王国最具文化影响力的人物是前文提到的律师威廉·比尔德代克。他性格怪异,童年及青年时病弱不能出门,年长时又吸食鸦片。威廉是奥兰治党,也是坚定的君主主义者,巴达维亚共和国成立时流亡到英国。他在那里成家,对象是他做家教辅导的学生,年纪只有他的一半;留在尼德兰的妻子最终和他离婚,但他此后也没有再婚。1806年,威廉回到尼德兰,供职于拿破仑扶持的荷兰王国(Napoleonic Kingdom of Holland),最初担任国王路易的荷兰语教师,后来成为院长掌管王国新成立的科学院。他之所以忠于拿破仑王室完全是见风使舵:1813年他转而热切支持新的奥兰治君主政体。1817年后,他成为荷兰文学的元老级人物,以尖锐又流畅的散文、诗歌高谈阔论道德的衰落。尽管威廉的个人生活离经叛道,但他的保守浪漫主义激励了整个19世纪的荷兰反对革命主义者。

威廉·比尔德代克的圈子欣然接受复兴主义(Réveil, Revival)的思想,这是1810年左右始自瑞士的新教复兴运动。复兴主义强调再次结合16世纪改革家的思想——尤其是关于"感受信仰"和"自信得救"的思想——以及最大程度运用基督教解决日常生活的实际问题。在实用基督教方面,复兴主义是支持学校和医院等慈善事业的真正动因。其在思想上反对法国启蒙与革命,为19世纪荷兰保守主义奠定基础。威廉一世有意阻止了1815年后类似的天主教复兴运动。法律阻碍了重新创办宗教教派,再度兴建学校、医院和救济院,甚至是开展宗教游行和朝拜活动。新的国立大学在根特、列日乃至鲁汶（当地天主教大学已被法国关停，直到 1839 年才再次兴办）建立。天主教徒在尼德兰是少数派，在人口更多的比利时则占绝对多数，威廉一世仍是坚定的新教君主，即使他表面上显得中立无私。

煤炭、蒸汽和钢铁

1815—1830 年，工业化取得了最关键的进步，尽管其历史比这一阶段更长。这些进步部分是因为旧的特殊主义失去法律效力，一个统一的尼德兰由此带来了新的机会。例如，法国公制在 1815 年建国的狂喜中被废除，但在 1821 年又作为统一、便利的度量衡而重新引入尼德兰联合王国。低地国家史上最重大的进步体现在金融机构方面。1816 年国王建立荷兰中央银行（Nederlandsche Bank），其启动资金由财力雄厚的金融巨头孀妇博尔斯基（Widow Borski）提供。这一银行后来成为王国的中央银行（并持续至今）。1822 年，威廉一世在布鲁塞尔成立了通业银行（Société Générale），为工业发展提供资金，股份认购进展缓慢时，他自己认购了其中 1/3。比利时通业银行在 1989 年以前一直是比利时的重要金融机构，是一系列控股公司的母公司，其总裁的国际影响力远超任何比利时政治家。股份和股票是贵族可接受的一种收入形式，各大金融机构促使贵族积极投入财富促进工业发展，这在以往是罕见的。老牌贵族往往不是工厂主，但比利时培养了一种适合于绅士的工业资本主义，刺激了对内投资。

1815 年尼德兰联合王国成立时，比利时被分配承担了一部分尼德兰在拿破仑战争期间积欠的巨额国债。尽管需缴纳重税以偿还国债，比利时工业还是走向了繁荣，很快在比利时经济中取得了与农业同样重要的地位。比利时农学家希望得到关税保护,荷兰商业则坚持自由贸易,比利时工业也从中获益。如同英国一样,尼德兰寡头资本更倾向支持金融和商业服务,以及海外市场,对国内工业不屑一顾。1835年,阿姆斯特丹证券交易所(Amsterdam Stock Exchange)真正在字面含义上垮了:大楼垮塌了,10年内都没有重建。这也显示了尼德兰正在变成怎样的一潭死水。

利芬·鲍文斯(Lieven Bauwens)是比利时历史上的英雄,有的街道、广场都以他命名。旧的教科书这样写道:"英国拒绝共享其新技术。"(却没提当时正处于战时)1796年,鲍文斯走私纺纱机至西欧大陆,先后在巴黎附近和根特建立工厂。到了1805年,他经营的纺织厂已经完全由蒸汽机驱动。1797年,兰开夏(Lancashire)工人威廉·科克里尔(William Cockerill)离开英国到了西欧大陆,寻求资本家支持他开发动力织布机。他一开始希望在瑞典发家致富,最后于1799年来到了比利时韦尔维耶。因为拿破仑军队需要大量制服,鲍文斯和科克里尔赚得盆满钵盈,但鲍文斯的生意于1814年随皇帝一同没落。荷兰纺织业应用新技术的速度要慢得多。首家机械化纺织厂直到1854年才成立(卢森堡也于同年成立首家类似工厂)。尼德兰工业史上的巨头斯托克兄弟(Stork brothers)参与创办了工厂。查理·斯托克(Charles Stork)也参与建立、运营一家大的车床工场和荷兰首家纺织厂(1862年),也是率先出资为员工提供健康、养老金、保险及储蓄保障,并为员工子女兴办工厂学校的企业雇主之一。他甚至在亨厄洛(Hengelo)兴建"花园城市"兰辛克(garden city of Lansink),为工人提供干净的住所。

蒸汽机依赖于煤炭,比利时工业的率先腾飞,一部分原因是该国煤炭储量丰富、保有西欧大陆最古老的煤矿。荷兰水利学家在列日地区采矿工程师中可以找到他们的比利时同行，随着矿井越挖越深，这些专家一代又一代地改进抽水技术。煤炭需求量日益增大，列日、沙勒罗瓦（Charleroi）及蒙斯（Mons）附近的煤田开采更为密集。阿登高地一直是丰富的木炭产地，随着工业化的发展，木炭逐渐失去用武之地。威廉·科克里尔的儿子约翰（John）1824年在瑟兰（Seraing）建立了低地国家首个焦炭驱动的炼铁高炉，到19世纪30年代他经营着世界最大的综合性冶金和机械工厂。瓦隆的冶金业和机械制造业已完成了工业革命，在整个欧洲处于领先地位。1842年，卢森堡西南阿尔泽特河畔埃施（Esch-sur-Alzette）附近发现了大量铁矿床，促使当地冶金业于19世纪50年代飞速发展。

荷兰很早就开始利用汽船，虽然其他方面的工业化起步较迟。荷兰蒸汽轮船公司（Nederlandsche Stoombootmaatschappij）于1823年在鹿特丹成立，阿姆斯特丹蒸汽轮船公司（Amsterdamsche Stoombootmaatschappij）成立于1825年。低地国家也很早就铺设了铁路。英国首次设立铁路线5年后，西欧大陆首次有了铁路，由布鲁塞尔延伸至梅赫伦。这条铁路于1835年开放，很快延展至安特卫普。即使在当下人们的记忆中，比利时也有理由为本国铁路而自豪。荷兰首条铁路线自阿姆斯特丹至哈勒姆（后拓展至鹿特丹），完工于1839年。卢森堡的铁路发展更为缓慢，首条铁路线是从卢森堡到蒂永维尔，于1859年落成。比利时和荷兰迅速对铁路发起国家监管，但卢森堡统治者主要靠将这一权力让与外国公司来为他们做这项工作。

比利时革命：1830—1839 年

在比利时，反对威廉一世统治的人有两部分：天主教徒和自由主义者。前者因威廉一世阻碍天主教重建教育及宗教生活而颇为不满；后者最为强烈地反对其独裁统治。1828 年，在温和自由主义者、卢森堡人让－巴蒂斯特·诺东（Jean-Baptiste Nothomb）的建议下，两派组成了激进反不公正联盟（Union for the Redress of Grievances）统一战线。

1830 年 7 月，巴黎爆发的一场革命推翻了复辟的波旁王朝君主制，路易－菲利普一世（Louis-Philippe of Orleans）的君主立宪制取而代之。其他国家纷纷效法。1830 年 8 月 25 日晚，布鲁塞尔皇家铸币局剧院（La Monnaie）上演了丹尼尔·奥柏（Esprit Auber）的作品《波尔蒂契的哑女》（*La Muette de Portici*），歌剧以 1647 年那不勒斯人反抗西班牙统治的起义为题材。压轴戏是大合唱《祖国神圣之爱》（*Amour sacré de la patrie*）。演出结束后骚乱爆发。市民们组成民兵队"以恢复秩序"，并控制了城市。布拉班廷革命时的黑、黄、红三色再次出现，这次用在了三色旗上。

奥兰治亲王威廉（William, Prince of Orange，未来的威廉二世）及叔叔腓特烈共同指挥一支军队镇压革命军。威廉亲王试图通过仪式出任革命领导者，但此举并未赢得比利时人的信任，也丢掉了荷兰人的欢心。谈判 3 周无果，腓特烈亲王出兵袭击布鲁塞尔却被击退。夏尔·罗日耶（Charles Rogier）领导的列日志愿军在交战中发挥了重要作用，卢森堡的志愿军随后不久即来到首都。如今布拉班廷已不再是一个需要与他国结盟的小国了：整个尼德兰南部都被视为祖国（patrie），联合反对荷兰暴政。人民成立临时政府，10月4日比利时宣布独立。

临时政府召开了一次国民大会（National Congress）以通过宪法，在开会之前甚至还颁布法令保障四项基本自由权：教育、结社、新闻及宗教自由。战争仍在持续，至10月末，荷兰军已经被迫撤出今比利时、卢森堡及荷兰林堡省的几乎全部土地。威廉的部队只控制了安特卫普堡垒及筑有防御工事的卢森堡和马斯特里赫特。卢森堡公国的其余领地已经拥护了革命。卢森堡从被奥兰治家族忽视的封地变成比利时不可或缺的一部分，培养了政府官员和军队将军。根据1715和1794年签署的条约，荷兰林堡省的大部分土地都被割让给了荷兰共和国，并再次并入比利时。

1830年末，列强联合势力介入。英国对自由革命有一定同情，法国则是完全支持，奥地利、普鲁士和俄罗斯对此感到震惊。11月在伦敦召开了一次国际会议。列强联合势力强迫交战国签署停战协定，并秘密决定了它们的命运。到了年末，列强愿意在一定条件下承认比利时独立。会议并未考虑到比利时可能会拒绝他国商定的条件，而无论条件如何，威廉一世都拒不承认比利时独立。局势一直僵持至1839年。

1831年2月3日，国民大会投票决定新王国的王位归属。最得民心的候选人是法国国王路易-菲利普一世的次子内穆尔公爵（duke of Nemours）。英国向内穆尔施压，阻止其接受王位，后来维多利亚女王（Queen Victoria）的舅舅、萨克森-科堡公爵利奥波德一世（Leopold of Saxe-Coburg）出任比利时国王。选举国王的同时，国民大会于2月7日通过了比利时宪法。宪法确立了英国模式的君主立宪制，大臣们向两院制立法机关负责。下院议员由直接选举产生，上院议员由直接选举代表、经全体成员同意增选的代表或世袭议员组成。只有缴纳一定税额的人才享有投票权，选民占全体人口的比率低于2%，这保证了资产阶级的政治霸权。宪法进一步保障了法国革命文件《人权宣言》(Declaration of the Rights of Man) 中声明的自由权。比利时结合了英国代议制政体和法国人权观念，为欧洲内外各国19世纪的宪政改革提供了借鉴。1831年7月21日，利奥波德一世宣誓成为比利时国王。

威廉一世立刻发动反击。8月2日，威廉亲王再次率荷兰军队入侵比利时。一场旋风般的战役后，荷军占领蒂伦豪特，并在哈瑟尔特（Hasselt）和鲁汶击溃比利时军，但法国及英国的干预迫使荷兰撤军。一位荷军火枪手在回忆录中描述了这场战争，他推测荷兰军已无力回天，因为"我们出战前不再像以往一般祷告，而是带着对敌军的诅咒。"

1838年，威廉一世终于决定承认比利时独立，比利时不得不接受列强联合势力定下的条款。比利时最难接受的是将卢森堡的半数、林堡的大多数土地归还威廉一世。1839年，承认独立的正式手续才完成。斯海尔德河向比利时船只开放，但需缴苛刻的通行费。1863年，比利时一次性付清了全额通行费，随后安特卫普迅速成为主要港口，是中欧至大西洋的铁路终端。1815—1830年，卢森堡一直被视为尼德兰联合王国的一部分，无人承认其所谓的独立地位和德意志联盟成员身份。现在这一部分由威廉一世收回，他兑现了许久之前的承诺，承认其独立地位及宪法有效。卢森堡大公国的权贵们请愿实行比利时模式的宪政，但实际政体更像是普鲁士。

威廉一世于 1840 年退位。其子威廉二世即位，继续在国内政治中施行独裁统治。威廉二世作为卢森堡大公，以更强硬的态度（于 1842 年）最终完成了谈判——确定了这部分残余的大公国在德意志关税同盟（German Customs Union）中的地位。他统治的林堡地区也属于这个同盟，直至 1866 年正式并入荷兰领土。比利时王国、荷兰王国及卢森堡大公国成为 3 个明显独立的政治实体，虽然其中 2 个仍由同一君主统治。

政党的分裂：1840—1878 年

181　　1840 年后，比荷卢三国走上各自的道路，集中政治力量着力解决内部事务。1847 年，比利时自由党（Belgian Liberal Party）成立，这是比利时首个、也是很长时期内唯一的全国性政党。政党的领导核心及中产阶级的财富积累保证了自由党此后几十年在中央政府中的主导地位。1848 年，欧洲经历了一系列自由民族主义革命的动荡——革命在法国、德国、捷克地区（Czech lands）、匈牙利，甚至（差点在）卢森堡爆发。虽然 19 世纪 40 年代中期的马铃薯疫病及 1846 年粮食歉收使部分地区爆发动乱，但自由党当权的比利时大体上仍一派平静。即使热衷革命的煽动者混入国内也没能打破国家的和平，这些煽动者往往是法国人，也包括遭流放的德国激进分子卡尔·马克思（Karl Marx），警方称他为查理·马克思（Charles Marx），他于 1845—1848 年生活在布鲁塞尔。马克思与弗里德里希·恩格斯（Friedrich Engels）正是在布鲁塞尔写成《共产党宣言》（Communist Manifesto），随后政府将这位不受欢迎的外侨驱逐出境。

路易·拿破仑（Louis Napoleon，即拿破仑三世）1851 年发动政变掌控法国后，比利时成为法国反对派以及因中欧革命失败而出逃之人的避难所。尽管受到拿破仑三世的威胁，比利时保护新闻自由的法律仍为持不同政见者提供了畅所欲言的机会。

1848 年危机中，威廉二世力图先发制人，预先阻止荷兰自由派革命。威廉二世没有咨询大臣意见——依当时情形，他也没有义务咨询——便直接通知下院议长自己可以接受激进的宪法改革。法学家约翰·鲁道夫·托尔贝克（Johan Rudolf Thorbecke）领导组建了委员会，不到一个月就起草了新宪法。总议会下院由无记名投票直接选举产生（通过根据一定条件来赋予选举权，选民被有效地限定在中产及上层阶级间）。上院不由国王任命而由省级议会（provincial States）间接选举产生；省级议会成员继续作为选举团推选荷兰参议院，这一做法在欧洲议会政体中较为罕见。王权不可侵犯，大臣改为向总议会负责。大臣们实行集体议政，并创立大臣会议主席（Minister-President）一职为政府首脑。总议会议员无须再听从省级立法机关的投票指示，在无预先安排时有权直接质询大臣，也有权提议、修订法律。总议会由此成为现代议会。

托尔贝克堪称荷兰宪法的缔造者。他毕业于阿姆斯特丹的一所雅典式中学（Atheneum），后来在德意志学习，吸收了德国浪漫主义中自由民族主义的理想。1825 年，他在根特新成立的公立大学得到一份教职，成为在比利时的大学中用荷兰语授课的第一人，也亲眼见证了自由主义观点的成长和革命的爆发。托尔贝克 1840 年加入总议会，1844 年，他支持一项宪政改革议案，却徒劳无功。托尔贝克通晓自由民族主义的来龙去脉，长期以来也在一直研究何种改革切实可行，因此荷兰王国需要起草代议制宪法时，他便成为担任这项工作的不二人选。第二次世界大战末期出现了一系列鼓舞斗志、广为流传的民族英雄传记，赞美"雄心铁骨"托尔贝克为"学者、法学家、政治家、历史学家、哲学家和作家"，是荷兰历史上第五位伟大政治家，仅次于"沉默者"威廉、约翰·范·奥尔登巴内费尔特、约翰·德维特和总督国王威廉三世。

新教徒反对教皇任命荷兰王国首批天主教主教，因而引发了大动乱，托尔贝克的自由主义政府因此于1853年垮台。在政治和思想上反对托尔贝克的领导者是纪尧姆·格伦·范普林斯特勒（Guillaume Groen van Prinsterer），他深受复兴主义影响，拥护王权。他也是一位历史学家和王室的档案保管员。纪尧姆不断攻击自由主义、天主教解放和世俗教育，在这一过程中他塑造了反对革命的政治倾向。因此，天主教政治家趋向自由主义，以此作为反对新教国家的最有力武器。

卢森堡于1848年革命爆发之后通过了自由主义代议制宪法，1856年，这部宪法在一场未流血的政变中被废除。威廉三世（1849—1890年在位）模仿普鲁士的同类宪法，引入一部更强调专制王权的宪法，削减了近三分之二的选民数量，把议会限缩成一个咨询机构，恢复了大臣向国王负责的体制。这部宪法的效力持续至1868年，直到卢森堡成为独立国家再次确立了代议制政府（见下文）。而比利时和荷兰自由派在宪政上所取得的成就没有遇到过如此大幅逆转的威胁。

183　比利时政治自由主义的社会关系与共济会分会紧密相连，共济会分会在18世纪末至19世纪初深受自然神论及反教权信条的影响。布鲁塞尔富裕的自由主义者在地方分会的论坛上同意出资在布鲁塞尔创办"自由、世俗的"大学,即1834年开放的自由大学(Université Libre)。随着大陆共济会(Continental Freemasonry)越发倾向于无神论,自由主义也是如此。共济会与基督教的价值观越来越不相容。1837年,比利时主教发布了一封牧函,禁止共济会成员加入教会,尽管比利时共济会总导师(Grand Master)抗辩称自己是虔诚的天主教徒。公共事务分为天主教阵营(由富裕、保守、按时去教堂礼拜的信徒主导)和自由派阵营(由富裕、保守的共济会成员主导),两派逐渐分庭抗礼。自由党的许多成员本来是常去教堂的信徒,而天主教的福利则吸引了对宗教无甚兴趣的保守人士。但政治分化最显著的问题是教会与国家的关系,也是最重要的争论主题。

比利时建国初期(1830—1857年)及荷兰君主立宪制实施初期(1848—1878年),天主教和自由派曾进行过政治合作,这不仅是战略上的联合。在比利时,与天主教贵族奉行的中世纪沙龙精神截然对立的天主教政治行动主义(political activism)的开创者是律师安托万·迪克珀迪奥(Antoine Ducpétiaux)和记者阿道夫·巴特尔斯(Adolf Bartels)。两人皆反对威廉一世,并因违反其治下的新闻法而遭刑事起诉。他们都坚信自由和议会政体的正确性。天主教保守派由衷地欣赏宪法赋予的自由,他们可以借此掌握地方政治、组织议会制天主教反对党,但自由党指责他们企图倒行逆施退回18世纪,并屈从于外国势力(即罗马教皇)。另一方面,天主教政治家坚称,限制教会社会活动的政治举措(如扣押赋予天主教大学的奖学金来供养其他机构的学生,或试图禁止对天主教慈善机构的遗赠)违背了宪法规定的政教分离原则及教育、集会的基本自由权。

天主教集体参与近代政治生活是比利时的特点,这与法国天主教(French Catholicism)的反动君主主义迥然不同,也区别于英国议会体系中无天主教议员席位,甚至爱尔兰议员中也无天主教信徒。比利时政治模式激励了荷兰及德国天主教参与到议会政治中,德国中央党(Centre Party)后来成为19世纪最大的天主教政党。即使在法国,蒙塔朗贝尔(Montalembert)等自由党天主教徒也将"比利时式的自由"视为理想。

1848年后,一派行为方式异于以往的天主教政治家开始崭露头角:他们奉行国际主义,喜好争论,严厉批判自由主义。他们对19世纪60年代意大利统一(Italian Unification)尤其是教皇国(Papal States)的存亡态度鲜明,立场明确。观点自由原则使天主教徒有权遵奉"山那边"(*ultra montes*)教皇的训导,并支持意大利中部维护教皇政治权力的斗争。比利时和荷兰天主教家庭的年轻男性在教皇军(Papal Zouaves,这是近代第一支国际志愿军)中所占的比例,与其他成员比例相比严重失调。对荷兰来说此事尤为严重,因为入伍者必须放弃荷兰公民身份。和复兴主义一样,在教皇至上主义(Ultramontanism)中,宗教信仰是生活的基本态度,而非个人信条,无法与政治原则、商业道德、教育理想、慈善活动及艺术品位割裂。与反对革命主义者(Anti-Revolutionaries)一样,教皇至上主义者(Ultramontanes)抨击自由主义经济学所造成的社会后果,提出家长式的、博爱慈善的救济方法,为更激进的基督教民主(Christian Democracy)作准备。19世纪60年代在梅赫伦组织的一系列天主教大会(Catholic Congress)为缓慢推进的天主教复兴奠定了基石。自由主义者（坚信天主教徒威胁了政教分离）和天主教徒（坚信自由主义者滥用政治权力干涉教会生活）的政治分裂因此成为定局。两派中更为歇斯底里的狂乱分子认为所有政治提案的背后皆有耶稣会或共济会密谋——而头脑更为清醒的人只会偶尔作此怀疑。比利时工会主义（Belgian Unionism）和托尔贝克领导下荷兰自由主义者与天主教徒和谐共处的时代已经成为过去。

哥特风格（Gothic）复兴在19世纪10年代中世纪浪漫主义（Romantic medievalism）与19世纪50年代宗教信条化风格间架起艺术桥梁。复兴运动率先在圣托马斯和圣路加行会（Guild of St Thomas and St Luke）展开，后来借由圣卢卡斯学校（Sint-Lucas schools）的装潢和实用艺术成为常态。布鲁日是这一新艺术感受得到发展壮大的重要阵地之一。这个城市未受到工业化影响，自15世纪末以来一直闭塞偏狭、少有改变，甚至远不如中世纪时繁华。翻修、新建哥特复兴式（Neo-Gothic style）建筑有助于对城市景观的保护，使城市给人整齐划一的错觉，呈现出"中世纪"风情，在视觉上引人入胜。

比利时浪漫主义受天主教教义吸引的趋势可以从亨德里克·康西安斯（Hendrik Conscience）的小说中得以窥见。康西安斯在佛兰德斯文学中的地位相当于沃尔特·司各特爵士（Sir Walter Scott）在苏格兰文学中的地位，虽然前者的国际影响不如后者。康西安斯自学成才，作为志愿军参与比利时1830年革命（1830 Revolution），他为战时口号"自由！"而热血沸腾。他的历史小说包括《佛兰德斯之狮》（*The Lion of Flanders*，1838年，取材于1302年金马刺战役）和《列日市长》（*The Mayor of Liège*，1865年，关于1637年市长皮埃尔·德拉吕埃勒被谋杀事件）。这些作品中，他把中世纪工匠和 17 世纪市民的斗争等同于争取自由的斗争，促进了更全面的比利时自由主义国民身份形成。但这种对自由的热爱完全不同于政党—政治上的自由主义：1847 年，康西安斯被授予挂名职位，担任比利时王子们的荷兰语教师时，自由派政治家不胜惶恐。

荷兰基督教艺术（Christian Art）的主要理论家是约瑟夫·阿尔伯丁克·泰姆（Jozef Alberdingk Thijm）。泰姆是诗人、商人，也是天主教解放在思想上的名义领袖。他于 1855 年创办杂志 *De Dietsche Warande*，集合了在艺术、文化上志趣相投的佛兰德斯人和荷兰人。1853 年，泰姆游说在加尔文教的大本营乌得勒支即"威利布罗德之城"（Willibrords city）恢复大主教职位，而非按最初设想的选择宗教氛围更加宽松的阿姆斯特丹。泰姆的妹夫 P. J. H. 塞珀斯（P. J. H. Cuypers）是一位建筑师，也是哥特风格和北方文艺复兴风格（Northern-Renaissance）的重要实践者。他在漫长而忙碌的职业生涯中，整修了大量中世纪建筑（教堂及少数城堡），其事业巅峰为阿姆斯特丹的荷兰国立博物馆（Rijksmuseum，1885 年）及中央车站（Central Station，1895 年）。塞珀斯是公开的天主教徒，却能作为建筑师参与到这些恢宏的世俗建筑工程中，这标志着荷兰天主教少数群体正在经历不断增强的社会解放。

针对哥特复兴风格，世俗主义者（secularists）以新古典主义（Neoclassicism）予以回应。新古典主义崇尚基督教出现前的罗马、希腊风格，以及意大利文艺复兴中理性、人文、异教的艺术灵感。当圣卢卡斯学校胸怀壮志的艺术家和匠人打磨铜管乐器、设计双曲线饰边和蔷薇花窗时，世俗学院的同行们正在进行裸体画和关于对称、比例的课程。艺术的主要赞助者来自共济会地方分会，而非圣托马斯行会等慈善团体。

疯狂天才安东尼·维尔茨（Antoine Wiertz）自诩为鲁本斯再世，其工作室现为布鲁塞尔的一处博物馆（亨德里克·康西安斯的另一份挂名职位是博物馆管理员）。维尔茨曾预言布鲁塞尔会成为新欧洲的中心，但在19世纪的大部分时间里，布鲁塞尔在文化上只能算是巴黎的附庸，出版商借盗印法国畅销书谋利。19世纪中叶，布鲁塞尔吸引了诸多法国大艺术家，他们通常为逃避丑闻或迫害而来。这些临时避难者包括维克多·雨果（Victor Hugo）、大仲马（Alexandre Dumas）及夏尔·波德莱尔［Charles Baudelaire，他在作品《可怜的比利时！》（*Pauvre Belgique!*）中发泄了对这座城市的不满］。1873年，保尔·魏尔伦（Paul Verlaine）在布鲁塞尔的一家旅馆里向他十几岁的同性伴侣阿瑟·兰波（Arthur Rimbaud）连开两枪，因谋杀未遂被关入蒙斯的监狱。那慕尔现有一处博物馆，专门纪念早期象征主义（Symbolist）画家、色情画家费利西安·罗普斯（Félicien Rops），但他一生中在巴黎所受到的欢迎远超出在家乡，波德莱尔认为他是比利时的唯一亮点。

1859年，前荷属东印度殖民地官员爱德华·道维斯·戴克尔（Eduard Douwes Dekker）寄居布鲁塞尔时，以笔名穆尔塔图里（Multatuli）创作了小说《马格斯·哈弗拉尔》，又名《荷兰贸易公司的咖啡拍卖》（*Max Havelaar,* 或 *the Coffee Auctions of the Dutch Trading Company*）。荷兰虽在革命战争中遭受了殖民地的损失，却仍然保有一个辽阔的海外殖民帝国，并在19世纪后期得以极大扩张。其中最有价值的是爪哇省（Java），荷兰在1825年经过激战打败了原住民反抗势力,重新占领此地。1818年,荷兰废除奴隶贸易。荷属东印度于1858年废止奴隶所有权,荷属西印度于1863年废止,但这并非残酷剥削的终结。1830—1870年,荷属东印度实施定植制度(Cultivation System,这一制度在咖啡垦殖领域维持得更久):当地的精英继续掌权,作为回报他们须提供配额农产品,以固定价格售予荷兰。无法提供配额农产品的平民会受到残酷惩罚,而完成配额者只会收到微量津贴。《马格斯·哈弗拉尔》于1860年出版。除了偶尔闪现的愤慨讽刺,这本书可谓枯燥乏味至极,但其人道主义影响远高于文学成就。戴克尔的小说使荷兰举国震惊,至今仍被视为对殖民压迫的严厉控诉。作品成为在荷兰殖民地寻求自由解放和人道主义改革之人的代号,重要性堪比《汤姆叔叔的小屋》(*Uncle Toms Cabin*,1852年)之于美国反奴主义者。接下来20年中,穆尔塔图里是荷兰最具"自由思想"的前卫作家,与基督教和资产阶级展开了激烈争辩。"马格斯·哈弗拉尔"如今成为商标,用于来自第三世界国家"符合公平贸易准则"的产品。

正如斯宾诺莎在《神学政治论》(*Tractatus Theologo-politicus*)中指出的那样,自由派世俗主义者认为,法国旧制度没落,宗教失去法律保障,其作为一种公共力量必将萎缩。当公平竞争的环境明显有利于教会时,比利时自由党决意改变游戏规则。修改选举权限制的作用相当有限,所以他们试图改变基本社会态度。1879年,自由党采取措施,停止向教会学校提供津贴,强迫不情愿的民众以更高成本到公立学校就读。随后的"学校之争"(school war)刺激了天主教政治组织的发展。近50年来,天主教政治家一直不愿组建一个全国性政党,认为组建政党与他们所奉献的不同地方利益无关。

1884年，他们联合起来组成天主教党（Catholic Party），并在普选中大获全胜。自此天主教党［后来成为基督教社会党（Christian Social Party）］取代自由党成为执政党，其在选举中虽未一直占据绝对优势，但直到21世纪初才真正落败。

在荷兰，教育政策也是促成政党形成的因素，并打破了自由党的支配霸权。1878年，荷兰出台新法律改善小学条件，提出了严格质量要求。国家向公立学校发放津贴以实现目标，对教会学校却没有相应财政支持。严格的加尔文教徒和天主教徒认为这种做法会削弱家长自由选择教育的权利。因此，亚伯拉罕·克伊波（Abraham Kuyper，1837—1920）领导的反对革命党（Anti-Revolutionary Party）作为荷兰的首个全国性政党应运而生。许多温和的新教徒力图在公立课程中引入不限教派的《圣经》学习，但克伊波继承了19世纪70年代初反对革命运动领袖格伦·范普林斯特勒的衣钵，将争辩的内容改为要求向加尔文教徒的子女开设独立的加尔文主义学校（Calvinist schools）。自由择校权的斗争也让受到牧师、诗人、政治家H. J. A. M.舍普曼（H. J. A. M. Schaepman）启发的天主教资深议员们与反对革命党而非自由党结成同盟。1901年后，这两个"信仰派"政党（confessional parties）中的任何一个都没能执政的情况是很少见的，尽管他们在联合统治中的分量差别很大。此时也出现了小型信仰派政党，它们虽然一直是规模甚微的少数派，但偶尔会发挥远超出成员数的影响。

1905年，克伊波迎来最伟大的胜利，阿姆斯特丹自由大学（Free University of Amsterdam）获特许成立。自此，荷兰加尔文教徒都可公开接受按基督教原则组织的从幼儿园至本科的教育。针对学校之争，荷兰提出，经国家督学团质检合格的所有学校均可获同等津贴，这一解决方案在1917年通过的宪法修正案中被采纳。比利时世俗主义者一直惶恐地审视此种做法，他们经过斗争（1954—1958年抗议呼声最高）使国家维持了二元资助体系，以此区别对待教会学校。

解放运动：1878—1914年

到了19世纪中叶，自由党人竭力确立并加以捍卫的政治原则已被广泛接受，自由主义作为一种鲜明的政治信条正变得累赘冗余，而作为一种社会理论及形而上学学说则越发暴露出自身的不足。19世纪后期的一系列社会和文化运动开始质疑自由党的主导地位，其方式超越了早期宗教派保守主义者有所保留的反抗。

19世纪末的比利时是典型的"现代国家"，与20世纪晚期的荷兰颇为相似。1910年，法国外交官亨利·沙里奥（Henri Charriaut）在《近代比利时》（*La Belgique moderne*）一书中写道：比利时是一个"社会实验室"，影响欧洲各个大国的关键问题全部在比利时显现，并引发了"持续的改革热潮"（a perpetual fever of reform）。同年，本杰明·塞博姆·朗特里（Benjamin Seebohm Rowntree）著作《土地与劳工：比利时经验》于伦敦出版，此书基于4年的研究，篇幅更长。朗特里是新自由主义者（New Liberal），致力于通过禁酒、社会保险、合作社、分配小块土地等方式提高劳动人民的生活及尊严。这些手段皆具比利时特色，尽管朗特里惋惜比利时的戒酒团体"只想控制烈酒的消费，既不教导也不要求成员戒除葡萄酒和啤酒"。

（比利时反对烈酒的戒酒运动的成功，有一个始料未及的影响，即啤酒商不断尝试开发各种高浓度啤酒，这让比利时在啤酒饮用者之中非常出名。）尤其吸引朗特里的主意是向工人价格低廉的通勤票，由此乡下工人可避免蜗居于城中的廉租公寓。他也不是唯一着迷于比利时模式的英国改革家。凯瑟琳·韦布（Catherine Webb）指出，正是访问了布鲁塞尔和根特之后，英国妇女合作工会（Co-operative Women Guild）带回了"后来英国妇产中心的萌芽"。

《土地与劳工》不仅是仿照比利时模式建立社会组织的理想宣言。朗特里也从当地的贫民救济经验中吸取了教训。这里的济贫事宜由专门的委员会负责，成员由当地政府任命。济贫委员会是常设机构，享有法国大革命时期充公的教会土地，更可从地方税收和慈善捐款中进一步获得资金。济贫事宜由地方机构自行负责，意味着对于那些贫穷的社区来说，老人和穷人得到救济的可能性远低于相对富裕的社区。另一问题是大多数地方委员会愿意拨发小额款项帮助有急切需要之人，随委员会运作的大量天主教慈善机构同样如此。但实际上这种补贴的受益者是不愿付给工人基本生活工资的雇主。荷兰的情况虽不与此完全相同，但可拿来作比较。只有在所有亲属及独立慈善机构都无法帮助一个贫民摆脱赤贫状态时，荷兰的地方济贫委员会才会介入解决。朗特里提出了社会保险这一解决方案，他因而被誉为"福利制度的爱因斯坦"（Einstein of the welfare state）。

工会和社会主义

工业化早期，有大量雇主通过压低工人薪水的方式来保持竞争力,而非采用机械化生产或改组整顿。工人们联合起来,要求提高薪酬、缩短工时、改善工作条件。工会不仅支持了这些局部、零散的工人请愿运动,也率先塑造了一种新的工人阶级文化。传统工作和生活模式消亡,一度维持劳动者道德体系的社区、亲属关系网破裂,导致了种种恶果:家庭解体、针对贫民的犯罪、暴力及迫害行为肆虐、娼妓数量飙升、酗酒之风盛行。工会、合作社、储蓄和保险机构、学习小组及铜管乐队,都可以让被孤立的工人们获得一种全新的自尊感和共同目标。

虽然工会首先盛行于技术工人中,他们较少遭受在不足果腹的工资水平下持续工作(甚至可能经常面临失业或者被欠薪的风险)的非人待遇。但后来的工会实际上集合了所有劳动者,尽管工作条件不同,他们可以在工会讨论并解决问题,相互支持、彼此鼓励。例如,1865年根特的编织工兄弟会(Fraternal Society of Weavers)仿照1844年罗奇代尔(Rochdale)合作社而建。到了1880年,经过内部成员间的数次政治争论,合作社已经发展成明确的社会主义组织"前进"(Vooruit),这是一家合作经营的面包店兼药店,还提供互助健康保险和储蓄银行服务。该组织也是一处文化活动中心,成员可以享受积极的娱乐活动、酌饮啤酒(但不能是烈酒),自1884年起开始发行自己的日报。教会及乐善好施的雇主也支持各种帮助劳动人民重拾尊严的活动,但工会和合作社的工作是从头开始的,因此做得最有效。

荷兰工会形成的时间较晚,工人集会直至19世纪70年代仍然是违法的。比利时的集会自由权为工会的形成提供了条件,但1867年前罢工仍属于违法行为。1860年,社会主义政党"人民党"

（Le Peuple）在布鲁塞尔成立。1866年，人民党加入了国际工人协会（International Workers Association），也就是第一国际（First International，1864—1877年），1868年在布鲁塞尔召开了第三次国际工人大会（Third International Workers Congress）。1877年，省级的社会主义政党分别在布拉班廷（总部位于布鲁塞尔）和佛兰德斯（总部位于根特）成立。

荷兰的裁缝、工会组织者亨德里克·格哈德（Hendrik Gerhard）也受到比利时社会主义的影响。1869年，格哈德率先在阿姆斯特丹成立了一处总工会，即第一国际荷兰分部（Dutch section of the International），名为荷兰工人协会（Nederlandsch Werklieden Verbond, Dutch Workers Union）。荷兰最早的两个工会已于1866年建立，由行业门槛较高的印刷和钻石打磨之从业者组成。1868年，阿姆斯特丹成立了圣约瑟夫联合会（Association of the Companions of St Joseph），这是史称"荷兰天主教工会运动"（Catholic trade union movement）的开始。1871年又出现两个反国际化、反社会主义的工人组织：荷兰总工会（Algemeen Nederlandsch Werkliedenverbond）和爱国工人协会（Vaderlandsche Werkmansvereeniging）。前者主张左翼自由主义（left-liberal）；后者由新教领导、更加保守，"依照上帝的话语维护工人利益"。上述4个成员众多的工人战线决定了荷兰工人运动极具信仰特色，运动大多由社会主义和左翼自由主义工会主导。在比利时，社会主义者、基督徒、自由主义者三方联合形成了相似的信仰派体系，但在那里，宣称根据基督教义建立的工会与社会主义工会相对峙，且在实力上超越了后者。

小规模罢工和雇主停工是当时的常态，但大型工会和国家间也有数次严重冲突。其中最著名的是比利时工人争取投票权的一系列罢工运动（见下文）及荷兰1903年铁路工人罢工运动。罢工由阿姆斯特丹的码头工人发起，随后铁路工人迪尔克·弗雷肯（Dirk Vreeken）因拒绝越过罢工纠察线而遭解雇，铁路业就此展开罢工，阿姆斯特丹及周边数公里的工业机械生产全部停滞。因为没有火车运行，政府派去镇压罢工的士兵只能步行，到达时罢工早已结束。不到两天，雇主满足了所有罢工者的要求，但政府立法禁止公务员和铁路雇员再开展任何罢工行动。

19世纪晚期的经济萧条沉重打击了工人阶级。许多工厂主试图通过解雇员工、削减薪酬、忽视安全标准以保持利润。政府一反常态，针对盗窃做出众多严厉的"警诫性"判决，法律体制似乎只为限制赤贫者摆脱困境而存在。濒临革命的动荡局势和工人运动的政治组织受到极大刺激。1881年，在荷兰成立了一个全国性的社会主义政党——社会民主联盟（Sociaal-Democratische Bond）；1885年，比利时各地方政党联合成比利时工党（Parti des Ouvriers, Werkliedenpartij）。

革命性的马克思主义已成为社会主义运动的主要意识形态基础，但在19世纪90年代，社会主义运动做出了许多明确且有约束力的选择以实现民主策略——即便如此它们也没有放弃革命目标。最迫切的要求是在当前的议会制度下，每个成年男性都应该有选举权。19世纪80—90年代，比利时工党支持了一系列争取男性普选权的游行示威活动，而无政府主义者和立场更坚定的社会主义者则鼓励政治需求鲜明的罢工行动。这些行动有时会演变为暴力冲突，最血腥的冲突发生于1886—1887年和1893年。1893年，政府做出让步，所有男性获得多次投票制选举权。此后，凡年满25周岁的男性都必须在议会选举中投票，但"有义务的"选民（地主、雇主、中年户主）有2次投票权，大学毕业生有3次。"一人一票"制直至1919年才被引入。

荷兰社会主义者最初争取选举权的斗争收效甚微，他们也更不情愿接受"资产阶级"的议会制度。荷兰下议院的首位社会主义议员是费迪南德·多梅拉·尼乌文赫伊斯（Ferdinand Domela Nieuwenhuis）。他曾是路德宗牧师，1879年离开教会参与社会主义活动，1888年被选为斯霍特兰（Schoterland）议员。在比利时，直至1894年才有社会主义者当选为众议院议员，28名代表通过首次全体男性普选立刻加入议会。1893年，荷兰社会民主联盟就鼓动革命的问题莫衷一是，进而分裂：多梅拉·尼乌文赫伊斯主张放弃议会政治，但12名成员不同意此做法，离开联盟组建了社会民主工人党（Sociaal Democratische Arbeiders Partij，SDAP）参加1894年竞选。多梅拉·尼乌文赫伊斯继续支持无政府的工团主义运动，而社会民主工人党成为民主左翼的主要政党。政党成立的头30年中，最重要的领导人是弗里西亚诗人、律师彼得·耶勒斯·特鲁尔斯特拉（Pieter Jelles Troelstra）。通过法律工作，他意识到现存制度更注重的是保护财产而非促进公正。

比利时和荷兰的社会主义政党是最早开始、最努力由革命社会主义转向改良社会主义的政党之一，强调合作联营而非集体化。比利时和荷兰政党在推动建立社会民主主义组织第二国际（Second International，1889—1947年）中发挥了重要作用，其中央办公室最初设在布鲁塞尔，后迁至阿姆斯特丹。国外革命社会主义者和国内马克思主义知识分子经常不理解比利时和荷兰政党，甚至对其抱有敌意；特别是1919年由苏维埃领导、与第二国际相抗衡的第三国际（Third International）成立之后。埃米尔·范德维尔德（Emile Vandervelde）是比利时工党毋庸置疑的领袖。他活跃于20世纪早期，来自中产阶级家庭，受左翼自由主义影响，是改良社会主义的坚定实践者。范德维尔德1900年成为第二国际主席，随后一直受到支持反修正主义的"正统"马克思主义者攻击，包括列宁在内。但是，在比利时国防部门渗入并瓦解工团主义共和社会党（Parti Républicain Socialiste，1887—1891年）后，比利时工党一直是全国唯一的左翼政党，直至1920年比利时共产党（Belgian Communist Party）成立。亨德里克·德曼（Hendrik de Man）的著作《社会主义心理》（Zur Psychologie des Sozialismus，1926年）的出版使"修正主义"（revisionism）达到高潮。德曼是法兰克福学派（Frankfurt School）成员，不久即接替范德维尔德成为政党领袖。辩证唯物主义、阶级斗争、集体化及无产阶级专政全部遭到了坚决反对，政党的核心政策只关乎工人权利和计划经济。

在荷兰，特鲁尔斯特拉在政治上持温和态度并着重支持工会组织，因此与马克思主义杂志《新时代》（De Nieuwe Tijd，1898—1927年）的编辑发生冲突。其中最直言不讳的是赫尔曼·霍尔特（Herman Gorter）和亨利特·罗兰·霍尔斯特（Henriëtte Roland Holst）。前者是诗人，也翻译过斯宾诺莎的《伦理学》（Ethica）；后者在1921年造访苏联之前一直是革命性马克思主义在荷兰的主要支持者之一。1903年铁路罢工的余波中，情势发展到了顶峰，拥护无政府主义的工团主义者和革命社会主义者联合起来呼吁组织大罢工，但特鲁尔斯特拉和社会民主工人党没有支持他们。社会民主工人党于1909年分裂，立场坚定的马克思主义者在代芬特尔的大会上被逐出党外，成立社会民主党［Sociaal-Democratische Partij，后来发展为荷兰共产党（Communistische Partij Holland）］。即便如此，特鲁尔斯特拉仍然在1913年拒绝和自由党结成执政联盟，他本人及领导的政党丧失了发展一个资产阶级政府的必要条件。

左翼自由主义

虽然部分自由党党员难以容忍社会主义者，但自由党中仍有许多人准备与后者合作。同英国爱德华时代的新自由党党员一样，荷兰和比利时的左派自由党坚信，忽视阶级对个人选择的限制，无法真正实现自由、平等与博爱。荷兰青年自由党（Young Liberals）及比利时进步自由党（Progressive Liberals）寻求各种扶持措施，为劳动人民获得自由民主社会下的公民身份提供手段。虽然这些激进的自由党人拒绝阶级斗争，相信阶级利益是可以调和的，但他们随时准备与劳工运动形成统一战线，也对受压迫人民的困境深感忧虑，这让比利时和荷兰社会主义者乐观地相信，资本主义可以通过民主行动进行改良。自由党和社会主义思想家也倾向于分享一种强烈的反教权主义思想，即使两派步调不一致，他们却有共同的敌人。

在比利时，许多左翼自由主义派的时事评论员提出了一些新观点，它们为知识分子接受，但往往不能马上影响到党派领导层。这些专家一部分以索尔维学院（Institut Solvay，1893年成立于布鲁塞尔）为根据地。瓦尔泰尔·弗雷尔－奥尔邦（Walthère Frère-

Orban，1867—1870年及1878—1884年任首相）执政期间，主导政党机器的自由主义一直脱离实际，支持成败由己的自由贸易，奥尔邦本人可谓此种自由主义之化身。20世纪，比利时自由党成为占主流地位的右翼政党，而基督教民主党（Christian Democrats）则持中左翼立场。荷兰青年自由党更加直接地影响了分裂的自由主义派"家庭成员"（因在殖民统治、选举权、工厂和社会法等问题上意见不合而分裂）。1891—1901年，一系列自由党部门，尤其是左翼自由主义者N. G. 皮尔逊（N. G. Pierson）1897—1901年领导的部门，在这些问题上的作用至关重要。国家的强制行为在自由主义传统浓厚的国家一直是敏感问题，并在关于公共卫生政策、教育、工厂法的辩论中成为热点。这些辩论话题与选举改革一并成为19世纪最迫切、最易导致分裂的政治问题。霍乱、斑疹伤寒、天花、结核病迫使政府介入供水系统、限制迁徙自由、强制民众接种疫苗；政府担忧性病传播，提出由国家监管娼妓这一充满争议的规划。进步人士设法促使自由主义者对上述所有问题达成共识，至少要等到将各项举措写进法律条文。

独立的卢森堡

卢森堡的政治阶级也由自由主义者所主导。1839年起，卢森堡一直由荷兰国王以大公头衔统治，臣属于德意志联邦（German Confederation）。1866年普奥战争后，俾斯麦（Bismarck）成立了关系更紧密的北德意志联邦（North German Confederation），尼德兰的威廉三世统治下的两处领土——林堡公国和卢森堡大公国——仍未加入该联邦。林堡作为新省份并入了荷兰，但威廉提出将卢森堡售予拿破仑三世。俾斯麦介入企图阻止交易,法德军队随时准备宣战争夺大公国。经英国调停,1867年列强联合势力达成协议,将永久承认卢森堡为主权国家(比利时联合比利时卢森堡省和卢森堡大公国的期望就此破灭)。1868年,卢森堡大公仍为威廉三世,卢森堡开始实行议会制宪法(见上文)。

如果说出售领土似乎是中世纪的做法,浪漫主义画家对卢森堡的热爱反映出他们将其视为存活至现代西欧的中世纪公国,那么威廉三世1890年逝世后历任大公的命运则强化了人们认为封建主义挥之不去的印象。根据100多年前缔结的拿骚王朝家族条约,王位需由长子继承,故威廉三世逝世后,(根据荷兰宪法)荷兰国王由其10岁的女儿威廉明娜(Wilhelmina)继任,而根据革命前的王位条约,其卢森堡大公的爵位传给了拿骚家族旁系的一位男性,即拿骚的阿道夫(Adolphe of Nassau)。

卢森堡的全国人口数比许多大城市还要少,其政治活动更多是面对面解决的个人事务,而非政党结构的问题。卢森堡只在1902年成立了一个现代政党——社会民主党。1904年,自由联盟(Liberal League)成立,把已经掌握议会权力但还没形成一个政党的政客们组织了起来。联盟领导保罗·埃申(Paul Eyschen)1888年至1915年当了27年的卢森堡首相。传统势力的组织速度较慢,只在1914年为对抗自由党政府推行世俗教育才成立了右翼政党。

农业

进口自北美的廉价谷物使欧洲农业在1880年左右急剧衰退。萧条经济下工人的选择之一是搬到北美。比利时、荷兰、卢森堡人成为自发迁徙民众的一小支,主要目的地是美国、加拿大、阿根廷和澳大利亚。对信奉新教的荷兰人来说,他们不费吹灰之力即可融入盎格鲁—撒克逊裔的白人新教徒社会(WASP)。或如1913年一位荷兰裔美国人所说:"勤俭、节约、爱干净等优秀的居家品质,让荷兰人成为我们合众国的理想公民。"艾奥瓦州(Iowa)佩拉镇(Pella)和奥兰治城(Orange City)至今仍有荷兰语社区,辛辛那提市(Cincinnati)也有大量卢森堡裔美国人。自工业较为发展的瓦隆大区而来的移民用比利时语中的名字给宾夕法尼亚州(Pennsylvania)工业城市命名,如沙勒罗伊(Charleroi)。荷兰成立了一个国家委员会以引导、促进向布尔共和国(Boer republics)的移民活动,因荷兰人与布尔人有"种族纽带"。1899—1902年布尔战争(Boer War of 1899—1902)后,荷兰为了维持与非洲南部"荷兰派"之间的文化联结,成立了一个专门协会向荷兰在当地开设的大学提供奖学金,并资助荷兰语书籍。

但相较于许多欧洲国家,荷、比、卢通过种种手段平安渡过了农业大萧条的难关,这些手段包括推动产业合理化、集约化,建立合作组织、储蓄及保险合作社,国家资助新技术教育及过量使用新式化肥。此时,塞博姆·朗特里(此人对甜菜糖有一种职业兴趣)感到印象最深刻的不是逐步戒酒的举措,而是比利时经工业化后在农业上的成就,以及拥有世界上最密集轻便的铁路网如何促进了劳动力转移。比利时和许多工业国家一样,必须进口特定食物(尤其是美国谷物和荷兰乳制品)以供养人口,但该国是水果、蔬菜和精炼甜菜糖的净出口国。比利时每英亩农业产量和人均牲畜量远超其他有统计数字可查的国家,如英国、德国、法国和丹麦。若将荷兰和卢森堡统计在内，比利时的优势就不会如此明显，但这更进一步说明，低地国家整体处于19世纪末所谓"绿色革命"（green revolution）的最前列。

基督教社会化

比利时地方合作社和互助保险协会的遍地开花，很大程度上得益于天主教社会化（Social Catholicism）。天主教社会化运动自19世纪60年代一直零零散散地开展，但随着1890年在列日召开的第三次天主教社会化大会（Catholic Social Congress），促进了比利时民主联盟（Ligue démocratique belge）的形成。受激进牧师安托万·鲍狄埃（Antoine Pottier）和历史教授戈德弗鲁瓦·屈尔特（Godefroid Kurth，亨利·皮雷纳的老师）的影响，列日基督教民主党（Liège Christian Democrats）为争取最低工资、推行强制社会保险、董事会中的工人代表而奔走呼吁。和左翼自由主义一样，基督教社会化运动不要求革命或实行国有制，而是认识到要保障工业社会的社会公平，需要保持友好团结、国家干预。

1891年，曾在比利时任教廷大使（papal diplomat）的教皇利奥十三世（Pope Leo XIII）颁布《新事通谕》（Rerum Novarum），表达了对天主教社会运动原则的支持。这极大鼓励了为民主和社会改革奔走之人，但这并未终结富有、保守的世俗教徒在天主教政治上的主导地位。牧师、诗人舍普曼曾是荷兰天主教政治家的领导者，暮年时在政治上却一直被孤立，因其领导的党派不愿跟随他走上社会化道路。天主教社会运动最活跃的支持者通常是牧师——如特文特（Twente）工业区、林堡煤矿区、佛兰德斯工业城阿尔斯特的牧师。

阿尔斯特的牧师阿道夫·戴恩斯（Adolf Daens）及其弟——印刷工、记者皮特（Pieter Daens）在实行家长式统治的实业家查理·沃斯特（Charles Woeste）势力范围下宣传天主教社会运动；沃斯特是天主教党主席，反对基督教民主，认为这有损于下层阶级应有的顺从。1893年，戴恩斯兄弟联同其他人脱离天主教党，建立基督教人民党（Christene Volkspartij），以此表达对基督教民主坚定支持的决心。第一次世界大战后，基督教民主派人士在天主教政党中有了更多机会，并在第二次世界大战后主导了天主教政治。

在亚伯拉罕·克伊波领导下，总体保守的荷兰反对革命党也逐渐转变为一个将促进社会改革作为塑造敬神社会之关键的政治团体。克伊波的领导思想是将宗教改革视为持续的对抗原则妥协的基督教义务，而非单一的历史事件。他认为荷兰政治是基于基督教义的政党和无宗教信仰的政党之间的对立，这严重激怒了自由主义者中许多虔诚的基督徒。荷兰归正会（Hervormden）于1886年在阿姆斯特丹集会，身兼牧师、政治家、理论家和记者数职的克伊波率领一派严格的加尔文教徒归正宗（Gereformeerden）脱离了组织。1892年，他们融入另一派早前脱离国立教会的加尔文教徒。克伊波领导教徒另立门户，主要是为了反抗宗教会议由非长老制结构所控制，以及教徒在处理教义问题上普遍存在的个人判断。克伊波的新加尔文主义（Neocalvinism）力求回归加尔文《基督教要义》（*Institutes*）的学说和多特会议的精神，但其方式是将教义与现代文化相协调。在一系列荷兰语出版物及1898年10月于普林斯顿神学院（Princeton）的斯通讲座（Stone Lectures）中，克伊波阐述了上述原则。

提出"领域主权"（sovereignty in ones own circle）概念的

克伊波,无疑是表述"柱化"概念最清晰的理论家。在他的指导下,一个严格的加尔文主义柱化结构建立起来,虽然核心追随者相对较少,但激励了更广泛新教徒的感情。这个反对革命性的主张吸引了大多数被自由党和社会主义者忽视的保守新教徒"小人物"。包括1908—1913年担任荷兰联合政府大臣的"社会保障之父"(father of social security)A. S. 塔尔马(A. S. Talma)在内的反对革命派社会思想家力求改善"小人物"之命运,但因为承诺调和阶级差别、主张家庭与社区自治而非由国家统治,他们无法进行彻底的改革。

女权主义

阿莱塔·雅各布斯(Aletta Jacobs)着力解决的社会、政治不平等问题是在另一个层面。1883年,雅各布斯试图登记参选荷兰议会议员,却遭到拒绝。1879年,她已是全国首位获得医学博士学位的女性,这得益于政府介入并准许她在格罗宁根大学(University of Groningen)攻读学位。毕业后,她在阿姆斯特丹开设了一家诊所,向贫困妇女免费发放避孕药具。雅各布斯博士及其支持者积极争取参政资格,致使1887年宪法修正案首次公开声明女性无投票选举或参选议员之权。

几乎在同一时期,比利时在妇女教育方面也取得了类似发展。伊沙拉·范迪斯特(Isala van Diest)是比利时首位女性医学博士,1877年,于伯尔尼(Berne)取得文凭,但她不得不奔走游说,直至1884年才获准于比利时行医。玛丽·波普兰(Marie Popelin)是比利时女权主义的领导人物之一(她也是1898年布鲁塞尔国际女权主义代表大会的组织者），1888年，她从法学院毕业，却无法加入法院执业。两人共同组建了比利时女权联盟（Ligue belge du droit des femmes）。此举建立在比利时教师伊莎贝尔·加蒂·德加蒙（Isabelle Gatti de Gamond）所倡导的女子中等教育发展的基础之上。德加蒙出版了杂志《女性教育》（Education de la femme），后来创办了《女权主义者手册》（Les Cahiers féministes，1896—1905年）。这段时间里，卢森堡女孩接受的中等教育提升到了与男孩同等的水平。

1894年，威廉明娜·德鲁克尔（Wilhelmina Drucker）成立了荷兰妇女选举权协会（Dutch Vereniging voor Vrouwenkiesrecht, Association for Womens Suffrage），1903年，阿莱塔·雅各布斯出任主席。协会的一部分主张关乎性别平等，但也有一部分关乎两性差异，即男性缺乏女性独有的敏感性和洞察力，且忽视这一点是相当愚蠢的。荷兰和卢森堡政府最终于1919年让步，赋予女性选举权。1921年，比利时的战士遗孀获得了选举权，但自由党人认为女性大多极易受牧师的思想摆布，于是与极端保守派结成非正式联盟以阻止更多女性获得选举权。直至1948年，78岁高龄的天主教社会化的元老、参议员亨利·卡尔东·德维亚尔（Henri Carton de Wiart）引入一项法案，比利时全体女性才获得完整的选举权。

女权主义者不只关注教育和选举权。女权主义和基督教社会主义运动相结合，着力解决拐卖妇女为娼妓、卖淫业及相关的公共卫生问题。比利时女伯爵玛丽·德维莱蒙特（Marie de Villermont）在著作《女权运动》（Le Mouvement féministe，1900年）中提出，基督教政治家与女权主义保持距离是不对的：尽管许多女权主义者明显参与了方向错误的组织和思想体系，但她们想要解决的却正是最迫切的社会问题。她的著作影响了路易斯·范登普拉斯（Louise van den Plas），后者开创了比利时基督教妇女运动之先河，使天主教政治家给予女权主义者应有的权利主张。

语言权

操荷兰语的比利时人争取自己的语言取得与法语同等的地位，这是当时的另一项解放斗争。荷兰一个与之类似但更为局部的运动是维护、推广弗里斯兰语。这项运动于19世纪20年代由古文物研究者的圈子开始，后来发展为在学校、教会及法庭保有语言权的活动。比利时卢森堡省甚至发起了更小规模的运动，旨在保卫当地惯用德语之人的语言权利。该运动领袖之一是戈德弗鲁瓦·屈尔特（Godefroid Kurth）。屈尔特生于卢森堡，在列日出任教授并把史学研究的现代方法引入了那里，同时他也是积极的基督教社会主义者。

19世纪，人们开始以"佛兰德斯"指称比利时荷语区而非旧时的佛兰德斯公国，"佛兰德斯人"这个概念也跨越了昔日佛兰德斯、布拉班廷、列日公国之前的领地。语言复兴的萌芽在18世纪晚期就已显现，但这一运动真正始于尼德兰联合王国时期，当时在整个低地国家，讲荷兰语的人占大多数，使荷兰语在比利时有了更高的地位（比利时人称之为"佛兰德斯语"）。政治运动于19世纪70年代取得第一次胜利，法律保证了法院及行政部门需使用荷兰语。1894年，全体男性获得了普选权，不会说法语的男性可以向统治阶级表达意见，这极大促进了荷兰语在政治上的运用。1898年，官方承认荷兰语和法语为效力相同的国语，但是使荷兰语获实际平等对待的斗争一直持续至20世纪70年代。19世纪的佛兰德斯运动（Flemish movement）是比利时人的爱国运动，国民将佛兰德斯的学术和文化潜力的进步视为比利时国力的强化。这种看法在"第一次世界大战"期间及战后有了些微改变。

当时的语言权问题不是惯用佛兰德斯语和惯用瓦隆语的比利时人之间的对抗（该情形出现于"第二次世界大战"后），而是语言偏好不同的两派佛兰德斯知识分子间的问题。这种争论某种程度上反映了佛兰德斯语区上层及中上层阶级与下层及中下层阶级的分化；前者在文化和教育上几乎只用法语，后者主要用佛兰德斯语。但即使这么说也是言过其实了。不满情绪还有更广泛的缘由。居于埃斯拜甜菜场陋室和瓦隆尼亚区工业排房的佛兰德斯季节工无疑受到某种歧视。贫民窟、小酒馆或大学中吵闹的年轻人都以语言差异为借口实施暴力，一如英国年轻人以体育赛事为借口。此类事件虽被大肆宣扬，但相较于最基本的民主需要——公共机构、学校和法院要使用多数人的惯用语——实则微不足道。

第二个黄金时代

19世纪80年代，低地国家的科学、艺术及文学领域有蓬勃发展的明显迹象。人们普遍感受到荷兰正弥补其在接受、应用新工业技术方面所浪费的时间，而比利时正在享受其在欧洲率先尝试工业化的成果。卢森堡的铁路虽仍无法与老式的驿站马车抗衡，但钢铁工业自1872年开始逐步现代化，迅速在世界经济中占据一席之地。

贸易和服务仍是荷兰经济的主要收益来源，奶酪、黄油及郁金香是荷兰最受认可的出口商品。1883年，阿姆斯特丹首次举行世界博览会（World Fair），还是将殖民地与贸易定为主题。这一方面能借助1878年巴黎世界博览会所展示荷属印度群岛财富的轰动效应，同时也能避免集中于制造业可能带来的尴尬。1887年的主题是食物，1895年的是旅店和旅游。荷兰政府深刻认识到本国工业相对落后，于1869年暂缓实行《专利法》（Patent Law）。荷兰企业家此时可任意应用他们所接触到的技术，直至1912年荷兰才出台新专利法。1884年，保护工业财产权联盟（Union for the Protection of Industrial Property）于巴黎集会，荷兰代表被与会者当面指摘："你们是强盗民族。"但盗用知识产权与教育改革相结合，终于有所成效：19世纪80年代起，荷兰再次站到了科技前沿。

旧工业依靠蒸汽驱动的机械化生产；新工业的基础则是化学制品、石油及橡胶。第一波钢铁和煤炭工业的浪潮依然至关重要，而比利时及卢森堡南端新发现的铁矿床、比利时及荷兰林堡省前所未察的煤矿床给该领域注入了新的发展动力。同时，零售业也掀起了一场革命，购物中心、百货公司和"仓储式"零售店在各个城市层出不穷。

荷兰皇家石油公司（Royal Dutch Petroleum Company）创立于1890年，旨在开发苏门答腊岛（Sumatra）的一处油田；1907年，公司以60:40的股权分配方式与英国竞争对手壳牌（Shell）公司合并，如今已是全球最大的商业企业之一。为了生产白炽灯泡，飞利浦公司（Philips company）于1891年成立，迅速涉足了所有高科技领域：收音机、X光、电视、音响系统、制药业等。布雷宁克迈耶兄弟克莱门斯和奥古斯特（Clemens and August Brenninkmeijer）1861年创立了家族经营的商店，于1900—1911年间发展为荷兰乃至全欧洲连锁的零售店西雅衣家（C&A）。这只是这一时期在荷兰开办的众多现代企业中最著名的3个。

在比利时，索尔维兄弟（Solvay brothers）找到投资人创办了生产廉价工业用苏打的公司。10年后这家公司发展为欧洲顶尖的化工企业之一，出售"索尔维制碱法"（Solvay Process）使用许可所得的盈利远高于产品销售额。比利时还向全球出口轻兵器。轻兵器主要产自FN公司，即1889年于赫斯塔尔成立的"国家战争武器制造厂"（Fabrique Nationale d'Armes de Guerre）。此前，当地的家庭手工业兴盛（始自15世纪），出产手工制豪华猎具、霰弹枪和手枪。FN公司为比利时经济做出了大量贡献，其员工也时刻居于劳工斗争的前线。

科学和技术

荷兰科学史家提出1890—1930年为"第二个黄金时代"，自威廉明娜女王继位至经济大萧条（Great Depression）。荷兰取得一系列科学成就的主要原因是学校制度的改革，即开设新技校和工科学校、在传统学术体制中增加科学教育的比重。20世纪初，有8位诺贝尔奖得主出自荷兰，这是教育改革成功最显著的标志：化学奖得主雅各布斯·范托夫（Jacobus vant Hoff）对化学动力学做出贡献（1901年获奖），彼得·德拜（Peter Debye）深入研究了分子结构（1936年）；物理学奖得主师徒亨德里克·洛伦兹（Hendrik Lorentz）和彼得·塞曼（Pieter Zeeman）提出"塞曼效应"——

原子光谱线在强磁场中分裂（1902年），约翰内斯·范德瓦尔斯（Johannes van der Waals）提出描述气体和液体物理特性的方程式（1910年），海克·卡末林·昂内斯（Heike Kamerlingh Onnes）研究了低温下的物质特性（1913年）；医学奖得主威廉·埃因托芬（Willem Einthoven）发明心电图仪（1924年），克里斯蒂安·艾克曼（Christiaan Eijkman）发现方法治愈脚气病（1929年）——雅各布·邦修斯在《医学论》中首次描述了这种疾病。

30年间，无数外国发明一个接一个地出现在低地国家，迅速融入国民生活：自行车、汽车、飞机、电报、电话、无线电和影院。这些改变带来了全新的休闲产业。19世纪早期人们就发现了洗海澡和海边空气的健康功效，但海滨度假胜地自19世纪80年代才开始繁荣起来。此时，名字中带"浴场"（Bad）或"滨海"（aan Zee）的北海沿岸城镇迅速发展，也出现了许多提供娱乐、休闲服务的娱乐场（Kursaal）或休闲宫（Kurhaus，即德语的"保健中心"）。矿泉疗养地（Spa）也迎来了最后一次繁荣。铁路向一日游旅客开放了海滨地区，海滩在周末或假日则会有更多人造访。旅游因自行车和游览车而变得更加便利，所以人们纷纷创办杂志、路标和地方俱乐部，来提升那些最不为人所知的地方的吸引力。鹿特丹劳埃德（Rotterdamsche Lloyd）和安特卫普红星航运（Red Star Line）等邮轮公司也向富有的旅客提供乘船出游服务。20世纪20年代，荷兰KLM皇家航空公司和比利时国家航空公司（Sabena）是欧洲最先开设远途国际航线的公司，目的地分别为巴达维亚（现雅加达）和利奥波德城［Leopoldville，现金沙萨（Kinshasa）］。

新闻界

19世纪90年代,报纸开始大量发行,但考虑到低地国家较少的人口而言,"大量发行"这一术语的使用就有点轻率了。与英国诺斯克利夫子爵(The Lord Northcliffe)齐名的荷兰新闻业人物是H. C. M. 霍尔德(H. C. M. Holdert),至少后者自认为如此。霍尔德1900年买下《电讯报》(De Telegraaf),并把它改造成一个"新"新闻的宣传工具,以吸引更广泛的读者。社会民主工人党的报纸《人民报》(Het Volk)同年开始发行。《标准报》(De Standaard)则坚决反对新闻转向通俗化,这是反对革命党的机关刊物(1872—1922年间由亚伯拉罕·克伊波亲自编校)。根据政党原则,报纸上连戏剧评论都没有。严格加尔文教徒比克伊波的追随者更加保守,他们阅读《荷兰报》(De Nederlander,1893年创办)。19世纪上半叶最有影响力的自由党报纸《新鹿特丹报》(Nieuwe Rotterdamsche Courant)和阿姆斯特丹《大众商报》(Algemeen Handelsblad)于1970年合并,发展为荷兰如今最具声望的日报《新鹿特丹商报》(NRC-Handelsblad)。两份报纸都顺利适应了新闻业的"黄金时代"。保守的《阿姆斯特丹新闻报》(Amsterdamsche Courant)转型不甚成功。报纸创办于1672年,最初是周报,于1847年改为日报;报纸1882年易主,全面改革后既失掉了稳重,也失掉了风格基调。

存活至近代的比利时报纸中,自由主义报纸《最新讯息报》(Het Laatste Nieuws,1888年)和《最近一小时》(La Dernière Heure,1906年)、社会主义报纸《人民报》(Le Peuple,1885年)和《前进报》[Vooruit,1884年创办,后改为《早报》(De Morgen)]以及天主教报纸《比利时人民报》(Het Volk,1891年)

和《自由比利时报》（*La Libre Belgique*，1915年创办，最初为秘密出版物）皆为大量发行的日报。卢森堡幅员狭小，新闻界也变得层次多样，报纸选用法语、德语和卢森堡语（Lëtzebuergesch），政治立场在基督教、自由主义或社会主义之间变化，但对于这样的人口规模，"大量发行"这个词已经没有任何意义了。

文学

埃米尔·左拉（Emile Zola）的自然主义在比利时的影响，于1880年达到顶峰，这得益于小说家（也是散文家和艺术评论家）卡米耶·勒莫尼耶（Camille Lemonnier）对他的维护；勒莫尼耶以法语写作，以描绘佛兰德斯农民生活见长。此后文人学士关注的重点由"生活"转向"艺术"。自然主义被时髦的象征主义所取代的突破在1881年就有所预示，一群年轻的知识分子创办了文学评论刊物《青年比利时》（*La Jeune Belgique*），将自己视为年轻、新潮的代表。诗人埃米尔·维尔哈伦（Emile Verhaeren）和剧作家莫里斯·梅特林克（Maurice Maeterlinck）都是讲法语的佛兰德斯人，因支持象征主义运动（Symbolist movement）而享誉国际。在荷兰，名为"八十年代派"（*tachtigers*，表示其活跃于文坛的时间）的团体于1885年创办了《新导报》（*De Nieuwe Gids*）。刊物名意在向1837年的《导报》（*De Gids*）致敬，表达了超越过去开创性成就的愿望。该团体也采用唯美主义（aestheticist）口号"为艺术而艺术"（Art for arts sake），认为艺术应该是独创的个人情感表达。当时最负盛名的荷兰作家路易斯·库佩勒斯（Louis Couperus）虽与"八十年代派"并无接触，但也一样散发着堕落颓废的气息。19世纪90年代，惯用荷兰语的佛兰德斯文人汇聚于评论杂志《如今和以后》(*Van nu en straks*, Of Now and Later),杂志灵感即来自《青年比利时》和《新导报》。当时也有许多小型文学评论刊物,但这三个改变了文化辩论的表达方式。

这也是人们"发现"吉多·赫泽勒(Guido Gezelle)的时代。赫泽勒是西佛兰德斯的一个牧师、校长,自19世纪50年代以来,他一直在发表自我表达的诗歌,内容指向教区的晦暗。赫泽勒于1899年逝世。不久,他的外甥、小说家弗兰克·拉特尔[Frank Lateur,笔名斯泰恩·斯特勒弗尔斯(Stijn Streuvels)]设法在荷兰重印了他的一些作品。精通"八十年代派"审美情趣的两位评论家阿尔贝特·费尔韦(Albert Verwey)和威廉·克洛斯(Willem Kloos)欣喜地评论了这些作品。赫泽勒的作品突然风靡一时,他如今仍是比利时和荷兰最著名的佛兰德斯诗人。

这种抒情风格(lyricism)未完全取代自然主义。即使唯美主义者纷纷摒弃了左拉,但他仍持续影响了一些作家。在荷兰,这一现象最著名的例子是赫尔曼·海厄曼斯(Herman Heijermans)的作品《金色的希望》(*Op Hoop van Zegen*)——英文译名为《好望号》(*The Good Hope*),最近由编剧李·哈尔(Lee Hall)改编,背景设置在了惠特比(Whitby)。作品谴责捕鱼业中的保险欺诈使人丢了性命(主线是"为鱼付出了巨大的代价"),于1900年在阿姆斯特丹首次搬上舞台,受到整个欧洲乃至纽约的热烈欢迎。在佛兰德斯,西里尔·贝塞(Cyriel Buysse)1903年的作品《范佩梅尔之家》(*Het gezin van Paemel*)描述了一个小农家庭在地主、城市老板及国家多重剥削和压迫下最终解体的故事。

视觉艺术与应用艺术

低地国家人民在视觉艺术与应用艺术领域开拓的新天地远远超过了文学领域。分别来自荷兰和比利时的象征主义画家扬·托洛普（Jan Toorop）和费尔南·诺普夫（Fernand Khnopff）享有重要的国际地位，他们如梦似幻的画作至今仍让人心绪起伏。文森特·梵高（Vincent Van Gogh）在荷兰乡下和比利时贫民区为新教布道并不成功（期间创作了《吃马铃薯的人》），因没有能力作画被安特卫普皇家艺术学院（Antwerp art academy）开除，但逝世后却成为全球最著名的画家之一。1883年前卫派（avant-grade）艺术家团体"二十人团"（Les Vingt）在比利时成立，创始人有费尔南·诺普夫和詹姆斯·恩索尔（James Ensor）。恩索尔最出名的作品是《基督降临布鲁塞尔》（Christ's Entry into Brussels，1889年）和《奥斯坦德的浴室》（The Baths at Ostend，1890年），二者承袭耶罗尼米斯·博斯的风格，皆以怪诞的拥挤人群场面讽刺现代的虚伪，但直到超现实主义（Surrealism）流行它们才真正得到欣赏。

1883年，布鲁塞尔司法宫（Brussels Palace of Justice）竣工，这栋丑陋的19世纪新古典主义巨型建筑，在社会主义者眼中是司法残暴的一个象征。司法宫始建于1866年，旨在满足利奥波德二世重塑布鲁塞尔天际线这一狂妄自大的欲望。1885年，P.J.H.塞珀斯设计的国家博物馆（Rijksmuseum）于阿姆斯特丹落成，这座建筑本身就是一部融合了历代建筑风格的石质百科全书。19世纪典型的新风格在这些宏伟建筑中得到最大化的应用。

比利时圣卢卡斯学校的应用艺术（曾展出于1913年根特世界博览会）中，新哥特主义开始让位于工艺美术（Arts and Crafts）甚至新艺术（Art Nouveau）风格。风格更保守的荷兰"代尔夫特派"（Delft School）放弃了新哥特主义，转向更古老的罗马和拜占庭风格（Romanesque and Byzantine models）。其他设计师和建筑师则痴迷于钢铁、玻璃和混凝土所蕴藏的可能。比利时的维克多·霍尔塔（Victor Horta）和亨利·范·德费尔德（Henry Van de Velde）最初运用新艺术风格的曲线，后转向几何风格的装饰风艺术（art deco）。荷兰建筑师 H. P. 贝尔拉赫（H. P. Berlage）因设计 1903 年的阿姆斯特丹商品交易所而受到广泛关注，他的作品预示着建筑师转向实用主义（functionalism）但不完全舍弃美学装饰。此风格始于 19 世纪末期，在 20 世纪上半叶达到鼎盛。

世界各地

1880—1914 年，欧洲对全球的影响力臻于顶峰。相较于其他欧洲国家，荷兰和比利时甚至取得了与其幅员极不相称的国际地位。卢森堡因为没有殖民地，1890 年前国民只得接受在荷兰殖民地政府任职；1890 年后，比利时在刚果的殖民地严重缺乏人手，卢森堡人又受到鼓动成为"所谓的比利时人"为殖民地政府服役。

比利时和荷兰作为工业化国家却无意大肆扩张帝国统治，因此那些寻求现代化，但又不愿接受强势殖民国家或竞争对手帮助的国家，期望吸收比、荷的专业经验。南美洲、非洲、亚洲和巴尔干半岛的独立国家雇用荷兰和比利时官员监督教育、警察制度或邮务改革，但最重要的是监督修建铁路，例如克留格尔总统（President Kruger）特许荷兰南非铁路公司（Netherlands South African

Railway）修建比勒陀利亚（Pretoria）至德拉瓜湾［Delagoa Bay，现马普托（Mauto）］的铁路。同样，土耳其和俄国也将它们联结西方的铁路线——东方快车（Orient Express）和北方快车（Nord Express）——委托给国际卧铺车公司（Compagnie Internationale des Wagons-Lits）修建；这家公司由比利时工程师乔治·纳吉麦克（Georges Nagelmaeckers）和美国内战英雄、投机客威廉·多尔顿·曼（William d'Alton Mann）于1876年创办。1869年，比利时驻君士坦丁堡领事莫里斯·冯·赫希（Maurice von Hirsch）获得了穿越巴尔干半岛的铁路特许权，才为修建东方快车提供了条件；赫希极其富有又乐善好施，有匈牙利—犹太人血统，也资助了犹太人在南美洲的定居。一位比纳吉麦克年轻的同辈工程师、银行家爱德华·昂潘（Edouard Empain）资助修建了巴黎地铁和莫斯科、开罗的有轨电车系统。昂潘也开发了开罗近郊的奢华住宅区赫利奥波利斯（Heliopolis），并在刚果建立了一家矿业公司。德黑兰（Tehran）和巴格达（Baghdad）的有轨电车系统也同样由法、俄出资，由比利时修建。

19世纪末，中国以"自强"为口号展开现代化运动，这为欧洲工程师、银行家提供了机会。19世纪90年代，科克里尔公司（Cockerill firm）参与了中国首个钢铁联合企业汉阳铁厂的兴建。比利时驻上海领事艾米里·弗朗基（Emile Francqui）也极大地推动了比利时向中国大量投资。1899年，弗朗基经过谈判从中国获得特许，修建总长逾1300千米的京汉铁路，修建项目由昂潘的前雇员让·雅多（Jean Jadot）成立的公司负责；雅多也参与修建了刚果的公路、铁路、学校和医院。弗朗基对中国十分关注，因此与采矿工程师赫伯特·胡佛（Herbert Hoover，后来成为美国总统）关系密切，这在"第一次世界大战"期间及战后初期为比利时带来了有利影响。比利时也参与上海有轨电车、开平煤矿及天津电气化工程中。1900年，比利时甚至在天津获得了44公顷的领土，后来成为首个交还中国直接管辖的租界。与比利时不同，荷兰有意避开了通商口岸（Treaty Ports）的既有利益，更倾向于与内陆的地方当权者直接谈判。

中国也吸引了比利时、荷兰传教士到内蒙古布道，包括创立于斯格脱（Scheut，布鲁塞尔郊区）的新天主教派"圣母圣心会"成员（Scheutist），还有创立于法国的玛利亚方济各传教女修会（Franciscan Missionaries of Mary）成员。荷兰和比利时也大量参与了许多教派的国外传教活动。英语世界中最为人所知的是两位在如今已是美国领土上布道的比利时教士：皮埃尔-让·德·斯梅，于19世纪中叶向落基山脉（Rocky Mountains）印第安人（the Indians）布道；达米安·德弗斯特尔（Damiaan De Veuster，即"达米安神父"），1889年因感染麻风病死于夏威夷莫洛凯岛（Hawaiian island of Molokai），2009年受封为天主教圣人。

比利时活跃于世界舞台的努力显示了其赶超欧洲诸国的决心，荷兰便是试图赶超的目标之一。1913年之前，荷兰直接统治的范围已从整个摩鹿加群岛及爪哇岛部分地区的种植园、贸易站扩展到苏门答腊岛全部、婆罗洲（Borneo）大部、较小的印度尼西亚群岛（Indonesian islands）及西巴布亚（western New Guinea）。直接统治范围大幅扩张后，定植制度和殖民地贸易国家专卖被废除，由地税等苛捐杂税取而代之。18世纪，糖和咖啡取代了胡椒等香辛料在17

世纪的贸易地位。从 19 世纪末开始，勘探者对原油和橡胶更感兴趣，获取这些材料的方式与定植制度的强制交货模式极为不同。

殖民地新的运作方式或许更加人道，但其初衷仍只是充实荷兰财力。拿破仑战争中积欠的巨额国债尚未还清，东印度群岛被视为"维持荷兰运作的经济宝库"。亚伯拉罕·克伊波自 19 世纪 70 年代起一直反对这种殖民主义观点，1878 年反对革命党宣言第 18 条便谴责这种观点。克伊波于 1901 年组建首个殖民地政府时提出相应政策，即荷兰东印度群岛自此以后的统治是为了当地居民的利益。

实际上，此种"道德政策"（ethical policy）旨在以欧洲科学和行政经验训练印度尼西亚精英，并促进乡村民主、提高社会福利。1909 年克伊波卷入政党集资丑闻，1913 年走出政治困境再度出山，试图在暴力征服苏门答腊岛北部亚齐地区（Aceh）后立刻重新实施这一道德政策。虽然殖民地政府以"为时过早"为由压制了要求独立之呼声，但还是允许原住民作为顾问参与事务，此举对当地的影响远超东南亚其他的管理体制。

亚齐战争（Aceh War）持续了许多年。西印度群岛爆发了规模小得多的军事冲突。委内瑞拉军事独裁者、将军西普里亚诺·卡斯特罗（Cipriano Castro，1900—1908 年在位）推行专横政策，特别是对外国投资者实行高压统治，致使本国与一系列欧洲列强发生了外交纠纷，如 1907 年卡斯特罗拒绝偿还比利时的债务。因荷兰庇护从库拉索岛卡斯特罗政权逃离的难民，卡斯特罗于 1908 年与荷兰断绝外交关系，随后荷兰击溃委内瑞拉舰队并封锁了港口。卡斯特罗政权倒台后，将军戈麦斯（Gómez）夺取了政权（1908—1935 年在位）。委内瑞拉在 1914 年左右发现石油后迅速成为拉丁美洲最富裕的国家之一，戈麦斯也变得富可敌国。荷兰看准时机攫取财富，派荷兰皇家石油公司在库拉索岛和阿鲁巴岛（Aruba）装配了精炼委内瑞拉原油的设施。

比利时国王利奥波德二世（Leopold II of Belgium，1865—1909年在位）通过一种扭曲的道德殖民主义（ethical colonialism）的讽刺手段取得了属于他自己的庞大私人殖民地。比利时人大多对此漠不关心，但一小群朝臣和金融家抱持与利奥波德二世同样的看法，即现代欧洲国家需要维持殖民地以获取原材料并销售工业产品。1877年，亨利·莫顿·斯坦利（H. M. Stanley）完成了探索刚果河的史诗之旅；同年，在布鲁塞尔成立了国际非洲协会（Association internationale africaine）以推进对非洲中部的探索。1884—1885年柏林会议（Berlin Conference of 1884—1885）上，利奥波德二世取得刚果盆地（Congo basin）为个人领土。1889—1890年，利奥波德国王在布鲁塞尔主持召开反奴隶制大会（Anti-Slavery Convention）。会议最后达成了一项国际条约，将利奥波德的主权进一步扩展到刚果自由邦（Congo Free State），并授权他镇压当地的阿拉伯奴隶贸易。国王在遗嘱中把刚果自由国遗赠给比利时，作为交换，比利时议会最终同意以财政支持国王心心念念的殖民地计划，此前计划一直靠私人投资维持。比利时由此投票通过了2500万比利时法郎的贷款。

一旦比利时人为国王征服了非洲中部，当地的商业发展就可以开始了。利奥波德仅将刚果自由邦视为一盘有利可图的生意，他有权对当地居民生杀予夺。皇家橡胶种植园引入了定植制度的一种变体，无法满足配额的原住民要面临更为残酷的后果。然而时移世易，国际上出现反对刚果自由邦公司（Congo Free State Company）行为的强烈抗议。为免受谴责，国王发出模棱两可的讯息，说要寻找更为人道的办法来保证财政收入。因为所谓的人道标准含糊不清、产品配额要求严苛，刚果自由邦的行政官员们依然像原来一样行事，甚至在橡胶收入下跌时变本加厉。

罗杰·凯斯门特（Roger Casement）和爱德蒙·莫雷尔（Edmund Morel）领导的刚果抗议运动，在比利时乃至更广泛的地区遭到了怀疑。英国对罗得西亚（Rhodesia）的商业统治难说是人道主义开发的典型，但却未受到与比利时同样的密切关注。有人合理地怀疑，英国是想要败掉利奥波德的名声，以便重演在南非吞并波尔共和国（Boer republics）的情形，从而染指加丹加（Katanga）的矿物资源。随后比利时与阿拉伯奴隶主之间的战争给当局造成了始料未及的严重后果，当这一点毋庸置疑时，刚果自由邦也就没有必要继续存在了。1908年，比利时政府吞并了刚果，设立自己的道德殖民主义政府。强制劳动马上被终止了；1912年配额供给橡胶的制度也被废除了。刚果自由邦曾是残酷的代名词，而紧接其后的比属刚果（Belgian Cango）以当时的标准评判可谓殖民地的典范。比利时殖民政府下的公营住宅、保健项目、公共工程和教育政策，其开明程度远超其他任何殖民强国，但这些政策没有太多考虑当地的条件和固有风俗。哪怕是当年专横的奥地利大公约瑟夫二世，看到这些政策也会感到震惊。

和平运动

殖民主义的暴力与19世纪末向往和平、进步的乐观态度形成了鲜明对比。战争只限于征服殖民地、采取警务行动，局限于欧洲东南角巴尔干半岛境内。人们对"进步"自鸣得意，即便英国入侵奥兰治自由邦（Orange Free State）和南非共和国（South African Republic，又名德兰士瓦共和国）激起欧洲大陆民愤，也没能根本动摇此种情绪。荷兰和佛兰德斯因其共同的语言而彼此互信，尤其反感英国的行为。无正当理由的入侵、极高的集中营死亡率、英国驻德兰士瓦政府拒绝偿还旧南非共和国积欠荷兰投资者的债务，种种迹象皆表明英国已是一头失控横行的帝国巨兽。

19世纪后期，人们渴望避免战争，但此种愿望始终未能带来"开化"，在1899和1907年于海牙召开的国际和平会议（International Peace Conferences）上，它们得到了最充分的表达。会议最终签署了《海牙公约》（Hague Conventions），扩展了1864年《日内瓦公约》（Geneva Convention）的内容，限制利用芥子气、爆炸弹等滥杀滥伤武器，设立国际仲裁法庭。安德鲁·卡耐基（Andrew Carnegie）出资建造的"和平宫"（palace of peace）于1913年8月开放作为国际仲裁法庭的常设地。

托比亚斯·阿塞尔（Tobias Asser）是参加海牙会议的荷兰代表团的团长。他是国际法的世界级权威，其曾祖父近100年前为荷兰王国起草了《商业法典》。阿塞尔为和平会议做出重要贡献，于1911年获得了诺贝尔和平奖。比利时驻海牙会议代表奥古斯特·贝尔纳特（Auguste Beernaert）和法国代表保罗·德康斯坦（Paul de Constant）也于1909年共同获此殊荣。1913年和平奖得主亨利-玛丽·拉方丹（Henri-Marie Lafontaine）也是比利时人。拉方丹自1893年起即在先进的布鲁塞尔自由大学（Université

Nouvelle de Bruxelles）任国际法教授，1895年任社会党参议员，并于1907年出任国际和平局（International Peace Bureau）局长直至1943年去世。

第六章

世界大战与世界和平：1914—2011 年

第一次世界大战：1914—1918 年

1914 年 8 月 2 日，德国军队入侵卢森堡。同日，德国向比利时政府发出最后通牒，要求允许德军自由通行。德国政府坚称这次是必要的军事演习，而非敌对行为。卢森堡政府维持"严格中立"政策，意即政府与占领军完全合作，但提出了对武力胁迫的正式抗议。一些在国外的卢森堡人加入法国外籍兵团（French Foreign Legion）。比利时拒绝了德国的要求，8 月 4 日，德军入侵比利时。这侵犯了欧洲列强保证的比利时中立地位，成为英国加入战争的决定因素。这颇出乎德国皇帝意料之外，他的谋臣认为，英国不可能因为德国违反《伦敦条约》这"一张废纸"（scrap of paper）而参战。战况极其惨烈，列日和那慕尔布置的防御工事难以抵挡德军炮火。德国用齐柏林飞艇（zeppelin）轰炸列日城是史上第一次空中轰炸。

德国计划在比利时中部至巴黎展开闪电式袭击。当德军被比利时军拖住、被法军拦在马恩河（Marne）一线时，便开战试图征服比利时，以保障侧翼安全。安特卫普经两周炮火轰炸后沦陷，期间比利时第五军（Fifth Belgian Division）实力被大幅削弱，只能用未上膛的步枪和枪上刺刀阻拦德国进军。比利时军向西撤退，最终退守伊瑟河（Yser）外的一小块领土，河水泛滥的沿海平原阻挡了德军的前进。比利时在那里坚守到1918年，不时有无畏的志愿军穿过占领区前来增援。比利时前线以南，英国及英联邦同盟军驻守伊珀尔要地，第一次世界大战中最血腥的几场战斗就在此展开。伊珀尔不久即被德军炮火彻底摧毁，但从未落入敌手。非洲战场更加灵活，包括非洲黑人作战部队在内的比利时刚果军在整个大湖地区（Great Lakes region）与德军交火。

德军最初进攻时奉行残暴的政策，他们早已因残暴而得到过"匈人"的蔑称。军队在鲁汶、迪南等地屠杀平民，向住房恶意纵火。常有德军肆意鸣枪，长官却认为有比利时便衣狙击手在逃，以此为借口立刻报复平民。德军的兽性有协约国（Allied）宣传机器大事渲染的因素，但这些战争暴行同样有坚实的事实核心。而德国军国主义（German *Kultur*）除了蓄意残害生命、破坏家园，最不堪的恶行之一便是焚毁了鲁汶大学图书馆。鲁汶的大学图书馆曾在法国大革命中遭到破坏，煞费苦心才重建起来。

数十万人因入侵德军的暴行而逃离。其中数万人不久就住在荷兰、法国和英国的难民营里，几千人在私人住所中避难。早在1914年10月，伦敦的利奥波德·B.希尔（Leopold B. Hill）即出版了佛兰德斯语—英语对应的会话手册，内含"日常必需用语"。手册中有基本礼貌用语（"请容我""能麻烦您吗？""不胜感激"），也有租房间、购物等日常活动的对话和必备用语，如"你哪里痛？""你现在必须休息""你明天可以试着走五分钟"和"你会很快康复"等。

阿加莎·克里斯蒂（Agatha Christie）为首部长篇小说（1919年出版）构思主角时，比利时难民自然是外国侦探的不二人选。埃米尔·卡默茨（Emile Cammaerts）是比利时在英格兰的非官方发言人，但他自1908年就住在英国，因此并不算难民。1914年，埃尔加（Elgar）为卡默茨诗歌《钟琴》（Carillon）创作了一首管弦乐伴奏曲，成为当年音乐会的热门。1933—1947年，卡默茨出任伦敦大学（University of London）比利时研究（Belgian Studies）教授。

国民救援和食品委员会（National Aid and Food Committee）负责向比利时占领区难民提供补给品。委员会主席为艾米里·弗朗基，此时他已出任通业银行主管，也是比利时公共事务中最强势的人物之一。弗朗基与他的"中国通"伙伴赫伯特·胡佛领导的美国食品管理局（US Food Administration）密切合作。胡佛也活跃于比利时救济委员会（Committee for the Relief of Belgium）及战后重建项目中。弗朗基也在战后担任国际战争赔款银行（Bank for International Reparation Payments）的主管。

荷兰的中立是这场战争的一个敏感话题。战争初期，荷兰军队被动员起来驻守边防，并随时预备开战。德国和协约国倾向于认为荷兰理解、保持的中立状态有利于自己的敌人。彼得·海尔和A. J. 巴尔诺（A.J. Barnouw）分别在伦敦和纽约哥伦比亚大学扮演了和卡默茨一样的非官方文化大使角色。海尔力图使英国公众认识到荷兰的情形。

在战争最初的几天，比利时政府对荷兰拒绝放行军需船通过斯海尔德河深感惊讶、忧虑，即使这只是为了保卫同盟的中立国免受无端侵略，也没有得到准许。（但1920年，比利时也同样没有放行武器船通过安特卫普至波兰。）随着战争的继续，比利时担心荷兰最终会成为德国运输物资的后门。因此协约国对荷兰实施了封锁，以求迫使荷兰政府做出保证，禁止向德国运输补给。但荷兰政府深信，德国会把此种公开承诺视为对中立原则的违背。只有荷兰业界巨头——荷兰海外信托公司（Netherlands Overseas Trust Company）领导的非政府组织做出相应承诺后，协约国才恢复了对荷兰的出口贸易。即便如此，第一次世界大战结束时荷兰粮食仍严重短缺，只能实行配给制。

比利时的反抗行动以各种方式展开：秘密出版读物、收集情报、偷运新兵、协助战俘逃出国家。德国分别于1915年和1916年以间谍罪处死两名红十字会护士——英国人艾迪丝·卡维尔（Edith Cavell）和比利时人加布里埃勒·珀蒂（Gabrielle Petit），其残暴无道的恶名更甚。两人皆违反了战时法律，但德国将女性至于行刑队的枪口之下明显是为了对抗协约国的宣传机器。与此类似，法国于1917年处死脱衣舞女玛塔·哈里（Mata Hari）——生于吕伐登，本名玛格丽莎·海特勒伊达·泽莱（Margaretha Geertruida Zelle）——并没有在德国或荷兰引起强烈反响（也许是受害者身份使然），但有时仍能激起人们的反应。近期法国一本关于比荷卢的史书甚至特意指出她的舞也跳得不怎么样。

梅赫伦红衣大主教德西雷·约瑟夫·梅西埃（Désiré Joseph Mercier）发出教牧书信，公开拒绝与德国合作。这在比利时乃至国际上都是一种激励力量。他面对外来压迫毫不妥协、反抗到底，为其他人树立了经久不衰的榜样：1937年南京宗座代牧于斌蒙席（Monsignor Paul Yu Pin, Vicar Apostolic of Nanjing）向教宗呈送私人报告，指出战火不断的中国境内教会的情况。返回代牧区前，于斌安排了几天时间来参拜"不朽主教梅西埃"的陵墓，因其是"灵魂的牧师，在母国遭入侵洗劫的悲剧时刻大声疾呼，积极向世界传授关于宗教和爱国主义的至高一课"。梅西埃的成就远不止鼓舞人心的爱国主义：战前他还未成为主教前在鲁汶成立的一处哲学研究所（Institute of Philosophy），已处于经院哲学复兴的最前列；20世纪20年代，梅西埃主持在英国圣公会和天主教会非正式代表间展开一系列"梅赫伦对话"（Malines conversations），对推动普世教会合一运动（ecumenism）起到重要作用。尽管上述成就使梅西埃享誉全球，但他坚决反对在大学教育中使用荷兰语，因此佛兰德斯人对他最深的回忆中不免夹杂愤恨。

这场战争见证了佛兰德斯运动的激进化，无论是在比利时占领区还是在伊瑟河上作战的士兵中间。德国1917年将比利时划分为独立管治的瓦隆区和佛兰德斯区，首都分别设在那慕尔和布鲁塞尔。德国人发现部分佛兰德斯民族主义者愿意与他们合作，以建立一个依靠德国的佛兰德斯国（Flemish state）。很多佛兰德斯运动的"积极分子"被多数佛兰德斯人所鄙视，更有可能因叛国罪而被起诉，在战后遭到了流放。前线的佛兰德斯军队抱怨自己受到惯用法语的长官、军士的差别对待。以法语写作的佛兰德斯诗人、剧作家莫里斯·梅特林克是诺奖得主，其话语因而受到过分重视，他声称战争问题其实关乎种族至上：挽救拉丁语文学的荣耀于日耳曼语系的文化荒漠之中。竟然有人认为作战旨在维护拉丁语文学的至高地位——这使得军中支持佛兰德斯运动者深受侮辱，士兵因而成立学习小组以提高对佛兰德斯人的意识。到1918年5月，比利时在勒阿弗尔（Le Havre）的流亡政府担心前线士兵在埃里希·鲁登道夫（Ludendorff）的攻势下叛变，因此成立了委员会解决语言问题，邀请"前线运动"（Front Movement）的领导人物参与工作。当时的危机使这一小部分支持佛兰德斯运动的士兵有了一小段高光时刻，但后来没有很快产生效果让他们感觉遭到了背叛。

第一次世界大战的结束，加上苏联的榜样使革命情绪空前高涨。1918 年 11 月，荷兰社会党领袖彼得·耶勒斯·特鲁尔斯特拉宣布革命、要求政府下台，但令人尴尬的是他很显然误判了自己的实力。荷兰部分地区自发组建了公民卫队（Citizen Guards）保护财产、维持秩序，但他们并不是像斯巴达克团（Spartakists）那样要采取武装斗争。同月，德国已经撤军、法国"解放军"（liberating French forces）尚未到来，卢森堡宣布成立一个苏维埃工农共和国（Soviet Republic of Workers and Peasants）。当时几乎无人关注此事，但 1919 年 1 月卢森堡发动了一场基础更广泛的左翼政变。法国军队介入，为保留君主政体，卢森堡女大公玛丽·阿黛拉伊德（Grand Duchess Maria-Adelheid）被迫让位于妹妹夏洛特（Charlotte）。

第一次世界大战结束时，比利时的外交政策主要有两个目标：要求德国支付战争赔款供战后重建；进一步切实强化比利时安保工作。早在 1915 年，一些比利时流亡媒体已坚决要求，因列强未能保障比利时的中立地位，应该给予比利时一些应扩展至更具防御性的边界地区。有人甚至要求收复卢森堡大公国，收复 1715、1794、1815 和 1839 年割让给普鲁士和荷兰的旧奥属尼德兰领地及列日王子主教辖区。这些吞并主义者不断煽风点火，尤其是在法语报纸上的活跃，使比利时与荷兰、卢森堡甚至协约国列强的关系剑拔弩张。最终比利时放弃了对部分卢森堡、荷兰林堡及斯海尔德河口南岸的领土要求,但从德国收复了曾由列日王子主教管辖的奥伊彭(Eupen)和马尔梅迪(Malmédy)周围的区域。这里汇聚了比利时讲德语的人口,现在已发展为比利时联邦的德语社区(见引言)。

后世合称比荷卢联盟的三国皆为国际联盟(League of Nations)的创始成员,尽管英国代表一直质疑像卢森堡这么小的一个国家作为独立成员国能有什么作用。比利时驻凡尔赛首席谈判代表保罗·海曼斯(Paul Hymans)当选为联盟理事会(Assembly of the League)主席。比利时和荷兰也签署了1922年华盛顿九国公约(1922 "Nine Powers" Treaty of Washington),条约确定了远东领土的归属。国际联盟瓜分德国建立的非洲殖民地时,委托比利时接管了卢旺达(Rwanda)和布隆迪(Burundi)。梅西埃主教积极游说,力促选举比利时国王阿尔贝一世(King Albert)为圣地守卫(Guardian of the Holy Places,圣地于1917年被英国从土耳其手中解放),最终落空。

和平的危机:1919—1939年

两次世界大战期间,荷兰、比利时和卢森堡遭受了20世纪20年代初德国恶性通货膨胀及20世纪30年代世界经济衰退的影响。比利时的情况尤其严重,人口减少、财产损失意味着重建过程进展缓慢。极权主义的政治意识形态加剧了人们的绝望。

第一次世界大战后德国货币的崩溃严重打击了比、荷、卢,因为三国经济皆或多或少依赖向德国的出口和转口贸易及德国可能支付的巨额战争赔款。法国及比利时（再度）控制了对低地国家贸易至关重要的鲁尔工业区（Ruhr），却对经济恢复无甚裨益。卢森堡在政治、经济上对德国的依赖土崩瓦解，便力图与法国结成经济联盟。但出于外交原因，法国建议其与比利时结盟。由此，比利时—卢森堡关税同盟（Belgium-Luxembourg customs union）成立，卢森堡将铁路特许经营权（由德国）转让予比利时铁路公司，至少在纸面上是这样。

20世纪20年代后半叶，世界经济繁荣发展，比利时、荷兰和卢森堡皆从中获益。英国取代德国成为荷兰最重要的贸易伙伴。随后发生的1929年经济大萧条中，低地国家受到的影响不亚于世界各地。政府不愿放弃金本位制（Gold Standard），经济衰退持续了很长时间。英国于1931年放弃金本位制，但低地国家鉴于20世纪20年代初德国恶性通货膨胀的影响，在数年内仍然坚持施行金本位制以稳定货币：比利时和卢森堡于1934年、荷兰于1935年放弃金本位制。经济衰退及随之而来的大规模失业迫使政府增值货币、紧缩财政、发展公共事业以解决问题。

第二国际的核心要求之一是实行八小时工作制。他们以充分理由提出八小时工作制能促进就业、提高劳动生产力。这种工作制之所以迟迟未经立法推行，更多是因为人们质疑政府介入的合理性，而非出于经济考虑。最终，八小时工作制于1919年在荷兰实施、于1921年在比利时实施（1914年已经实施一部分举措）。相较于其他原因，这更能消除社会主义者的影响。至此，产业工人大多可以自行安排周六全天、周日下午及工作日晚上的时间。

大众文化

休闲领域也掀起了一场革命。大众突然有了大量可支配的自由时间，大众娱乐因此迎来黄金时代，电影、广播、体育运动、海边一日游等活动饱受欢迎。体育运动吸引了大量观众，其中最精彩的要数1920年安特卫普奥运会和1928年阿姆斯特丹奥运会。阿姆斯特丹奥运会上，合球——荷兰式篮球运动首次（也是至今唯一的一次）成为表演项目。19世纪70年代末，富裕有闲的荷兰中产阶级从英国引入了足球（Association Football）。第一次世界大战后，英式足球立刻由中产阶级热衷的活动转变为最受欢迎的大众娱乐形式之一。不出所料，1889年成立的荷兰足球协会（Dutch Football Association）最终按信仰路线分成天主教的"罗马天主教联盟"（Rooms Katholieke Federatie，1925年）、社会主义的"荷兰工人体育协会"（Nederlandsche Arbeiders Sport Bond，1926年）及新教的"基督教荷兰足球协会"（Nederlandsche Arbeiders Sport Bond，1929年）和中立的"皇家荷兰足球协会"（Koninklijke Nederlandsche Voetbal Bond）。这些协会在1940年被侵略者废除了。新教球队从未在周日举行过比赛。

比利时的自行车运动、荷兰的滑冰运动也对培养国家认同起到了关键促进作用。1900年，比利时联同美国、法国、意大利和瑞士成立了国际自行车联盟（Union Cycliste Internationale）。富裕的比利时人也是早期的赛车运动爱好者，1920年在弗朗科尔尚（Francorchamps）修建了一个摩托车赛道，1925年经改造成为格兰匹治（Grand Prix）赛道。荷兰最重大的运动项目是更具民主精神但很少举行的十一城巡回赛（Elfstedentocht），这是一项滑冰马拉松赛,全程逾 160 公里,途径弗里斯兰省 11 个自治市。比赛自然要考虑冰道的安全条件,所以自 1909 年首次比赛以来只举行了 14 次,最近一次比赛在 1997 年。2009 和 2010 年迎来寒冬,让人们推测这项赛事或许会复兴。

观赏性体育运动也不局限于观赏了:报纸扩大了体育版面以进一步面向大众。电影新闻也同样有所增加,摄影新闻报道出现在各种日报上。20 世纪 30 年代,新闻通讯社之间相互联系起来,这意味着大批量发行的报纸通常以同样的话语报道同样的新闻。战后文学教授威廉·阿塞尔贝格(Willem Asselbergs,战前曾为诗人和新闻记者)曾在 1951 年出版的文学史中写道:"日报失去了作为风格载体的优越地位,而成为必不可少的信息宣传工具。"但这些新闻在文化上依然有明显区别:持不同信仰观点的报纸对戏剧、电影和书籍的评论也各不相同。就连广播电台在柱化社会中也有自己效忠的对象。

战后重建的种种努力使得社会福利住房大幅增多。住房由国家拨款修建,与私人建筑商的工程协调规划,至少在荷兰如此。部分公营住宅工程中,两层或四层公寓楼组成的现代派街区,取代了带露台的排屋组成的花园风、月牙形街道,但后者仍受到住宅合作社的偏爱。布鲁塞尔、鹿特丹和阿姆斯特丹南(Amsterdam South)是最早修建此种住宅街区的低地国家市区,它们在 20 世纪 50 年代和 60 年代变得更加常见。

政治因素融入大众文化是 20 世纪 20 年代思想生活的特点,到 30 年代更甚。例如,"红色汽车"(red van)在荷兰巡回向工人播放影片,提高他们的政治意识。19 世纪末以前,政治和文化上的

"大众化"(massification)迹象大多已变得愈发明显,但在第一次世界大战期间及战后人们才感受到它们完全的威力。当时的一些著名作家精心创作了"真实"描绘乡村生活的小说,类似于斯泰恩·斯特勒弗尔斯的小说《亚麻地》(*The Flaxfield*,1907 年首次出版,1989 年英译本出版)和英国小说《令人难以宽慰的农庄》(*Cold Comfort Farm*)。在如今看来,最优秀的作家就是批判或回避当时的大众化运动、在作品中反映现实的作家。

约翰·赫伊津哈(Johan Huizinga)是荷兰伟大的历史学家、文化哲学家。1918—1938 年,他出版了反思现代群众组织和戏剧之于人类文化重要性的著作,以及回溯、感知勃艮第时期文化衰落的著作《中世纪的衰落》(*The Waning of the Middle Ages*)。反法西斯活动家米诺·特尔·伯拉克(Menno ter Braak)从尼采哲学而非人文主义视角批判群众文化,他于荷兰军队 1940 年投降当天自杀。特尔·伯拉克在文学上遭遇的最强劲对手是同样持反法西斯主义观点的天主教作家安东·范德安克肯(Anton van Duinkerken,威廉·阿塞尔贝格的笔名),范德安克肯后来在文化上积极地抵抗纳粹主义。在《拥抱狂欢节》(*Verdediging van Carnaval*)等作品中,范德安克肯赞颂了大众文化中喜庆的"和睦无间",没有给极权主义曲解群众政治以丝毫空间。

比利时作家中出现了侦探小说大师,即在列日出生、主要在巴黎创作的乔治·西姆农(Georges Simenon)。在布鲁塞尔,连环漫画成为现代大众娱乐最典型的形式之一,埃尔热[Hergé,乔治·勒米(Georges Remi)的笔名]的代表作《丁丁历险记》(*Tintin Stories*)将其艺术成就推至新高。安特卫普的一位广告经理以笔名威廉·埃尔斯霍特（Willem Elsschot）写作，其作品简洁凝练、机智风趣，描绘与大城市格格不入的销售业、广告业员工。他于1922年创作的中篇小说《奶酪》（*Kaas*，讲述一名运务员转而销售奶酪却未获成功的故事）最近被翻译成了英语。

安特卫普因修建了低地国家首个"摩天大楼"（sky-scraper）而彰显了其大城市的地位，其实这栋建筑规模不大。两次世界大战间最典型的建筑风格是新艺术后期、装饰风艺术和实用主义风格。荷兰画家、设计师特奥·范杜斯堡（Theo van Doesburg）出版了期刊《风格》（*De Stijl*），荷兰以此为中心展开风格派运动，力求剥离虚饰，将美术与设计的所有元素融入直线、直角和原色组成的协调整体之中。画家皮特·蒙德里安（Piet Mondrian，原名Pieter Mondriaan）和建筑师赫里特·里特费尔德（Gerrit Rietveld）的作品皆与荷兰风格派运动密切相关，强烈影响了建筑和设计领域的现代主义。

此时，雷内·马格利特（René Magritte）在比利时声名鹊起。马格利特早期学习过象征主义，后于20世纪20年代被超现实主义所吸引，并在巴黎度过3年，与安德烈·布勒东（André Breton）和保尔·艾吕雅（Paul Éluard）结为好友。1930年，马格利特定居布鲁塞尔，余生一直在探索自创主题的各种变化。与他同辈的保罗·德尔沃（Paul Delvaux）随后也接受了超现实主义。德尔沃的作品风格比马格利特更加沉郁，其中充斥着骷髅、突兀的裸女和夜间铁路站台。

世界的稳定和凝聚力日渐崩坏——人们此时越发接受这种观点，而艺术界对心理学和人类学的新模型、物理学家口中的相对论和量子力学一知半解又坦然接受，更强化了这种观点。自学成才的化学巨头欧内斯特·索尔维（Ernest Solvay）自1911年起在布鲁塞尔组织科学大会，刺激了各种最新理论的发展。1927年索尔维会议（Solvay Conference）上，马克斯·普朗克（Max Planck）、玛丽·居里（Marie Curie）、阿尔伯特·爱因斯坦（Albert Einstein）、尼尔斯·玻尔（Niels Bohr）、马克斯·波恩（Max Born）、埃尔温·薛定谔（Erwin Schrödinger）、乔治·勒梅特（Georges Lemaître）、沃尔夫冈·鲍利（Wolfgang Pauli）、维尔纳·海森堡（Werner Heisenberg）等学界名流纷纷聚头。科学与文化交叠的另一领域是社会达尔文主义（social Darwinism）。然而，1922年索尔维学院出资创办的优生局（Eugenetic Bureau）或荷兰优生协会（Dutch Eugenetic Federation，1930年）、种族生物学研究所（Institute for Racial Biology，1933年）虽然立意良好但让人不寒而栗，它们在本国的地位或影响远不如德国、瑞典和美国的同类机构。

政治极端

1917—1919年颁布的一系列法律大幅增加了荷兰、比利时、卢森堡的选民数量，废除了多次投票制。唯一美中不足的是，比利时女性仍未获得完全公民权。（男性）普选权削弱了自由党，强化了社会党和信仰派政党。卢森堡战前议会的主导力量自由主义者联盟于1925年分裂（这是典型的"保守自由主义者"和"激进自由主义者"之分），直至1932年才重组为激进自由党（Radical-Liberal Party）。

第一次世界大战和战后经济混乱，让许多人认为自由资本主义已是明日黄花。战前丑闻——如荷兰1909年爆出亚伯拉罕·克伊波将至少一位政党资金的赞助者载入受勋者名册——已经削弱了人们对党派政治的信心。战时，商人有力地供养了被占领的比利时和遭封锁的荷兰之同胞，鼓动了技术专家治国制度的观点。"大众的时代"也是"专家的时代"。除此之外，20世纪30年代政府还采取了各种紧急措施加快应对经济、政治危机，进一步弱化了议会的控制，这似乎预示着19世纪的代议制民主无法适应未来社会。

代议制民主的替代品很快出现。时局愈发动荡不安，许多革命政党、极权主义政党从群众中浮现，往往各持己见、鲜获成功。荷兰共产党成立于1918年，是1909年从社会民主工人党中被驱逐出来的马克思主义政党的延续，20世纪30年代，该政党在第二次世界大战前选举中发展至巅峰，赢得了全国将近4%的选票。1920年，从比利时工党（Belgian Labour Party）中分裂出来的比利时共产党（Belgian Communist Party）成立，在1936年普选中获得6%的选票。铁路工人亨德利库斯·斯内夫利特［Hendricus Sneevliet，化名马林（Maring）］是荷兰、荷属印度（Netherlands India）的马克思主义者领袖之一。20世纪20年代初，他是第三国际在远东最重要的代表、印度尼西亚社会主义（Indonesian Socialism）创始人及中国共产党（Chinese Communist Party）成立时在场的唯一外国代表。与中国共产党同志意见相左后，他返回荷兰。1929年，马林与荷兰共产党决裂，自组革命社会党（Revolutionaire Socialistische Partij），1933年在狱中当选荷兰下议院成员。1932年，从社会民主工人党分裂出来的团体组建独立社会党（Onafhankelijke Socialistische Partij），并于1935年与革命社会党合并成革命社会主义工人党（Revolutionaire Socialistische Arbeiders Partij）。

极右派与极左派一样分化严重。比利时法西斯主义的首领是莱昂·德盖尔（Léon Degrelle），其政党名为雷克斯（Rex）。该党于1930年成立，初为天主教党下自称基督雷克斯（Christus Rex）的团体，力求以法西斯主义路线实现"现代化"。1935年，它成为独立党派，效法墨索里尼（Mussolini）的法西斯党，在1936年普选中赢得21个下院席位、12个上院席位。政党受主教责难后，放弃了名称中"基督"一词，在1939年普选中仅获4席。约里斯·范泽韦伦（Joris van Severen）也是墨索里尼在比利时的崇拜者，于1931年成立规模较小的Verdinaso［即荷兰语国民团结联盟（Union of Dutch-language National Solidarity）首字母缩写］。1933年成立的佛兰德斯民族联盟（Vlaamsch Nationaal Verbond）成为佛兰德斯右翼民族主义者的共同阵线，影响更为深远。随后组织持续右倾，1937年实质成为法西斯主义—民族主义政党，也是第二次世界大战初期通敌的主要党派。因此佛兰德斯运动可视为在特定的历史契机受到这些民族主义政党的鼓动。

荷兰首个法西斯政党——现实主义者联盟（Verbond van Actualisten）早在1922年就成立了。至1925年政党垮台分裂成数个团体，但其周刊《爱国者》（*De Vaderlander*）已将法西斯主义思想传播给乐于接受新观点的人。这些思想促成了大量边缘团体，其中之一为1933年阿诺尔德·迈耶（Arnold Meijer）组建的黑色战线（Zwart Front）。一个相对温和的右翼团体是国民联盟（Nationale Unie），由保守知识分子组成，20世纪30年代在乌得勒支历史教授F. C. 格里森（F. C. Gerretson）的领导下进一步右倾。1934年，格里森（荷兰本土法西斯主义的支持者）因厌恶纳粹主义日益增长的影响，放弃了领导职位。随后，国民联盟因内部领导斗争而四分五裂。荷兰唯一真正起实质作用的大型法西斯主义组织是国家社会主义运动（Nationaal-Socialistische Beweging，NSB）。该组织于1931年成立，创始人是A. A. 米赛特（A. A. Mussert）和科内利斯·范海尔克肯（Cornelis van Geelkerken）两位公务员。政党由少数来自荷属印度的成员提供资金支持，在1935年省级选举中获得了近8%的选票。

无数法西斯主义政党和有法西斯主义倾向的政党不断分裂、融合，在各自"领导人"或"独裁者"之下各行其是，都不愿与他人分享政治这块香饽饽。在荷兰政治生活中，最接近真正的强人地位的莫过于亨德里克斯·科莱恩（Hendrikus Colijn），科莱恩出身于农民家庭，信奉加尔文主义，因在殖民地军队服役、荷兰皇家石油公司就职而声名鹊起，至1922年成为反对革命党领导人。1933—1939年，科莱恩领导了一系列"议会外"联盟，其中的各部部长是根据"专长"而非政党从属关系而任命，向议会而非政党路线负责。他因提出组建更加强有力的政府而得以掌权，获得了保守自由主义者和传统反对革命的普通民众的支持。他早期提出种种举措，包括禁止公务员、军队人员和民防组织成员加入左翼或右翼革命组织。

第二次世界大战：1940—1945年

1939年9月1日，德国入侵波兰。随后8个月内，比荷卢三国坚决履行其武装中立国的义务，却饱含忧虑。1940年5月10日，德国不宣而战，同时入侵荷兰、比利时和卢森堡。遇袭当日，卢森

223 堡女大公率政府仓皇逃离本国。5月13日，荷兰女王威廉明娜率政府逃往英国。将军温克尔曼（General Winkelman）此时全权统率荷兰军队，德军以史无前例的规模空袭鹿特丹后，温克尔曼于5月15日投降。几天之内，荷兰军仍未接受战争告终的现实，所以米德尔堡在5月17日也遭遇了与鹿特丹同样的命运。在迅速撤退的法国和英国军队支持下，比利时坚守到5月28日，最后在莱厄河（Leie）上展开了一场为期三日的决战。

占领与通敌

5月20日前，大多数比利时政府官员、相当数量的议员已逃出比利时，在英国落脚。第一次世界大战中有数十万人流离失所，但这次他们无路可逃：荷兰业已沦陷，法国也紧随其后。到了9月，难民大多被遣返回国。比利时国王兼总司令利奥波德三世（Leopold Ⅲ）选择留下来和手下军队休戚与共。接下来4年，利奥波德三世被仁慈地软禁于拉肯（Laken）的王室官邸，直至德军撤退时才将其作为人质驱逐出境。这使得比利时被占领时的情形与别国截然不同。国家元首仍在国内，比利时民政管理当局在占领军的监管下依然能维持运行。比利时法院和行政部门可对德军命令提出异见、延缓执行或重新解释，这在卢森堡或荷兰是不可能的。仅在1944年7月德国政府为在诺曼底登陆后收紧统治，才在比利时成立了纳粹的行政机构。

卢森堡最初只受军事统治，后于1942年在纳粹德国地方长官古斯塔夫·西门（Gustav Simon）的控制下实际成为德国的一部分，尽管从未有过正式的兼并行为。政府规定"纯德语"（Pure German）为官方语言、禁止公众使用法语，致使卢森堡语再度流行。由于卢森堡现在被视为是德国的一部分，德国当局可派出官员填补空缺的行政职位，卢森堡人也可受征召加入德意志国防军（Wehrmacht）。民众为表示抗议展开大规模罢工，却被无情镇压，数百人被关入集中营。

荷兰投降的两周内，在奥地利纳粹党、总督阿图尔·塞斯－英夸特（Arthur Seyss-Inquart）之下建立了一个平民政权。与1914年不同，1940年当地德军对待百姓的克制态度近乎作秀（尽管如此，鲁汶为纪念美国人慷慨解囊而修建的大学图书馆也像上次一样在大火中毁于一旦）。几周内，德国对荷兰的占领有些出乎意料地克制、文明。

虽然人们大多只想摆脱困境、期盼在未来获得自由，德国占领下的现实生活给予人们的却往往是困难的选择。战中及战后，以"非错即对"或"非黑即白"的态度来对待已明显做出或拒绝做出逾矩行为之人是很平常的。但许多人做出许多既有合作又有抵抗的微小举措，极少数人有胆量拿性命去坚决支持或反对"新秩序"（New Order）。投机主义和恐惧情绪促使人们进行大多数影响甚微的合作或做出部分影响更严重的举措。种种举动的背后还有其他推动力，或关乎意识形态、或纯粹为谋福祉，但如今看来悲惨又极为不通情理。当然，这仍然是一个敏感话题，被提起时仍能轻易引发激烈的辩论或让人不安的沉默。

投降国若想苟延残喘至战后、伺机东山再起，就必须在被占领期间维持一定的秩序。这就意味着与占领军进行某种程度的合作。此外，就比利时第一次世界大战时的经历而言，占领区若不与德军合作，德军必定会肆无忌惮地攫取厂房、控制工人。在没有政府的情况下，那些留下来维持国家运行之人，如文职人员、警察、银行要员、工业巨头和教会领袖等只好"两害相权取其轻"，选择与占领军合作。这意味着人们陷入道德困境：归附于一种邪恶以对抗另一种邪恶，所要选择的只是二者中哪一个害处较轻。

例如荷兰内政秘书长（Secretary General for Home Affairs）K. J. 弗雷德里克（K. J. Frederiks）的困境。弗雷德里克曾考虑过辞职，但为防止国家社会主义运动成员出任内政要员，他坚持担任原职，尽管他明白"有原则的人会辱骂我"。荷兰投降后，一位警察局长、一位公务员和一位教授成立了荷兰联盟（Nederlandse Unie），与占领军展开非法西斯主义合作，希望德军不会把权力交给国家社会主义运动。该联盟就是"两害相权取其轻"心理的体现，不久便招募了逾40万成员，后于1941年因在意识形态上强烈反对纳粹主义而被禁止。

比利时犹太人遭围捕是压垮安特卫普市长莱奥·德尔韦德（Leo Delwaide）的最后一根稻草。不同于布鲁塞尔市长的做法，他此前已同意由市政府来下发大卫之星（yellow star，纳粹要求犹太人在衣服外公开佩戴的标志），也放任盖世太保（Gestapo）召集警察协助围捕犹太难民。但他拒绝出借警力来任意监禁比利时市民（此举或许是受到行政部门和红衣主教的敦促）。亨德里克·德曼对占领军抱有过分的信心，故解散比利时工党，宣告其成员将积极与新秩序合作，以期德国国家社会主义者（National Socialists）为在未来实现真正的社会主义扫清道路。

相较于"两害相权取其轻"者，对新秩序抱有积极热情之人为数不多，但更为危险。两次世界大战间的右翼极端分子是新秩序的天然支持者。许多极右派团体也从行政、警力和工业合作方面更进一步，选择在政治、意识形态和武装上支持纳粹主义。即便如此，并不是所有法西斯主义组织都选择了合作。阿诺尔德·迈耶领导的黑色战线1940年改名为民族阵线（Nationaal Front），公开争取民族独立；阵线准备好开展投机合作后，不久即被纳粹党镇压。一部分成员随后加入国家社会主义运动，一部分人加入了反抗组织。在比利时，雷克斯党青年队（Rexist youth wing）的部分成员结成反抗阵线，秘密成立国家保皇主义运动（National Royalist Movement），该组织在1944年解放安特卫普时发挥了重要作用。

其他法西斯主义组织并不太反感与外国入侵者合作。国家社会主义运动立刻抓住机会掌控荷兰的实际权力。A. A. 米赛特出任"荷兰人民的领袖"，但他完全没有能力担此职务，总督塞斯－英夸特也没有赋予其实际职责。总督更信赖M. M. 罗斯特·范托宁根（M. M. Rost van Tonningen）。范托宁根是国家社会主义运动成员，与奥地利纳粹党有长期联系。他担任国家银行秘书、经济金融秘书长（Secretary General for Economy and Finance），却没能迫使米赛特交出名义上的领导人之位。在卢森堡组织了规模较小的德意志国民运动（*Volksdeutsche Bewegung*），随后公共事业部门的职员被要求必须加入，该团体迅速壮大。被吞并的卢森堡公国内，公共事业部门成员要保持工作，可以加入德国国家工人党（German NSDAP，即纳粹党）。

比利时雷克斯运动的主体早已是法西斯主义者，如今迈出向纳粹主义过渡的最后一步。1941年，纳粹党党卫军（SS）降低了入伍身高要求，雷克斯主义领导人莱昂·德盖尔指挥招募了党卫军"瓦隆人"突击队（*SS Sturmbrigade Wallonien*）。佛兰德斯和荷兰的党卫军已经组织了辅助兵力。1943年，德盖尔正式将瓦隆人归类为讲法语的日耳曼种族群体，使他们在纳粹政权下获得更高地位。德意志国防军辅助运输队也在低地国家招募新兵，地方志愿军和军事辅助部队也被招募起来，以便德国士兵承担战斗任务。武装合作并不总是出于意识形态考虑。除了高涨的反共情绪，失业（及可能由此导致的强迫劳动）、不应有的冒险欲望和单纯的施虐癖也是背后的原因。

就连相对温和的佛兰德斯民族主义者也寻求与德国同仁重建友好关系。大量的佛兰德斯民族主义者自20世纪20年代起就与法西斯主义过从甚密——最恶名昭彰的是约里斯·范泽韦伦，1940年5月撤军时未经审判即被处死。更多人则将佛兰德斯自治视为战争乌云笼罩下的一线希望。早在1916年，热心支持佛兰德斯运动的泛日耳曼主义者（Pan-Germanic）、荷兰新教牧师、斯堪的纳维亚后裔扬·德克·多梅拉·尼乌文赫伊斯·奈高（Jan Derk Domela Nieuwenhuis Nyegaard）已经预言了"新奥兰治的威廉"（New William of Orange）的崛起，其强权与铁腕将领导欧洲的日耳曼民族。但纳粹德国的元首（Führer）并不符合奈高的预期，第二次世界大战期间他因公开侮辱德军长官而被捕入狱。

但仍有梦想未如期盼"新奥兰治的威廉"一样破灭。1940年7月，希特勒下令比利时的占领军推进佛兰德斯的事业。佛兰德斯民族联盟是最大的民族主义政党，看似已实现了专政独裁，此时成为佛兰德斯内与占领军合作的主要组织。随着局势逐渐明朗——纳粹无力赢得战争，即使获胜也只会将佛兰德斯作为德国一省，佛兰德斯民族联盟的通敌行动冷却下来。1944年政党完全纳粹化后失去了原有地位,对手党佛兰德斯劳动团(DeVlag,由促进佛兰德斯—德国友谊的文化组织发展而来)成为纳粹德国新佛兰德斯大区(*Reichsgau Flandern*)官方的国家社会主义政党。德盖尔的雷克斯党是纳粹德国瓦隆大区(*Reichsgau Wallonien*)地位相同的政党。1943年起,见风使舵的通敌者开始退缩、掩护后方,狂热法西斯分子的投入则愈演愈烈。1944年秋,军队撤回德国途中,甚至有军士为战局尘埃落定后谁将主持大局而争吵。战争最后的一个冬天,德军短暂地重新占领了阿登高地的部分区域,德盖尔出任地方长官。

1940年秋,占领军命令全部犹太人到地方当局登记。该命令虽有违宪法,执行过程中却没有受到太多指摘,荷兰贯彻命令的效率甚至高于比利时。这就是许多比利时行政官员有意不配合的光辉时刻:犹太人总数至少有6万,但只有4.2万人前来登记。在比利时有1/3—1/2的犹太人死亡,在荷兰这一数字为3/4(甚至超过德国的比例)。

1941年春,阿姆斯特丹成立了一个犹太人委员会(Jewish Council),犹太社区领导人被迫采取"两害相权取其轻"的做法。同年秋季,比利时也成立了同样的组织。1942年上半年,政府开始没收犹太人财产,犹太人必须在公共场合佩戴大卫之星以表明身份。在塞斯-英夸特的统治下,荷兰开始实行孤立、虐待犹太人的令人不寒而栗的政策;1942年初,犹太人在比利时遭排斥、财产被没收,这是大多数犹太人首次遭遇的严重迫害。1941年4月发生了影响最为深远的一起例外事件,一些佛兰德斯通敌组织的成员在安特卫普进行种族屠杀以展示自己对纳粹主义的热情。一群犹太商人因警方未能及时干预而提起诉讼，比利时法院最终判予其赔偿金，但占领当局禁止该市支付赔偿。

集中营和驱逐行动

1942年5月，纳粹当局颁布法令：不响应号召为战争工作之人将被送入德国集中营。毫无疑问，犹太人最先被遣至东欧参加强制劳作。驱逐行动始于1942年7月。韦斯特博克营（Westerbork）是荷兰的主要中转营，营地建于1935年，用以收容德国驱逐的犹太难民。比利时将位于梅赫伦的多森兵营（Dossin barracks）用作收容所。形形色色的人因为种种原因被送入劳动营和集中营——600多名卢森堡公务员因拒绝加入德意志国民运动而沦为强制劳力——虽然犹太人只在受驱逐者中占少数，但受到的迫害最为严重，"工作"几乎等同于死亡。他们的子女也处于极度危险之中；此种放逐的正当性遭到质疑时，低地国家的盖世太保官员有时会狡辩说，他们是在尽力不拆散犹太人家庭。

1942年夏，占领军开始强制召集非犹太人前往德国劳作，以便让体格健全的德国人得以从劳作解放出来而加入军队。有些非犹太人不愿响应征召，躲藏起来以逃避劳作，他们此举虽不大英勇，却冒着受到严重惩罚的危险。这些"拒绝劳作者"是受到秘密组织帮助的最大群体。

不只是强制劳工面临着被送往德国或别处的问题。1941年6月，希特勒毫无征兆地入侵苏联，随后盖世太保开始围剿已知、疑似的共产党人，有时还包括反共俄国难民。这些政治犯和抵抗组织成员最初被关入普通监狱或占领国集中营，与纳粹德国不断发展的监禁、奴役和屠杀的组织规模相比，低地国家的监狱或集中营显得微不足道：如荷兰的阿默斯福特（Amersfoort）集中营、比利时的布伦东克（Breendonk）集中营和卢森堡的洪斯吕克（Hunsruck）集中营。许多人最终被送入德国和波兰占领区的劳动营或灭绝营。一些对社会有重要影响的个人虽然没有做出反抗德国的行为，却被当作人质关押在荷兰菲赫特（Vught）专门设置的集中营等候处决，这是德国报复荷兰武装反抗的手段。

反抗

德国残酷镇压公开的反抗，但许多规模不大的秘密组织不断涌现对抗占领军。可以想见，活跃其中者只占人口总量的极少数。尽管如此，占领区人民甘冒遭亲纳粹暴徒毒打的风险，广泛组织了低调的支持活动，以表明自己忠于战前政府——如荷兰人在伯恩哈德亲王（Prince Bernhard）生日当天佩戴康乃馨，卢森堡人在独立日佩戴"红狮"纽扣。

1941年2月，阿姆斯特丹的共产主义工人领袖号召罢工以抗议犹太人遭受的虐待，得到了大规模的支持。这场二月罢工（*Februaristaking*）确实独特，因其公开展示了占领国的共产主义者与被压迫的犹太人团结一致的立场，但未能撼动纳粹政权。1941年5月，正值瓦隆遭入侵一周年，当地的煤田工人纷纷开展抗议罢工。1943年5月，荷兰当局宣布将再次关押1940年释放的战犯，引发了抗议罢工，但都被残酷镇压了。

教会领袖一致认为纳粹主义有悖基督教义，但他们大多出于谨慎而在公众场合保持沉默。控诉纳粹主义时，荷兰显然再次落于他

229 国之后。在比利时,教会领袖未公开表明对驱逐犹太人的立场(虽然他们谴责了纳粹征用教堂钟的行为),但天主教慈善机构一直低调地帮助藏匿避害之人。另一方面,部分天主教牧师通过政治宣传支持反对布尔什维克主义(Bolshevism)的战争,代表人物有西里尔·范赛夫(Cyriel Verschaeve),这位知识分子支持佛兰德斯运动,虽然主教与他断绝关系,但他仍保有显赫的声望。

学术领域也见证了英雄主义的光辉。早在1940年11月,莱顿大学法学院院长R. P. 克勒韦尔因加(R. P. Cleveringa)公开抗议校方解雇犹太同事。他因此被捕,全体学生罢课,学校关停至战争结束。1941年11月,布鲁塞尔自由大学停止对外开放,以防政治因素介入学术生活。天主教鲁汶大学(Catholic University in Leuven)校长范万伯格蒙席(Monsignor Van Waeyenberghe)宁可被囚禁18个月也不肯将录取、登记入学之权交予占领军。历史学者中,20世纪最伟大的伊拉斯谟传记作者约翰·赫伊津哈和莱昂·霍尔金(Léon Halkin)因参加反抗活动而被德军监禁。

在恐惧和被斥责的危险气氛中,个人友谊对于发展反抗联系网的作用至关重要。例如,安妮·弗兰克(Anne Frank)和同伴在父亲的生意伙伴帮助下避难。荷兰家庭主妇海伦娜·凯珀斯-里特贝格(Helena Kuipers-Rietberg)是先进妇女协会联盟(Union of Reformed Women's Associations)的理事会成员,她清楚地认识到拓宽联系网的必要。1942年末,她凭借与神职人员和妇女社团的关系成立全国组织(Landelijke Organisatie)帮助避难者。战争末期,全国组织已拥有约1.5万名成员,受帮助的避难者达20万—30万人,组织也在"全国突击小组"(Landelijke Knokploegen)中有一小支武装队。此类组织招募成员时，私人关系仍然发挥重要作用：亨克·达斯（Henk Das）是全国组织在乌得勒支的地方领袖，应基督教合球协会（Christian Korfball Association）中一位朋友的邀请才加入反抗行动。凯珀斯－里特贝格夫人1944年死于拉文斯布吕克（Ravensbrück）集中营。

许多武装反抗组织极其保守乃至反动。第二次世界大战第一年，这些组织的运作者被旧式的王权和国家理念所驱动，他们推崇宪政，又往往混杂着对两次世界大战间民主政治失败的反感。比利时最早的反抗组织之一白色大队（White Brigade，不久成为此类组织的统称）由安特卫普自由党教师和青年组织创立。拥护专制独裁的老兵也建立了反抗组织，如比利时的方阵（Phalanx）和荷兰的奥德迪恩斯特（Ordedienst）。

比利时有组织的左翼反抗运动始于1941年春，列日的一位自由党记者、一位共产党医生和一位牧师组建独立战线（Independence Front）。独立战线成为拥有广泛基础的团体，非常类似于荷兰的全国组织，但德国入侵苏联后，独立战线便主要由共产党运作。与全国组织一样，独立战线的主要关注点不在于武装反抗，尽管其确实拥有名为爱国者民兵（Patriotic Militias）的武装团体。此时也有一个独立的地下共产党，其在比利时的分部名为赤色交响乐（Red Orchestra），由国际共产主义情报网构成；此外还有名为武装游击队（Armed Partisans）的共产党军事派系，这是众多小型保守组织的主要对手，它们随后逐渐并入秘密军团（Secret Army）。

独立战线在欧洲占领区取得了独一无二的创举。1943年，独立战线伪造了5万份《晚报》（*Le Soir*），与德国审查后发行的版本在外观上别无二致，于 11 月 5 日印制发行。伪造的报纸内含未经审查的新闻和据说是"G. 斯塔珀"（G. Stapo）创作的连载小说《棕色小屋的秘密》（The Mystery of the Brown Chamber）。这一举措使更多人能够读到至少一份未作删减的报纸。另一项创举发生于半年前。1943 年 4 月 19 日晚，3 个带着防风灯和手枪的年轻人在博尔特梅尔贝克（Boortmeerbeek）附近拦下了从比利时向奥斯威辛（Auschwitz）集中营押运犹太人的第 20 批车队，并设法打开了其中一节车厢。这是反抗势力唯一一次阻拦驱逐犹太人的火车的尝试。

　　反抗运动遭遇了各种失败，其中最令人费解的是与伦敦磋商后建立的荷兰联络网的崩溃。身陷囹圄的无线电报员根据德军的要求发回信息，但他们认为这些信息没有用到他们的秘密安全码，故而会被忽略，可保无虞。然而，英国虽然在训练时不断强调安全码的作用，此时却忽略了这一细节。几个月内，德军借由一系列"停用密码"（droppings）行动抓捕了 57 名受训于英国的荷兰特工、50 名英国皇家空军（RAF）乘务员和约 400 名荷兰反抗势力成员。德国人将英荷在情报战中的这场惨败称为"英格兰游戏"（Englandspiel），惨败严重破坏了荷兰反抗势力与流亡政府之间、英荷之间的相互信任。有人甚至怀疑英国政府内部有叛徒，或英国蓄意出卖荷兰以分散德国计划于诺曼底登陆的兵力。英国特别行动委员会（Secret Operations Executive）的官方历史记录坦率地承认了失职，然后又指责荷兰不思变通、迷信权威。

　　1940 年 5 月后，战争在殖民地继续进行。爪哇海战役（Battle of the Java Sea）发生于 1942 年 2 月 27—28 日，日军摧毁了美英荷澳联合打击部队（American-British-Dutch-Australian Combined

Striking Force，ABDACOM）。部队总司令、海军少将卡雷尔·多尔曼（Karel Doorman）与旗舰一同沉海，壮烈殉职。只有4艘美军驱逐舰逃离战场。3月9日，印度尼西亚总督向日军投降。日军将30多万荷裔印度尼西亚居民关入战俘营，1/10的人死在营中。荷属安的列斯（Netherlands Antilles）与荷属圭亚那（即苏里南）在战时仍由荷兰自主统治，西印度群岛上荷兰皇家石油公司的炼油厂也为同盟国做出了贡献。战争期间，比属刚果（Belgian Congo）实际由英国统治，尽管部分比利时实业家对此提出了抗议。当地的铜、锰、橡胶等自然资源统一供战事使用。刚果出产的铀被用于生产第一批原子弹。

解放

各个占领区解放的时机截然不同。1944年11月，比利时全部、荷兰大河南部地区解放。1944年9月4日，史称"疯狂星期二"（Dolle Dinsdag），英国广播公司（BBC）误报同盟国军队已抵达布雷达，在通敌者及其家人中引起极大恐慌，6万人逃离荷兰，秘密媒体饱含讽刺地将这一事件评论为又一次"东进"（Drang nach Osten）。一周后，盟军越过荷兰边境；但月底前阿纳姆战役（Arnhem offensive）失利使荷兰北部诸省要再承受一个被占领的严冬。这几个月被称为"饥饿寒冬"（Hunger Winter），荷兰西部各大集合城市的食物和燃料严重短缺，也没有任何交通运输手段。德军洗劫了所有的铁路机车，停用了全国的交通基础设施，从而报复此前的铁路罢工运动。逾2万人死于营养不良，尚有力行走的人则在乡下乞讨。同时，德军不断要求补充强制劳工、加剧报复武装抵抗，使得占领区百姓更加绝望，局势每况愈下。1944 年 10 月 1 日，一个抵抗组织袭击了一名德军长官的汽车后，附近小镇皮滕（Putten）内逾 600 位全体男性居民遭围捕。若干居民被当场枪杀，其余的人被送入集中营，只有少数人最终得以返回。反抗组织面临一个道德困境，即发动武装反抗会使无辜民众遭报复杀害；这成为战后作家哈里·穆里施（Harry Mulisch）早期长篇小说《暗杀》（De Aanslag）的主题。

卢森堡大公国和部分比利时阿登高地于 1944 年 12 月遭受德军反击，史称突出部之役（Battle of the Bulge）。美军付出了巨大代价，最终于比利时卢森堡省东部城市巴斯托涅（Bastogne）阻挡了德军的前进步伐。

"疯狂星期二"中逃离荷兰的通敌者自然感到恐慌：因为意大利和法国已完全解放、比利时部分解放，反抗势力奋起"肃清危险分子"，这种行为混乱又往往过于激进。反抗势力法庭（Resistance Tribunals）有时会违背正当程序，甚至直接谋杀"罪犯"。迟至 1946 年，荷兰一个反抗组织暗杀了费利克斯·居尔热（Felix Guljé），而此前这名建筑师已被澄清没有通敌行为，还加入了组织积极帮助藏匿避难者（但重修了该组织曾暗中破坏的一处桥梁）。事态很快平息下来，比荷卢三国境内全部有通敌嫌疑者都被拘禁并按法律量刑，这一过程持续了数年。被拘禁者中不乏乐观主义者，他们利用被囚禁的时间学习西班牙语，因为佛朗哥（Franco）统治的西班牙或裴隆（Perón）统治的阿根廷在吸引着他们；悲观主义者（这种对比只是玩笑）则学习俄语。部分不平等的判决玷污了法律公正，一些重要人物最终逍遥法外，罪行较轻者却受了重罚。

塞斯-英夸特经纽伦堡审判（Nuremberg trials）被判死刑。通敌运动的其他领导者中，米赛特于1946年遭处决。史学家H. J. 埃利亚斯（H. J. Elias）在第二次世界大战末期担任佛兰德斯民族联盟首领，也于1946年被判死刑，他上诉要求宽大处理，于1951年得到批准。莱昂·德盖尔消失无踪，被缺席审判处以死刑。德盖尔后于西班牙现身，在当地度过余生（死于1994年）；宣判10年后，为防止死刑判决失效，法庭甚至出台了专门的"德盖尔法"（Degrelle law）。最近的一个同类事件是一个比较小的人物赫伯图斯·比克（Herbertus Bikker），他曾是党卫军的营地警卫，1952年逃出监狱，2008年死于德国。

战后年代：1945—1973年

战后初期，具有重建精神的人们主张打破20世纪30年代的柱化结构，成立有前瞻性的爱国组织，携手建设美好未来。各国的民族统一政府之中，比利时内阁里首次出现了共产党员，荷兰内阁则多了社会主义者。共产党的成员数量和威望在20世纪40年代末达到历史顶峰，1948年捷克斯洛伐克政变之后，共产党的发展速度减缓，又因1956年苏联入侵匈牙利一事而走向没落。在后一事件中，一伙阿姆斯特丹暴徒故意破坏了荷兰共产党办公室所在的18世纪建筑，这是荷兰平静的政治生活中时而出现的一例罕见的公众暴力事件。

天主教政党出现了明显的左倾转变，战后成为基督教民主政党（Christian Democratic parties）——荷兰有中间偏右派的天主教人民党（Catholic Peoples Party）、比利时有中间偏左派的基督教社会党（Christian Social Party）和卢森堡基督教社会人民党（Christian Social People's Party）。此次左倾运动后，自由党派陷入困境，其强调"自由思想"和个人权利的中产阶级传统主张已无法与20世纪40年代末至50年代社会重建的需要产生共鸣，实现重建需要重塑社会凝聚力、恢复合法公众秩序、通过福利立法和集体谈判在政治层面解决社会和经济问题。自由党派直至20世纪60年代才重整旗鼓，因为此时要求个人自主的社会风气与他们的核心原则相一致。战后荷兰主要的自由党是1948年成立的自由民主人民党（People's Party for Freedom and Democracy，VVD）。比利时自由党坚持到1961年改组为比利时自由进步党（Party for Liberty and Progress，法语缩写：PLP，荷兰语缩写：PVV），开始吸引更多选民。

比利时工党在战后起死回生，改名为比利时社会党（Belgian Socialist Party），原因之一是强调自己是一个为所有期望社会改革者服务的政党，而不局限于维护劳工利益，同时也是为了淡化人们对工党于1940年投降的印象。荷兰的社会民主工人党改弦更张，解散后与两个小党派（一为新教和平主义政党，一为激进自由主义政党）合并组成荷兰工党（Partij van de Arbeid）。工党力求联合那些曾参与战前政治生活、关心社会的国民，主要是那些不满于主流自由派和宗教政党中根深蒂固的保守主义的工人和知识分子。但宗教政党的中坚分子仍然与他们对立。1954年，荷兰主教发布牧函，强烈批评非天主教信仰的各团体、政党成员，而威廉·阿塞尔贝格发现自己必须在政党成员和天主教大学终身教席之中做出选择。几年内，荷兰工党发展成另一个样子的社会主义政党——意识形态严重左倾，致使创始人威廉·德雷斯（Willem Drees）1971年宣布退党；德雷斯是老派的务实改革家，领导过1948—1958年工党—天主教党联盟（Labour–Catholic coalitions of 1948—1958），建立起了福利国家制度。荷兰的去信仰化（deconfessional）"突破"尚未完成，但在20世纪60年代获得了新的发展。在比利时，关于君主制的未来以及中等教育专款的争论阻碍了所有"去柱化"举措（de-pillarization）实施。

战后，比利时最迫切的政治问题是国王的回归。这也是1945—1950年间比利时经历了9届政府的主要原因。德国在撤军时挟持利奥波德三世作为人质，但由于他早年被软禁（几乎只是名义上的）期间并未严格尊重宪法，人们纷纷质疑他是否适合统治国家。1940年，利奥波德三世没有听从大臣的建议撤离，而是与军队留在国内。比利时投降后，他私下觐见希特勒，恳求后者仁慈对待被征服的比利时臣民。战争期间，利奥波德的随从沉湎于君主独裁的妄想。但利奥波德最严重的错误是他在软禁期间与自己孩子的家庭女教师非法成婚。共产党员乃至部分社会党员认为推行共和政体的时机已经成熟。保守人士也认为即使维持君主政体，也无须再将利奥波德送上王位，若有合适人选便可取而代之。

1944年，利奥波德因于德国期间，联合内阁推选其弟查里（Charles）为摄政王；查理在战时一直四处流亡。1945年，萨尔斯堡（Salzburg）附近的美军救出了利奥波德国王，但查理已然证明自己比兄长更称职。他比任何人都更加努力地挽救比利时君主制。随后，利奥波德移居瑞士等待关于自己复位的协商结果，期间查理一直担任摄政王。1950年3月，全民公投的结果显示，支持国王的占微弱多数，6月普选中，基督教民主党（Christian Democrats）获绝对多数票。7月，利奥波德返回比利时。群众愤怒地展开罢工和游行，列日地区尤其热烈，这阻碍了利奥波德三世的和平复位，内战似乎一触即发。1951年，利奥波德退位给20岁的儿子博杜安（Baudouin，Boudewijn）。

去殖民化和国际秩序

战后初期，荷兰在亚洲面临着另一场权力危机。印度尼西亚先后被日本、英国和澳大利亚占领。1945年8月，印度尼西亚总统苏加诺（Sukarno）宣布印度尼西亚独立，印度尼西亚共和国（Indonesian republic）成立。英国无意对抗印度尼西亚民族主义者，坚持要求荷兰来解决问题。经过书面协议，荷兰统治下的印度尼西亚建立起松散的自治联邦制度，这是一个良好的开端。此后苏加诺持续反对联邦制，共产党人不断试图从他手中夺权，荷兰因而自1947年起发动一系列反暴乱的行动。印度尼西亚虽已被消磨得筋疲力尽，但在反殖民行动中仍然投入了相当的人力和财富。1946—1958年，荷兰是由工党一天主教党联盟统治。两党虽不像从前政府一样热衷于殖民，但确信投降会显示出软弱，国家也需要印度尼西亚的原材料以支持战后荷兰国内重建，所以两党准备坚持到底。雅加达再次被荷兰占领，苏加诺被俘，但联合国和美国的介入迫使荷兰让步。在亚洲，只要条件允许，美国就会以欧洲殖民势力为代价支持亚洲的反共民族主义者。一系列带有民族或宗教色彩的分离主义战争使印度尼西亚独立的问题更加复杂。20世纪50年代末，苏加诺越发专制独裁，荷兰在印度尼西亚的资产被收归国有，欧洲人、欧亚大陆人和摩鹿加人纷纷前往荷兰本土。摩鹿加人和欧亚大陆人为荷兰王国增添了新色彩,却不怎么受百姓欢迎。

成立荷属自治联邦的提议在印度尼西亚虽因民族主义而失败,但在阿鲁巴(Aruba)、博奈尔(Bonaire)、库拉索、萨巴(Saba)、圣尤斯特歇斯(St Eustasius)、圣马丁(St Maarten)等加勒比海6岛和大陆殖民地苏里南却取得了更大成功。1954年,上述各地在荷兰王国统治之下获得自治权,设立各自的地方政府,并在库拉索岛设立了一个集体议会。代表荷兰女王的总督驻扎在当地,但实权由内阁部长掌握,部长向议会负责。苏里南不久便改弦易张,于1975年完全独立;荷属安的列斯地区如今仍受荷兰管辖。

战后,各国期望建立一个新的欧洲协调组织(Concert of Europe),签署多边条约以保和平、促发展。惊人数量的国际组织此时涌现。最早的组织之一是比荷卢经济同盟,至少其理念成为后来欧洲一体化的模型。三国流亡政府于伦敦签署原则性协议,但比荷卢条约直到1948年才拟定。三国显示出克服旧有国家差异、结束竞争状态的决心,也期望弱化贸易保护主义在欧洲重建国民经济中的地位,因此相较于独立状态,同盟在马歇尔计划(Marshall Aid)中获得了更多援助。此外,同盟早期的主要作用是让比利时银行向荷兰提供了更多信贷,而荷兰可以向比利时公司下达订单来调整其产业。随后三国更加艰难地磋商,1958年,比利时、荷兰、卢森堡结成完全的经济联盟。同期,欧洲煤钢共同体(European Coal and Steel Community,1952年)、欧洲原子能共同体(Euratom,1957年)和欧洲经济共同体(European Economic Community,1957年)某种程度上使这一步骤显得有些多余。欧盟在布鲁塞尔和卢森堡市设立了主要机构——欧洲议会(Parliament)、欧盟执行委员会

（Commission）和欧盟理事会（Council），尽管法国坚持要求欧洲议会在斯特拉斯堡举行全体大会。2002年1月1日，欧洲12国放弃本国货币支持启用欧元，比荷卢即为其中三国。

1948年，包括抽象表现艺术家卡雷尔·阿佩尔（Karel Appel）在内的一些丹麦、比利时、荷兰艺术家模仿比荷卢联盟成立了眼镜蛇画派（Cobra，取各国首都哥本哈根、布鲁塞尔、阿姆斯特丹的首字母而成），这种模仿带有自我讽刺意味。该团体组建了一个实验主义的国际联盟，旨在挑战传统的艺术门类和巴黎在艺术界的支配地位。在布鲁塞尔、阿姆斯特丹和列日举办展览后，眼镜蛇画派解散了。佛兰德斯作家雨果·克劳斯（Hugo Claus）虽不算这个团体的成员，但也参与了活动，其1962年小说《惊异》（*De Verwondering*）——近期被译为英语，书名《奇迹》[*Wonder*，2009年由布鲁克林（Brooklyn）出版社出版]——这本书是现代荷兰文学的经典著作，克劳斯因其1967年剧作《马斯切洛恩》（*Masscheroen*）而触犯公众猥亵罪被判处为期4个月的缓刑。

比荷卢条约和欧洲各机构主要是关于贸易和工业的。为增强国防，比荷卢三国放弃了原来的中立地位，于1948年签署了《布鲁塞尔条约》（*Brussels Pact*），与法国、英国结成永久联盟。此5国皆为1949年北大西洋公约组织（北约，NATO）的创始国。比荷卢也促成建立了海牙国际法院（International Court of Justice in The Hague，1945年）和联合国组织（United Nations Organization，1949年）。荷兰和比利时军队也派兵参与了朝鲜战争（Korean War）。20世纪50年代，新型国际主义中的重要人物是荷兰外长J. W. 贝延（J. W. Beyen）和比利时外长保罗-亨利·斯巴克（Paul-

Henri Spaak）。两人在斡旋法德争端中发挥了关键作用，促成了《罗马条约》（Treaty of Rome，1957年）的签署，条约奠定了欧洲经济共同体的基础，而这一共同体便是贝延建议的结果。欧洲一体化（European integration）可以被看作是各领域逐渐统合的过程（由钢铁领域至原子能领域，再向外扩展），直到贝延推动建立共同市场（Common Market），以确保在法德伙伴关系的支持下签署合作协议，这至少使荷兰有权自由进入他国市场。欧洲经济共同体的最初签约国为法国、联邦德国、意大利和比荷卢三国。比利时外长斯巴克此前曾是联合国大会（General Assembly of the United Nations）的首任主席，随后于1957—1961年出任北约秘书长［继任者为荷兰政治家迪尔克·斯蒂克（Dirk Stikker），1961—1964年任职］。约瑟夫·伦斯（Joseph Luns）1952年加入荷兰外交部担任贝延的副部长，1956年继任部长，一直任职到1971年——期间经历了8届内阁——承担了相应职责，伦斯于1971—1984年任北约秘书长。同时，比利时和荷兰是欧洲经济共同体中最支持北约（pro-Atlantic）的国家，法国退出北约后，北约总部迁至布鲁塞尔，盟军中欧司令部（AFCENT，Allied Forces Central Europe）总部改设于荷兰布林瑟姆（Brunssum），欧洲盟军最高司令部（SHAPE，Supreme Headquarters Allied Powers Europe）总部迁至蒙斯。

从更严格的国家意义上讲，1958年布鲁塞尔世博会（Brussels Expo）仍是具有重要象征意义的事件。原子球塔（Atomium，即放大千亿倍的铁晶体结构模型）、海瑟尔展览中心（Heysel exhibition halls）、布鲁塞尔机场及布鲁塞尔地下汽车隧道和地下有轨电车系统如今仍是这一盛事的永久标记。1958年世博会标志着欧洲走出第二次世界大战余波，再度繁荣兴旺。这也是比利时最后一次作为单一的国家和殖民帝国在世界舞台上表演。

为数极少的刚果中产阶级代表搭飞机前往比利时参加世博会，亲眼见证了欧洲人的本土生活（历届世博会中，只是"开化"程度较低的中非人被送往"土著村庄"居住，以作为展览的一部分）。1959年，比属刚果爆发了罢工、游行，要求独立，帕特里斯·卢蒙巴（Patrice Lumumba）不久成为公认的激进运动领袖。1960年初，比利时政府开会磋商比属刚果的未来，提议在较长年限内逐步实施当地自治，但并未得到要求立刻独立的刚果民众的响应。卢旺达和布隆迪随后于1962年独立。

家长式的统治政策为刚果提供了在非洲最完备的小学教育体系，但对非洲人的后续教育、管理事业或政治事业则几乎没有保障。卢蒙巴于1960年6月当选刚果首任总理，他从神学院毕业后在邮局工作，当选总理前曾是啤酒厂销售员。他绝不缺乏真诚、热情或才智，只是对领导政府几乎毫无准备。共和国成立伊始，卢蒙巴期望比利时商人、公务员和士兵留在本地，以缓和政权向非洲人过渡的进程。然而，刚果随后便陷入了血腥的多方内战，比利时百姓大多撤离了当地；这是一场围绕殖民地时期后的权力平衡所展开的内战，旧的敌对者和新的冷战同盟使事态更为严重。刚果独立一个月后，矿产资源最丰富的加丹加省（Katanga）宣布独立，这成了内战的导火索。刚果共和国首任总统约瑟夫·卡萨武布（Joseph Kasavubu）因卢蒙巴召来了苏联援军，于9月将他解职。卢蒙巴逃离了首都，但随后被捕并移交予加丹加分离主义者。他遭到虐待，于1961年1月被杀害，比利时的顾问处理了他的遗体。联合国派出维和士兵阻止刚果分裂。1963年，联合国军镇压了加丹加人的分裂行动，其首脑莫伊兹·冲伯（Moise Tshombe）1969年死于流亡途中。1965年，总统卡萨武布被国民军总司令蒙博托·塞塞·塞科（Mobutu Sese Seko）发动的政变推翻。1971年国家改名为"扎伊尔"（Zaire），至1997年蒙博托死后改为原名。

社会福利与消费主义

20世纪40年代末期至70年代中期，荷兰、比利时、卢森堡采取了一系列措施以改造福利制度。通行的传统退休金、强制性失业保险、家庭津贴支付及其他诸多津贴改为由雇主或雇员缴纳。工会的权力达到顶峰，为其成员争取到了各种福利。1976年，荷兰通过了新的残疾人津贴法，补贴力度或许为史上最大。国家管理也覆盖了未向社会保障制度缴款的人，建立了地方和中央出资运作的机构，照顾可能被社会保障网络忽视之人，为其提供基本保障。

保险工会、医院、学校等福利体系组织机构往往植根于19世纪末20世纪初的宗教集团，这些机构是政府的"社会伙伴"（social partners）。"社会伙伴关系"的概念也扩展到雇主联盟和工会组织，他们集体与政府商谈条件，成为低地国家劳工关系中根深蒂固的一部分。政府提高介入社会和经济的力度，柱化组织中的"社会伙伴关系"，这在比利时被称为"新社团主义"（neocorporatism）。这意味着传统的宗教派系仍保有深刻的影响力，尽管其思想学说已然逐渐消失。

20世纪60年代，员工工资提高、拥有最低收入保障，使得低地国家出现了美国式的大众消费主义。冰箱、汽车、电视等耐用消费品不再只为"富裕家庭"拥有，大众娱乐变得相当有利可图。荷兰摩鹿加人在布鲁塞尔创作的音乐成为欧洲摇滚乐的开端。1957年，蒂尔曼（Tielman）一家从印度尼西亚移居布雷达。家里的4个男孩此前已经组成蒂莫尔兄弟乐团（Timor Rhythm Brothers）表演，他们融合了印度尼西亚和美国的音乐风格，后来称为印度尼西亚摇滚（Indorock）。他们的重大突破是在1958年布鲁塞尔世博会上被聘为"夏威夷村"（Hawaiian Village）乐队的替补。乐队以蒂尔曼兄弟（Tielman Brothers）之名出尽风头，以比利时人之名录制了首支单曲；他们不久前往德国，此时也有美国而来的乐队向驻扎在曼海姆（Mannheim）、海德堡（Heidelberg）和法兰克福（Frankfurt）附近的军队作巡回表演，蒂尔曼兄弟也为他们替补演出。学者乔治·利普希茨曾说："蒂尔曼兄弟起源于印度尼西亚，移居至荷兰，在荷兰和德国向欧洲白人观众表演美国黑人音乐而大获成功。"蒂尔曼兄弟对汉堡的乐坛有显著影响，披头士乐团（Beatles）尚未成名时就曾在此演出。

低地国家另一位经常向美国陆军作巡回表演的名人是用约德尔调唱法的乡村歌手、口哨冠军博贝詹·朔彭［Bobbejaan Schoepen，原名莫德斯特·朔彭（Modest Schoepen）］。他1947年向美军表演，事业从此风生水起。1951年，托兹·席尔曼（Toots Thielemans）在移民美国之前为朔彭做吉他伴奏。比利时法语抒情男歌手雅克·布雷尔（Jacques Brel）也成了一位国际明星，1955年为博贝詹进行了为期一周的开场表演。1957年，朔彭代表比利时参加了欧洲歌唱大赛（Eurovision Song Festival），也前往纽约参加了艾德·苏利文秀（Ed Sullivan Show），但他最终放弃了国际明星的事业，并在毗邻荷比边境的比利时小镇利赫塔特（Lichtaart）兴建了一个游乐场，观众得以跟他近距离接触。荷兰乐坛更为典型的是舒缓、悦耳或忧郁的歌曲，用手风琴或钢琴伴奏。但战后年代最大牌的名人是歌星、喜剧演员图恩·赫尔曼斯（Toon Hermans），他在剧院上演的独秀门票被抢购一空，在电视上有数百万观众（在一个人口小国这可是不小的成就）。

在荷兰，信仰派别也影响了电视领域；而广播时段则由不同电台瓜分：自由主义电台 AVRO、社会主义电台 VARA、自由改良派电台 VPRO、天主教电台 KRO、加尔文教电台 NCRV、基督教福音派电台 EO、中立娱乐电台 TROS 以及无数小型电台。只在最近，有线电视和卫星频道才在一定程度上动摇了荷兰政党派系对电视内容的把持。比利时的各个领域仍明显受信仰派系影响，但却有一个仿照英国广播公司而设的全国广播公司，在 1960 年全国广播公司分割为法语和荷兰语两部分，如今必须与一系列纯商业频道竞争。

比利时的"语言问题"

第二次世界大战结束后的 10 年间，佛兰德斯民族主义者几乎没有什么政治作为，很少人愿意再与第二次世界大战时的通敌者交往；这些通敌者自怨自艾，觉得自己是理想主义的替罪羊，而真正通敌卖国以追求财富权力的人则免于责难。1954 年，佛兰德斯成立了一个小型政党——人民联盟（Volksunie），期望用民主手段实现佛兰德斯自治；政党的许多成员在若干年前力求借由通敌实现此目标。政党最初为一个压力集团，主要有两大诉求：权力下放至佛兰德斯区域，赦免通敌者。

然而，很少人意识到比利时境内惯用荷兰语者属于社会地位低下的多数群体。佛兰德斯民族主义者要求权力下放（极端情况下他们要求成立独立的佛兰德斯共和国）；惯用法语的自由党和社会党人则根本不觉得这有什么值得大惊小怪的，他们本能地将任何一个为佛兰德斯权利奔走游说之人都斥为秘密的宗教法西斯主义者（crypto-clerico-fascist），雅克·布雷尔饱受争议的歌曲《佛兰德斯运动者》（*Les Flamingants*）就证明了这一观点。而基督教民主党试图在比利时框架内纠正这一现状，这注定无法让上述两派人士满意。但瓦隆政治家逐渐认识到地方主义的好处，这是一种与人数更多、呼声渐高的佛兰德斯人共同确立制度平等的方式。

语言边界于1962年经立法确定，国家北部的公共机构正式用荷兰语，南部机构用法语，布鲁塞尔则使用双语（实际以法语为主），奥伊彭和马尔梅迪附近小块区域用德语。1964年，法语民主阵线（*Front démocratique des francophones*，FDF）在布鲁塞尔成立，以保卫"民主权利"、免遭"语言排外"为由，反对布鲁塞尔实行双语制；同时在佛兰德斯法语人口聚集的地区促进语言平等。

1968年2月，在大学教育扩张之时，鲁汶大学学生展开抗议，致使政府倒台，大学及其新修图书馆一分为二——荷语天主教鲁汶大学和法语天主教鲁汶大学。惯用法语的历史学家有时倾向于认为佛兰德斯运动本质上是"血与土"（blood and soil）的意识形态，这也解释了为什么拒绝让说法语的学生和教授在佛兰德斯市镇中行使生活和学习的个人自由。这种观点有一定程度的影响，但相较于个人权利，鲁汶大学分裂中的佛兰德斯运动分子更为关注数量庞大且不断增加的说法语者之势力的长期制度化，某些惯用法语的社会科学家也提出这是鲁汶获得与布鲁塞尔同样的双语地位之正当理由。1968年后，所有主流政党分裂为以不同语言运作的"兄弟党"。此后，惯用荷兰语和惯用法语的比利时人之间"社群主义"（communitarian）的分歧成为比利时政治的固定特点，如一位历史学家所言："（这种差异）在所有政党联盟的结成和衰落中发挥了或多或少的作用。"由此导致的冲突和妥协等细枝末节是比利时政治评论员最为关注的对象。如引言中提到，1993年的联邦制结构中，这种冲突和妥协达到巅峰。

性别革命

实现不同性别间的权利地位平等是20世纪60年代意义更为重大的要求之一。1966年，赫斯塔尔国家战争武器制造厂的3000女工开展罢工，提出同工同酬的诉求，这一举动出乎工会官员的意料。约1970年起，女性知识分子加入社团"疯狂明娜"（Dolle Mina），开始抗议女性在教育资源、职业机会、薪酬、婚姻家庭法及公共卫生间供应等方面承受的不平等对待。"疯狂明娜"是荷兰妇女参政运动家威廉明娜·德鲁克（Wilhelmina Drucker）的绰号。女性知识分子还要求堕胎的权利。

同时，和欧洲其他地方一样，低地国家对于性行为和生殖实践的态度也在改变（实际上就在人们可以买到抗生素和避孕药之后）。经过民众要求，荷兰和比利时分别于1983年和1990年将人工流产合法化，此前许多年都只能由医生决断女性能否堕胎（这是为了避免公众的强烈抗议，1973年，一名为他人做堕胎手术的人正是因此才获罪入狱）。但国王拒绝违背他的良心去签署堕胎合法化法案，宪法危机提前到来：政府宣布国王临时无能力履行职务，法案由一个为期一天的摄政委员会批准。

18世纪90年代的革命家废除了针对鸡奸行为的法律，但社会对公开同性恋者的接受程度仍然较低。1946年于荷兰成立的文化与娱乐中心（COC, Cultuur- en Ontspanningscentrum, Centre for Culture and Relaxation）和1953年成立的比利时文化中心（CCB, Cultural Centre of Belgium）是关心同性恋者权益的组织，它们鼓励对同性恋亚文化的参与，呼吁社会公众更加接受公开的同性恋人士。文化与娱乐中心很快便发展为全球规模最大的同类组织。18世纪30年代，荷兰警察联合打击鸡奸行为的规模在20世纪前的欧洲空前绝后，但如今却因其对同性恋者的包容程度而闻名于世。荷兰的首位"同性恋名人"是作家赫拉德·雷韦（Gerard Reve）。雷韦的作品包括引人入胜又漫无逻辑的书信集，但更为出名的是他在文学上对同性性欲、性诱惑、性虐待的探索；此外1966年他因"亵渎神明"而被起诉——他写了一部有关鸡奸驴子的"费解"作品。

第二个千年的黄昏

20世纪70—80年代和60年代一样，都是一个变化的时期，但变化的方向则更为晦暗。通货膨胀与经济停滞证明主流经济模式失效。1973年和1979年石油危机动摇了经济体制，但既有产业的长期衰退是为更根本的。这20年间，矿业城镇和渔村的主要收入来源直接消失了，部分地区的生活方式甚至倒退几个世纪。荷兰林堡、瓦隆和比利时林堡的最后一处煤矿先后于1974年、1984年和1992

年关闭。

1959年，格罗宁根在地下逾2.4公里处发现了大片天然气田，在一定程度上抵消了荷兰经济受到的影响。荷兰得以从攀升的燃料价格中获利，接下来50年间，天然气为荷兰带来了2110亿欧元的收入，荷兰因而摆脱了20世纪末最严重的经济萧条之困扰。卢森堡的主要产业只有钢铁工业，所以受到的冲击最为严重。政府采取了各种措施促进经济多元化。虽然本土最后一处铁矿于1981年关闭，但卢森堡的钢铁工业仍在靠进口矿石维持运作。比利时则出现了明显分歧：瓦隆变为铁锈地带，不得不将数百万的资金注入垂死的工业（煤炭、钢铁、玻璃、纺织业）；而佛兰德斯则发展了新工业，如主要依靠（来自美国、法国及日本的）外资兴建化学工厂和汽车工厂。

在荷兰，1975—1994年间失业人口数增加了一倍多；领取养老金的人数从1965年的92.5万人增至1990年的逾200万人；申请病残津贴者数量翻了两番，由1968年的17.5万人增至1990年的80万人。工人与领取福利金者的比率为世界最低。1973—1997年间，失业率均大幅提升：佛兰德斯从1.8%增至8.8%、瓦隆从3.2%增至17.3%、布鲁塞尔从2.3%增至18.7%（这些数据未统计最年轻和最年长的人数，因为政府提高了中学生离校年龄、降低了退休年龄，作为解决经济问题的权宜之计）。福利国家不堪重负，政治上强加的团结状态就会出问题。紧缩和改革势在必行，但人们无法就削减哪一方的权利达成一致。比利时的主要解决方式是增加财政赤字、扩大国债规模，因为严重削减福利的举措遭到政治罢工浪潮的反抗，罢工在瓦隆地区尤甚。20世纪70年代末，国家越发难以统治，1977—1981年间7任政府尽皆倒台。20世纪80—90年代的"荷兰奇迹"（Dutch miracle）是在避免大规模贫困化或严重社会抗议的前提下，减轻国家负担，人民集体决议削减工资，同时维持福利国家的要素、保障经济繁荣。人民之所以能就削减工资达成共识，其关键在于大众认识到改革是迫在眉睫的，改革的执行者也是正确人选：当时的执政党建立了福利制度，因其公开与此制度联系在一起而获得大多数政治利益。1982—1994年，荷兰首相由左翼基督教民主党领袖吕德·吕贝尔斯（Ruud Lubbers）担任，1994年由工党领袖维姆·科克（Wim Kok）继任。

去信仰化

在此期间，公开的基督教政党的选举基础正逐渐收缩。中产阶级选民被吸引来支持再次兴起的自由党派，它们不再强调反对教权；而工人阶级开始倾听社会主义者对自己阶级利益的呼吁，以及知识分子对他们思想体系的呼吁。1974年，卢森堡基督教社会人民党自1945年以来首次下台，成为在野党。在荷兰，反对革命党和天主教人民党的选民数量不断减少；1976年，两党与一个小型信仰派政党合并为基督教民主联盟（Christian Democratic Appeal，CDA），以此激励选民的信心。通过联合这些势力，荷兰基督教民主党一直保持了其优势地位，直至21世纪初选举失利。在比利时，讲法语的基督教社会党（French-speaking Christian Social Party，PSC）获得的选票于1974年跌破10%，此后一直为个位数，除了1978年普选中例外地收获了10.1%的选票。1981年，比利时首次将投票年龄降至18岁，瓦隆和佛兰德斯社会主义党派取代了社会基督教派和基督教民主党（Social Christians/

Christian Democrats），成为议会中最大的政治"家族"（political family）。当时，佛兰德斯基督教民主党（Flemish Christian Democrats，CVP）自20世纪70年代力求提高自身的受欢迎程度，顺利渡过20世纪80—90年代逐渐衰落的难关，一直是国内最强势的党派，直至1999年突遇选举失利（见下文）。

基督教民主在政治上的衰退或许与20世纪70年代活跃的教会活动有关，此种社会规范几乎一夜之间被视为古怪反常之举。此外，社会期许一旦达到临界点，教堂很快就无人光顾，这也是低地国家强大的社会从众心理（social conformism）之表征。在荷兰林堡，历史上是一个坚定的天主教地区，但前往教堂的群众比例1966年为66%，1969年跌破48%，1979年降至27%，到2000年已降至10%。1995年起，每年加入神职工作之人多于放弃这类工作之人，这是自1965年起首次出现的情况。荷兰新教教堂过剩，其活跃成员数一直在减少，持续了较长时间，但减少速率是一样的。21世纪初，衰退速率触底回升。20世纪末，基督教公众形象衰退至200年以来的最低水平。

然而，这并未直接影响到基督教在社会和文化中的"支柱"性，尽管人们效忠的机制也越来越混杂。出于便利或个人关系考量，人们可能会加入基督教健康保险公司，但将子女送入世俗小学就学（反之亦然）。天主教和加尔文派机构招聘员工时会以其专业资质而非宗教信仰为依据，员工所持的观点与工作无关。低地国家仅有的几所大学仍然要求进行教义测试（doctrinal test），如世俗主义的布鲁塞尔自由大学各校区，要获得终身教职的人需"宣誓自由思考"（oath to freethinking），这本身就自相矛盾。如今，名义上的基督教组织中有无特定宗教信仰的员工，已经不是什么罕见的事情了，但人们还是隐约抱有一种观念：基督教社会传统提供了团结一致和社会行动主义的典范，其对人类的阐释也一应俱全；这种观念避免了集体主义或个人主义的唯物主义极致。

新的政治选择

随着重工业的垂死挣扎，人们逐渐意识到繁荣年代之中及之后肆无忌惮地开发化工产品、矿产资源，带来了何等严重的长期损害。生态问题的日益严重让环境压力团体（environmental pressure groups）发展为政党。1980 年，生态党（Écolo）开始参与比利时法语区投票。1981 年，荷语生态党（Agalev）加入佛兰德斯政坛；这一压力团体的创始人是一位犹太牧师，却从未加入由团体发展而来的政党。1983 年，卢森堡成立绿党（Déi Gréng，The Greens）参与1984 年大选。荷兰 1989 年成立了绿色左派（GroenLinks），融合了本国两个微小的共产主义政党（分别创立于 1909 年和 1957 年）与两个小型信仰派政党，激进地脱离了反对革命党和基督教民主联盟。结果现存的绿党（成立于 10 年前）被完全边缘化。

政治派别也有一定的分裂。1970 年，一群老派的改革主义者对于主流的荷兰工党的左倾路线失望，决定成立更为温和的政党民主社会 70 党（Democratic Socialists 70，DS70），该名称与民主 66 党（Democrats 66，D66）相呼应，后者成立于 1966 年，是激进的进步自由党，强调个人自由。荷兰工党在左派的势力也遭到其他政党削弱，即 1972 年成立的荷兰社会党（Dutch Socialist Party，SP）。1975 年洛克希德事件（Lockheed Affair）爆发，荷兰朱丽安娜女王

（Queen Juliana）的配偶伯恩哈德亲王涉嫌在国防采购中收受了超过100万美元的贿赂，这进一步动摇了人们对"主流政党"或"权势集团"（the establishment）的信任。亲王（2004年）逝世前并没有查出确凿证据坐实罪行，其本人也未公开承认受贿；但人们认为，朱丽安娜女王1980年让位于女儿贝娅特丽克丝（Beatrix），或多或少是为了改善受损的君主形象。

经济与环境危机爆发的同时，"非传统"的亚文化兴起，而毒品往往在其中占据重要地位。荷兰1919年颁布鸦片法（opium law），后于1953和1966年补充了针对大麻和麦角酸酰二乙胺（LSD）的条款，但从1976年开始区分"硬性"和"软性"毒品，并采取务实政策不禁止持有软性毒品。荷兰的毒品政策使荷兰年轻人用消遣性药物的比率几乎低于西欧所有地区，毒品既不是像烟草这样的"成人专属"（adult），也非其他地区认为的"叛逆之举"（rebellious）；贩售大麻的"咖啡厅"（coffee shops）也并不都是肮脏污秽、令人生厌的场所。因此，阿姆斯特丹吸引了世界各地的瘾君子，毒品供应商的犯罪网也将本质上是城市治安的问题扩展为乡村地区的公共秩序问题。这些都是毒品法令造成的结果，让人始料未及；此外，旅费低廉、欧洲边境开放也加剧了这些问题。2009年起，政府一直不断探索、加强执法，尤其是在学校附近。

反对权势集团的左派或右派政党之外，还有一部分政党不甚关注政治进程，而注重街头抗议和暴力的刺激。20世纪70—80年代，边缘群体不断发起政治挑衅。同期也有少量分散的恐怖袭击事件。其中部分由外国民族主义者［巴勒斯坦人（Palestinians）、南摩鹿加岛民、库尔德人（Kurds）］发起，以期撼动欧洲人对他们事业的冷漠态度,其余则由爱尔兰共和军(IRA)针对西欧大陆的英国士兵发起。

除此之外,还存在本土的左翼革命分子发起的,如荷兰革命反种族主义行动(Revolutionaire Anti-Racistische Actie,RaRa)以燃烧弹攻击了与南非种族隔离制度相关的商业机构;比利时共产主义者战斗小组(Cellules Communistes Combattantes,CCC)的 4 名成员于 1985 年被捕入狱。他们的目标是财产而非个人(尽管共产主义者战斗小组的行动确实导致 2 名消防员死亡)。20 世纪 80 年代,比利时发生一系列超市暴力持枪抢劫案,极右翼黑帮成员试图以此动摇代议制民主;而荷兰反共者于 20 世纪 50 年代藏匿的武器和炸药也在 80 年代落入贩毒集团之手。此类事件加上经济严重衰退和结构改革,使得部分评论员拿"黄金 60 年代"(Golden Sixties)和"领先之年"(Years of Lead)作对比。

极右派也于 20 世纪 80 年代重返政坛。1979 年,安特卫普成立极端民族主义政党佛兰德斯集团(Vlaams Blok),为参与 1980 年普选的极右派选民提供了一个总阵线,也欣然接受人民联盟一直试图辩护的不堪过去。集团成立的原因是不满于人民联盟权力下放的路线,转而支持共和主义及分离主义的方针,但其竞选活动却对此缄口不言,反而强调移民、警务等议题。在荷兰,仇外的中间党(Centrumpartij)1982 年首次获得议会席位。该党是一个非典型的极右政党,但反对移民,支持环保主义、福利主义和平民主义,强调直接民主。卢森堡唯一与之略微类似的是平民主义的非传统民主改革党(Alternative Democratic Reform Party),主要关注的是限制公职人员的权势。该党成立于 1987 年,于 1989 年首次获得议会席位。

千禧年的曙光

随着经济恢复、欧洲掀起一体化的新浪潮,第三个千年伴随人们的乐观情绪开始。然而在 21 世纪前 10 年间,比荷卢三国自第二次世界大战以来就实行的共识政治、运行的联合政府已不堪重负,三国也卷入全球经济衰退的浪潮。在危机到来、两极化加剧的紧要关头,要求共议协商以尽可能达成政治共识的"圩田模式"(polder model)显示出固有弊端。

然而当时几乎无人认识到,低地国家 20 世纪的共识政治依赖于一个主要政党,或称"政治家族"——也就是基督教民主党——来维护社会凝聚力的坚定立场、协调有分歧的经济利益和意识形态。责任、管理、团结和权利自主等概念是纠正 20 世纪意识形态化政治氛围的必需品,但在 21 世纪鼓吹漂亮化的文化中又似乎显示出平淡乏味、模糊不清的缺陷。此时,"可供替代的"针对单一问题的政党在情绪上感染了选民,"主流"政党越发集中于中间派——如"社会"自由党(将自由经济与社会问题结合)及"新"社会党(将社会问题与自由经济结合)——基督教民主因而沦落至异于以往、焦虑难安的地位,不得不在选举政治中争得一席之地。过去 50 年间,柱化让位于两极分化。

丑闻始于何人

1996—1999 年,比利时爆发了一系列丑闻,大众期许和政治现实相悖,形成鲜明的对比。1992 年,儿童强奸犯马克·迪特鲁(Marc Dutroux)在获 13 年徒刑并服刑 3 年后被释放出狱。此后 4

年间，他绑架、强奸了6名女童，其中3人被饿死、1人窒息致死。其余2人在房下隐蔽地窖的笼中获救。警方调查女童失踪不力引发了媒体的全面讨论。负责此案的预审法官因参加了受害者家庭的募捐晚宴，被以未严格保持公正立场为由免职，此时对当局的不满演变成公众的强烈抗议。1996年10月20日，布鲁塞尔爆发白色行进（White March）大游行，这是比利时史上规模最大的示威活动，30多万人呼吁改善儿童保护现状、要求警察和政客对百姓关注的问题表现出一定的责任心和敏感度。因此，比利时警力进行了彻底的重组，打破了原来根深蒂固的政治影响（主要来自基督教民主党和社会党）。1998年，迪特鲁从监狱转移到法庭时，曾短暂地逃脱拘押，在逃4个小时。基督教民主党司法部长和社会党内政部长皆因此过失引咎辞职。

此时，一系列老牌政党的筹款丑闻进入了公众视野。1991年，列日的社会党重要政治家安德烈·科尔斯（André Cools）在离开女友的公寓途中被枪杀。谋杀案始终未被侦破——杀手最终被捕，但最可疑的嫌犯是杀手的领导，也是科尔斯的门生和其瓦隆公务部长一职的继任者，此人于2002年自杀，随后再无线索可查。但是，调查曝光了20世纪80年代社会党牵涉其中的许多黑幕，如从法国和意大利公司收受国防采购的回扣。20世纪90年代末，瓦隆社会主义领袖居伊·斯皮塔埃尔（Guy Spitaels）及佛兰德斯社会党人、前任经济事务大臣、北约秘书长维利·克拉斯（Willy Claes）被指控担任公职期间贪污而获刑。政党领导权由此向新一代政客开放，但对于修复政党名誉则没什么作用，尤其是在佛兰德斯。如今有观点认为，佛兰德斯基督教民主党主张成立联邦国家只是为了维护其在佛兰德斯的支配地位，不惜资助腐败的社会党，通过分肥政治（pork-barrel politics）操纵在福利上依赖于佛兰德斯的瓦隆地区。当然，这一问题也可从其他角度看待，但上述观点是导致目前政治僵局的重要因素。

第三起丑闻"禽肉危机"（poultry crisis）于1992年爆发于政府内部，打破了基督教民主党—社会党联盟（Christian Democrat-Socialist），引发人们对食品安全的恐慌。1999年1月，成批动物饲料（主要为鸡饲料，也包括猪饲料）受工业用油污染，二噁英浓度超出了法律标准（甚至可能有毒）。鸡因此染病，鸡蛋必须被销毁，但社会党卫生部长和基督教民主党农业部长判断人类健康几乎不会受到污染的影响，根本不至于引起公众关注（尤其是在选举年），所以两人直至普选前一个月仍未采取任何相应举措，此时全国媒体曝光了这一事件。猪肉、鸡肉制品及任何原料可能包含受污染鸡蛋的食品均在超市下架，布鲁塞尔的居民这才惊讶地发现日常食物中有这么多是由鸡蛋制成的，而如今他们只能暗地里购买萨拉米香肠。基督教民主党和社会党在普选中失利，失去了许多核心支持者。极端民族主义政党佛兰德斯集团获得的席位数由11增至15，绿党席位数由11增至20，自由党自19世纪70年代以来首次成为议会内最大的政治"家族"。瓦隆自由党人甚至近乎终结了社会党人在选举中的领导地位。

1992年，佛兰德斯自由进步党重塑形象，改称佛兰德斯自由民主党（Flemish Liberal Democrats，VLD）。佛兰德斯自由党人（Flemish Liberals）此举的成功使其他政党纷纷如法炮制。佛兰德斯基督教民主党改名为"基督教民主与佛兰德斯党"（Christian

Democratic and Flemish，该名称由 3 个形容词组成，而没有名词），正式缩写为 CD&V（带 & 符号）。佛兰德斯社会党（Flemish Socialists）在布莱尔主义"新工党"的影响下成为"和平社会党"（Socialistische Partij Andersanders），缩写为 sp.a（字母皆为小写，带句点）。2003 年，荷语生态党改名为"绿党！"（Groen!，带感叹号）。很难相信还有哪位选民会认真看待它们。1999 年大选中，唯一失去席位的小型政党是佛兰德斯民族主义政党人民联盟，它们此时开始分崩离析。2001 年，该党正式解散，两个佛兰德斯民族主义政党从其余烬中产生：其一强调社会—进步，取首字母缩略词名为精神党（Spirit），与佛兰德斯社会党结成选举联盟；另一为新自由主义党新佛兰德斯联盟（Nieuwe Vlaamse Alliantie，NVA），与佛兰德斯基督教民主党结成了选举联盟。极端民族主义政党佛兰德斯集团因煽动种族仇恨被判有罪，于 2004 年解散，但随后立刻重组为佛兰德斯利益党（Vlaams Belang）。

紫色力量

荷兰基督教民主党已自 1994 年失势，让位于工党（红营）和自由党（蓝营）结成的联盟，名为"紫色内阁"（purple cabinet），政府由工党领袖维姆·科克领导，其下包括左翼自由主义民主 66 党和右翼自由主义自由民主人民党。左翼的工党和传统的自由民主人民党之间在思想体系和政策上存在分歧，因此过去未有合作，但 1989 年工党取代自由党在吕贝尔斯财政紧缩计划期间成为基督教民主党的联盟伙伴时，在处理财政问题上表现出了负责态度，打消了自由党的疑虑。两党认识到彼此可以携手合作，下一个问题就是如何处置基督教民主党。1999年，比利时组成自由—社会主义的"紫色内阁"，得到来自绿党的少量支持［但与其结成"彩虹联盟"（rainbow coalition）的尝试未曾成功］。20世纪80年代以来，自由党成员逐渐倾向新自由主义，但这并未阻碍其与社会党共事，社会党后来采用了"自由市场创财富，社会保障防贫困"的方案。平衡预算以满足欧元区成员资格的要求，使得财政上必须实行保守主义。荷兰铁路实行了私营化；比利时提高了提前退休年龄。随着自由党和社会党在财政和经济上的分歧消除，二者自然因共同反感信仰派政党的世俗主义而成为彼此的合作伙伴。

与公共伦理道德相关的举措更成为国际社会瞩目。1995年，拉皮条、妓院在荷兰合法化，并引入了相关的注册、许可体系。安乐死于2002年在荷兰和比利时合法化，2008年在卢森堡合法化。荷兰自2001年、比利时自2003年起在民事登记处为同性婚姻提供服务。卢森堡于2004年创造"民事结合"（civil partnerships），议会通过了法案承认同性婚姻。比利时和荷兰的上述改变是"紫色"政府作用之结果；卢森堡的种种改变则是在基督教自由党人让－克洛德·容克（Jean-Claude Juncker）领导的政府之下发生，容克于1995开始年出任首相。

最直言不讳批判荷兰"紫色内阁"的人是皮姆·富图恩（Pim Fortuyn）。富图恩曾先后加入荷兰工党和自由民主人民党，后来发现自由党—工党的政治正确扼杀了任何试图讨论荷兰社会顽疾的声音，更不用说解决这些问题。富图恩敢于挑战争议性话题，是公开的同性恋者，也是一位有超凡魅力的学者、企业家。他很难说是煽动人心的右翼政客，他本人也极力否认这种标签。早在1992年，他已开始谴责政治精英疏远百姓的做法,将前者比作18世纪的摄政王、把自己比作18世纪80年代爱国者领导人,要求建立一个更贴近百姓所关注问题的民主(见第5章)。此时他尚未从政,而是政治学家和杂志专栏作家。批判"紫色内阁"的同时,他提出了对荷兰政府在组织医疗保健、教育、福利、规划、武装力量等方面低效乃至失败的关切。武装力量尤其是荷兰政府的痛点,1995年荷兰驻波斯尼亚(Bosnia)维和部队无力阻止斯雷布雷尼察(Srebrenica)大屠杀;2002年事件曝光,维姆·科克政府距任期结束尚有1月即引咎辞职。而最触动媒体和选民神经的则是科克对移民入境的观点。

多元文化论与突然死亡法

皮姆·富图恩拒绝将已定居荷兰的移民遣返回国,他坚称国家"人口已饱和",需要缩紧政策以阻止移民入境,尤其是来自伊斯兰国家的移民,同时保证现有移民社区与其余人口达到同样的社会标准,而非依附于其带来的"落后文化"。2001年11月,富图恩参加政治选举;2002年3月,他在鹿特丹市政选举中大获全胜,成立了自己非政党皮姆·富图恩名单(Lijst Pim Fortuyn,LPF)以参加2002年普选。富图恩用个人魅力表达不同寻常的观点,点燃了媒体的热情,关于大选的报道几乎成了皮姆的独角戏。2002年5月6日,大选前9天,富图恩被一名动物权利保护积极分子枪杀,凶手视富图恩为希特勒再世。荷兰在和平年代前所未见的政治暗杀给所有政见团体带来冲击。皮姆·富图恩名单在选举中表现得很出色。态度认真但欠缺个人魅力的基督教民主联盟领袖扬·彼得·巴尔克嫩德(Jan Peter Balkenende)与自由民主人民党和皮姆·富图恩名单结成了短暂、动荡的执政联盟。皮姆·富图恩名单在几个月内尽失民心，因其遵循成法或标新立异之举皆无效果。基督教民主联盟及自由民主人民党摆脱皮姆·富图恩名单后继续执政，其选举资格由新成立的自由党（Partij voor de Vrijheid，PVV）取代；自由党领袖为海尔特·维尔德斯（Geert Wilders），是专注单一问题的政治家，视穆斯林文化为现代自由的威胁。2010年大选后，荷兰历经四个月的谈判才成立了新政府，到头来成为基督教民主呼吁与自由民主人民党的少数派联盟，获得以维尔德斯为首的自由党支持。富图恩的政治生涯仅持续了六个月，但长久地改变了荷兰的公众政治。

长期以来，公开对移民及移民政策大呼小叫是政治顽固分子、极端分子的标志。20世纪50年代末经济扩张及整个60年代之间，低地国家招聘了大量外国劳工以增强工业实力。重点行业的劳工招聘由国家组织，更多人则是自己设法在主流项目之外自行前来。"外籍劳工"（Guest workers）起初来自意大利、葡萄牙和西班牙，后多来自土耳其和摩洛哥。20世纪60年代末，荷属圭亚那（苏里南）的移民开始大量迁入。这些几乎是前所未见的社会发展。比利时煤矿自20世纪20年代起即在波兰招聘劳工，但持续时间短、人数少，荷兰已从印度次大陆（Indian Subcontinent）运送了数千劳工至加勒比海地区，但基本上未影响到本国。20世纪70年代初，苏里南独立前夕，这些殖民地劳工中的许多"印度斯坦"（Hindustani）后裔都利用荷兰公民身份移居欧洲。

除了员工结构，低地国家很少有鼓励移民"融合"（integration）的尝试。他们最初被安置于简陋排屋，后来随着家庭成员的增加住进了高层公寓。至1980年，一些大城市社区完全改头换面，其间的声音、气味和面孔再也不是十几年前那样——这种改变让本地人十分迷惑,一如落后乡村地区的新来客移居至此陌生之地的感受。随着1973年后的经济衰退(1979年后更甚),移民群体饱受失业之苦,尚有工作之人则被视为从失业的本地人手中"抢走了"工作。20世纪80年代,极右派与极左派皆对劳务移民持鲜明态度,但政治主流还是认为最好不要谈及这一话题。劳务移民的时代结束;家庭团聚也不可能一直上演。新移民合法进入国家的唯一途径只能是作为难民请求政治庇护。非法移民和虚假庇护申请极速增加,给庇护体系带来不可估量的压力。比利时于1998年首次报道了申请庇护失败的移民被无情强制遣返的新闻,20岁的尼日利亚(Nigerian)女性塞米拉·阿达穆(Semira Adamu)被押送遣返途中死于窒息。荷兰的形象则更为积极,但其实不过是粉饰太平,直至2005年史基浦机场(Schiphol)的一场大火夺走了遣返隔离室中11人性命的事件曝光。

然而,公共话语逐渐不再如此关注移民,而是尤其关注已定居穆斯林移民的社会地位。公众讨论发生变化,重点由移民转向伊斯兰教徒,这一过程虽早就开始,但2001年9月11日美国恐袭事件后最为显著。1989年3月29日,布鲁塞尔伊斯兰中心的沙特伊玛目阿卜杜拉·阿哈戴(Abdullah al-Ahdal)与清真寺图书馆管理员、突尼斯人萨利姆·巴赫里(Salim Bahri)一同被枪杀,此前阿哈戴曾号召比荷卢三国的穆斯林无视伊朗阿亚图拉发出的正式指令。枪击案由贝鲁特(Beirut)一个激进组织发起,但凶手或许是一名比利时摩洛哥人。这一事件首次表明,对于国家融合的担忧除了仇外心理,也有其他理由。

"领域主权"的概念是柱化结构的核心,这意味着最初对于移民群体的文化和宗教差异曾有过相当程度的容忍，乃至漠不关心。柱化结构的残余或许阻碍了穆斯林少数族群的融合。意大利人可能会认同基督教的社会理想或对所有公开效忠宗教行为都有敌意的世俗主义（通常打着"中立"的幌子）。穆斯林则无法轻易认同这两者。随着柱化结构逐渐消失，取而代之的是对宗教的漠视，也基本等同于排斥。截然不同的土耳其或摩洛哥商业网络、咖啡厅、社会和运动团体、慈善群体突然涌现。这如何影响——又是否的确影响了——移民与多数人口的关系还有待商榷；近日比利时林堡调查了旧有矿业社区内的土耳其和摩洛哥移民，数据显示，所有社会—文化"融合"的标志中，只有收看荷语电视节目才会明显引发移民对比利时制度的不满（宗教无法作为一个变量进行检验，因为调查对象一致宣称自己严格奉行了宗教要求）。

社会对穆斯林习俗的不满大多围绕其屠宰仪式（虽然违反了食品安全和反虐待动物法，但过去人们对其视而不见）及头巾覆面。戴头巾直至20世纪60年代都十分普遍，但到70年代则不再流行，尽管一些年长女性仍保持此习惯。20世纪80年代，少女又开始戴头巾，这标志着宗教差异，也象征着对移民文化不加干预的所有无形手段限制了移民女性的自由。行政及立法机关曾试图以捍卫自由之名规定人们在学校及职场可以戴的头部装束，禁止这种象征远比纠正其象征的内容来得容易。

索马里裔女权主义者阿亚安·希尔西·阿里（Ayaan Hirsi Ali）高调批评穆斯林文化对待女性的态度，以及女性在其阴影下承受的痛苦。阿里于2003年代表自由民主人民党当选国会下议院议员。2004年，阿里创作了一部短片《服从》（*Submission*）剧本并为其配音，短片描述了穆斯林社会对女性的压迫，运用的艺术手法甚至包括仅着透明罩袍祈祷的全裸女性、将《古兰经》（Koran）的段落写在来月经的女性皮肤上。她因此收到死亡威胁，2006年，阿里卷入一场围绕她1992年以虚假姓名和出生日期申请政治庇护的风波，因此被剥夺了荷兰公民身份，随后她移民至美国。短片导演特奥·梵高（Theo van Gogh）就没这么幸运了。2004年11月，他被一个摩洛哥裔青年暗杀；凶手经常访问极端主义网站，其社交圈包括曾有嫌疑（后被证实）参与恐怖主义活动的青年。书籍、纪录片、报章、论文及博客文章分析认为，此次谋杀尤其显示了荷兰年轻穆斯林对社会的疏离感，以及西方社会的总体现状和未来。

2006年5月11日，土耳其妇女松居尔·科奇（Songul Koç）在一个安特卫普公园的长椅上看书，突遭一名比利时青年枪击，身受重伤。该青年家族成员包括一位佛兰德斯利益党议员。青年后来辩称，枪击妇女是因其戴着头巾。青年另外又杀害了怀孕的马里（Malian）保姆乌勒马塔·尼安加多（Oulemata Niangadou）及其正在照看的2岁白人小孩，随后青年被警察开枪击倒。法语评论员立刻大肆渲染凶手姑母的政治派别，但不知为何，上述谋杀案却未能在围绕社会分裂、白人青年文化疏离的国际辩论中取得显著的标志性地位。

荷兰与比利时在国际圣战网络（international jihadist networks）中基层组织查明的真相——如2003年炸毁了比利时驻卡萨布兰卡（Casablanca）领事馆的组织，以及两国武装力量在伊斯兰国家参与的行动，使得种族、宗教的紧张状态进一步加剧。人们对斯雷布雷尼察大屠杀记忆犹新，而比利时武装力量在维和时也有惨痛经历：比利时伞兵特种部队队员 1994 年在卢旺达遭谋杀，但 2001 年仍响应了应对基地组织（Al Qaeda）进攻北约最大成员国的集体防御。比利时海军自 20 世纪 90 年代末一直参与联合国对伊拉克的制裁行动，但政府动用一切外交手段反对 2003 年美军入侵伊拉克，拒绝任何参与行动。但是，比利时军队致力于阿富汗的安全行动，比利时也在 2007—2008 年向黎巴嫩外派排雷专家。美军入侵伊拉克后（2003—2005 年），荷兰加入维和行动，向沙特边境派出军队，也向阿富汗乌鲁兹甘省（Uruzgan）派出一支特遣部队（2006—2010 年）。作为联合国和北约组织成员国，介入这些国际行动对国内来说是高度敏感的，维持行动依赖于谨慎的政治友好往来。笔者写作之际，尽管荷兰议会初步批准了驻阿富汗警察训练任务，但未来是否成行仍是未知之数。

比利时宪法危机的最后说明

荷兰在 2010—2011 年展开了为期 4 个月的执政联盟谈判，但这在比利时 2010—2011 年的政治危机面前不值一提；后者是持续近 10 年的、难以言喻的社会问题之最新体现。20 世纪 90 年代确定的比利时联邦政体的一个反常之处，即布鲁塞尔选区由两部分组成：布鲁塞尔，以及佛兰德斯自治市哈雷（Halle）和菲尔福尔德。从 2003 年起，布鲁塞尔—哈雷—菲尔福尔德选区（B-H-V）合法化被提上"紫色联盟"的政党议程，但法语选民坚决反对任何改变，佛兰德斯大区各政党也不愿推进这一问题，因为此举有可能会打破联盟，但联盟在推进就业、社会保障制度改革中尽失民心、面临压力，几近四分五裂。2007 年换届选举时，佛兰德斯选民借机指责自由党和社会党。瓦隆大区选民则将社会党挑出来以示惩戒,自由党一个世纪以来首次成为政府内最大政党,生态党也受到极大鼓舞。

基督教民主与佛兰德斯党同人民联盟分裂尚存的政党之一、民主民族主义政党新佛兰德斯联盟达成了选举协议,两党从而在其他主流政党之外取得优势,并承诺在选举中迅速"分割布鲁塞尔—哈雷—菲尔福尔德选区"。它们成为议会中最大的集团,但不得不与瓦隆的党派共同组阁;而后者参政是为了保护佛兰德斯"法语选民的权益"。8个月后,政府内结成了联盟,领袖为基督教民主党人伊夫·莱特姆(Yves Leterme,其公众形象更亲近佛兰德斯,与荷兰首相扬·彼得·巴尔克嫩德类似),但联盟不能实施有效治理,此时正值金融危机。2008年7月,对布鲁塞尔—哈雷—菲尔福尔德选区的处理依然毫无进展,莱特姆递交辞呈,比利时国王拒绝接受,莱特姆只能继续坚守岗位。9月,新佛兰德斯联盟不再支持政府,成为在野党。

同时,银行业正面临重大损失。主要金融机构相继垮台。此前10年间,政府率先放宽对金融市场的管制,金融机构随后不断合并、收购,改变了低地国家的金融格局。金融机构德克夏银行(Dexia)将曾是社会主义"支柱组织"的保险业务和基督教工会的投资业务收归在一起,银行专供地方债券业务并积极向令人激动的新兴金融商品投资。挽救政府免受金融危机带来的恶果成为当务之急。比利时联合银行(KBC group)由一系列为天主教农民和小商人提供保险和银行业务的金融机构合并而来,此时也需要摆脱困境,尽管困难程度不比德克夏银行严重。

低地国家最大的金融机构富通集团(Fortis)的地位更为敏感。

富通集团由两家公司以平等伙伴关系为基础进行谈判、经过一次史无前例的跨国商业合并而成，双方分别为荷兰一家大型保险公司（"柱化结构"过去在其中十分重要）和比利时一家大型银行（与自由派"支柱组织"相关）。富通集团虽未跻身国际一流金融机构之列，但其强势足以引起曾就职金融领域之人的注意，并从花旗银行（Citibank）请来了一位总裁，力求与一家苏格兰银行和一家西班牙银行联手收购、瓜分荷兰最大的银行荷兰银行（ABN Amro）。虽然富通集团宣称此举为"非恶意收购"，但荷兰银行回应认为其"抱有一定敌意"。荷兰监管机构对此有极大顾虑。富通集团确实设法取得了分配到的荷兰银行部分股份，但价格极高，收购后需要再次融资，但尚在进行中便突遭信贷危机。富通集团规模过大，濒临破产时政府无法等闲视之；但其结构复杂，涉足各种金融业务，服务范围横跨两个小国，政府无力提供相应规模的紧急财政援助。富通集团的双重身份，使得它可以根据哪国的监管机构更不可能妨碍它而来回调整移动业务，但如今国际上必须达成政治协议来挽救它。经过一周犹豫不决的折磨后，荷兰政府收购了富通集团在荷兰的银行业务，比利时的业务则由当地政府自行收拾残局。莱特姆政府收购了余下的业务，后售予法国巴黎银行（BNP Paribas）。股东就业务转售的合法性提出质疑，比利时法庭随后暂停了这一过程。法官宣判莱特姆因向司法系统施压以支持政府的举措而违反了权力分立制度，莱特姆再次提交辞呈。这次国王接受了他的请辞。2008年12月，赫尔曼·范龙佩（Herman Van Rompuy）取代莱特姆成为比利时首相，至次年11月辞去国内事务，当选欧洲理事会（European Council）常任主席，莱特姆再次出任首相。

布鲁塞尔—哈雷—菲尔福尔德选区的难题持续着困扰政府。2010年4月，佛兰德斯自由党脱离联盟，与新佛兰德斯联盟同为在野党。必须再次举行选举。宪法法院已于2007年规定，除非选区调整成型，否则一切选举均属违宪，但议会裁定，选举不论是否合乎宪法皆受法律认可。新佛兰德斯联盟领袖曾于2007年表达了对与基督教民主与佛兰德斯党所达成选举协议的担忧，怕这一协议会被老牌强势政党利用，从而攫取选举基础，但此时他发现状况完全不一样。2010年选举中，基督教民主党铩羽而归，佛兰德斯除绿党外的所有党派都输给了新佛兰德斯联盟。后者10年前仅获得了5%多一点的全国选票，如今一枝独秀成为国家北部最强势的政党，很大程度上归功于佛兰德斯选民恼怒于瓦隆区蓄意阻挠解决关乎布鲁塞尔—哈雷—菲尔福尔德选区的难题。2010年6月普选后，截至笔者写作时（2011年6月），关于协商筹建联合政府的谈判仍在进行。地方政府仍如常运行，代管政府则将宪法改革等棘手问题留待新政府解决，比利时虽无选举授权的政府，但运作却惊人地顺利。这也无伤大雅，因为比利时的区域、语言权力下放的体系最初就是想将摩擦减至最低限度，却为不妥协和相互挑衅制造了刻意作对的动机。

低地国家大事记

公元前

58—56 年	凯撒征服高卢。
53 年	比利其人起义。
22—12 年	高卢行省重组,诞生了独立的民政、财政和军事管理机构比利其行省。
13 年	罗马人入侵日耳曼尼亚(包括弗里斯兰)。
12 年	巴达维亚人为罗马人提供辅助部队。

公元后

9 年	罗马人撤出日耳曼尼亚(不包括弗里斯兰)。
28 年	弗里斯兰人起义。
47 年	弗里斯兰人与罗马结盟。
69—70 年	巴达维亚人起义。
80 年左右	罗马军事边境的重组形成了日耳曼尼亚行省。
256 年	法兰克人入侵。
258—274 年	波斯图穆斯及其继任者统治短命的"高卢帝国"。
297 年	戴克里先的"四帝共治"恢复罗马帝国的统一;行政改革将比利其行省一分为三:第一比利其行省、第二比利其行省和第二日耳曼尼亚行省;阿登高地的森林成为帝国财产。
314 年	确切证据显示,低地国家出现有组织的基督教团体。
357 年	莱茵河三角洲以南区域被割让给法兰克人联盟。
406 年	日耳曼人"大入侵"。
455 年左右	罗马在低地国家的统治结束。
481 年	萨利族法兰克首领希尔德里克葬于图尔奈。
500 年左右	萨利族法兰克首领克洛维受洗。
500—600 年左右	低地国家的法兰克人皈依基督教。
561 年	莱茵河以南的低地国家成为法兰克附属国奥斯特拉西亚王国。

678—785 年	弗里斯兰人皈依基督教。
714—719 年	弗里斯兰国王莱得伯与法兰克人交战。
717 年	马斯特里赫特主教堂迁到列日。
751 年	奥斯特拉西亚贵族"矮子丕平"成为法兰克加洛林王朝的第一位国王。
754 年	波尼法爵在弗里斯兰的多克姆遇难。
800 年	查理曼加冕为神圣罗马帝国皇帝,统治了西欧的多数地区。
834—836 年	维京强盗多次劫掠多雷斯塔德。
843 年	法兰克王国分裂为三个王国:西法兰克王国(法兰西,包括佛兰德斯在内)、东法兰克王国(德意志)和中法兰克王国(低地国家、洛林、勃艮第、普罗旺斯及意大利北部)。
845 年左右	维京人在莱茵河三角洲定居。
855 年	中法兰克王国分裂为意大利、普罗旺斯和洛林。
864 年	"铁臂"鲍德温成为佛兰德斯第一位伯爵。
869 年	洛林并入东法兰克王国(德意志)。
882—885 年	维京人统治莱茵河三角洲。
891 年	维京人在鲁汶附近的代勒河被击败。
916 年左右	迪尔克成为"西弗里斯兰"(荷兰)的第一位伯爵。
954 年	匈牙利强盗抵达低地国家。
963 年	阿登高地的西格弗里德伯爵用埃希特纳赫附近的土地换取卢森堡城堡。
1096—1099 年	佛兰德斯伯爵罗伯特二世和洛林公爵布永的戈弗雷成为第一次十字军东征的领导者。
1127 年	佛兰德斯伯爵"好人"查理被谋害。
1170 年	《佛兰德斯大宪章》颁布,在阿拉斯、布鲁日、杜埃、根特、里尔、圣奥梅尔和伊普尔统一实施。
1188—1199 年	卢森堡和那慕尔的继承权产生纷争。
1190—1191 年	低地国家的几位统治者在第三次十字军东征中死亡。
1198 年	神圣罗马帝国因韦尔夫家族和霍恩施陶芬家族间的派系斗争而分裂。
1203—1210 年	荷兰的继承权产生纷争。
1214 年	布汶战役:法兰西国王腓力·奥古斯都重新掌控佛兰德斯。
1224—1225 年	佛兰德斯出现"假冒"鲍德温。
1231 年	腓特烈二世承认当地统治者的独立身份。
1236—1238 年	罗马教皇在低地国家派出第一位调查官。
1246 年	列日主教辖区"基督圣体节"法定化。
1247 年	荷兰伯爵威廉二世当选神圣罗马帝国皇帝,与腓特烈二世为敌。

1278 年	第一批意大利大帆船航行到佛兰德斯。
1288 年	沃林根战役：布拉班廷的约翰公爵赢得林堡的继承权。
1296 年	荷兰和泽兰伯爵弗洛里斯五世被谋杀。
1302 年	科特赖克战役（或称为金马刺战役）：佛兰德斯行会的民兵及其同盟打败了法兰西骑士。
1308 年	卢森堡的亨利七世当选神圣罗马帝国皇帝。
1312 年	列日圣马丁教堂的塔楼被放火烧毁。
1323—1328 年	佛兰德斯爆发农民起义。
1338 年	英格兰国王爱德华三世在安特卫普登陆；英法百年战争爆发。
1345 年	巴伐利亚家族统治了荷兰、泽兰和埃诺。
1346 年	克雷西战役：佛兰德斯伯爵和卢森堡伯爵战死。
1349—1350 年	低地国家首次暴发瘟疫。
1355 年	卢森堡成为公爵领地。
1356 年	布拉班廷《大宪章》(也称为"迎驾仪式")颁布。
1370 年	布拉班廷的犹太社区被毁。
1384 年	勃艮第人统治佛兰德斯。
1421 年	"圣伊丽莎白"洪水侵袭多德雷赫特。
1426 年	鲁汶大学建立。
1429 年	勃艮第人统治那慕尔。
1430 年	勃艮第人统治布拉班廷和林堡。
1433 年	巴伐利亚的杰奎琳被迫退位；勃艮第人统治荷兰、泽兰和埃诺。
1435 年	勃艮第人统治布洛涅和皮卡蒂。
1443 年	勃艮第人统治卢森堡。
1466 年	迪南人将"好人"菲利普的儿子"大胆"查理的雕像悬空吊起，作为报复，"好人"菲利普将 800 个迪南居民淹死在默兹河。
1468 年	"大胆"查理与约克的玛格丽特结婚；"大胆"查理讨伐列日。
1469 年	"大胆"查理征服了森德高和布赖斯高。
1473 年	"大胆"查理征服格德司；《泰昂维法令》创建了适用查理所有领土的中央机构。
1475 年	"大胆"查理征服了洛林和巴尔。
1477 年	"大胆"查理去世；洛林、塞纳河畔巴尔、格德司、森德高、布赖斯高、布洛涅、皮卡蒂及勃艮第公爵领地属于勃艮第家族；勃艮第的玛丽嫁给哈布斯堡的马克西米利安。
1490 年左右	安特卫普取代布鲁日成为北欧商业中心。
1500 年	查理五世诞生。
1515 年	查理五世成年，同年买下了弗里斯兰的爵位。
1521 年	哈布斯堡统治图尔奈。

1523 年	第一批路德派教徒因信仰而在布鲁塞尔被处死。
1528 年	乌得勒支主教的世俗爵位移交给哈布斯堡家族。
1531 年	查理五世进行行政和司法改革。
1532 年	巫术成为重罪。
1535 年	荷兰再洗礼派夺取了明斯特的政权;对新教徒和再洗礼派的迫害加剧。
1540 年	根特起义。
1543 年	哈布斯堡家族统治格德司。
1555 年	查理五世隐退,权力移交给腓力二世。
1559 年	低地国家的城区建立起新的主教辖区;对新教徒的迫害日趋严重。
1566 年	圣像破坏运动爆发,教堂被肆意毁坏;牧师、修士和修女遭到杀害和虐待。
1567 年	阿尔瓦公爵抵达低地国家,建立"除暴委员会"(或"血腥委员会")镇压异端和不满者。
1568 年	荷兰起义(也称"八十年战争")爆发,持续到 1648 年。
1570 年	麦卡托投影法印制的《寰宇概观》出版。
1572 年	"什一税"法颁布;起义者占领了荷兰和泽兰的布里勒及其他城市。
1576 年	《根特和平协定》力图在效忠省份和起义者控制的省份之间达成临时协议,将外国军队逐出低地国家。
1579 年	《根特和平协定》最终废止。乌得勒支联盟和阿拉斯联盟建立,二者互为敌对。
1581 年	乌得勒支联盟正式拒绝效忠于腓力二世;帕尔马开始重新征服低地国家。
1584 年	"沉默者"威廉被刺杀。
1585 年	布鲁塞尔和安特卫普重归西班牙王室统治;阿姆斯特丹取代安特卫普成为北欧商业中心。
1585—1591 年	拿骚的莫里斯先后成为多个行省的总督。
1590—1597 年	拿骚的莫里斯发动了一系列战役,为北尼德兰的联合省份提供保障。
1598 年	腓力二世将尼德兰遗赠给阿尔布雷希特和伊莎贝拉,若他们离世后没有留下子嗣,尼德兰将归还给西班牙。
1600 年	尼乌波特战役:拿骚的莫里斯击败了西班牙王家军队,但被迫放弃了在佛兰德斯的军事行动。
1602 年	荷兰东印度公司成立。
1604 年	奥斯坦德被大公夫妇(阿尔布雷希特和伊莎贝拉)围攻三年后投降。
1609 年	十二年休战开始;尼德兰联省共和国被"视为"主权体
1619 年	多特会议确立了荷兰归正会内的严格加尔文主义。约翰·范·奥

	尔登巴内费尔特被处决；胡果·格劳秀斯入狱。
1621 年	奥地利大公阿尔布雷希特七世去世；尼德兰收归西班牙国王腓力四世所有。十二年休战期满。荷兰西印度公司成立。
1632 年	哈布斯堡王朝在效忠省份的权威出现危机。
1635 年	法国加入对抗哈布斯堡王朝的战争。
1640 年	科内利斯·杨森出版《奥古斯丁传》。
1648 年	签署《明斯特和约》，八十年战争结束；荷兰共和国主权重组。法国仍与西班牙君主国交战。
1650 年	威廉二世试图掌控共和国；威廉二世去世；"第一次无执政时期"开始（1672 年结束）。
1652 年	第一次英荷战争爆发（1654 年结束）。
1659 年	签署《比利牛斯条约》，法西战争结束。法国获得了低地国家南部领土。
1665 年	第二次英荷战争爆发（1667 年结束）。
1672 年	第三次英荷战争爆发（1674 年结束）；路易十四入侵尼德兰。约翰·德维特被谋杀。威廉三世出任省督。
1678 年	路易十四从哈布斯堡的尼德兰攫取了更多土地。
1688—1691 年	威廉三世入侵不列颠群岛，取代詹姆斯二世。
1695 年	路易十四炮轰布鲁塞尔。
1700 年	最后一位哈布斯堡西班牙国王去世；路易十四占领哈布斯堡的尼德兰。
1702 年	威廉三世去世；"第二次无执政时期"开始（1747 年结束）。
1703 年	西班牙王位继承战争爆发（1713 年结束）。
1715 年	签署第三个《边境条约》。
1740 年	奥地利王位继承战争爆发（1748 年结束）。
1745 年	法国入侵奥地利属尼德兰。
1747 年	法国入侵荷兰共和国；恢复执政职位，统一领导，职位世袭。
1751 年	图尔奈建立制瓷厂。
1759 年	韦斯普建立制瓷厂。
1773 年	耶稣会遭镇压。
1780 年	第四次英荷战争爆发（1784 年结束）
1781—1787 年	约瑟夫二世改革。
1782 年	首部荷兰语小说《莎拉·博格哈特》出版。
1785 年	荷兰共和国爆发"爱国者革命"（1787 年结束）。
1788 年	奥地利属尼德兰爆发布拉班廷革命（1790 年结束）。
1789 年	列日王子主教辖区爆发革命（1791 年结束）。
1790 年	比利时合众国成立；哈布斯堡重新确立统治。
1792 年	法国大革命战争爆发。法国入侵比利时。

1795 年	比利时并入法兰西共和国;巴达维亚共和国成立。
1798—1799 年	农民暴动,反抗法国对比利时和卢森堡的统治。
1803 年	《拿破仑法典》颁布。
1806 年	路易·拿破仑宣布成为荷兰国王。
1810 年	荷兰王国并入拿破仑帝国。
1811 年	荷兰实施《拿破仑法典》。
1813 年	低地国家大部分地区驱逐拿破仑军力。
1815 年	尼德兰联合王国成立。滑铁卢战役爆发。
1818 年	荷兰废除奴隶贸易。
1825 年	荷兰重新控制爪哇岛。
1830 年	比利时革命爆发;与荷兰短期交战。
1831 年	比利时宪法通过;与荷兰短期交战。
1835 年	西欧大陆首条铁路线梅赫伦—布鲁塞尔开通。
1838 年	《伦敦条约》承认比利时独立,保证其中立国地位。
1839 年	卢森堡被比利时和荷兰的威廉一世以大公之名瓜分。
1840 年	威廉一世退位。
1842 年	卢森堡加入德意志关税同盟(Zollverein)。
1846 年	比利时成立自由党。
1848 年	卢森堡爆发革命动乱。威廉二世接受在荷兰实施代议制宪法和自由党统治。
1853 年	荷兰恢复天主教统治地位;人民经抗议推翻自由党政府。
1856 年	卢森堡大公国废除代议制政体。
1858 年	荷属东印度群岛废除奴隶制。
1863 年	荷属西印度群岛废除奴隶制。
1866 年	比利时社会主义组织人民党加入第一国际。荷兰建立首个工会。
1867 年	普奥战争结束后,卢森堡大公国脱离德意志联邦;恢复代议制政体。
1869 年	第一国际荷兰分部成立。
1876 年	阿姆斯特丹与伊穆伊登(Ymuiden)间开放北海运河(始建于 1865 年)。
1878 年	荷兰成立反对革命党。
1878—1884 年	比利时、荷兰"学校之争"加剧。
1881 年	荷兰成立社会民主联盟。
1884 年	比利时成立天主教党:打破自由党霸权。
1885 年	比利时工人党成立。国际会议判定刚果盆地作为刚果自由邦归属利奥波德二世。阿姆斯特丹开放国家博物馆。
1890 年	荷兰和卢森堡联盟终止。

1891 年	比利时成立基督教民主联盟。
1897 年	代尔夫特国际合作联盟会议召开。
1898 年	比利时承认荷语和法语获同等地位。
1899 年	海牙召开首次国际和平会议。
1903 年	荷兰爆发铁路工人大罢工。
1905 年	第二国际在阿姆斯特丹召开会议。
1907 年	海牙召开第二次国际和平会议。
1908 年	荷兰击溃委内瑞拉舰队。比利时吞并刚果自由邦,终结混乱恶政。
1914 年	德国入侵比利时和卢森堡;荷兰维持中立。
1916 年	卢森堡工人协会(Letzburger Arbechter-Verband)成立。
1917 年	荷兰男性获普选权,引入比例代表制。
1918 年	第一次世界大战结束。荷兰共产党成立。
1919 年	卢森堡、荷兰赋予女性选举权;比利时废除多次投票制。卢森堡和荷兰爆发革命骚动。
1920 年	比利时共产党成立。安特卫普举办奥林匹克运动会。
1921 年	比利时和卢森堡建立关税同盟。
1928 年	阿姆斯特丹举办奥运会。
1929 年	《丁丁历险记》首次发行。
1932 年	须德海围堤竣工。
1934 年	比利时、卢森堡放弃金本位制。
1935 年	比利时和卢森堡建立货币同盟。荷兰放弃金本位制。
1940 年	德国入侵后占领比利时、荷兰及卢森堡(1945 年结束)。
1942 年	开始大规模驱逐强制劳工和"不受欢迎者"。
1944 年	就建立比荷卢同盟的基本原则首次达成协定。比利时大部分、荷兰最南部解放。德军在阿登高地反攻。
1945 年	完全解放。海牙建立国际法院。
1947 年	荷兰在印度尼西亚发起反暴乱行动。
1948 年	拟定首批比荷卢同盟条约。比利时—法国针对跨国劳工达成社会安全公约。比利时赋予女性选举权。比荷卢三国与法国、英国签署《布鲁塞尔条约》强化联防。
1949 年	比荷卢三国参与创立北大西洋公约组织和联合国。印度尼西亚独立。
1951 年	比利时"王室民意调查"后,利奥波德三世退位。
1952 年	比荷卢三国成为欧洲煤钢共同体的创始国。
1953 年	佛兰德斯沿海、荷兰暴发毁灭性洪水。
1957 年	比荷卢三国参与创立欧洲原子能共同体和欧洲经济共同体。
1958 年	签署《比荷卢经济联盟条约》,1960 年生效。布鲁塞尔举办世界博览会。

1959 年	荷兰发现天然气田。
1960 年	刚果独立。《比荷卢经济联盟条约》生效。
1962 年	卢旺达、布隆迪独立。比利时立法确立语言边界。比荷卢就跨境合作解决司法、刑事问题签署首批协定。
1963 年	比利时语言法令弥补了各语言区的地域性限制。
1964 年	荷兰将最后一艘捕鲸船售予日本。
1966 年	荷兰公主贝娅特丽克丝决定与德国人结婚引发公众抗议。
1971 年	艾迪·莫克斯（Eddy Merckx）在一个赛季赢得 54 场自行车赛。
1973 年	阿贾克斯球会（Ajax）明星约翰·克鲁伊夫（Johan Cruyff）签约巴塞罗那足球俱乐部。摩洛哥的"外籍劳工"（"guest workers"）招募停止。
1974 年	卢森堡基督教社会人民党执政逾 50 年后，首次下台。
1975 年	苏里南独立。荷兰爆发洛克希德国防采购受贿丑闻。
1976 年	荷兰部分地区不强制执行禁毒法令。荷兰林堡关闭最后一处煤矿。
1978 年	人工流产在卢森堡合法化。
1980 年	荷兰成立跨教派政党基督教民主联盟。
1984 年	卢森堡关闭最后一处铁矿。人工流产在荷兰合法化。
1989 年	布鲁塞尔伊斯兰中心伊玛目被杀。
1990 年	比利时国王博杜安以有违良知为由拒绝签署堕胎法，引发宪法危机。
1992 年	比荷卢三国签署《马斯特里赫特条约》（*Maastricht Treaty*），欧盟成立。布鲁塞尔关闭最后一处煤矿。
1993 年	比利时地区权力下放。
1995 年	荷兰暴发大洪水。荷兰驻波斯尼亚维和部队未能阻止斯雷布雷尼察大屠杀。
1996 年	比利时爆发迪特鲁丑闻。
2000 年	安乐死在荷兰合法化。
2002 年	比荷卢三国采用欧元。皮姆·富图恩被杀。安乐死在比利时合法化。
2003 年	比利时驻卡萨布兰卡领事馆遭袭炸。卢森堡实行银行保密法遏制恐怖主义融资。卢森堡大学（University of Luxembourg）建立。
2004 年	引发争议的电影制作人特奥·梵高被杀。
2008 年	比荷卢三国遭遇银行危机；银行部分国有化。安乐死在卢森堡合法化；大公否决立法之权被剥夺。
2010 年	荷兰、比利时大选后进行长期联合谈判。
2011 年	荷兰反伊斯兰自由党（PVV）在议会中支持成立少数党政府。比利时政治僵局持续：代管政府掌权逾一年。卢森堡议员提出同性民事婚姻法案。

王朝与统治者

中世纪时期的伯爵、公爵和王子主教

佛兰德斯伯爵

864—879 年	"铁臂"鲍德温一世
879—918 年	"秃头"鲍德温二世
918—965 年	"伟大的"阿努尔夫一世（958—962 年与其子鲍德温三世为共治者）
965—988 年	"年轻的"阿努尔夫二世
988—1035 年	"长胡子"鲍德温四世
1035—1067 年	"里尔的"鲍德温五世
1067—1070 年	"蒙斯的"鲍德温六世（1067—1071 年担任佛兰德斯和埃诺联盟的统治者）
1070—1071 年	"不幸者"阿努尔夫三世
1071—1093 年	"弗里斯兰的"罗伯特一世
1093—1111 年	"耶路撒冷的"罗伯特二世
1111—1119 年	"比利时"鲍德温七世
1119—1127 年	"好人"查理（"弗里斯兰的"罗伯特的女儿阿德拉和丹麦的克努特二世所生的儿子）
1127—1128 年	威廉·克利托（"里尔的"鲍德温的曾孙、英格兰威廉一世的孙子）
1128—1168 年	阿尔萨斯的蒂埃里（Thierry，"弗里斯兰的"罗伯特的孙子，洛林的蒂埃里二世和格特鲁德之子）
1168—1191 年	阿尔萨斯的菲利普
l191—1194 年	鲍德温八世（埃诺的鲍德温五世凭借其妻、阿尔萨斯的蒂埃里的女儿玛格丽特的权力统治了佛兰德斯，玛格丽特去世后他们的儿子继承统治）
1194—1205 年	鲍德温九世，于 1205 年至 1206 年担任拜占庭帝国皇帝（佛兰德斯和埃诺联盟的统治者）

1205—1244 年	乔安娜
1244—1278 年	玛格丽特一世
1278—1305 年	当皮埃尔的盖伊（玛格丽特一世和当皮埃尔的威廉之子）
1305—1322 年	贝蒂讷的罗伯特（三世）
1322—1346 年	纳韦尔的路易（一世）
1346—1384 年	马莱的路易（二世）
1384—1404 年	"大胆"菲利普（凭借其妻玛格丽特二世的权力统治）
1405 年	玛格丽特二世

佛兰德斯与勃艮第联盟。玛格丽特的领土由其子勃艮第的"无畏者"约翰继承。

那慕尔伯爵和侯爵

981—1011 年	阿尔贝特一世
1013—1018 年	罗伯特
1021—1062 年	阿尔贝特二世
1063—1102 年	阿尔贝特三世
1102—1139 年	戈弗雷
1139—1196 年	"瞎子"亨利（也是卢森堡、隆维、迪尔比、拉罗什的伯爵）
1188—1195 年	埃诺的鲍德温五世（"瞎子"亨利指定的继承人，亨利改变意愿后占领了伯爵的领地）
1195—1212 年	那慕尔侯爵菲利普一世（1195 年那慕尔成为侯爵领地）
1212—1216 年	约兰达［嫁给了拜占庭帝国的皇帝库尔特奈（Courtenay）的彼得］
1216—1226 年	菲利普二世
1226—1229 年	亨利二世
1229—1237 年	库尔特奈的玛格丽特（神圣罗马帝国皇帝腓特烈二世首先授予佛兰德斯伯爵葡萄牙的费德以侯爵权力，使其在 1229—1232 年作为玛格丽特的守护者；接着在 1232 年至 1237 年之间权力移交给她的丈夫菲安登的亨利）
1237—1263 年	拜占庭帝国皇帝库特奈的鲍德温以 2 万英镑的价格将侯爵领地售卖给当皮埃尔的盖伊
1263—1298 年	当皮埃尔的盖伊（1278—1305 年他也是佛兰德斯伯爵）
1298—1330 年	当皮埃尔的约翰（当皮埃尔的盖伊第二次婚姻生的儿子）
1330—1335 年	约翰二世
1335—1336 年	盖伊二世
1336—1337 年	菲利普三世
1337—1391 年	威廉一世
1391—1418 年	威廉二世

1418—1429 年　　约翰三世

1421 年，约翰三世将其遗产出售给勃艮第公爵"好人"菲利普；他死后，那慕尔成为勃艮第人的领土。

荷兰伯爵

916—939 年左右	迪尔克一世（也称为迪德里克或特奥德里克）
939—988 年	迪尔克二世
988—993 年	阿努尔夫
993—1039 年	迪尔克三世
1039—1049 年	迪尔克四世
1049—1061 年	弗洛里斯一世
1061—1091 年	迪尔克五世
1091—1121 年	"胖子"弗洛里斯二世(是其谱系中第一个拥有"荷兰伯爵"头衔的人)
1121—1157 年	迪尔克六世
1157—1190 年	弗洛里斯三世
1190—1203 年	迪尔克七世
1203—1213 年	艾达（迪尔克七世的女儿）和威廉（迪尔克七世的弟弟）之间产生爵位纠纷。
1213—1222 年	威廉一世
1222—1234 年	弗洛里斯四世
1234—1256 年	威廉二世，1247 年当选"罗马人民的国王"
1256—1296 年	弗洛里斯五世
1296—1299 年	约翰一世

约翰一世的爵位由其表弟埃诺伯爵继承，后者将两个伯爵国统一。

埃诺伯爵

1051 年，蒙斯的鲍德温很快成为佛兰德斯伯爵，与埃诺的女继承人里奇蒂斯（Richidis）结婚。凭借其妻子的权力，蒙斯的鲍德温统治埃诺至 1070 年。1070—1071 年，他们的儿子阿努尔夫继承统治，阿努尔夫去世后佛兰德斯由他的叔叔接管，埃诺则由他的弟弟继承。

1071—1098 年	鲍德温二世
1098—1120 年	鲍德温三世
1120—1171 年	鲍德温四世
1171—1195 年	鲍德温五世

1188 年起，埃诺的鲍德温五世代表其叔叔统治那慕尔，1191 年成为佛兰德斯的鲍德温八世；他去世后佛兰德斯和埃诺统一，直至 1278 年玛格丽特一世去世（见上

文"佛兰德斯伯爵")。但鲍德温将那慕尔传给了他的小儿子。在埃诺,玛格丽特的孙子阿韦讷的约翰继承她的统治,他在1299年也成为荷兰伯爵,将荷兰和埃诺两个伯爵国统一。

荷兰和埃诺伯爵

1299—1304年	约翰二世［阿韦讷的约翰和弗洛里斯四世的女儿阿莱蒂（Aleidis）所生的儿子］
1304—1337年	威廉三世和"好人"威廉一世
1137—1345年	威廉四世和威廉二世
1345—1354/1356年	玛格丽特（1354年将荷兰爵位让位给他的儿子）
1354/1356—1358年	威廉五世和威廉三世（路易四世皇帝和玛格丽特所生的儿子,后被废黜,于1389年去世）
1358—1389年	阿尔贝特摄政（威廉的兄弟）
1389—1404年	阿尔贝特
1404—1417年	威廉六世和威廉四世
1417—1433年	杰奎琳（后让位,于1436年去世）

荷兰和埃诺与勃艮第联合。

卢森堡伯爵和公爵

963—998年	西格弗里德
998—1026年	亨利一世（1004—1009年、1017—1026年也是巴伐利亚公爵）
1026—1047年	亨利二世（1042—1047年也是巴伐利亚公爵）
1047—1059年	吉尔伯特
1059—1086年	康拉德一世
1086—1096年	亨利三世
1096—1131年	威廉
1131—1136年	康拉德二世
1136—1196年	亨利四世（康拉德一世的孙子,也是那慕尔伯爵）
1196—1247年	埃尔梅辛德
1247—1281年	"伟大的"亨利五世［埃尔梅辛德和林堡公爵瓦勒姆（Walram）三世的儿子)］
1281—1288年	亨利六世
1288—1310年	亨利七世
1310—1346年	"瞎子"约翰（1310—1346年也是波希米亚国王）
1346—1353年	查理（后让位,1346—1378年也是"罗马人民的国王"兼波希米亚国王）
1353—1383年	瓦茨拉夫一世（1355—1383年也是布拉班廷公爵,第一个冠以

	卢森堡公爵头衔的卢森堡统治者）
1383—1419 年	瓦茨拉夫二世。1415 年，瓦茨拉夫将卢森堡抵押给他的侄女格尔利茨的伊丽莎白（Elizabeth of Görlitz），后者是布拉班廷公爵勃艮第的安东尼的遗孀。1443 年，伊丽莎白去世，此前一直是卢森堡的女公爵。她去世后，卢森堡公爵国转由勃艮第人统治。世袭的爵位由家族的旁支继承。
1419—1437 年	西吉斯蒙德（1387 年也是匈牙利国王，1410 年担任"罗马人民的国王"，1419 年担任波希米亚国王。他的女儿嫁给了奥地利的阿尔贝特）
1437—1439 年	奥地利的阿尔贝特（凭借妻子的权力上位，他的女儿安妮嫁给了萨克森的威廉）
1439—1443 年	萨克森的威廉（凭借妻子的权力上位，后让位）

卢森堡与勃艮第联合。

乌得勒支的领主—主教

695 年，圣威利布罗德建立了乌得勒支主教辖区。公元 10 世纪，教区开始成为主教的领地，尽管是暂时的。

918—975 年	巴尔德里克（Baldric）
976—990 年	福尔科玛（Folcmar）
990—995 年	鲍德温
995—1010 年	安斯弗雷德（Ansfred）
1010—1026 年	阿德尔博德
1027—1054 年	伯诺德
1054—1076 年	威廉
1076—1099 年	康拉德
1100—1112 年	伯查德
1114—1127 年	戈德鲍德（Godebald）
1128—1139 年	古约克的安德鲁
1139—1150 年	哈特伯特（Hartbert）
1150—1156 年	霍讷的赫尔曼
1156—1178 年	雷嫩的戈弗雷
1178—1196 年	荷兰的鲍德温
1196—1197 年	伊森堡的阿诺尔德（Arnold of Isenburg，有争议的当选）
1196—1197 年	荷兰的特奥德里克（有争议的当选）
1198—1212 年	阿尔的特奥德里克
1212—1215 年	格德司的奥托

王朝与统治者

1216—1227 年	利珀的奥托
1227—1233 年	奥尔登堡的维尔布兰德（Willbrand of Oldenburg）
1234—1249 年	荷兰的奥托
1249—1250 年	兰德拉特的戈斯温（Goswin of Randerath，有争议的当选）
1249—1267 年	菲安登的亨利（Henry of Vianden，有争议的当选）
1268—1290 年	拿骚的约翰
1291—1296 年	谢尔克莱班的约翰（John of Sierck）
1296—1301 年	贝尔图的威廉（William of Berthout）
1301—1317 年	阿韦讷的盖伊
1317—1322 年	谢尔克莱班的弗雷德里克
1322 年	奥茨胡恩的雅各布（Jocob of Oud-shoorn）
1322—1340 年	迪斯特的约翰（John of Diest）
1341—1342 年	卡普提诺的尼古拉斯（Nichlas of Caputino）
1342—1364 年	阿克尔的约翰（John of Arkel）
1364—1371 年	维尔讷堡的约翰（John of Virneburg）
1371 年	奥特罗的茨威德（Zweder of Oeter-lo）
1371—1378 年	霍讷的阿诺尔德
1378—1393 年	韦沃灵霍芬的弗洛里斯（Floris of Wevelinkhoven）
1393—1423 年	布兰肯海姆的弗雷德里克
1423—1433 年	屈伦博赫的茨威德（Zweder of Culemborg，有争议的当选）
1433—1455 年	迪普霍尔茨的鲁道夫（Rudolph of Diepholt，有争议的当选）
1434—1450 年	默尔斯的瓦尔拉芬（Walraven of Meurs，有争议的当选）
1455—1456 年	布雷德罗德的海斯贝特（Gijsbrecht of Brederode）
1455—1496 年	勃艮第的大卫
1496—1517 年	巴登的弗雷德里克（Frederik of Baden）
1517—1524 年	勃艮第的菲利普
1524—1528 年	巴伐利亚的亨利二世（世俗领主权转给了查理五世）

列日王子主教

706 年，圣休伯特建立列日主教辖区，它是通厄伦主教辖区和马斯特里赫特主教辖区的延续。在诺特格（Notger）的带领下，主教们成为拥有广泛宗教司法权的封地领主。在一些情况下，统治时间会存在一至两年的重叠，主要是由于生病或年迈的主教会在活着的时候任命继任者。

972—1008 年	诺特格
1008—1018 年	巴尔德里克（Balderik）
1021—1025 年	瓦尔博多

1025—1027 年	杜兰德（Durand）
1025—1037 年	瑞金纳（Reginard）
1037—1042 年	尼塔尔（Nithard）
1042—1048 年	瓦祖
1048—1075 年	特奥都因
1075—1091 年	凡尔登的亨利（Henry of Verdun）
1091—1119 年	奥特伯特
1119—1121 年	那慕尔的弗雷德里克
1121—1128 年	鲁汶的阿德伯特（Adalbert of Leu-ven）
1128—1134 年	于利希的亚历山大（后被废黜）
1134—1145 年	希尼的阿德伯特（Adalbert of Chiny）
1145—1164 年	莱茨的亨利（Henry of Leez）
1165—1167 年	厄雷恩的亚历山大（Alexander of Oeren）
1167—1191 年	柴林根的鲁道夫
1191—1192 年	鲁汶的阿尔贝特（被谋杀）
1193—1195 年	林堡的西蒙
1194—1200 年	古约克的艾伯特
1200—1229 年	皮埃尔蓬的休（Hugh of Pierrepont）
1229—1238 年	埃普的约翰（John of Eppes）
1238—1239 年	萨伏依的威廉
1240—1246 年	图罗特的罗伯特（Robert of Thou-rotte）
1247—1274 年	格德司的亨利（被废黜）
1274—1281 年	埃丁根的约翰（John of Edingen）
1282—1291 年	佛兰德斯的约翰
1291—1296 年	空缺
1296—1301 年	沙隆的休（Hugh of Châlons）
1301—1302 年	瓦尔德克的阿道夫
1303—1312 年	巴尔的蒂鲍特
1313—1344 年	马克的阿道夫（Adolph de la Marck）
1345—1364 年	马克的恩格尔伯特（Engelbert de la Marck，后转入科隆）
1364—1378 年	阿克尔的约翰（John of Arkel）
1378—1389 年	霍讷的阿诺尔德
1389—1418 年	巴伐利亚的约翰（从未被授命，后辞职与格尔利茨的伊丽莎白结婚）
1418—1419 年	瓦兰诺德的约翰（John of Wallen-rode）
1419—1456 年	海因斯贝格的约翰（主动退位）
1456—1482 年	波旁的路易

1482—1484 年	空缺
1484—1505 年	霍讷的约翰
1505—1538 年	马克的埃弗哈德（Everhard de la Marck）
1538—1545 年	贝亨奥普佐姆的科尼利厄斯（Corne-lius of Bergen op Zoom）
1544—1557 年	奥地利的乔治
1557—1565 年	贝亨奥普佐姆的罗伯特
1564—1580 年	杰拉德·凡·格罗斯必克（Gerard van Groesbeek）
1581—1612 年	巴伐利亚的欧内斯特
1612—1650 年	巴伐利亚的费迪南
1650—1688 年	巴伐利亚的马克西米利安-亨利
1688—1694 年	埃尔德伦的让·路易（Jean-Louis d'Elderen）
1694—1723 年	巴伐利亚的约瑟夫-克雷蒙特
1724—1743 年	贝尔格的乔治-路易（Georges-louis of Bergues）
1744—1763 年	巴伐利亚的约翰·特奥多尔
1763—1771 年	乌尔特勒蒙的查尔斯（Charles d'Oul-tremont）
1772—1784 年	弗朗兹·卡尔·冯·费尔布吕克（Franz Carl von Velbrück）
1784—1792 年	洪斯布鲁克的凯撒·康斯坦特（Caesar Contant van Hoensbreek）
1792—1794 年	梅昂的弗朗索瓦（François de Méan，法兰西兼并，1817—1831年任梅赫伦大主教）

布拉班廷公爵

1106 年，下洛林公爵遭废黜，公爵领地授予给鲁汶的伯爵，后成为布拉班廷公爵。

1106—1128 年	"长胡子"戈弗雷（后被废黜，1139 年去世）
1128—1139 年	林堡的瓦勒姆二世
1139—1142 年	戈弗雷二世
1142—1190 年	戈弗雷三世
1190—1235 年	亨利一世
1235—1248 年	亨利二世
1248—1261 年	亨利三世
1261—1267 年	亨利四世
1267—1294 年	"胜利者"约翰一世（1289 年将布拉班廷公国与林堡公国合并）
1294—1312 年	约翰二世
1312—1355 年	约翰三世
1355—1404 年	乔安娜（其丈夫卢森堡的公爵瓦茨拉夫凭借她的权利进行统治，直至 1383 年去世；1404 年乔安娜退位，1406 年去世）
1404—1406 年	玛格丽特摄政（乔安娜的妹妹）

1406—1415 年	安东尼
1415—1427 年	约翰四世
1427—1430 年	圣保罗的菲利普（Philip of St Pol）

圣保罗的菲利普由其侄子勃艮第的"好人"菲利普继承爵位。布拉班廷与勃艮第合并。

格德司伯爵和公爵

该王朝最早期的记录并不可靠，王朝从奥托一世时期开始命名。奥托一世统治了格德司、聚特芬、费吕沃、鲍姆里瓦德（Bommelerwaard）。

1184—1207 年	奥托一世
1207—1229 年	杰拉德四世
1229—1271 年	奥托二世
1271—1318 年	雷纳尔德一世（Reinald I，患有精神疾病，1318 年宣布无法统治，1326 年去世）
1318—1343 年	"黑人"雷纳尔德二世（1339 年成为公爵）
1343—1361 年	雷纳尔德三世（1361 年他的兄弟爱德华将其废黜）
1361—1371 年	爱德华
1371 年	雷纳尔德三世（复位，不久后去世）
1371—1379 年	玛赫特尔德（Machteld，有争议的继承，后被其侄子废黜）
1371—1402 年	威廉一世（有争议的继承）
1402—1424 年	雷纳尔德四世
1423—1465 年	埃赫蒙德的阿诺德（主动退位）
1465—1471 年	贝尔格的阿道夫（"大胆"查理将其废黜）
1471—1473 年	埃赫蒙德的阿诺德（复位）
（1473—1477 年	勃艮第公爵"大胆"查理征服格德司）
1477—1479 年	埃赫蒙德的凯瑟琳（被废黜）
（1479—1492 年	格德司受勃艮第人统治）
1492—1538 年	埃赫蒙德的查理
1538—1543 年	威廉二世
1543 年	威廉二世将公爵领地移交给查理五世，格德司成为哈布斯堡的尼德兰的一部分。

勃艮第与哈布斯堡

1384 年起，瓦卢瓦的勃艮第公爵所统治的低地国家伯爵、公爵领地不断增多。

瓦卢瓦家族

统治年代即为出任勃艮第公爵的时间。

1363—1404 年	"大胆"菲利普（与佛兰德斯女继承人玛格丽特三世结婚；1382年起与妻共治佛兰德斯）
1404—1419 年	"无畏者"约翰（1405年起任佛兰德斯伯爵）
1419—1467 年	"好人"菲利普（兼任佛兰德斯伯爵；1429年起任那慕尔侯爵，1430年起任布拉班廷、林堡公爵，1433年起任荷兰、泽兰、埃诺伯爵，1443年起任卢森堡公爵）
1467—1477 年	"大胆"查理（兼任佛兰德斯伯爵、那慕尔侯爵、布拉班廷公爵等）
1477—1482 年	勃艮第的玛丽（兼任佛兰德斯伯爵等；1477年勃艮第公爵领地不敌法国人侵而沦陷）

哈布斯堡家族西班牙旁支

1482—1506 年	"美男子"腓力一世（神圣罗马帝国皇帝马克西米利安一世与勃艮第的玛丽之子；与西班牙女继承人胡安娜结婚；1504年起任卡斯蒂利亚国王，与妻共治）
1506—1555 年	卡洛斯一世（1516—1556年任西班牙国王；1519—1558年任神圣罗马帝国皇帝；主动退位；1559年逝世）
1555—1598 年	西班牙国王腓力二世
1598—1621 年	阿尔布雷希特及妻子伊莎贝拉（腓力二世将低地国家作为嫁妆遗赠予女儿伊莎贝拉，若女儿或其夫死后无嗣需将低地国家归还给西班牙君主，腓力二世的其余领土则由西班牙国王腓力三世继承）
1621—1665 年	西班牙国王腓力四世（1648年承认荷兰联省独立）
1665—1700 年	西班牙国王卡洛斯二世
（1703—1713 年	西班牙王位继承战争）

哈布斯堡家族奥地利旁支

1713—1740 年	查理六世
1740—1780 年	玛丽亚·特蕾西亚
1780—1790 年	约瑟夫二世
1790—1792 年	利奥波德二世
1792—1797 年	弗朗茨二世

奥伦治—拿骚家族出任的联省执政

1572年起，执政在联省的行政、军事与外交生活中发挥了重要作用。联省主权属于各省代表会议。1584—1747年，荷兰、泽兰省受同一执政统治，弗里斯兰省受另一执政统治。德伦特、格罗宁根省或受弗里斯兰省执政统治，或受他省执政统治。

荷兰与泽兰

乌得勒支、上艾瑟尔与海尔德兰省通常（并非一直）受荷兰、泽兰省执政统治。德伦特、格罗宁根省情况也大致如此。

1572—1584 年	"沉默者"威廉
1585—1625 年	莫里斯（1620 年起任德伦特与格罗宁根执政）
1625—1647 年	弗雷德里克·亨德里克（1640 年起任德伦特与格罗宁根执政）
1647—1650 年	威廉二世（兼任德伦特与格罗宁根执政）
1650—1672 年	第一次"无执政"时期
1672—1702 年	威廉三世（1689 年起任英格兰国王；1696 年起任德伦特执政；家族的最后一位直系继承人）
1702—1747 年	第二次"无执政"时期
1747—1751 年	威廉四世（见下文"威廉·弗里索"）
1751—1795 年	威廉五世（见下文）

弗里斯兰

1584—1620 年	威廉·路德维克（Willem Lodewijk，1593 年起任德伦特执政，1595 年起任格罗宁根执政）
1620—1632 年	恩斯特·卡西米尔一世（Ernst Casimir，1625 年起任德伦特与格罗宁根执政）
1632—1640 年	亨德里克·卡西米尔一世（Hendik Casimir，兼任德伦特与格罗宁根执政）
1640—1664 年	威廉·弗雷德里克（Willem Frederik，1650 年起任德伦特与格罗宁根执政）
1664—1696 年	亨德里克·卡西米尔二世（兼任德伦特与格罗宁根执政）
1696—1711 年	约翰·威廉·弗里索（兼任格罗宁根执政）
1711—1751 年	威廉·弗里索（1718 年起任格罗宁根执政，1722 年起任海尔德兰与德伦特执政，1747 年起任荷兰、泽兰与乌得勒支总督，史称威廉四世）

威廉四世于 1747 年宣布就职联省共和国世袭执政，其子威廉五世于 1751 年承袭此位。1795 年，巴达维亚共和国宣布成立。1806 年，拿破仑·波拿巴宣布弟弟路易为荷兰国王，但荷兰王国于 1810 年并入法国。1813 年，威廉五世之子成为"尼德兰最高统治亲王"（Sovereign Prince of the Netherlands），史称威廉一世，后于 1815 年宣布出任"尼德兰联合王国"国王。

尼德兰王国

奥兰治—拿骚家族

1815—1840 年	威廉一世（主动退位；1843 年逝世）
1840—1849 年	威廉二世
1849—1890 年	威廉三世
1890—1948 年	威廉明娜（1940—1945 年遭流放，主动退位；1962 年逝世）
1948—1980 年	朱丽安娜（主动退位；2003 年逝世）
1980 年至今	贝娅特丽克丝

比利时王国

萨克森—科堡—萨尔菲德家族

1831—1865 年	利奥波德一世
1865—1909 年	利奥波德二世（1885—1908 年兼任刚果自由邦君主）
1909—1934 年	阿尔贝一世
1934—1951 年	利奥波德三世（1940—1945 年被囚禁；1945—1950 年遭流放；主动退位；1982 年逝世）
1951—1993 年	博杜安
1993—2013 年	阿尔贝二世
2013 年至今	菲利普

卢森堡大公

拿骚家族

尼德兰联合王国于 1830 年分裂时，威廉一世仍保有大部分卢森堡公国领地。1890 年，威廉三世逝世，因无男性子嗣，卢森堡公国由拿骚的阿道夫继承。

1890—1905 年	阿道夫
1905—1912 年	纪尧姆四世
1912—1919 年	玛丽·阿黛拉伊德（Marie Adelaide，主动退位；1924 年逝世）
1919—1964 年	夏洛特（1940—1945 年被流放；主动退位；1985 年逝世）
1964—2000 年	让（主动退位）
2000 年至今	亨利

1918年后主要政党及政府机构

荷兰

政党
信仰派党

新教党：反对革命党（Anti-Revolutionaire Partij, ARP），1879—1980年；基督教历史联盟（Christelijk-Historische Unie, CHU），1908—1980年；改革政治党（Staatkundig Gereformeerde Partij, SGP），1918年至今；改革政治联盟（Gereformeerd Politiek Verbond, GPV），1948—2001年；改革政治联盟（Reformatorische Politieke Federatie, RPF），1975—2001年；基督教联盟（ChristenUnie）2001年至今

天主教党：罗马天主教政党会议总联盟（Algemeene Bond van RK-kiesverenigingen, ABRK），1904—1926年；罗马天主教党（Roomsch-Katholieke Staatspartij, RKSP），1926—1980年；天主教人民党（Katholieke Volkspartij, KVP），1945—1980年

多重信仰党：基督教民主联盟（Christen-Democratisch Appel, CDA），1980年至今

自由主义党

古典自由主义党：自由国家党（Liberale Staatspartij, LSP），1921—1946年；自由党（Partij van de Vrijheid, PvdV），1946—1948年；自由民主人民党（Volkspartij voor Vrijheid en Democratie, VVD），1948年至今

进步自由主义党：自由思想民主联盟（Vrijzinnig Democratische Bond, VDB），1901—1946年；民主66（Democraten 66, D66），1966年至今

社会主义党

社会民主党：社会民主工人党（Sociaal Democratische Arbeiders Partij, SDAP），

1894—1946 年；工党（Partij van de Arbeid，PvdA），1946 年至今；民主社会党'70（Democratisch Socialisten '70）1970—1983 年

其他社会主义党：
荷兰共产党（Communistische Partij van Nederland，CPN），1909—1991 年；革命社会主义党（Revolutionair-Socialistische Partij），1929—1935 年；独立社会党（Onafhankelijke Socialistische Partij，OSP），1932—1935 年；革命社会主义工人党（Revolutionair-Socialistische Arbeiderspartij，RSAP），1935—1940 年；和平社会党（Pacifistisch Socialistische Partij，PSP），1957—1991 年；社会党（Socialistische Partij，SP），1972 年至今

其他党
法西斯主义党：现实主义者联盟（Verbond van Actualisten），1922—1925 年；国家社会主义运动（Nationaal-Socialistische Beweging，NSB），1931—1945 年；黑色战线（Zwart Front），1934—1941 年

区域党：农民党（Boerenpartij），1958—1981 年；菲士兰国家党（Fryske Nasjonale Partij，FNP），1962 年至今；北方党（Partij voor het Noorden，PvhN），2003 年至今

主张生态保护党：绿党（Groenen），1983 年至今；绿色左派（GroenLinks），1989 年至今；爱护动物党（Partij voor de Dieren），2002 年至今

反移民党：中间党（Centrumpartij），1980—1986 年；皮姆·富图恩名单（Lijst Pim Fortuyn，LPF），2002—2008 年；自由党（Partij voor de Vrijheid，PVV），2006 年至今

首相及所属政党（与联合政党）
1918—1925 年：查尔斯·勒伊斯·德·贝伦布劳克（Charles Ruijs de Beerenbrouck），罗马天主教政党会议总联盟（反对革命党，基督教历史联盟）

1925—1926 年：亨德里库斯·科林（Hendrikus Colijn），反对革命党（罗马天主教政党会议总联盟、基督教历史联盟）

1926—1929 年：迪克·扬·德海尔（Dirk Jan de Geer），基督教历史联盟（国会权力以外）

1929—1933 年：查尔斯·勒伊斯·德·贝伦布劳克（Charles Ruijs de Beerenbrouck），罗马天主教党（"危机内阁"）

1933—1937 年：亨德里库斯·科林，反对革命党（国会权力以外）

1937—1939 年：亨德里库斯·科林，反对革命党（罗马天主教党，基督教历史联盟）

1939—1940 年：迪克·扬·德海尔，基督教历史联盟（全国统一政府）

1940—1945 年：皮埃特·海布兰迪（Pieter Gerbrandy），反对革命党（流亡政府）

1945—1946 年：维姆·舍默尔霍恩（Wim Schemerhorn），自由思想民主联盟（罗马天主教党，社会民主工人党，反对革命党）

1946—1948 年：路易·贝尔（Louis Beel），天主教人民党（工党）

1948—1952 年：威廉·德里斯（Willem Drees），工党（天主教人民党，基督教历史联盟，自由民主人民党）

1952—1958 年：威廉·德里斯，工党（天主教人民党，反对革命党，基督教历史联盟）

1958—1959 年：路易·贝尔，天主教人民党（反对革命党，基督教历史联盟）

1959—1963 年：扬·德夸伊（Jan de Quay），天主教人民党（自由民主人民党，反对革命党，基督教历史联盟）

1963—1965 年：维克托·马里南（Victor Marijnen），天主教人民党（自由民主人民党，反对革命党，基督教历史联盟）

1965—1966 年：约瑟夫·卡尔斯（Jo Cals），天主教人民党（工党，反对革命党）

1966—1967 年：耶勒·泽尔斯特拉（Jelle Zijlstra），反对革命党（天主教人民党）

1967—1971 年：佩特·德容（Piet de Jong），天主教人民党（自由民主人民党，反对革命党，基督教历史联盟）

1971—1972 年：巴伦德·比舒维尔（Barend Biesheuvel），反对革命党（天主教人民党，自由民主人民党，基督教历史联盟，民主社会 70 党）

1972—1977 年：约普·登厄伊尔（Joop den Uyl），工党（天主教人民党，反对革命党，激进政治党，民主 66 党）

1977—1981 年：德里斯·范阿赫特（Dries van Agt），基督教民主联盟（自由民主人民党）

1981—1982 年：德里斯·范阿赫特，基督教民主联盟（工党，民主 66 党）

1982—1989 年：吕德·吕贝尔斯（Ruud Lubbers），基督教民主联盟（自由民主人民党）

1989—1994 年：吕德·吕贝尔斯，基督教民主联盟（工党）

1994—2002 年：维姆·科克（Wim Kok），自由民主人民党（工党，民主 66 党）

2002—2003 年：扬·彼得·巴尔克嫩德（Jan Peter Balkenende），基督教民主联盟（皮姆·富图恩名单，自由民主人民党）

2003—2007 年：扬·彼得·巴尔克嫩德，基督教民主联盟（自由民主人民党；也加入民主 66 党至 2006 年）

2007—2010 年：扬·彼得·巴尔克嫩德，基督教民主联盟（工党，基督教联盟）

2010 年后：马克·吕特（Mark Rutte），自由民主人民党（基督教民主联盟；少数党政府受自由党的议会支持）

比利时
政党
自由主义党

统一党：自由党（Liberal Party），1846—1961 年；自由进步党（Parti de la liberté et

du progrès/Partij voor Vrijheid en Vooruitgang，PLP/PVV），1961—1972 年
佛兰德斯党：自由进步党，1972—1992 年；佛兰德斯自由民主党（Vlaamse Liberalen en Democraten），1992—2007 年；开放佛兰德斯自由民主党（Open Vlaamse Liberalen en Democraten，Open VLD），2007 年至今
法语党：自由进步党，1972—1976 年；瓦隆改革自由党（Parti de Réformes et de la Liberté en Wallonie，PRLW），1976—1979 年；革新自由党（Parti réformateur libéral，PRL），1979—2002 年；革新运动（Mouvement réformateur，MR），2002 年至今
德语党：自由进步党（Partei für Freiheit und Fortschritt，PFF），1972 年至今
少数自由党：个体自由与新未来劳动党（Vivant），1997 年至今；自由意志主义者、直接、民主（Libertair, Direct, Democratisch，LDD），2007 年至今

信仰派党
统一党：保守天主教界人士联合会（Fédération des Cercles catholiques et des Associations conservatrices/Verbond van Katholieke Kringen en der Conservatieve Verenigingen，天主教党），1869—1921 年；天主教联盟（Union catholique/Katholieke Unie），1921—1945 年；基督教社会党（Parti Social Chrétien/Christelijke Volkspartij，PSC/CVP），1945—1972 年
佛兰德斯党：基督教民主党（Christe-lijke Volkspartij，CVP），1972—2001 年；基督教民主与佛兰德斯党（Christen-Democratisch en Vlaams，CD&V），2001 年至今
法语党：比利时民主联盟（Union Démocratique Belge，UDB），1945—1946 年；基督教社会党（Parti Social Chrétie，PSC），1972—2002 年；人道民主中心党（Centre démocrate Humaniste，cdH），2002 年至今
德语党：基督教社会党（Christlich Soziale Partei，CSP）

社会民主党
统一党：比利时工党（Parti Ouvrier Belge/Belgische Werkliedenpartij，POB/BWP），1885—1940 年；比利时社会党（Parti socialiste belge/Belgische Socialistische Partij，PSB/BSP），1945—1978 年
佛兰德斯党：社会党（Socialistische Partij，SP），1978—2001 年；和平社会党（Pacifistisch Socialistische Partij，sp.a），2001 年至今
法语党：社会党（Parti Socialiste，PS），1978 年至今

其他党
共产党：比利时共产党（Parti Communiste de Belgique/Kommunistische Partij van België，PCB-KPB），1920 年至今

法西斯主义党：荷兰语国民团结联盟（Verbond van Dietsche Nationaal Solidaristen, Verdinaso），1931—1941 年；佛兰德斯民族联盟（Vlaamsch Nationaal Verbond, VNV），1933—1944 年；雷克斯（Rex），1935—1945 年；佛兰德斯劳动团（Deutsch-Vlämische Arbeitsgemeinschaft, DeVlag），1936—1945 年

佛兰德斯民族主义党：人民联盟（Volksunie, VU），1954—2001 年；精神党（Spirit），2001—2008 年；新佛兰德斯联盟（Nieuw-Vlaamse Alliantie, NVA），2001 年至今

法语权党：瓦隆人民运动（Mouve-ment populaire wallon, MPW），1961—1968 年；法语民主阵线（Front démocratique des Francophones, FDF），1964—2002 年（现归入革新运动，见上）；瓦隆联盟（Rassemblement wallon, RW），1968—1985 年；法语区联盟（Union des Francophones, UF），2004 年至今

主张生态保护党：生态党（Ecolo），1980 年至今；荷语生态党（Anders Gaan Leven, Agalev），1982—2003 年；绿党！（Groen!），2003 年至今

反移民党：佛兰德斯集团（Vlaams Blok），1979—2004 年；国民联盟（Front National, FN），1985 年至今；佛兰德斯利益党（Vlaams Belang），2004 年至今

德语权党：亲德语社群党（Pro Deutschsprachige Gemeinschaft, ProDG），2008 年至今

首相及所属政党（与政府内其他党）

1918—1920 年：莱昂·德拉克洛瓦（Léon Delacroix），天主教党（自由党，社会党）

1920—1921 年：亨利·卡尔东·德维亚尔（Henri Carton de Wiart），天主教党（自由党，社会党）

1921—1925 年：乔治·优尼斯（Georges Theunis），天主教党（自由党）

1925 年 5 月：阿洛伊斯·范德维维尔（Aloys Vande Vyvere），天主教党（国会权力以外）

1925—1926 年：普罗斯佩·普莱（Prosper Poullet），天主教党（工党）

1926—1931 年：亨利·加斯帕（Henri Jaspar），天主教党（自由党，工党至 1927 年）

1931—1932 年：朱尔·伦坎（Jules Renkin），天主教党（自由党）

1932—1934 年：夏尔·德·布罗克维尔（Charles de Broqueville），天主教党（自由党）

1934—1935 年：乔治·优尼斯（Georges Theunis），天主教党（自由党）

1935—1937 年：保罗·范泽兰（Paul Van Zeeland），天主教党（自由党）

1937—1938 年：保罗 – 埃米勒·詹森（Paul-Emile Janson），自由党（天主教党，工党）

1938—1939 年：保罗 – 亨利·斯巴克（Paul-Henri Spaak），工党（天主教党，自由党）

1939—1945 年：赫伯特·毕埃罗（Hubert Pierlot），天主教党（全国统一政府，1940—1944 年为流亡政府）

1945—1946 年：阿希尔·范阿克（Achille Van Acker），社会党（自由党，共产党）

1946—1947 年：卡米勒·胡斯曼（Camille Huysmans），社会党（自由党，共产党）

1947—1949 年：保罗 – 亨利·斯巴克（Paul-Henri Spaak），社会党（基督教民主党）
1949—1950 年：加斯东·伊斯更斯（Gaston Eyskens），基督教民主党（自由党）
1950 年：让·杜维阿萨（Jean Duvieusart），基督教民主党；利奥波德三世退位时辞职
1950—1952 年：约瑟夫·波利安（Joseph Pholien），基督教民主党
1952—1954 年：让·范豪特（Jean van Houtte），基督教民主党
1954—1958 年：阿希尔·范阿克（Achille Van Acker），社会党（自由党）
1958—1961 年：加斯东·伊斯更斯（Gaston Eyskens），基督教民主党（自由党）
1961—1965 年：西奥多尔·勒费弗尔（Théo Lefèvre），基督教民主党（社会党）
1961—1965 年：皮埃尔·哈梅尔（Pierre Harmel），基督教民主党（社会党）
1966—1968 年：保罗·范登博埃南（Paul Vanden Boeynants），基督教民主党（自由党）
1968—1973 年：加斯东·伊斯更斯，基督教民主党（基督教社会党，社会党）
1973—1974 年：埃德蒙·勒比尔东（Edmond Leburton），社会党（基督教民主党，基督教社会党，自由党）
1974—1977 年：莱奥·廷德曼斯（Leo Tindemans），基督教民主党（基督教社会党，自由进步党，自由进步党）
1977—1978 年：莱奥·廷德曼斯，基督教民主党（基督教社会党，社会党，人民联盟，法语民主阵线）
1978—1979 年：保罗·范登博埃南（Paul Vanden Boeynants），基督教社会党（基督教民主党，社会党，社会党，人民联盟，法语民主阵线）
1979—1981 年：维尔弗里德·马尔滕斯（Wilfried Martens），基督教民主党（基督教社会党，社会党，社会党；自由进步党，革新自由党曾短暂入阁）
1981 年：马克·伊斯更斯（Mark Eyskens），基督教民主党（基督教社会党，社会党，社会党）
1981—1987 年：维尔弗里德·马尔滕斯，基督教民主党（基督教社会党，自由进步党，革新自由党）
1987—1992 年：维尔弗里德·马尔滕斯，基督教民主党（基督教社会党，社会党，社会党；人民联盟至 1991 年）
1992—1999 年：让 – 吕克·德阿纳（Jean-Luc Dehaene），基督教民主党（基督教社会党，社会党，社会党）
1999—2003 年：居伊·费尔霍夫施塔特（Guy Verhofstadt），佛兰德斯自由民主党（革新运动，社会党，不同社会党，荷语生态党，生态党）
2003—2007 年：居伊·费尔霍夫施塔特，佛兰德斯自由民主党（革新运动，社会党，不同社会党）
2007—2008 年：居伊·费尔霍夫施塔特，开放佛兰德斯自由民主党（看守政府）
2008 年 伊夫·勒泰尔姆（Yves Leterme），基督教民主和佛兰德斯党（人道民主

中心党，开放佛兰德斯自由民主党，革新运动，社会党；受新佛兰德斯联盟议会支持）

2008—2009年：赫尔曼·范龙佩（Herman Van Rompuy），基督教民主和佛兰德斯党（人道民主中心党，开放佛兰德斯自由民主党，革新运动，社会党）

2009—2010年：伊夫·勒泰尔姆，基督教民主与佛兰德斯党（人道民主中心党，开放佛兰德斯自由民主党，革新运动，社会党）

2010年后：伊夫·勒泰尔姆，基督教民主与佛兰德斯党（看守政府）

卢森堡

政党

自由主义党：自由联盟（Ligue Libérale），1904—1925年；激进自由党（Parti Radical Libéral），1932—1945年；爱国民主联盟（Groupement Patriotique et Démocratique，GPD），1945—1954年；民主党（Demokratesch Partei，DP），1995年至今

社会民主党：社会民主党（Parti Social Démocrate，PSD），1902—1945年；卢森堡社会工人党（Lëtzebuerger Sozialistech Aarbechterpartei，LSAP），1945年至今

信仰派党：权利党（Parti de la droite），1914—1944年；基督教社会人民党（Chrëschtlech Sozial Vollekspartei，CSV），1944年至今

其他党：独立国家党（Parti national indépendant，PNI），1918—1931年；卢森堡共产党（Kommunistesch Partei Lëtzebuerg，KPL），1921年至今；德意志国民运动（Volksdeutsche Bewegung），1940—1944年；绿党（Déi Gréng），1995年至今；左翼党（Déi Lénk），1998年至今

首相及所属政党（与联合政党）

1918—1925年：埃米尔·罗伊特（Émile Reuter），权利党（自由党1920—1921年）

1925—1926年：皮埃尔·普吕姆（Pierre Prüm），独立国家党（激进自由党；受社会党议会支持）

1926—1937年：约瑟夫·伯克（Joseph Bech），权利党（自由党）

1937—1940年：皮埃尔·杜蓬（Pierre Dupong），权利党（社会党）

1940—1944年：皮埃尔·杜蓬（流亡政府）

1944—1947年：皮埃尔·杜蓬（全国统一政府）

1947—1951年：皮埃尔·杜蓬，基督教社会人民党（卢森堡社会工人党）

1951—1953年：皮埃尔·杜蓬，基督教社会人民党（爱国民主联盟）

1953—1958年：约瑟夫·伯克（Joseph Bech），基督教社会人民党（卢森堡社会工人党）

1958—1959 年：皮埃尔·弗雷登（Pierre Frieden），基督教社会人民党（卢森堡社会工人党）
1959—1964 年：皮埃尔·维尔纳（Pierre Werner），基督教社会人民党（民主党）
1964—1969 年：皮埃尔·维尔纳，基督教社会人民党（卢森堡社会工人党）
1969—1974 年：皮埃尔·维尔纳，基督教社会人民党（民主党）
1974—1979 年：加斯东·托恩（Gaston Thorn），民主党（卢森堡社会工人党）
1979—1984 年：皮埃尔·维尔纳，基督教社会人民党（民主党）
1984—1995 年：雅克·桑特（Jacques Santer），基督教社会人民党（卢森堡社会工人党）
1995—1999 年：让－克洛德·容克（Jean-Claude Juncker），基督教社会人民党（卢森堡社会工人党）
1999—2004 年：让－克洛德·容克，基督教社会人民党（民主党）
2004 年后：让－克洛德·容克，基督教社会人民党（卢森堡社会工人党）

延伸阅读著作

多时期著作

Bas van Bavel, *Manors and Markets: Economy and Society in the Low Countries, 500–1600* (Oxford, 2010).

J. C. H. Blom and E. Lamberts (eds), *History of the Low Countries*, trans. by James C. Kennedy (Oxford, 1999).

Ulbe Bosma and Remco Raben, *Being "Dutch" in the Indies: A History of Creolisation and Empire,1500–1920*, trans. by Wendie Shaffer (Athens, OH, 2008).

Britain and the Netherlands, a series of volumes containing papers delivered to the Anglo-Dutch Historical Conference.

Patricia Carson, *The Fair Face of Flanders* (Tielt, 1995) and other books by the same author.

Douwe Fokkema and Frans Grijzenhout (eds), *Dutch Culture in a European Perspective 5. Accounting for the Past: 1650–2000* (Basingstoke, 2004).

Jonathan Israel and Reinier Salverda (eds), *Dutch Jewry: Its History and Secular Culture (1500–2000)* (Leiden, New York and Cologne, 2002).

A. M. Lambert, *The Making of the Dutch Landscape* (London and New York, 1971).

Sheila D. Muller, *Dutch Art. An Encyclopedia* (New York, 1996).

James Newcomer, *The Grand Duchy of Luxembourg: The Evolution of Nationhood* (Lanham, MD,1984).

R. W. Unger, *A History of Brewing in Holland 900–1900* (Leiden, 2001), and other works by the same author.

Lia van Gemert et al. (eds), *Women's Writing from the Low Countries, 1200–1875: A Bilingual Anthology* (Amsterdam, 2011).

J. A. van Houtte, *An Economic History of the Low Countries, 800–1800* (London, 1977).

史前阶段

J.A. Bakker, *The Dutch Hunebedden: Megalithic Tombs of the Funnel Beaker Culture* (Ann Arbor, MI,1992).

David R. Fontijn, *Sacrificial Landscapes: Cultural Biographies of Persons, Objects and Natural Places in the Bronze Age of the Southern Netherlands, c.2300–600 BC* (Leiden, 2002).

Fokke Gerritsen, *Local Identities: Landscape and Community in the Late Prehistoric Meuse-Demer-Scheldt Region* (Amsterdam, 2002).

L. P. Louwe Kooijmans, P.W.Van Den Broeke, H. Fokkens and Annelou L.van Gijn (eds), *The Prehistory of the Netherlands*, Volume 1 (Amsterdam, 2005).

Koen Verlaeckt, *Between River and Barrow: A Reappraisal of Bronze Age Metalwork Found in the Province of East Flanders* (Oxford, 1996)

罗马时期

Julius Caesar, *Gallic War*, Books 1-2, 5-6 (English translations in Loeb Classical Library, Pengiun Classics, etc.).

Ton Derks, *Gods, Temples and Ritual Practices: The Transformation of Religious Ideas and Values in Roman Gaul* (Amsterdam, 1998).

John F. Drinkwater, *Roman Gaul: The Three Provinces* (London, 1998).

Nico Roymans, *Ethnic Identity and Imperial Power: The Batavians in the Early Roman Empire* (Amsterdam, 2005) and other works by the same author.

Tacitus, *Annals*, Book 4, chs 72-3; Book 11, chs 18-20; *Histories* Books 4-5 (English translations in Loeb Classical Library).

Edith Mary Wightman, *Gallia Belgica* (London, 1985) and other works by the same author.

Greg Woolf, *Becoming Roman: The Origins of Provincial Civilization in Gaul* (Cambridge, 1998).

中世纪

Geert H. M. Claassens and David F. Johnson (eds), *King Arthur in the Medieval Low Countries* (Leuven, 2000).

E. Colledge (ed.), *Reynard the Fox and Other Mediaeval Netherlands Secular Literature* (London,1967).

Jean Froissart, *Chronicles*, ed. and trans. by John Jolliffe (London, 2001).

Galbert of Bruges, *The Murder of Charles the Good, Count of Flanders*, trans. and ed. James Bruce Ross (reissued Toronto, 1991).

F. L. Ganshof, *Feudalism* (reissued Toronto, 1996).

Hadewijch, *The Complete Works*, trans. by Columba Hart, with a preface by P. Mommaers (Mahwah, NJ, 1980).

Ellen Kittell and Mary Suydam (eds), *The Texture of Society: Medieval Women in the Southern Low Countries* (Basingstoke, 2004)

Henry Stephen Lucas, *The Low Countries and the Hundred Years' War, 1326-1345*

(Philadelphia,1976).

Jill Mann (ed. and trans.), *Ysengrimus* (Leiden, 1987).

David Nicholas, *The Metamorphosis of a Medieval City: Ghent in the Age of the Arteveldes, 1302-1390* (Lincoln and London, 1987).

David Nicholas, *Medieval Flanders* (London and New York, 1992).

Henri Pirenne, *Early Democracies in the Low Countries: Urban Society and Political Conflict in the Middle Ages and the Renaissance* (New York, 1963).

William of Rubruck, *The Mission of Friar William of Rubruck: His Journey to the Court of the Great Khan Möngke 1253-1255*, trans. by Peter Jackson, with introduction, notes and appendices by Peter Jackson and David Morgan (London, 1990).

Walter Simons, *Cities of Ladies: Beguine Communities in the Medieval Low Countries, 1200-1565* (Philadelphia, 2001).

R. C. Van Caenegem, *Law, History, the Low Countries and Europe* (London, 1994).

Adriaan Verhulst, *The Rise of Cities in North-West Europe* (Cambridge, 1999).

勃艮第时期

C. A. J. Armstrong, *England, France and Burgundy in the Fifteenth Century* (London, 1983).

Peter Arnade, *Realms of Ritual: Burgundian Ceremony and Civic Life in Late Medieval Ghent* (New York, 1996) and other works by the same author.

Caroline Barron and Nigel Saul (eds), *England and the Low Countries in the Late Middle Ages* (Stroud, 1995).

Wim Blockmans and Walter Prevenier, *The Promised Lands: The Low Countries under Burgundian Rule, 1369-1530*, trans. by Elizabeth Fackelman, trans. revised and ed. by Edward Peters (Philadelphia, 1999).

Andrew Brown and Graeme Small, *Court and Civic Society in the Burgundian Low Countries, c. 1420-1520* (Manchester, 2008), and other works by both authors.

Dirk De Vos, *The Flemish Primitives* (Antwerp, 2002).

Johan Huizinga, *The Waning of the Middle Ages: A Study of the Forms of Life, Thought and Art in France and the Netherlands in the Fourteenth and Fifteenth Centuries*, trans. by F. Hopman (Penguin Books); alternatively as *The Autumn of the Middle Ages*, trans. by R.J. Payton and U. Mammitzsch (Chicago, 1996).

H. G. Koenigsberger, *Monarchies, States Generals and Parliaments: The Netherlands in the Fifteenth and Sixteenth Centuries* (Cambridge, 2001).

Thomas Kren and Scot McKendrik (eds), *Illuminating the Renaissance: The Triumph of Flemish Manuscript Painting in Europe* (Los Angeles, 2003)

Gerard Nijsten, *In the Shadow of Burgundy: The Court of Guelders in the Late Middle*

Ages, trans. By Tanis Guest (Cambridge, 2004).

R. R. Post, *The Modern Devotion* (Leiden, 1968).

Walter Prevenier and Wim Blockmans, *The Burgundian Netherlands* (Cambridge, 1986).

P. Stabel, *Dwarfs among Giants: The Flemish Urban Network in the Late Middle Ages* (Leuven and Apeldoorn, 1997).

F. P. van Oostrom, *Court and Culture: Dutch Literature, 1350–1450*, trans. by Arnold Pomerans (Berkeley, Los Angeles and Oxford, 1992).

Richard Vaughan, *Valois Bugundy* (London, 1975), and other works by the same author.

Christine Weightman, *Margaret of York, Duchess of Burgundy, 1446–1503* (Stroud and New York,1993).

现代早期

William Aglionby, *The Present State of the United Provinces of the Low-Countries* (London, 1671), available on Google Books.s

Anonymous, *The Dutch Revolt: A Chronicle of the First Ten Years by an Anonymous Nun of 's-Hertogenbosch,* trans. and annot. by Paul Arblaster (Oxford, 2001).

M. S. Anderson, *The War of the Austrian Succession* (London, 1995).

Paul Arblaster, *Antwerp & the World: Richard Verstegan and the International Culture of Catholic Reformation* (Leuven, 2004).

C. D. Bangs, *Arminius: A Study in the Dutch Reformation* (Nashville, 1971).

A. E. Bell, *Christian Huygens and the Development of Science in the Seventeenth Century* (London, 1950).

Henk Bonger, *The Life and Work of Dirck Volckertszoon Coornhert*, trans. by Gerrit Voogt (Amsterdam and New York, 2004).

C. R. Boxer, *The Dutch Seaborne Empire, 1600–1800* (London, 1990) and other works by the same author.

Timothy Brook, *Vermeer's Hat: The Seventeenth Century and the Dawn of the Global World* (London and New York, 2008).

E. Buijssen, *Between Fantasy and Reality: Seventeenth-Century Dutch Landscape Painting* (Baarn, 1993).

Charles Howard Carter, *The Secret Diplomacy of the Habsburgs* (New York and London, 1964).

Harold J. Cook, *Matters of Exchange: Commerce, Medicine and Science in the Dutch Golden Age* (New Haven, CT, 2007).

Rudolf Dekker, *Childhood, Memory and Autobiography in Holland: From the Golden Age to Romanticism* (Basingstoke, 1999).

J. den Tex, *Oldenbarnevelt* (2 vols, Cambridge, 1973).

Jan de Vries, *The Dutch Rural Economy in the Golden Age* (New Haven, CT, 1974), and other works by the same author.

Henrietta Drake-Brockman, *Voyage to Disaster* (Nedlands, Australia, 2000).

Alastair Duke, *Reformation and Revolt in the Low Countries* (London and New York, 2003)

Florike Egmond, *Underworlds: Organized Crime in the Netherlands, 1650-1800* (Cambridge, 1993).

Willem Frijhoff and Gordon Clark (eds), *Dutch Culture in a European Perspective, 1. 1650: Hard-Won Unity* (Basingstoke, 2004).

Pieter Geyl, *History of the Dutch-Speaking Peoples, 1555-1648* (reissued Phoenix Press, 2001).

M. P. Gutman, *War and Rural Life in the Early Modern Low Countries* (Princeton, 1980).

Craig Harline and Eddy Put, *A Bishop's Tale* (New Haven, CT, 2000), and other works by Craig Harline.

Jonathan I. Israel, *The Dutch Republic: Its Rise, Greatness and Fall, 1477-1806* (Oxford, 1995) and other works by the same author.

M. C. Jacob and W. Mijnhardt (eds), *The Dutch Republic in the Eighteenth Century* (Ithaca, NY, 1992).

Lisa Jardine, *The Awful End of Prince William the Silent* (London, 2005).

W. E. Keeney, *Dutch Anabaptist Thought and Practice, 1539-1564* (Nieuwkoop, 1968).

Wim Klooster, *The Dutch in the Americas* (Providence, RI, 1997).

J. Lucassen, *Dutch Long Distance Trade Migration, 1600-1900* (Amsterdam, 1991).

J. Lucassen and C. A. Davids (eds), *A Miracle Mirrored: The Dutch Republic in European Perspective* (Cambridge and New York, 1995).

Philip Mansel, *Prince of Europe: The Life of Charles-Joseph de Ligne (1735-1814)* (London, 2003).

Walter S. Melion, *Shaping the Netherlandish Canon: Karel van Mander's 'Schilder-Boeck'* (Chicago,1991).

Henk van Nierop, *Treason in the Northern Quarter: War, Terror, and the Rule of Law in the Dutch Revolt*, trans. by J. C. Grayson. (Princeton, 2009), and other works by the same author.

Gerhard Oestreich, *Neostoicism and the Early Modern State* (Cambridge, 1982).

Geoffrey Parker, *The Army of Flanders and the Spanish Road, 1567-1659: The Logistics of Victory and Defeat in the Low Countries' Wars* (Cambridge, 1990).

Geoffrey Parker, *The Dutch Revolt*, Revised edition (London, 1985) and other works by the same author.

J. M. Postma, *The Dutch in the Atlantic Slave Trade, 1600-1815* (Cambridge, 1990).

Frederick A. Pottle, *Boswell in Holland* (London, 1952).

J. L. Price, *Dutch Society, 1588–1713* (New York, 2000).

Marianne Roobol, *The Public Disputations between Reformed Ministers and Dirck Volckertszoon Coornhert as Instruments of Religious Policy during the Dutch Revolt (1577–1583)*, trans. by Paul Arblaster (Leiden, 2010).

Herbert H. Rowen, *The Princes of Orange* (Cambridge, 1988), and other works by the same author.

Simon Schama, *The Embarrassment of Riches: An Interpretation of Dutch Culture in the Golden Age* (New York, 1987).

P. Sonnino, *Louis XIV and the Origins of the Dutch War* (Cambridge, 1988).

R. A. Stradling, *The Armada of Flanders: Spanish Maritime Policy and European War, 1568–1668* (Cambridge, 1992).

W. Ph. te Brake, *Regents and Rebels* (Cambridge, MA, 1989).

Werner Thomas and Luc Duerloo (eds), *Albert & Isabella, 1598–1621: Essays* (Turnhout, 1998).

James Tracy, *The Founding of the Dutch Republic: War, Finance, and Politics in Holland, 1572–1588* (Oxford, 2008), and other works by the same author.

Wout Troost, *William III, The Stadholder-King: A Political Biography*, trans. by J. C. Grayson (Aldershot, 2005).

Herman van der Wee, *The Rise of the Antwerp Market* (3 vols, The Hague, 1963).

A. Th. van Deursen, *Plain Lives in a Golden Age*, trans. by M. Ultee (Cambridge, 1991).

Martin van Gelderen, *The Political Thought of the Dutch Revolt, 1555–1590* (Cambridge, 1992).

Henk van Nierop, *Treason in the Northern Quarter: War, Terror, and the Rule of Law in the Dutch Revolt*, trans. by J. C. Grayson (Princeton and Oxford, 2009), and other works by the same author.

C. D. van Strien, *British Travellers in Holland during the Stuart Period* (Leiden, 1993).

J. L. van Zanden, *The Rise and Decline of Holland's Economy* (Manchester, 1993).

G. K. Waite, *David Joris and Dutch Anabaptism, 1524–1543* (Ontario, 1990).

现代史

Anonymous, *Belgium. The Official Account of What Happened 1939–1940* (London, 1941).

Jan Bank and Maartine van Buuren (eds), *Dutch Culture in a European Perspective 3. 1900: The Age of Bourgeois Culture* (Basingstoke, 2004).

A. J. Barnouw, *Holland Under Queen Wilhelmina* (New York, 1923) and other works by the same author.

J. J. Boddewyn, *Belgian Public Policy toward Retailing since 1789* (East Lansing, MI, 1971).

Marina Boudart, Michel Boudart and René Bryssinck, *Modern Belgium* (Palo Alto, CA, 1990).

Ian Buruma, *Murder in Amsterdam: Liberal Europe, Islam and the Limits of Tolerance* (New York, 2006).

Erik Buyst, *An Economic History of Residential Building in Belgium between 1890 and 1961* (Leuven, 1992).

Martin Conway, *Collaboration in Belgium. Léon Degrelle and the Rexist Movement, 1940-1944* (New Haven and London, 1993).

W. P. Coolhaas and G. J. Schutte, *Critical Survey of Studies on Dutch Colonial History* (The Hague, 1980).

Léon Degrelle, *Campaign in Russia* (Bristol, 1985).

M. R. L. Foot, *SOE in the Low Countries* (London, 2001).

Anne Frank, *The Diary of a Young Girl*, ed. by Otto H. Frank and Mirjam Pressler, trans. by Susan Massotty (London, 1997).

Geert Van Goethem, *The Amsterdam International* (Aldershot, 2006).

Richard T. Griffiths, *Industrial Retardation in the Netherlands, 1830-1850* (The Hague, 1979).

Peter Groote, *Infrastructure and Dutch Economic Development: A New Long Run Data Set for the Netherlands, 1800-1913* (Groningen, 1996).

Christopher Hibbert, *Arnhem* (London, 2003).

Robin L. Hogg, *Structural Rigidities and Policy Inertia in Inter-War Belgium* (Brussels, 1986).

John Horne and Alan Kramer, *German Atrocities, 1914: A History of Denial* (New Haven, CT, 2001).

Joost Jonker, *Merchants, Bankers, Middlemen: The Amsterdam Money Market during the First Half of the Nineteenth Century* (Amsterdam, 1996).

Joost Kloek and Wijnand Mijnhardt (eds), *Dutch Culture in a European Perspective 2. 1800: Blueprints for a National Community* (Basingstoke, 2004).

E. H. Kossmann, *The Low Countries, 1780-1940* (Oxford, 1978).

Abraham Kuyper, *Lectures on Calvinism* (Stone Lectures 1898; reprinted Eerdmans, 2007).

C. Lis, *Social Change and the Labouring Poor: Antwerp 1770-1860* (New Haven, CT, 1986).

Bob Moore, *Victims and Survivors: The Nazi Persecution of the Jews in the Netherlands* (London, 1997).

J. Mokyr, *Industrialization in the Low Countries 1795-1850* (New Haven, CT, 1976).

E. D. Morel, *King Leopold's Rule in Africa* (London, 1904) and other works by the same author.

Pit Péporté et al., *Inventing Luxembourg* (Leiden, 2010).

Janet L. Polasky, *Revolution in Brussels, 1787-1793* (New Hampshire, 1987).

Simon Schama, *Patriots and Liberators: Revolution in the Netherlands 1780-1813* (London, 1977).

Kees Schuyt and Ed Taverne (eds), *Dutch Culture in a European Perspective 4. 1950: Prosperity and Welfare* (Basingstoke, 2004).

B. Seebohm Rowntree, *Land & Labour: Lessons from Belgium* (London, 1910).

William Z. Shetter, *The Netherlands in Perspective: The Dutch Way of Organizing a Society and its Setting* (Utrecht, 2002).

Ida H. Stamhuis et al. (eds), *The Statistical Mind in Modern Society: The Netherlands, 1850–1940* (Amsterdam, 2008).

H. M. Stanley, *The Congo* (2 vols, London, 1885–86).

Arnold J. Toynbee, *The German Terror in Belgium* (London, 1917).

Herman van der Wee and Jan Blomme, *The Economic Development of Belgium since 1870* (Cheltenham, 1997), and other works by the same authors.

Suzanne Vromen, *Hidden Children of the Holocaust: Belgian Nuns and Their Daring Rescue of Young Jews from the Nazis* (Oxford, 2008).

Jan L. van Zanden, *The Economic History of the Netherlands, 1914–1995: A Small Open Economy in the 'Long' Twentieth Century* (London and New York, 1998), and other works by the same author.

Vincent Viaene, *Belgium and the Holy See from Gregory XVI to Pius IX (1831–1859). Catholic Revival, Society and Politics in 19th-century Europe* (Brussels, 2001).

W. H. James Weale, *Belgium, Aix-la-Chapelle and Cologne: An Entirely New Guide Book for Travellers* (London, 1859), available on Google Books.

Gordon L. Weil, *The Benelux Nations: The Politics of Small-Country Democracies* (New York and London, 1970).

Michael J. Wintle, *An Economic and Social History of the Netherlands, 1800–1920: Demographic, Economic, and Social Transition* (Cambridge, 2000), and other works by the same author.

图书在版编目(CIP)数据

低地国家史：第二版 / (英)保罗·阿布拉斯特(Paul Arblaster)著；何博文，杜祖和译.—上海：上海社会科学院出版社，2020
书名原文：A History of the Low Countries
ISBN 978-7-5520-3277-2

Ⅰ.①低… Ⅱ.①保…②何…③杜… Ⅲ.①比利时—历史②卢森堡—历史③荷兰—历史 Ⅳ.①K564.0 ②K519③K563.0

中国版本图书馆CIP数据核字(2020)第132960号

上海市版权局著作权合同登记号：09-2020-702
A History of the Low Countries by Paul Arblaster
Copyright © Paul Arblaster 2006, 2012
First published in English by Palgrave Macmillan, a division of Macmillan Publishers Limited under the title A History of the Low Countries, 2nd Edition by PAUL ARBLASTER.
This edition has been translated and published under licence from Palgrave Macmillan. The author has asserted his right to be identified as the author of this Work.
This edition arranged with Palgrave Macmillan, a division of Macmillan Publishers Limited through BIG APPLE AGENCY, INC., LABUAN, MALAYSIA.
Simplified Chinese Edition Copyright ©2020 Beijing Paper Jump Cultural Development Co., Ltd.
All rights reserved.

低地国家史：第二版
A History of the Low Countries

著　　者：[英]保罗·阿布拉斯特（Paul Arblaster）
译　　者：何博文　杜祖和
出 品 人：佘　凌
总 策 划：纸间悦动　刘　科
策 划 人：唐云松　　熊文霞
责任编辑：董汉玲
特约编辑：柳承旭
封面设计：人马艺术设计·储平
出版发行：上海社会科学院出版社
　　　　　上海顺昌路622号　邮编200025
　　　　　电话总机021-63315947　销售热线021-53063735
　　　　　http://www.sassp.cn　　E-mail: sassp@sassp.cn
印　　刷：上海市崇明县裕安印刷厂
开　　本：890毫米×1240毫米　1/32
印　　张：12.25
插　　页：2
字　　数：272千字
版　　次：2020年11月第1版　2020年11月第1次印刷

ISBN 978-7-5520-3277-2/K·568　　　　定价：65.00元

版权所有　　侵权必究